हिन्दी कहानी का विकास

हिन्दी कहानी का विकास

मधुरेश

सुमित प्रकाशन
इलाहाबाद की ओर से

लोकभारती प्रकाशन

एकमात्र वितरक

लोकभारती प्रकाशन

पहली मंजिल, दरबारी बिल्डिंग, महात्मा गाँधी मार्ग, इलाहाबाद

शाखाएँ : 1-बी, नेताजी सुभाष मार्ग, दरियागंज, नयी दिल्ली-110 002
अशोक राजपथ, साइंस कॉलेज के सामने, पटना-800 006
36-ए, शेक्सपियर सरणी, कोलकाता-700 017

प्रकाशक

सुमित प्रकाशन
यू.एफ. 42 अलोपशंकरी अपार्टमेंट
107/177, अलोपीबाग, इलाहाबाद

प्रथम संस्करण : 2018
द्वितीय संस्करण : 2022

मूल्य : ₹ 400

इण्डियन प्रेस
इलाहाबाद द्वारा मुद्रित

HINDI KAHANI KA VIKAS
by Madhuresh

ISBN : 978-81-8031-391-2

हृदयेश के लिए

इम्फाल और कलकत्ता-यात्रा की स्मृति में

ए दिल तुझे अंजाम की क्या फिक्र पड़ी है
इश्क की दुनिया में हम सियासत नहीं करते

क्रम

भूमिका

यह पुस्तक हिन्दी कहानी का इतिहास न होकर, उसकी मुख्य प्रवृत्तियों और आंदोलनों पर केंद्रित है। अत: इसमें कहानीकारों के नाम ढूँढने पर किसी हद तक निराशा भी हो सकती है। यह कहानी के समकालीन परिदृश्य के संदर्भ में अधिक लागू होता है। सातवें दशक के बाद, आठवें दशक से एक बहुत बड़ी संख्या में कहानीकार सक्रिय दिखाई देते हैं। समकालीन कहानी और कहानीकारों पर यदि विस्तारपूर्वक लिखा जाता तो उसके लिए अलग से एक इतनी ही बड़ी किताब की जरूरत होती। मेरा उद्देश्य कहानी की रचनात्मक सक्रियता को स्पष्ट करते हुए उसकी मुख्य धाराओं को रेखांकित करना रहा है। कहानीकारों का एक बहुत बड़ा वर्ग कथा-आन्दोलनों के बाहर भी रहा है। नई कहानी से लेकर जनवादी कहानी तक इसे देखा जा सकता है। मेरी कोशिश यह भी रही है कि ऐसा कोई महत्वपूर्ण और उल्लेखनीय लेखक न छूट जाए जो किसी भी आंदोलन के अन्तर्गत नहीं आता। वैसे मोटे तौर पर प्राय: हर विधा में समकालीन की सीमा रेखा सन् '60 के बाद खींची जाती रही है। अनेक महत्वपूर्ण लेखकों के प्रति न्याय कर सकने की दृष्टि से मुझे यह जरूरी लगा है कि मैं इस कालावधि को थोड़ा और लचीला बनाकर कुछ पीछे ले जाऊँ। हृदयेश और शैलेश मटियानी को मैंने इसी के अंतर्गत रखा है। जनवादी कहानी वस्तुत: प्रगतिशील कथाधारा का ही विस्तार है। नई कहानी के संदर्भ में अब दो धाराओं की चर्चा उतनी अजीब भी नहीं लगती। इसी आधार पर भीष्म साहनी, अमरकांत, मार्कण्डेय और शेखर जोशी की चर्चा मैंने जनवादी कहानी के अंतर्गत ही की है। नई कहानी की दूसरी धारा इन लेखकों की रचनात्मक सक्रियता से ही विकसित और पुष्ट हुई है। अत: इन लेखकों का विवेचन नई कहानी के स्वीकृत ढांचे के बाहर जनवादी कहानी के अन्तर्गत किया जाना ही मुझे उचित लगता है।

कहानी के समकालीन परिदृश्य में आज बहुत बड़ी संख्या में लेखक सक्रिय हैं। अनेक महत्वपूर्ण पत्रिकाओं के बन्द होते जाने और प्रकाशन व्यवसाय के दुर्घटनाग्रस्त होने के बाद भी यह स्थिति थोड़ी आश्चर्यजनक है। दूर संचार माध्यमों और उपभोक्तावादी अपसंस्कृति के निरंतर बढ़ते हुए दबाव के कारण जब-तब लोग यह आशंका भी व्यक्त करते रहे हैं कि शब्द का अस्तित्व ही आज संकट में है। कहानी की यह रचनात्मक सक्रियता ऐसी आशंका को निर्मूल सिद्ध करती है। स्पष्ट ही इस पूरे परिदृश्य और उसमें सक्रिय कहानीकारों की संक्षिप्त और प्रवृत्यात्मक चर्चा ही यहाँ सम्भव थी।

यह पूरी पुस्तक नए सिरे से लिखी गई है। जरूरी लगने पर मैंने अपनी कुछ पूर्व व्यक्त धारणाओं को बदला भी है—गोकि इसकी अधिक गुंजाइश नहीं रही है। मेरा अभी भी यह मानना है कि अन्य साहित्यरूपों की अपेक्षा कहानी को सामाजिक सन्दर्भों में रखकर ही

उसकी सम्पूर्णता में देखा जा सकता है। कुछ लोग कहानी में व्यक्त 'सामाजिक यथार्थ' को 'विशाल जगत' के विरोध में खड़ा करके आज कहानी के तात्कालिकता से मुक्ति पर विजयोत्सव मनाते भी देखे जा रहे हैं। लेकिन कहानी अपने सामाजिक यथार्थ और तात्कालिक सवालों से बचकर, अपनी सार्थकता खोकर निष्प्रभ भी हो सकती हैं। मुझे यह लगे बिना नहीं रहता कि सोवियत संघ के विखंडन का हिन्दी में बढ़ते हुए रूपवाद से बहुत सीधा और तात्कालिक सम्बन्ध है।

इस पुस्तक की कुछ स्थापनाओं से कुछ लेखक-मित्र दुखी और आहत भी हो सकते हैं, जबकि मेरा वैसा कोई मंशा नहीं रहा है। मैंने सामाजिक विकास के संदर्भ में ही कहानी और उसके विभिन्न आंदोलनों की पड़ताल करने की कोशिश की है। उन सभी मित्रों के प्रति मैं अपनी हार्दिक कृतज्ञता प्रकट करना चाहूंगा जो किसी न किसी रूप में इस पुस्तक के लिखे जाने में सहायक रहे हैं।

—**मधुरेश**

पगी होने पर भी अपने समय की आहट इनमें आसानी से सुनी जा सकती है। माधव राव सप्रे की 'एक टोकरी भर मिट्टी' जब अर्से बाद, एक तरह से पुनराविष्कृत कहानी के रूप में, प्रकाश में आई तो लोगों ने उसे हिन्दी कहानी की यथार्थवादी परम्परा के सूत्रपात का श्रेय दिया। गिरिजा दत्त वाजपेयी की कहानी अनमेल विवाह की समस्या पर है। बंग महिला की 'दुलाई-वाली' 1905 के बंग-विभाजन की पृष्ठभूमि में स्वदेशी-आंदोलन की गूँज लिए है; जिसका सूत्रपात भारतेंदु ने अपनी रचनाओं द्वारा किया था। वृन्दावन लाल वर्मा की कहानियाँ विगत राजपूती शौर्य की गाथा कहने के साथ ही, इतिहास के संदर्भ में, हिंदू-मुस्लिम एकता और सद्‌भाव पर बल देती हैं, जो स्वाधीनता आंदोलन की दृष्टि से 'सरस्वती' की परिवर्तित नीति का ही परिणाम था। इन्हीं कहानियों के लिखे जाने के आस-पास उन्होंने 'सेनापति ऊदल' (1909) नामक नाटक भी लिखा था, जिसे ब्रिटिश सरकार द्वारा ज़ब्त कर लिया गया था। यह भी उल्लेखनीय है कि प्रेमचंद धनपतराय के नाम से उर्दू में कहानियाँ लिख रहे थे और उनकी उर्दू कहानियों का पहला संग्रह 'सोज़ेवतन' इसी के आस-पास 'सिडीशन'—राजद्रोह—के आरोप में जब्त किया गया था। इस दशक की कहानियों के संदर्भ में यह तथ्य विशेष रूप से उल्लेखनीय है कि उपन्यास की तरह कहानी का अभ्यास-काल उतना लंबा नहीं खिंचता। न ही उसमें 'उपदेश' और 'कल्पना' की दो समानांतर धारायें दिखाई देती हैं, जिनके संश्लेषण के लिए उपन्यास को लगभग तीन दशकों तक प्रतीक्षा करनी होती है।

हिन्दी कहानी के विकास की दृष्टि से इस शताब्दी के दूसरे दशक का ऐतिहासिक महत्व है। आगे चलकर जिन्हें हिन्दी कहानी की दो समानांतर धाराओं के रूप में रेखांकित करने की एक परिपाटी सी विकसित हुई—समाजपरक यथार्थवादी कहानियों की धारा और भाववादी व्यक्तिवादी कहानियों की धारा—उनका सूत्रपात इसी दशक में हुआ। महावीर प्रसाद द्विवेदी से नीतिगत मतभेद के कारण 1909 में काशी से अंबिका प्रसाद गुप्त के संपादन में 'इन्दु' का प्रकाशन शुरू हुआ। इसके संपादक भले ही गुप्त जी रहे हों, लेकिन पत्रिका के व्यक्तित्व पर जयशंकर प्रसाद की सुस्पष्ट छाप देखी जा सकती है। यह एक तरह से 'सरस्वती' का विरोधी मंच था। महावीर प्रसाद द्विवेदी ने प्रेम को लगभग एक वर्जित क्षेत्र मानकर जिस प्रकार के नैतिक और प्राय: ही स्थूल सामाजिकता को प्रोत्साहन दिया, 'इंदु' की दृष्टि उससे मूलत: भिन्न थी। प्रसाद और उनके सहयोगी लेखक आत्मपरक और व्यक्तिवादी रुझानों के प्रति आग्रहशील थे। सन् '10 में प्रसाद जी का 'प्रेम-पथिक' प्रकाशित हुआ। 'इंदु' में प्रकाशित होती रही उनकी कहानियों का पहला संग्रह 'छाया' सन् '12 में प्रकाशित हुआ। उनका दूसरा संग्रह 'प्रतिध्वनि' इसके चौदह वर्ष बाद सन् '26 में आया। कहानी प्रसाद के लिए मूल रचनात्मक सक्रियता वाली विधा नहीं रही, लेकिन उसके प्रति उनका आकर्षण लगभग उनके पूरे जीवन भर बना रहा। उनकी कहानियों का अंतिम संग्रह 'इन्द्रजाल' उनके निधन से कुछ पूर्व सन् '36 में प्रकाशित हुआ।

'छाया' की अधिकतर कहानियाँ ऐतिहासिक पृष्ठभूमि पर रचित हैं। 'तानसेन', 'रसिया बलम', 'अशोक', 'गुलाम', 'जहाँआरा' और 'मदन-मृणालिनी' आदि कहानियाँ या तो ऐतिहासिक पात्रों एवं घटनाओं से संबद्ध हैं या उनका पूरा परिवेश ऐतिहासिक है। लेकिन इन

कहानियों को पढ़कर कहीं ऐसा नहीं लगता कि ये इतिहास का प्रयोग अपने वर्त्तमान के लिए कर रही हों। इन कहानियों में ऐसे अनेक सूत्र हैं, जो आगे चलकर हिन्दी कहानी में प्रसाद की स्थायी पहचान बनते हैं। लेखक के ऐतिहासिक विकास क्रम की दृष्टि से भी इन क़हानियों का महत्व असंदिग्ध है। इनमें की अधिकतर कहानियाँ प्रेम के उदात्त रूप को उद्‌घाटित करके उसके लिए सर्वस्व बलिदान की भावना पर बल देती हैं। 'तानसेन' में जब मुग़ल सरदार रामप्रसाद के गायन पर मुग्ध होकर उससे वर माँगने का आग्रह करता है तो वह अपनी प्रतिस्पर्धिनी सौसन को ही माँग लेता है। उसकी प्रार्थना स्वीकार करते हुए सरदार धर्मानुसार उससे विवाह करने को कहता है तो राम प्रसाद, जो अब तानसेन बन चुका है, कहता है—'आज से हमारा धर्म प्रेम है....' (छाया, पृ० 10) 'रसिया बलम' में प्रेम की असफलता पर बलवंत और राजकुमारी दोनों आत्मघात द्वारा अपने उत्कट प्रेम का परिचय देते हैं। 'मदन-मृणालिनी' में प्रेम की असफलता से पैदा हताशा नायक को सन्यास के लिए प्रेरित करती है। अंतिम समय में सूचना पाकर जब मृणालिनी मदन से भेंट के लिए सागर-तट पर पहुँचती है तो देखती है कि उसका पोत खुलकर समुंद्र में काफी दूर जा चुका है। आगे बढ़ते हुए पोत में गेरुए वस्त्रों में खड़े मदन की उसे एक झलक मात्र दिखाई देती है। 'गुलाम' और 'जहाँआरा' में भी मुग़ल काल की पृष्ठभूमि है। 'गुलाम' कहानी प्रतिहिंसा और घृणा को शक्ति के रूप में उपयोग का संकेत देती है तो 'जहाँआरा' अपने वृद्ध पिता शाहजहाँ के लिए अपने सारे सांसारिक सुखों को त्याग कर स्वेच्छा से कारागार का वरण करने वाली युवती की कथा है, जिसकी मौन उदात्त पीड़ा का साक्ष्य एक सुखद अपवाद की तरह मुग़ल इतिहास में सुरक्षित है।

'छाया' की जो कहानियाँ अपने वर्तमान की दृष्टि से इतिहास का उपयोग करती दिखाई देती हैं, उनमें 'सिकंदर की शपथ' और 'चित्तौर का उद्धार' का उल्लेख किया जा सकता है। 'सिकंदर की शपथ' में अश्वक वीरों के साथ भारतीय वीरों की शौर्य-गाथा अंकित है। पराजय और दुर्ग-ध्वंस के बाद सरदार पत्नी सिकंदर की शरणागत हो जाती है। सन्धि के नियमों का उल्लंघन करके सिकंदर भारतीय सैनिकों को अपनी सेना में भर्ती करने का दबाव डालता है और उनके अस्वीकार कर देने पर घेर कर उन सबकी हत्या करवा देता है। सिकंदर के छत्र, ग्रीक सेना के अत्याचार के विरोध में भारतीय वीरों, विशेषकर स्त्रियों के बलिदान की यह कहानी स्वाधीनता आंदोलन के संदर्भ में विशेष रूप से उल्लेखनीय हो जाती है। इस तरह प्रकारांतर से प्रसाद अंग्रेजों के छल-छद्म और कूटनीति के प्रतिपक्ष में भारतीय वीरों के शौर्यपूर्ण बलिदान को ही स्मरण कर रहे होते हैं। 'चित्तौर का उद्धार' विलुप्त मर्यादा की पुनर्प्रतिष्ठा का प्रतीक बन जाता है। यहाँ भी स्त्रियों की भूमिका का संकेत महत्वपूर्ण है। स्वाधीनता आंदोलन के संदर्भ में भारतीय अस्मिता की पहचान का कार्य प्रसाद अपनी इसी दौर की कुछ सामाजिक कहानियों में भी करते हैं। इन कहानियों में 'ग्राम' और 'शरणागत' का उल्लेख किया जा सकता है। 'ग्राम' का भू-स्वामी मोहन लाल अपने तौर-तरीकों और रहन-सहन में उस वर्ग का प्रतिनिधि पात्र है, जो प्रथम स्वाधीनता-संग्राम की असफलता और दमन से पैदा हुई हताशा के परिणामस्वरूप अंग्रेजों की चापलूसी द्वारा

आत्मविकास की राह पकड़ता है। अपने देशवासियों के प्रति घृणा और हिक़ारत उसका स्थायी भाव है। उसकी तुलना में प्रसाद ने विस्तारपूर्वक ग्राम-सभ्यता की सहजता, उमंग और उत्सवप्रियता को रेखांकित किया है। किशोरी और उसकी माँ की यही निराडंबर सहजता उस भारतीय दृष्टि का प्रतीक बनकर कहानी में उपस्थित है, जो सारी सम्पत्ति और वैभव से वंचित होकर भी आत्मगौरव और सम्मान का वरण करती है। 'शरणागत' में प्रसाद जी इस पहचान की एक भिन्न पद्धति अपनाते हैं। किशोर सिंह का आतिथ्य ग्रहण करके विल्फर्ड और एलिस धीरे-धीरे किशोर सिंह की पत्नी सुकुमारी के प्रभाववृत्त में आते-जाते हैं। पति के सामने कुर्सी पर न बैठने और उसके साथ भोजन न करने वाली सुकुमारी को देखकर, पति के प्रति पत्नी की इस निष्ठा और हार्दिक समर्पण का प्रभाव एलिस पर भी बिना पड़े नहीं रहता। 'शरणागत' वस्तुत: लेखक के विशफुल थिंकिंग की कहानी है, जिसमें एक अंग्रेज युवती भारतीय जीवन-पद्धति की ओर आकृष्ट दिखाई जाती है—जिसका विकास आगे चलकर 'चंद्रगुप्त' की कार्नेलिया के रूप में होता है। सिपाही-विद्रोह शांत होने पर, जब अंग्रेज दम्पति जाने को तैयार होते हैं, तो उनके लिए दो घोड़े तैयार कराए जाते हैं। एलिस सुकुमारी से विदा लेने अन्दर चली जाती है। लेकिन बाहर निकलने पर उसे पहचान पाना मुश्किल है—'एलिस ने अपना गाउन नहीं पहना, उसके बदले फीरोजी रंग के रेशमी कपड़े का कामदानी लँहगा और मखमल की कंचुकी, जिसके सितारे रेशमी ओढ़नी के ऊपर चमक रहे हैं। यह क्या? स्वाभाविक अरुण अधरों में पान की लाली भी है, आँखों में काजल की रेखा भी है, चोटी भी फूलों से गूँथी जा चुकी है और मस्तक में सुन्दर-सा बाल अरुण का बिंदु भी तो है....(वही पृ० 30) इस प्रकार जयशंकर प्रसाद, प्रथम स्वाधीनता संग्राम की पृष्ठभूमि में, सुरक्षा और सुविधा पर नज़र गड़ाए भारतीय सामंत वर्ग के मूल अंतर्विरोध को रेखांकित करना चाहते हैं। इस सबके लिए वे कहानी के विकास की तर्कपूर्ण और स्वाभाविक स्थितियों के प्रति उदासीन हो जाने की छूट भी लेते हैं। एलिस के कटे हुए बालों की चिंता किए बिना वे भारतीय युवती की तरह उसका श्रृंगार करवाकर उसकी वेणी में फूल गूँथे जाने की संभावना छोड़ने को भी तैयार नहीं है। एलिस के लिए, पति के साथ जाने को, सजा-सजाया घोड़ा तैयार खड़ा रहता है और सुकुमारी के सुझाव पर उसके लिए पालकी तैयार की जाती है जिसे वह सहज भाव से स्वीकार कर लेती है।

प्राय: ही इस ओर संकेत किया जाता रहा है कि प्रसाद अंतर्मुखी प्रवृत्ति वाले लेखक थे, अपने युग की सामाजिक-राजनीतिक हलचलों के प्रति उदासीन न होने पर भी उनमें उनकी वैसी प्रखर दिलचस्पी नहीं थी, जैसी थोड़ा आगे चलकर वह प्रेमचंद में दिखाई देती है। आज कुछ लोग यथार्थवाद की अपर्याप्तता की बात भी करने लगे हैं, इसे वे प्रसाद के बचाव में भी इस्तेमाल करते देखे जा सकते हैं, लेकिन यह सच है कि आगे चलकर भी प्रसाद इन युगीन हलचलों को तथ्यात्मक और यथार्थवादी ढंग से अंकित करने की कोई वैसी कोशिश नहीं करते, जिससे इनके वास्तविक स्वरूप और सूक्ष्म ब्यौरों को समझने में सहायता मिल सके। पराधीनता से उपजी हताशा और पीड़ा की क्षति-पूर्ति, किसी कदर आत्म-मुग्ध भाव से, वे भारत के अतीत गौरव की गरिमा का बखान करके करते हैं। निश्चय ही इसके लिए वे

मैथिलीशरण गुप्त से भिन्न, 'कथन' से हटकर 'चित्रण' की अपनी पद्धति के कारण अधिक गम्भीर और प्रभावशाली लगते हैं। संस्कृति एवं इतिहास के क्षेत्र में भारत का गौरव-गान और शैवागम दर्शन में आनन्दवादी रुझान प्रसाद के रचनात्मक सरोकारों को काल्पनिक भाववाद से जोड़ने के बावजूद, इस संसार के प्रति उनकी दिलचस्पी को कम नहीं करते। प्रेम, रूपासक्ति, करुणा और आनन्द के बीच वे सदैव मनुष्य को अपनी रचना के केन्द्र में रखकर चलते दिखाई देते हैं। स्वाधीनता-संघर्ष के दौर में, 'कामायनी' के समान ऐश्वर्य, भोग और वैभव की सीमाओं को रेखांकित करके वे ऊर्जा के वास्तविक स्रोतों के अन्वेषण की पहल करते हैं।

सन् '12 में 'छाया' के प्रकाशन के बाद प्रसाद की कहानियों का दूसरा संग्रह 'प्रतिध्वनि' 1926 में प्रकाशित हुआ। हिन्दी कहानी के विकास की दृष्टि से उनके दोनों संग्रह के प्रकाशन के बीच का काल अत्यन्त महत्वपूर्ण है। इसकी चर्चा हम अभी थोड़ा ठहरकर करेंगे। जहाँ तक प्रसाद की कहानियों का सवाल है, उनकी प्रतिनिधि और प्रौढ़ कहानियों के संग्रह 'आँधी' और 'आकाशदीप' क्रमश: सन् '29 और '31 में आये। उनके अंतिम दौर की कहानियों का संग्रह 'इन्द्रजाल' उनके निधन के कुछ पूर्व सन् '36 में प्रकाशित हुआ। प्रेमचन्द के साथ रखकर प्रसाद की कहानियों का मूल्यांकन किये जाने पर प्राय: ही उनके साथ अन्याय होता रहा है। कहानी भले ही प्रसाद के लिए मूल केन्द्रीय विधा न हो, जैसी वह प्रेमचंद के लिए थी, लेकिन कुल मिलाकर उनके यहां आठ-दस कहानियाँ ऐसी हैं, जिनके आधार पर, इस क्षेत्र में उनके रचनात्मक अवदान को व्यापक स्वीकृति मिलती रही है।

प्रसाद की इन कहानियों में 'पुरस्कार', 'ममता', 'गुण्डा', 'आकाशदीप', 'स्वर्ग के खंडहर में', 'देवरथ', 'सालवती', 'घीसू', 'नूरी' और 'मधुआ' आदि कहानियों का उल्लेख सहज ही किया जा सकता है। प्रसाद की ये कहानियाँ एक ओर यदि प्रेम के उदात्त रूप और सर्वस्व-बलिदान में निहित साहस एवं शौर्य को रेखांकित करती हैं तो वहीं वे दो परस्पर विरोधी भावों के संघात और द्वन्द्व को नाटकीय कौशल के साथ प्रस्तुत करती हैं। 'पुरस्कार' में वह द्वन्द्व प्रेम और देश के बीच है, 'आकाशदीप' में प्रेम और घृणा के बीच। अपनी कहानियों की ऐतिहासिक पृष्ठभूमि के बावजूद मनुष्य की भाव-संवेदना को प्रसाद केन्द्रीय महत्व देते हैं। 'गुण्डा' में काशी की राजनीतिक उथल-पुथल के बीच नन्हकू सिंह के शौर्यपूर्ण बलिदान की कथा प्रसाद के प्रेम संबंधी दृष्टिकोण का एक प्रतिनिधि उदाहरण है। आलोचना की परिपाटी भले ही प्रेमचंद और प्रसाद को आमने-सामने रखकर मूल्यांकन की रही है, लेकिन सच्चाई यह है कि दो धाराओं का कोई सुस्पष्ट विभाजन हमेशा ही बहुत सरल नहीं है। प्रसाद यदि एक ओर ऐतिहासिक परिवेश और पृष्ठभूमि वाली कहानियाँ लिख रहे थे, वहीं वे 'नूरी' और 'मधुआ' जैसी सामाजिक कहानियाँ भी लिख रहे थे। इसी प्रकार अपने महोवा प्रवास में प्रेमचंद ने बहुत सी ऐसी ऐतिहासिक कहानियाँ लिखीं, जो अपनी प्रकृति में प्रसाद की कहानियों के निकट पड़ती हैं। प्रसाद अपनी ऐतिहासिक पृष्ठभूमि वाली कहानियों में भी कभी मनुष्य के विरोध में खड़ी इतिहास की शक्ति और विडंबना पर व्यंग्य करते हैं, जो 'ममता' की ममता की तरह मनुष्य की पीड़ा के प्रति उदासीन रहकर अपना काम अपने ढंग से करती हैं, तो कभी 'स्वर्ग के खण्डहर में' जैसी कहानियों में

अतिशय भोगवाद के संदर्भ में उसके अन्त का अवसादपूर्ण संकेत देते हैं। वस्तुत: इस सूत्र की खोज प्रसाद के अपने व्यक्तित्व में ही की जानी चाहिए कि अपने युग और मनुष्य के शाश्वत भावों के प्रकाशन के लिए भी वे ऐतिहासिक परिवेश और पृष्ठभूमि की ओर क्यों जाते हैं? प्रसाद की इन कहानियों का स्पष्ट प्रभाव प्रागैतिहासिक और ऐतिहासिक पृष्ठभूमि पर लिखी गयी रांगेय राघव की 'महायात्रा' की गाथाओं तक पर देखा जा सकता है। प्रसाद की कहानियों की शैली और शब्द-संपदा को लेकर भी प्राय: ही मतभेद रहा है। इस अत्यधिक संस्कृतनिष्ठ, तत्सम-बहुल शैली का विकास आगे चलकर गद्यगीत तक जाता है, जिसे एक विलुप्त प्रजाति की तरह आज भी साहित्य और इतिहास के संग्रहालय में देखा जा सकता है। लेकिन प्रसाद की अपनी कहानियों के सन्दर्भ में स्थिति ठीक वैसी ही नहीं है जैसी वह राय कृष्ण दास और चण्डी प्रसाद शर्मा हृदयेश की कहानियों के साथ दिखाई देती है। प्रसाद की ऐतिहासिक-सांस्कृतिक पृष्ठभूमि वाली कहानियों में यह शैली उनके शिल्प-विधान का एक अनिवार्य हिस्सा बनकर आती है। 'कामायनी' और अपने नाटकों की पृष्ठभूमि के कारण इसे उन्हें कहीं भी साधना नहीं होगा। यह उनके लिए वैसी ही स्वाभाविक और स्वत:स्फूर्त है जैसी आगे चलकर हज़ारी प्रसाद द्विवेदी के उपन्यासों में दिखाई देती है। अपनी रचना वस्तु के अनुरूप भाषा और शैली के विकास की चेतना प्रसाद में शुरू से ही देखी जा सकती है। 'नूरी', 'घीसू' और 'मधुआ' की शैली ठीक वैसी ही नहीं है जैसी 'पुरस्कार', 'आकाशदीप' और 'गुण्डा' की है। अपनी रचनात्मक निष्ठा और सजग कला-बोध के कारण ही प्रसाद की कहानियाँ आज इतिहास की धरोहर मात्र होने से बची रह सकी हैं।

हिन्दी कहानी के मंच पर प्रसाद का प्रवेश और उनकी आरम्भिक रचनात्मक सक्रियता इस शताब्दी के दूसरे दशक की एक ऐतिहासिक घटना है। लेकिन इसके अतिरिक्त भी बहुत-कुछ है जो इसी दशक में हुआ। सन् '15 में 'सरस्वती' में ही चंद्रधर शर्मा गुलेरी की कहानी 'उसने कहा था' प्रकाशित हुई और इसी वर्ष अपनी कहानी 'सौत' के 'सरस्वती' में ही प्रकाशन के बाद प्रेमचंद उर्दू से हिन्दी में आये। प्रेमचंद की भाँति सामाजिक-पारिवारिक पृष्ठभूमि पर जो अन्य कहानीकार इस काल में सक्रिय थे उनमें विश्वम्भर नाथ शर्मा कौशिक, राजा राधिकारमण सिंह, पण्डित ज्वाला दत्त शर्मा, सुदर्शन आदि का उल्लेख आवश्यक है। संयोग और दैवी विधान के अतिरेकपूर्ण उपयोग के कारण इस दौर की अधिकतर कहानियों में कथानक का विकास बहुत स्वाभाविक ढंग से नहीं हुआ है। ये संयोग और पात्रों की आदर्शवादी परिणति उन्हें विश्वसनीय रूप में हमारे सामने नहीं आने देतीं। लेकिन इस सारी पृष्ठभूमि और आचार्य महावीर प्रसाद द्विवेदी के नैतिक आग्रहों के बावजूद उनकी 'सरस्वती' में ही 'उसने कहा था' का प्रकाशन इस समूचे काल-खण्ड की एक अद्‌भुत और चमत्कृत कर देने वाली घटना है। आज अस्सी वर्ष बाद भी न सिर्फ यह कि इस कहानी की पठनीयता अक्षुण्ण और अप्रभावित रही है, अनेक कारणों और अनेक दृष्टियों से उसका उल्लेख और मूल्यांकन किया जाता रहा है।

वैसे गुलेरी जी ने 'बुद्धू का काँटा' और 'सुखमय जीवन' के अतिरिक्त कुछ और कहानियाँ भी लिखीं जो बाद में प्रकाश में आईं। लेकिन वे किसी भी रूप में 'उसने कहा था'

की स्थिति और महत्व को प्रभावित नहीं कर सकीं। 'उसने कहा था' प्रथम विश्वयुद्ध की पृष्ठभूमि पर लिखी गयी कहानी है, जो सन् '14 में उसके प्रारम्भ होने के बाद ही लिखी गयी। इस तरह अपने युग की महत्वपूर्ण घटनाओं को अंकित करने की चेतना की दृष्टि से तो कहानी का महत्व है ही, प्रेम और कर्त्तव्य-बोध के बीच लहना सिंह के चरित्र के विकास की दृष्टि से भी अपने समय की विकास-शील कहानी को यह बहुत पीछे छोड़ देती है। यद्यपि संयोग का तत्व इस कहानी में भी है, लेकिन उसके उपयोग में वैसी स्थूलता और कृत्रिमता से यहाँ सहज ही बचा जा सका है, जो इस युग की कहानियों की एक सामान्य पहचान जैसा है। गुलेरी जी ने युद्ध में प्रत्यक्ष रूप से भाग लिए बिना भी सैनिकों की दिनचर्या और सैनिक कार्रवाई का जैसा जीवंत वर्णन किया है उन वर्णनों की चित्रात्मक शैली का इस कहानी की सफलता में बहुत बड़ा योगदान है। चाहे शुरू में अमृतसर के बाजार का वर्णन हो या बाद में युद्ध के मोर्चे का कहानी का सबसे बड़ा गुण इसी परिवेशगत यथार्थ का अंकन है। अमृतसर की इन्हीं सड़कों पर बचपन में मिली लड़की के बेटे और पति की सुरक्षा का आश्वासन लहनासिंह के चरित्र का केन्द्रीय सूत्र बन जाता है और वह अपने को मिटाकर भी अपने दिये गए वचन का पालन करता है। 'उसने कहा था' वस्तुतः हिन्दी की पहली कहानी है, जो शिल्प विधान की दृष्टि से हिन्दी कहानी को एक झटके में ही प्रौढ़ बना देती है। लहनासिंह की स्मृतियों में उभरा उसका अतीत हिन्दी में पहली बार फ्लैश-बैक् का प्रौढ़ और कलात्मक उपयोग करता है जिसमें उसके जीवन के अनेक छोटे बड़े चित्र एक कला वीथिका की तरह उभरते चलते हैं। अमृतसर में मामा के यहाँ बीते दिन, भेंट और आरम्भिक छेड़-छाड़ से लेकर सेना में भर्ती, संयोग से हुई भेंट और पहचान और मोर्चे पर गाँव-घर की स्मृतियों का अंतहीन फैलाव....यह सब कहानी की बुनावट में इतने कलात्मक ढंग से बुना गया है, जो हिन्दी कहानी के विकास के आरम्भिक दौर में ही कहानी को एक ऐसी कलात्मक प्रौढ़ता देता है, जिसका अतिक्रमण कर पाना स्वयं गुलेरी जी के लिए भी असम्भव होता है और दूसरे लेखकों को भी। राजा राधिकारमण सिंह की 'कानों में कँगना' भी एक महत्वपूर्ण और उल्लेखनीय प्रेम कहानी है, जो वर्षों तक लेखक की पहचान का माध्यम बनी रही है, लेकिन 'उसने कहा था' की अद्‌भुत और चमत्कारी पठ-नीयता के अभाव में आज उसका महत्व केवल उसके उल्लेखनीय होने में ही सिमटकर रह गया है। राजा राधिकारमण सिंह की एक अन्य कहानी 'माँ' वैधव्य और मातृत्व के तनाव को संवेदनशीलता और विश्वसनीयता के साथ अंकित करती है। स्वाधीनता आंदोलन और वर्ग भेद से पैदा सामाजिक वैषम्य राजा साहब की कहानियों की मूल चेतना का निर्माण करते हैं।

प्रेमचंद उर्दू में 'सोजेवतन' की दुखद परिणति देख चुके थे। सम्भवतः इसी कारण आगे के कई वर्षों तक वे घर-परिवार और अपने आस-पास के सामाजिक जीवन की कहानियाँ लिखते दिखाई देते हैं। हिन्दी में, सन् '15 में ही प्रकाशित 'सौत' को उनकी पहली कहानी माना जाता है। पति के लिए एक निःसंतान स्त्री का स्वयं दूसरे विवाह के लिए प्रेरित करना और बाद में उसकी व्यवहारिक परिणति पर, आत्महत्या करने पर भी, पति के प्रति उसके समर्पण और निष्ठा का उदाहरण प्रस्तुत करना ही कहानी का उद्देश्य है। एक बाँझ स्त्री की

पीड़ा और सौत आ जाने पर उसके मानसिक द्वन्द्व का अंकन प्रेमचंद पर्याप्त विश्वसनीयता से कर सके हैं। प्रेमचंद पर चूँकि आगे चलकर अलग से विस्तारपूर्वक लिखा जाएगा, यहाँ उनकी कथा-धारा के अन्य प्रमुख लेखकों की चर्चा ही अभीष्ट है। सुदर्शन, कौशिक और ज्वाला दत्त शर्मा आदि लगभग वैसी ही कहनियाँ लिख रहे थे, जैसी कहानियों से प्रेमचंद ने पारिवारिक और सामाजिक कहानियों को प्रतिष्ठा दिलवाई। इनमें से अनेक लोगों की कहानियाँ प्रेमचंद की कहानियों के आस-पास ही प्रकाशित हुईं। कुछ आलोचकों ने इस ओर भी संकेत किया है कि प्रेमचंद जैसे वटवृक्ष की छाया में उगने के कारण ही इन कहानीकारों का वास्तविक मूल्यांकन नहीं हो सका। लेकिन प्रेमचंद में जैसी सजग सामाजिक-राजनीतिक दृष्टि और जीवन की जैसी समझ थी, वह इन कहानीकारों में नहीं थी। यही कारण है कि इन लेखकों के पास एक-दो उल्लेखनीय और महत्वपूर्ण कहानियाँ तो अवश्य हैं; लेकिन उनकी समूची रचनात्मक सक्रियता उन्हें प्रेमचंद के आगे निष्प्रभ कर देती है। इस पर भी सुदर्शन और कौशिक आदि पर अन्य भाषाओं की कहानियों का प्रभाव बहुत स्पष्ट है। कौशिक की 'ताई' और 'रक्षा बन्धन' उनकी महत्वपूर्ण कहानियाँ हैं लेकिन घर-परिवार की सीमा का अतिक्रमण न कर पाना उनकी अपनी सीमा बन जाता है। इनमें भी 'ताई' पर बंगला के शरच्चंद्र की 'बिन्दुर छेले' का प्रभाव स्पष्ट है। संयुक्त परिवार, विधवा और बाँझ स्त्रियों की पीड़ा और बच्चों की छोटी-मोटी लालसायें इन कहानियों का मूल कथ्य है। सुदर्शन की 'सच्ची शांति', 'एथेंस का सत्यार्थी', 'हार-जीत' और 'बाप का हृदय' आदि महत्वपूर्ण और उल्लेखनीय कहानियाँ हैं। पारिवारिक जीवन की अनुभूतियाँ और मनुष्य के चरित्र में निहित त्याग और आदर्श की भावना को उद्‌घाटित करके सुदर्शन ने वस्तुतः उसी कहानी धारा के विकास में योग दिया जो प्रेमचंद की अपनी परिचित जमीन थी।

इस दौर के कहानीकारों में पाण्डेय बेचन शर्मा 'उग्र' का उल्लेख विशेष रूप से आवश्यक है। उग्र की कहानी 'उसकी माँ' के आधार पर आचार्य नंद दुलारे वाजपेयी ने उग्र को हिन्दी का पहला राजनीतिक कहानीकार माना है। द्विवेदी-युग और उसके बाद के कुछ वर्ष सुधारवादी रुझान के वर्ष थे जिस काल में, राजनीतिक और सामाजिक पृष्ठभूमि में, उग्र ने घोर यथार्थवादी कहानियाँ लिखीं। उग्र निम्न वर्ग से आये थे और जीवन का व्यापक अनुभव उनके पास था। लेकिन वैचारिक दृष्टि से उनमें एकसूत्रता और निरन्तरता का अभाव है, जिसके कारण कभी-कभी वे अराजकतावादी तक दिखाई देने लगते हैं। अपनी 'निहलिस्ट' नामक कहानी में, जो रूस में ज़ारशाही शासन द्वारा दमन की पृष्ठभूमि पर लिखी गयी है, स्वदेश प्रेम और स्वाधीनता के लिए सर्वस्व न्योछावर कर देने वाले युवकों को केन्द्र में रखते हैं। इस कहानी में वे अकारण हिंसा और आतंक से बचाव की बात भी करते हैं, लेकिन देश की स्वाधीनता के विचार से वे कोई समझौता करने को तैयार नहीं हैं। उनकी इन आरम्भिक कहानियों का संग्रह 'चिंगारियाँ' नाम से भले ही सन् '26 में प्रकाशित हुआ, लेकिन उसकी कहानियाँ पहले ही पत्रिकाओं में छप चुकी थीं। बारह कहानियों का यह संग्रह प्रकाशन के दो वर्ष बाद सन् '28 में अपने क्रांतिकारी विचारों के कारण, ब्रिटिश सरकार द्वारा जब्त कर लिया गया था। सन् '20 में उनके संपादन में निकला हस्तलिखित पत्र

'उग्र' वस्तुतः उनकी शैली की पहचान बन गया और इसी के आधार पर वे इसी नाम से प्रसिद्ध हुए।

'चिंगारियाँ' की कहानियों का प्रभाव, आगे चलकर अज्ञेय आदि की कहानियों पर भी देखा जा सकता है—विशेषकर 'विपथगा' की विदेशी पृष्ठभूमि पर लिखी गयी उनकी क्रांतिकारी कहानियों पर। मार्कण्डेय ने उग्र के पात्रों पर अविश्वसनीय होने का आरोप लगाया है। इस संदर्भ में उनकी टिप्पणी है, 'इन कहानियों में पात्रों के निर्माण का कोई प्रश्न ही हीं उठता। उग्र हमेशा बने-बनाए पात्रों की ही खोज में रहते हैं। वे जीवन की भूसी में से दाना चुनने का तकलीफ़देह काम नहीं करना चाहते, क्योंकि इससे दृष्टि को भी काम में लाने की आवश्यकता पड़ती है, इसलिए मात्र संस्कारों के सहारे वे पात्रों की चुटिया पकड़ते फिरते हैं....' (नई कहानियाँ, मार्च 62, पृ० 140) उग्र की कहानियों का क्षेत्र बहुत व्यापक है। हिन्दू-मुस्लिम एकता, विधवा की स्थिति, अवैध संतान, वेश्या-वृत्ति और व्यभिचार आदि पर उन्होंने बहुत बेबाकी के साथ लिखा है। पात्रों और कथा-स्थितियों की अविश्वसनीयता और शैली की उग्रता के कारण प्रायः ही लोगों ने उन्हें प्रकृतवादी लेखक भी कहा। लेकिन तेजसिंह अपने शोधपरक निबन्ध 'राष्ट्रीय स्वाधीनता आंदोलन और जब्तशुदा चिनगारियाँ' में उग्र को प्रेमचंद के समान ही आलोचनात्मक यथार्थवादी लेखक माने जाने पर बल देते हैं। वे लिखते हैं....'उन्हें प्रकृतवादी कहना, उनके साहित्य के साथ अन्याय है और ऐसा मूल्यांकन गलत विश्लेषण पर आधारित होगा। उग्र प्रकृतवाद का नहीं, आलो-चनात्मक यथार्थवाद का विकास कर रहे थे....' (इंद्रप्रस्थ भारती, अप्रैल-जून '92, पृ० 25)

अब तक की इस चर्चा के बाद हम संभवतः उस स्थान पर पहुँच गए हैं जहाँ हिन्दी-कहानी के विकास-क्रम में प्रेमचंद की भूमिका पर विस्तारपूर्वक कुछ कहा जाना आत्रश्यक है।

प्रेमचंद

प्रेमचंद की कहानियों पर 'सोज़ेवतन' से बात शुरू करने का अपना खास औचित्य है। वस्तुत: पाँच कहानियों का यही वह संकलन था, सन् 1909 में जिसके प्रकाशन के बाद 'प्रेमचंद' का प्रादुर्भाव संभव होता है। इन कहानियों के प्रकाशन के संदर्भ में आज ऐसी कोई जिज्ञासा स्वाभाविक ही मानी जानी चाहिए कि आखिर किस कारण तत्कालीन ब्रिटिश सरकार ने इन्हें खतरनाक समझा था, इनके आधार पर प्रेमचंद पर 'सिडीशन' का आरोप लगाया गया था और उनकी अदम मौजूदगी में उनके संग्रह की सारी प्रतियों को आग के सुपुर्द करते हुए सम्बद्ध अधिकारी ने उन्हें चेतावनी दी थी कि आगे वह ऐसा कुछ भी करने की ज़ुरअत न करें। उन्हें इस बात के लिए ख़ैर मनाने की सलाह भी दी गई थी कि वह ब्रिटिश अल्मदारी में हैं नहीं तो इस जुर्म के लिए उनके हाथ कलम कर लिए जा सकते थे।...'सोज़ेवतन' की पाँच में से चार कहानियाँ तत्कालीन राष्ट्रीय चेतना के नये उभार को एक सीमा तक रेखांकित अवश्य करती हैं लेकिन अपने युग के ऐतिहासिक और समाजशास्त्रीय सन्दर्भों को लेकर उनका कोई आग्रह नहीं है। सन् 1908 में तिलक की गिरफ्तारी और उसके परिणामस्वरूप बम्बई के मजदूरों की आम हड़ताल जैसी घटनाओं का कोई संकेत इन कहानियों में नहीं है। ठोस राजनीतिक संदर्भों से अपने को बचाकर ये कहानियाँ एक भावना के स्तर पर देश और राष्ट्र-प्रेम को प्रोत्साहित करने की कोशिश का परिणाम हैं। इन कहानियों को पढ़कर उनके देश और काल का या तो कोई बोध होता ही नहीं या यदि होता भी है तो बड़ा अस्पष्ट और धुँधला-सा। इन्हें पढ़कर इतना स्पष्ट अवश्य हो जाता है कि न तो इनका 'देश' वह भारत है और न ही इनका 'काल' वह काल है जिसमें वे लिखी गई हैं। यदि इनमें लेखक के अपने देश और काल कहीं उपस्थित हैं तो बहुत झीने रूप में, एक भावना के स्तर पर, देशभक्ति की एक ऐसी प्रबल भावना जो उठकर और धीरे-धीरे बढ़कर पूरे देश को अपनी ज़द में लेती जा रही थी....।

'सोज़ेवतन' की पाँच कहानियों में से चार—'दुनिया का सबसे अनमोल रतन', 'शेख़ मख़मूर', 'यही मेरा वतन है', 'सांसारिक प्रेम और देश-प्रेम'—भावनात्मक स्तर पर राष्ट्रीय चेतना से अनुप्राणित हैं और दूसरी सारी सांसारिक चीजों की अपेक्षा देशभक्ति के जज्बे को असाधारण गौरव एवं गरिमा देने की दिशा में संतरण करती दिखाई देती है। 'दुनिया का सबसे अनमोल रतन' में शिशु के प्रति वत्सलता और पति के प्रति सारे समर्पण एवं निष्ठा के मुकाबले अपने दशे पर क़ुर्बान हो जाने की भावना को ही सर्वोपरि ठहराया गया है। दिलफ़िग़ार की प्रेमिका मलका दिलफ़रेब जंगलों-बियाबानों में भटकने के बाद लाए गए

वत्सलता के आँसू और अपने पति के साथ सती हुई स्त्री की भस्म को महत्व देती अवश्य है लेकिन वह इनसे भी ज्यादा अनमोल रतन लाने के लिए दिलफ़िग़ार को उत्तेजित करती है और इस तरह तीसरी बार वह जो चीजें लेकर लौटता है, वह एक भारतीय वीर सिपाही के सीने से निकलते हुए खून की बूँद है जिसने अपने देश—भारत—की स्वतन्त्रता की वेदी पर अपने को न्योछावर कर दिया है। जब दिलफ़िग़ार उस सिपाही के ज़ख़्म पर कपड़े का फाहा रखने की कोशिश करता है तो अपने सीने के घाव से उस चीथड़े को निकालते हुए वह कहता है—'क्या तूने यह मरहम रख दिया? खून निकलने दे, इसे रोकने से क्या फायदा? क्या मैं अपने ही देश में गुलामी करने के लिए जिंदा रहूँ? नहीं, ऐसी जिन्दगी से मर जाना अच्छा। इससे अच्छी मौत मुमकिन नहीं।' इसी वीर के खून की बूँद को मलका दिलफरेब दुनिया का सबसे अनमोल रतन मानकर हमेशा के लिए दिलफिगार की लौंडी बन जाती है। उसकी रत्नजड़ित मंजूषा से जो तख्ती निकलती हैं, उस पर सुनहरे अक्षरों में लिखा हुआ था—'खून का वह आख़िरी क़तरा जो वतन की हिफ़ाजत में गिरे दुनिया की सबसे अनमोल चीज़ है।....'

'शेख़ मख़मूर' का मसऊद देशभक्ति त्याग और जातीय एकता का प्रतीक है। कई मौक़े आते हैं जब उस जैसा दिलेर आदमी कुछ भी कर सकता है लेकिन वह एक गैरमामूली ज़ब्त से काम लेता है ताकि आपसी फ़साद और खून-खराबे से बचा जा सके। सरदार नमकखोर के आगे वह अपनी तलवार रख देता है—जो उसे उसके पिता से विरसे में मिली थी—जबकि स्वयं उसके साथी ही उसके इस ज़ब्त से नाखुश होने लगते हैं। इसी तरह सल्तनत के अपने दावे को बचाकर वह शेर अफ़गान को अपनी मलिका मान लेता है ताकि सद्य:प्राप्त स्वतन्त्रता फिर ख़तरे में न पड़ जाए। अन्ततः अपने धैर्य, दिलेरी और त्याग के कारण ही वह अपना खोया हुआ राज्य वापस पाने में सफल होता है।....'यही मेरा वतन है' का नायक लम्बे अरसे बाद अमरीका से अपने देश—हिन्दुस्तान—को लौटता है अपना वर्षों से जमा हुआ रोजगार और परिवार को कहीं छोड़कर। यहाँ लेखक आसानी से अपने नायक को गदर पार्टी से सम्बद्ध या उससे प्रभावित उन क्रांतिकारियों से जोड़ सकता था जो देश की स्वतन्त्रता के प्रयत्नों के सिलसिले में अमरीका में प्रवासी बने हुए थे। लेकिन इन संभावनाओं के उपयोग का कोई आग्रह लेखक नहीं दिखाता है। अपने देश की मिट्टी का आकर्षण बड़े भावुकतापूर्ण ढंग से उसे अपनी ओर खींचता है और अपने रोजगार एवं परिवार की चिंता किए बिना ही वह अपने देश में रुक जाता है ताकि अब अन्तिम समय अपने देश की मिट्टी में मिल सके। यहाँ लेखक देशभक्ति को धार्मिक समझी जाने वाली कुछ चीजों से जोड़कर अपनी सोच को धुंधला जाने के लिए छोड़ देता है। राम-नाम और गंगा का सामीप्य ही उसके लिए जैसे देश का पर्याय बनकर रह जाता है। अपने निजी परिवेश और परिवार से कटने का कोई दु:ख ही वैसे उसे नहीं है। इन सारी चीजों को लेकर कहीं कोई दर्द उसके मन में कभी नहीं उभरता और अपने बेहद सपाट, सरलीकृत और तनावहीन निर्णय की घोषणा वह इन शब्दों में करता है—'मेरे लड़के और मेरी बीबी मुझे बार-बार बुलाते हैं मगर अब मैं यह गंगा का किनारा और यह प्यारा देश छोड़कर वहाँ नहीं जा सकता। मैं अपनी मिट्टी गंगाजी को सौंपूंगा। अब

दुनिया की कोई इच्छा, कोई आकांक्षा मुझे यहाँ से हटा नहीं सकती क्योंकि यह मेरा प्यारा देश मेरी प्यारी मातृभूमि है और मेरी लालसा है कि मैं अपने देश में मरूँ।' 'सांसारिक प्रेम और देश-प्रेम' अपने शीर्षक के अनुरूप सांसारिक प्रेम पर देश-प्रेम की महत्ता प्रतिपादन करती है। यह इटली के प्रसिद्ध देशभक्त मेजिनी के जीवन और संघर्षों को केन्द्र बनाकर लिखी गई कहानी है जिसमें मेजिनी की देशभक्ति, संघर्षशीलता और त्याग-भावना को बड़े भावविह्वल ढंग से उद्घाटित करने की कोशिश की गई है। इटली, इंग्लैंड और स्विट्जरलैंड के सारे जरूरी ब्यौरे लेखक यूं ही अनायास जुटा लेता है क्योंकि लेखक का आग्रह कहानी के परिवेश को लेकर इतना नहीं है जितना कि चरित्र और उसमें भी एक केन्द्रीय भाव—देश-प्रेम—को लेकर है। संग्रह की और दूसरी कहानियों की तरह यह कहानी भी देश-प्रेम की काफी कुछ अमूर्त भावना को एक आकार देने की कोशिश का परिणाम है। अपने स्वरूप में ये कहानियाँ क्रांतिकारी भले ही न हों, वास्तविक अर्थों में इन्हें राजनीतिक कहानियाँ कहना भी मुश्किल है, लेकिन एक भावुकतापूर्ण देश-प्रेम की भावना उनके पोर-पोर में रसी-बसी है और संभवत: इसी कारण अपने प्रकाशित होते समय वे खतरनाक भी समझी गई। इन कहानियों से और चाहे कुछ हुआ हो या न हुआ हो, प्रेमचंद की भावी दिशा और भूमिका का संकेत अवश्य मिल सका था। धुंधली और किसी कदर आवेगपूर्ण होने पर भी यह कहानी को राष्ट्रीय और जातीय सवालों से जोड़ने की एक ऐतिहासिक शुरुआत अवश्य थी....।

प्रेमचंद की शुरू की कहानियाँ चरित्र पर जोर देते हुए भी मूल रूप से घटना-बहुल कहानियाँ हैं जिनमें कभी-कभी तो एक साथ इतनी घटनाओं का ढेर लगा दिया जाता है जो आज ही नहीं, उस समय भी एक अच्छे-खासे उपन्यास के लिए भी कुछ ज्यादा ही मानी जानी चाहिए। इन कहानियों में संयोग और असाधारण रूप से सरलीकृत ढंग से हृदय-परिवर्तन को लेकर भी उनका आग्रह आसानी से देखा जा सकता है। प्राय: इन सभी कहानियों की बुनावट में कहीं ऐसा चरित्र केन्द्र में है तो कहीं कोई ऐसी घटना जिसका उपयोग लेखक हृदय-परिवर्तन या किसी आदर्श के लिए उपयोग करता दिखाई देता है। 'मिलाप' में नानक चंद, जो एक धनी पिता का पुत्र है, अपने पड़ोस की एक विधवा युवती ललिता को लेकर भाग जाता है। लांछन और समाज के भय के कारण बाद में उसके पिता स्वयं ही उसे वापस आने को मना लिख देते हैं, और नियमित रूप से उसे खर्चा भेजते रहते हैं। उसके ललिता से एक पुत्री भी हो जाती है और वे लोग कई वर्ष तक इसी प्रकार रहते हैं। फिर एक दिन अपने पिता की मृत्यु की खबर पाकर वह ललिता और अपनी पुत्री कमला को वैसे ही बेसहारा छोड़कर कलकत्ता से अपने घर बनारस भाग आता है। नदी के किनारे अपने खून से भीगे कपड़े छोड़ आने के कारण पुलिस उसे मृत समझकर ललिता को वैसी ही सूचना दे देती है। बनारस आकर मित्रों की संगत में उसका नया जीवन शुरू होता है। एक के बाद एक तीन बार उसकी शादी होती है और पत्नियाँ मर जाती हैं। अंतिम पत्नी के एक बच्चा भी होता है लेकिन वे दोनों ही चल बसते हैं। मानसिक अकेलापन और निराशा की स्थिति में उसे फिर ललिता और कमला का ख़्याल आता है। अपनी विशिष्ट हिन्दू मानसिकता के कारण वह यह

भी सोचता है कि यह जो कुछ हुआ है, वह निर्दोष ललिता के प्रति किए गए उसके बुरे व्यवहार का परिणाम है। अतः वह कलकत्ता पहुँचकर ललिता का पता लगाता है और ललिता उसे वहीं मिल भी जाती है जहाँ वह उसे दस-बारह वर्ष पहले छोड़कर गया था। अपने किए पर पश्चात्ताप करता हुआ वह उसे अपने साथ लाकर सुख से रहने लगता है। 'नेकी' में घटित घटनाएँ बीस से भी अधिक वर्षों में फैली हुई हैं। जिस हीरामणि को कभी बचपन में एक देवदूत की तरह अचानक पहुँचकर तखतसिंह ने डूबने से बचाया था, वही हीरामणि अनजाने में उसका ज़मींदार बनकर, उसके कल्पित घमंड के कारण उस पर मनमाने जुल्म करता है। वास्तविकता का पता लग जाने पर भी तखतसिंह उसे कुछ न बताकर करुण स्थितियों में वीरता से मर जाना पसन्द करता है। बाद में जब हीरामणि को यह पता चलता है तो तखतसिंह की नेकी और त्याग के बदले वह उसकी स्मृति में एक शिवाला, पक्का कुआं और धर्मशाला बनवाकर अपने किए का प्रायश्चित्त करता है। 'पुत्रप्रेम', 'प्रतिशोध' और 'सिर्फ़ एक आवाज़' जैसी कहानियाँ इसी प्रकार के संयोगों और प्रायश्चित्त तथा हृदय-परिवर्तन को आधार बनाकर लिखी हुई कहानियाँ हैं। 'सिर्फ़ एक आवाज' में लेखक तथाकथित बुद्धिजीवियों के मुकाबले अज्ञानी ठाकुर को कहीं अधिक विश्वसनीय समझता है जो अपने अन्तःकरण के निर्देश को भावुकता समझकर टालने की कोशिश न करके अपनी कथनी और करनी की एकता पर बल देता है। 'देवी' में एक स्त्री एक अंधे भिखारी को दस रुपये का नोट भीख में देने के कारण सहज ही कौतूहल और आदर का पात्र बन जाती है। बाद में मालूम होता है कि वह एक विधवा है और वह नोट उसे पड़ा मिला था इसलिए वह उसे भिखारी को दे देती है। उसके उस त्याग पर घटना का वर्णनकर्ता—लेखक—उसे 'देवी' कहकर उसके प्रति समादर प्रकट करता है। यह वस्तुतः इस रूढ़िवादी हिन्दू सोच का समर्थन है जो पड़े हुए धन के उपयोग को लेकर भाँति-भाँति के भय दिखाती है और उसे दान देकर त्याग का गौरव हासिल करने की ख़ुशफ़हमी में मुब्तिला रहती है। इस वर्ग की कहानियों में भी 'अंधेर' किंचित् भिन्न प्रकार की कहानी है। इसमें लेखक यह दिखाने की कोशिश करता है कि गाँव में अशिक्षा और आपसी फूट का लाभ मुखिया और पुलिस के लोग उठाते हैं। नेता और पुलिस के वर्तमान समीकरण की पूर्व कल्पना की दृष्टि से इस कहानी का महत्त्व आज कुछ ज्यादा ही माना जाना चाहिए। धर्म की वास्तविकता का उद्घाटन भी लेखक इस कहानी में करता दिखाई देता है। अपढ़ और अशिक्षित होते हुए भी गोपाल वास्तविकता को समझने लगा है। उसी पर आक्रमण होता है और उसे बचाने के लिए उसी की पत्नी को पुलिस को पुजापा चढ़ाना पड़ता है। दारोगा के लिए दिए गए पचास रुपयों में से आधे रास्ते में ही मुखिया अपनी अंटी में रख लेता है। जब वह गोपाल को विश्वास दिलाने की कोशिश करता है कि सत्यनारायण की कृपा से ही वह आज पुलिस के चंगुल से बचा है तो किंचित् आक्रोश में गोपाल कहता भी है—'सत्यनारायण की महिमा नहीं, यह अंधेर है....।' हिन्दू और मुसलमान दोनों ही धर्म का इस्तेमाल कैसे अपने-अपने ढंग से अपने स्वार्थ के लिए करते हैं, इसके संकेत कहानी की बुनावट में जगह-जगह पर मिलते हैं। दारोगा नकबे व सहारत के बड़े पाबंद हैं और पांचों वक्त की नमाज पढ़ते हैं, तीसों रौजे रखते हैं, ईदों में धूमधाम से कुरबानियाँ देते हैं। लेकिन वह इतने बुद्धिमान भी हैं कि अपने धर्म को कहीं भी अपने पेशे

पर हावी नहीं होने देते हैं....। 'दारोगाजी निहायत कारगुजार अफसर थे, गालियों में बात करते थे। सुबह को चारपाई से उठते ही गालियों का वजीफा पढ़ते थे। मेहतर ने आकर फरियाद की—हजूर, अंडे नहीं हैं, दारोगाजी हंटर लेकर दौड़े और उस गरीब का भरकुस निकाल दिया। सारे गाँव में हलचल पड़ी हुई थी....।' वे रोजे-नमाज और किसानों की निर्मम लूट एवं अत्याचार की दो नावों पर एक साथ सवारी की कला में कमाल हासिल कर चुके हैं। इसी तरह गोपाल को पीटने और पुजापा चढ़ाने के बावजूद मुखिया और दूसरे लोग उसे सत्यनारायण की कथा के लिए भी उकसाते हैं—यह अलग बात है कि वास्तविकता से परिचित हो जाने के कारण वह उनके षड्यंत्र का शिकार नहीं होता है। 'अमृत' में लेखक प्रेम को अमृत का पर्याय मानता है जो जीवन की पूर्णता के लिए अनिवार्य है। 'होली की छुट्टी' में प्रेमचंद का अपना निजी रंग ही यहाँ दिखाई देता है। उनके निजी जीवन के बहुत-से अनुभव भी इस कहानी में बड़े आकर्षक ढंग से बुने गए हैं। स्कूल का माहौल और अध्यापक का अभिशप्त जीवन, काम और अनुशासन के नाम पर हेडमास्टर द्वारा अध्यापक को परेशान करने की मनोवृत्ति और सबसे अधिक गुड़ के प्रति प्रेमचंद की अपनी असाधारण कमजोरी। इन सारी बातों का वर्णन इस कहानी में बड़े आकर्षक ढंग से हुआ है। वैसे चरित्र—बिल जैक्सन—इस कहानी के केंद्र में भी है और उसी आदर्शवादी तर्ज़ पर किसानों की उनकी सेवा का आदर्श भी यहाँ मौजूद है लेकिन वह आकस्मिक हृदय-परिवर्तन से नितांत भिन्न प्रकार की चीज़ है। किसानों की सेवा का जो व्रत उन्होंने लिया है, यह उनके फौजी जीवन के अनुभव और अंग्रेजों की जनविरोधी पक्षतापूर्ण नीतियों की ही जैसे एक सक्रिय प्रतिक्रिया हो। सिर्फ प्रायश्चित ही नहीं, बल्कि उसके बाद एक सार्थक कर्म की भूमिका को कहानी के केन्द्र में रखकर लेखक अपनी सोच में परिवर्तन और विकास का संकेत देने लगता है....।

अपनी सरकारी नौकरी के सिलसिले में, महोवा प्रवास के दौरान प्रेमचंद ने उस क्षेत्र के इतिहास और लोक कथाओं के तत्त्वों के आधार पर जिन कहानियों की रचना की, उससे कई बातें साफ होती हैं। प्रेमचंद इतिहास के विद्यार्थी थे और इस विषय में उनकी गहरी दिलचस्पी थी। उस समय तक वर्ग-संघर्ष की दृष्टि से भारतीय इतिहास की व्याख्या भले ही आगे आने वाले युग की चीज हो लेकिन इतिहास की पुनरुत्थानवादी भूमिका की सीमाएँ उनके आगे पर्याप्त स्पष्ट थीं। राजपूती आन-बान के उस युग को वह बड़े निःशंक भाव से 'अंधेरा युग' कहते हैं, जबकि आपसी फूट और वैर की एक भयानक बाढ़ मुल्क में आ पहुँची थी। 'रानी सारंधा', 'राजा हरदौल', 'मर्यादा की वेदी', 'पाप का अग्निकुंड' और 'आल्हा' आदि कहानियों में जहाँ यह तत्कालीन इतिहास के इन वीर नायक-नायिकाओं के व्यक्तिगत शौर्य, साहस और त्याग की प्रशंसा करते हैं वहीं वह उनके जन-विरोधी सामंती मूल्यों, अदूरदर्शी नीतियों और झूठी आन-बान के नाम पर आपसी कलह और फूट की भर्त्सना भी करते हैं। एक लेखक के रूप में वह इस कोशिश में भी लगे दिखाई देते हैं कि अपने इन वीर नायक-नायिकाओं के व्यक्तिगत चारित्रिक गुणों का उपयोग वह अपने राष्ट्रीय संदर्भों में कर सकें। आल्हा-ऊदल जब एक षड्यंत्र के कारण रूठकर महोवा से कन्नौज चले जाते हैं और पृथ्वीराज के आक्रमण के अवसर पर रानी के सन्देश पर भी व्यक्तिगत अपमान के

कारण आने को मना कर देते हैं तो उनकी माँ उन्हें मातृभूमि की रक्षा का उलाहना देती है—यही कि उनकी मातृभूमि कन्नौज नहीं, महोवा है और वह इस समय संकट में है। इस उलाहने का असर भी होता है। 'राजहठ' में कुंवर इंदरमल नई रोशनी और शिक्षा के प्रभाव से अपने पिता देवमल की सामंती ऐंठ, विलासिता और रख-रखाव का विरोध करता है और रियासत में निर्मम शोषण की शिकार जनता का पक्ष लेता है। अपनी इन कहानियों में प्रेमचंद इस ओर भी सचेत दिखाई देते हैं कि वह इतिहास के सबक पर साधारण ढंग से टिप्पणी कर सकें और गलतियों की पुनरावृत्ति से देश को बचा सकें। 'आल्हा' का पृथ्वीराज एक वीर पुरुष है जो गाफ़िल हालत में पशु पर भी हमला करना अनैतिक समझता है। महोवा पर हमला करने के बाद वह राजा परमार को बाक़ायदा एक महीने का समय तैयारी के लिए देता है। लेकिन शहाबुद्दीन गौरी के मामले में उसके यही निकम्मे आदर्श स्वयं उसके और पूरे देश के पतन का कारण भी बनते हैं। 'राजा हरदौल' में बड़े भाई जुझारसिंह की अनुपस्थिति में शत्रुओं को परास्त करने में दिखाया गया उसका सारा शौर्य चंद सामंती सनकों के आगे व्यर्थ हो जाता है। उसकी पत्नी से अपने भाई की निजी तलवार लेकर उसका उपयोग कर लेना, जुझारसिंह के लौटने पर नंगे पाँव भागकर उसके चरण-स्पर्श के लिए दौड़ने में प्रमाद, या संयोगवश भाभी की भूल से भोजन के समय खाने की थाली जुझारसिंह के बदले उसके आगे परोस दी जाने से जुझारसिंह अपने छोटे भाई को लेकर कितनी ही शंकाओं का शिकार हो जाता है। इन शंकाओं के मार्जन के लिए वह स्वयं अपनी पत्नी द्वारा हरदौल को गुप्तरीति से विष देकर मारने का प्रस्ताव करता है। दासी से सारा भेद मालूम हो जाने पर भी हरदौल विषयुक्त पान का बीड़ा खाकर आत्म-दाह करके व्यक्तिगत शौर्य और बलिदान का एक अभूतपूर्व उदाहरण प्रस्तुत करता है। लेखक उन सामंती मूल्यों को लेकर पर्याप्त कटुता से काम लेता है जो हरदौल की मृत्यु के लिए ज़िम्मेदार है। इसी तरह 'रानी सारंधा' में भी एक ओर यदि लेखक राजा चम्पतराय और रानी सारंधा के व्यक्तिगत शौर्य और बलिदान का अंकन सराहनापूर्ण ढंग से करता है तो दूसरी ओर उन कुरीतियों, अकारण ज़िद और छोटी-छोटी सनकों की भर्त्सना भी करता है जो उनका विनाश करके प्रकारांतर से पूरी जाति और देश को कमज़ोर करती रहने का कारण बनती है। भाषा की जिस सादगी और प्रभाव के लिए प्रेमचंद जनकाव्य 'आल्हा' की प्रशंसा करते हैं, अप्रत्यक्ष रूप से जैसे वह स्वयं अपने भाषिक और अभिव्यक्ति सम्बन्धी आदर्शों की ओर संकेत कर देते हैं—'बयान करने का तर्ज़ ऐसा सादा और दिलचस्प और ज़बान आम है कि उसके समझने में जरा भी दिक़्क़त नहीं होती। वर्णन और भावों की सादगी कथा के सौंदर्य का प्राण है।'

प्रेमचंद मनुष्य की सद्प्रवृत्तियों में गहरी आस्था रखने वाले लेखक हैं। दूसरे दौर की उनकी कहानियाँ, जो मोटे रूप में सन् '20 तक चलता है, रुक-रुककर उनके इसी विश्वास को प्रकट करती हैं कि आत्यंतिक रूप से मनुष्य कभी बुरा नहीं होता और न ही उसके सुधार और विकास की संभावनाएँ कभी नि:शेष होती हैं। ऐसा नहीं है कि वह आदमी की क्षुद्रताओं को नहीं देखते लेकिन उन पर अपने को केन्द्रित न करके उनकी एक झलक मात्र देकर आगे बढ़ जाते हैं। इसीलिए उनकी इन कहानियों का रचना-संसार अधिकांश में छल-छद्म से मुक्त

भोले, निश्चल और आस्थावान लोगों का संसार है। अगर किसी कारणवश उनमें से कुछ लोग कभी बहकते भी हैं तो फिर ज़ल्दी ही वे अपनी ग़लती स्वीकार करके, एक गहरे पश्चात्ताप की भावना के साथ ठीक रास्ते पर आ जाते हैं। इस सबके लिए एक लेखक की हैसियत से जहाँ मानवीय सद्प्रवृत्तियों में उनकी आस्था जिम्मेदार है वही गांधीवाद का हृदय-परिवर्तन वाला सिद्धांत भी उन्हें इस दिशा में गहराई से प्रभावित करता दिखाई देता है। वैसे हृदय-परिवर्तन को आधार बनाकर लिखी गई कहानियाँ उनकी कहानियों के परवर्ती दौर में भी आसानी से मिल जाती हैं लेकिन वहाँ उनकी संख्या के अनुपात में एक गुणात्मक अन्तर भी अवश्य दिखाई देता है।

गाँधीवादी सिद्धांतों और आचरण के प्रति अपने गहरे विश्वास के कारण ही प्रेमचंद कहानी में यथार्थवाद को अपर्याप्त मानकर टिप्पणी करते हैं—'उसमें कल्पना की मात्रा कम, अनुभूतियों की मात्रा अधिक होती है, बल्कि अनुभूतियाँ ही रचनाशील भावना से अनुरंजित होकर कहानी बन जाती हैं, यह समझना भूल होगी कि कहानी जीवन का यथार्थ चित्र है।' इसके बाद थोड़ा आगे चलकर वह जो लिखते हैं उससे स्पष्ट हो जाता है कि यथार्थवाद को वह यथातथ्यता एवं प्रकृतिवाद से अलग करके नहीं देख पा रहे हैं और इस मामले में अभी उनकी दृष्टि बहुत साफ नहीं है। 'और अगर हम यथार्थ को हू-ब-हू खींचकर रख दें तो उसमें कला कहाँ है। कला केवल यथार्थ की नक़ल का नाम नहीं है। कला दीखती तो यथार्थ है पर यथार्थ होती नहीं। उसकी खूबी, यही है कि यथार्थ मालूम हो। उसका मापदण्ड जीवन के मापदण्ड से अलग है।' यही कारण है कि इस काल की अधिकांश कहानियों में हमें पात्र और उनका परिवेश तो यथार्थ दिखाई देता है लेकिन इन पात्रों का आचरण और उसे प्रभावित करने वाली सोच अपने मूल रूप में यथार्थ-विरोधी ही हैं—कोई चाहे तो रिवाज के मुताबिक उसे 'आदर्शवादी' भी कह सकता है।

इसी दौर की उसकी प्रतिनिधि कहानियों में 'बड़े घर की बेटी', 'नमक का दारोगा', 'दुर्गा का मंदिर', 'सज्जनता का दंड', 'पंच परमेश्वर' और 'मृत्यु के पीछे' आदि को लिया जा सकता है। 'बड़े घर की बेटी' में प्रेमचंद इस बात को महसूस करते दिखाई देते हैं कि संयुक्त परिवार प्रथा के प्रति उनके गहरे मोह के बावजूद उसको लम्बे समय तक जिलाए रखना मुश्किल है। श्रीकंठ के पिता और ससुर दोनों ही जमींदार हैं लेकिन सामंती रख-रखाव और आचार के कारण हालत खस्ता हो चुकी है। श्रीकंठ के अपने यहाँ जिस दरवाजे पर कभी हाथी झूमता था वहाँ अब एक मरियल-सी भैंस बँधी है ज़िसके खिलाने-पिलाने की चिन्ता से मुक्त लोग उसके पंजर में दूध काढ़ने को हर वक्त उतावले रहते हैं। उसके ससुर की सात बेटियाँ हैं और उनमें से तीन की शादी में उनका आर्थिक ढाँचा बुरी तरह चरमरा गया है और वह कर्ज़ में डूबे हुए हैं। श्रीकंठ बी० ए० करके भी संयुक्त परिवार प्रथा की वक़ालत और गाँव में होने वाले धार्मिक उत्सवों-आयोजनों में गहरी रुचि रखता है। अपनी पत्नी आनन्दी से अपने छोटे भाई लालबिहारी की उद्दंडता की बात सुनकर, दाल में डाले जाने वाले घी को लेकर कहा-सुनी और उसके मैके को लेकर ताने-तिश्ने के बाद वह खड़ाऊँ उठाकर मार देता है, वह आगबबूला हो जाता है और संयुक्त परिवार को लेकर उसका सारा उत्साह इस एक

ही चोट से ढहने लगता है। इस अनहोनी स्थिति का तमाशा देखने के लिए, किसी न किसी बहाने, आस-पड़ोस के लोग जुड़ने लगते हैं। जगहँसाई से बचने के लिए पिता होशियारी से काम लेते हैं। लेकिन अपनी ज़िद और क्रोध में श्रीकंठ विनम्रता के उनके बदले हुए पैंतरे को जैसे समझना ही नहीं चाहता। इस सारे अभाव को सह्य बनाने के लिए प्रेमचंद जिन स्थितियों की कल्पना करते हैं वे कैसी भी जटिलता से मुक्त हैं और मानवीय सद्प्रवृत्तियों में विश्वास वाले उनके आरोपित आदर्शवाद की देन हैं। लालबिहारी गुस्से में भले ही कुछ कह और कर बैठा हो लेकिन श्रीकंठ के लिए उसके मन में गहरा आदर है—पिता से भी ज्यादा। उसके सामने न तो वह कभी बोलता है और न ही खाट पर बैठता है—पान और हुक्के की तो बात अलग है। श्रीकंठ उसे बहुत चाहते हैं। जब भी इलाहाबाद से लौटते हैं, उसके लिए कुछ न कुछ लेकर आते हैं। पिछली बार मुगदरों की जोड़ी लाए थे। एक बार नागपंचमी पर उसके कुश्ती जीतने पर पूरे पाँच रुपये के पैसे लुटाए थे। और स्वयं आनन्दी भी गुस्से में आकर पति से कुछ कहने के लिए पछता रही है—अपनी जीभ को आग लगने की बात कहती हुई वह अपनी मूर्खता को कोसती है। लालबिहारी के रोने और क्षमा मांगने से उसका रहा-सहा क्रोध भी जाता रहता है और वह स्वयं ही श्रीकंठ से उसे अंदर बुला लेने को कहती है—'अब श्रीकंउ का ह्दय भी पिघला। उन्होंने बाहर आकर लालबिहारी को गले लगा लिया। दोनों भाई खूब फूट-फूटकर रोए। लालबिहारी ने सिसकते हुए कहा—भैया, अब कभी मत कहना कि तुम्हारा मुँह न देखूँगा। इसके सिवा आप जो भी दंड देंगे, मैं सहर्ष स्वीकार करूँगा।'

श्रीकंठ ने कांपते हुए स्वर में कहा—'लल्लू! इन बातों को भूल जाओ। ईश्वर चाहेगा, तो फिर ऐसा अवसर न आएगा।' दोनों भाइयों को इस तरह भरत-मिलाप की मुद्रा में देखकर उनके पिता बेनीमाधव सिंह भी पुलकित हो उठते हैं और आनन्दी की प्रशंसा करते हुए गद्गद् भाव से कहते हैं कि वे बड़े घर की बेटियाँ ऐसी ही होती हैं। बिगड़ता हुआ काम बना लेती हैं।....इस कहानी में एक कल्पित आदर्शवादी परिणति और निष्कर्ष के लिए प्रेमचंद जो पद्धति अपनाते हैं वस्तुतः वह यथार्थवाद के विरोध में ठहरती है और इसी कारण लालबिहारी के चारित्रिक अन्तर्विरोध उभरकर सामने आ जाते हैं। या तो उसका पहला आचरण गलत है या फिर दूसरा। भैया श्रीकंठ को अपने पिता से भी ज्यादा आदर देने वाला लालबिहारी एक मामूली-सी बात पर उन्हीं की पत्नी के साथ इस कदर उद्दंड भी हो सकता है, यह बात कहानी में कल्पित स्थितियों के विरोध में बैठती है। दरअसल यह सारी आदर्शवादी टीप-टाप संयुक्त परिवार प्रथा की ढहती हुई दीवारों की रोकथाम के लिए ही की गई है जो एक तरह से पूँजावादी समाज के बढ़ते हुए प्रभाव को अनदेखा करके, इतिहास और समय के विरुद्ध, अपने निजी मोह को वरीयता देने का परिणाम है।

मानवीय सद्प्रवृत्तियों को प्रेमचंद प्रायः ही एक ढाल की तरह इस्तेमाल करते दिखाई देते हैं और नेकी तथा ईमानदारी की हर लांछना-प्रताड़ना को उसी पर रोकते हैं। 'नमक का दारोगा' में मुंशी बंशीधर पंडित अलोपीदीन से चालीस हजार रुपये की घूस का प्रस्ताव भी दृढ़तापूर्वक ठुकरा देते हैं। वह यह जानते हैं कि अलोपीदीन इस क्षेत्र के बहुत असरदार आदमी हैं और जल्दी ही उन्हें असर का प्रमाण भी मिल जाता है। एक सप्ताह बीतते न

बीतते वह मुअत्तिल कर दिए जाते हैं। लेकिन प्रेमचंद की कहानी इस मुअत्तली पर ही ख़त्म नहीं हो जाती है। उसमें अलोपीदीन मुंशी बंशीधर से हारकर भी अपनी सद्प्रवृत्ति का परिचय देते हैं और एक दिन बंशीधर के यहाँ आकर ऊँचा वेतन और अन्य सुविधाएँ देकर उन्हें अपनी ज़मींदारी का मैनेजर नियुक्त कर देते हैं। वह यह स्वीकार करते हैं कि वह उनकी कर्तव्यनिष्ठा के आगे पानी-पानी हो गए हैं और बंशीधर द्वारा उनके इस प्रस्ताव को ठुकरा देने से उन्हें चोट पहुँचेगी। 'बंशीधर की आँखें डबडबा आईं। हृदय के संकुचित पात्र में इतना अहसान न समा सका। एक बार फिर पंडितजी की ओर भक्ति और श्रद्धा की दृष्टि से देखा और कांपते हुए हाथ से मैनेजरी के कागज पर हस्ताक्षर कर दिए।' लेकिन सवाल यह है कि सद्प्रवृत्तियों के प्रति यह अत्यंतिक आग्रह वर्ग चरित्र के प्रति क्या लेखक की दृष्टि को धुंधलाता नहीं है? अलोपीदीन आज की भाषा में, एक समाज-विरोधी तत्त्व है : चोरी, भ्रष्टाचार और काला धन जिनके व्यवसाय के खास अंग हैं। ज़ाहिरा तौर पर रिश्वत में चालीस हजार रुपये कोई ऐसा ही आदमी दे सकता है। लेकिन प्रेमचंद का सद्प्रवृत्तियों वाला यह आग्रह उन्हें भी, एक ईमानदार और कर्त्तव्यनिष्ठ व्यक्ति की भक्ति और श्रद्धा के दायरे में खींच लाता है। इसी तरह 'सज्जनता का दंड' में डिस्ट्रिक्ट इंजीनियर सरदार शिव सिंह की ईमानदारी से काम करने का सिला उनकी बदली और तनज़्ज़ुली के रूप में मिलता है। लेकिन इस कहानी में आरोपित सद्प्रवृत्तियों वाला कोई सैद्धांतिक आग्रह नहीं है। इसके विपरीत व्यंग्य की प्रच्छन्न अंतर्धारा इसमें सदैव विद्यमान रहती है जो स्थितियों को सही परिप्रेक्ष्य देती है।

'पंच परमेश्वर' इस भावुक और भोले विश्वास को प्रकट करती है कि पंच की जबान पर ईश्वर का वास होता है—पंच न किसी का दुश्मन होता है और न दोस्त। जब खाला जुम्मन को पंचायत की धमकी देती है तो जुम्मन खुश होता है—'जिस तरह कोई शिकारी हिरन को जाल की तरफ देखकर मन ही मन हँसता है।'....इससे पंचायत में अपनी स्थिति का विश्वास जुम्मन में प्रकट होता है। अलगू चौधरी से जुम्मन की दोस्ती के बावजूद ख़ाला उसे ही अपना पंच बनाती है। पहले जुम्मन के विरोध में अलगू का फैसला और बाद में अलगू के पक्ष में जुम्मन का फैसला, जिसका संयोग उसे जल्दी ही मिल जाता है, वस्तुतः लेखक की इस निष्कर्षात्मक टिप्पणी को ही उदाहृत करते हैं—'अपने उत्तरदायित्व का ज्ञान बहुधा हमारे संकुचित व्यवहारों का सुधारक होता है। जब हम राह भूलकर भटकने लगते हैं, तब यही ज्ञान हमारा विश्वसनीय पथ-प्रदर्शक बन जाता है।' लेकिन पूँजीवादी व्यवस्था के दबावों और जटिलताओं के परिप्रेक्ष्य में स्थिति का ऐसा कोई सरलीकृत निष्कर्ष व्यर्थ ही नहीं, गलत भी साबित होता है। सम्भवतः इसीलिए रांगेय राघव इसी शीर्षक से कहानी लिखकर भिन्न और विरोधी निष्कर्षों की ओर जाते दिखाई देते हैं। 'दुर्गा का मंदिर' और 'आत्माराम' जैसी कहानियाँ भी अकारण संयोगों, निश्चित विश्वासों, भावुक सद्प्रवृत्तियों और हृदय-परिवर्तन के सिद्धांत पर आधारित कहानियाँ हैं जो वैचारिकता की दृष्टि से प्रेमचंद की कमज़ोर कहानियों की श्रेणी में ही आती हैं।

इसी दौर की कहानियों में 'मृत्यु के पीछे' कई कारणों से एक महत्वपूर्ण कहानी कही जा सकती है। लगता है जैसे 'मृत्यु के पीछे' के ईश्वरचन्द्र के रूप में प्रेमचंद अपनी ही व्यथा-

कथा लिख रहे हों। ईश्वरचंद्र एक राष्ट्रभक्त और कर्तव्यनिष्ठ पत्रकार हैं जो विपरीत और विरोधी स्थितियों में भी अपनी निष्ठा की ज्योति बुझने नहीं देते हैं। कठिन आर्थिक संघर्ष के बावजूद वह अपने पत्र 'गौरव' को उसके नाम के अनुरूप ही निकालते रहे हैं—बहुत कुछ एक तरह की ज़िद और नशे की हालत में, वकालत को लात मारकर वह इस ओर आए हैं जिसका सबसे अधिक विरोध स्वयं उनकी पत्नी मानकी की ओर से होता है। वह उनसे पूछती है—'बता दो, कोई उच्च शिक्षा प्राप्त मनुष्य कभी इस पेशे में आया हो। जिसे कुछ नहीं सूझती, जिसके पास न कोई सनद है, न कोई डिग्री, वह पत्र निकाल बैठता है और भूखों मरने की अपेक्षा रूखी रोटियों पर ही संतोष करता है....किसी को क्या पड़ी है कि जीवन की महत्वाकांक्षाओं को खाक में मिलाकर त्याग और विराग में उम्र काटे? हाँ, जिनको सनक सवार हो गया हो, उनकी बात निराली है।' यह छोटी-सी कहानी ईश्वरचन्द्र के पत्रकारिता से सम्बन्धित जीवन के प्रायः तीन दशकों को समेटकर चलती है जिससे फिर यह अहसास होता है कि प्रेमचंद अपने निजी जीवन की आस्था और निष्ठा को ही जैसे ईश्वरचंद्र के माध्यम से व्यक्त कर रहे हों। ईश्वरचंद्र के आगे भी पत्रकारिता का केवल एक ही उद्देश्य है कि उसके माध्यम से वह जातीय और राष्ट्रीय महत्व के सन्दर्भों से जुड़ सकें। ईश्वरचंद्र अपने को मज़दूर वर्ग का हामी मानते हैं और उनके हितों से जुड़कर चलने में ही अपनी पत्रकारिता की सार्थकता देखते हैं। बुढ़ापे की आमद उनके संघर्ष को धीमा कर देती हैं लेकिन मन में उनके अब भी वही हौसला कायम है। उनकी हार्दिक इच्छा है कि उनका बड़ा लड़का कृष्णचंद्र उनके साथ शामिल हो जाए और उनके काम को अपने नये खून से एक नया रंग देने में उनकी मदद करे, कृष्णचन्द्र की रुचि भी इस ओर है। लेकिन अपनी पत्नी के कारण उसे इस ओर लाने की हिम्मत नहीं होती। वैसे 'मृत्यु के पीछे' में भी मानकी का हृदय-परिवर्तन दिखाया गया है, पति की मृत्यु के बाद वह उनका राष्ट्रीय स्तर पर सम्मान देखकर अपनी भूल स्वीकारती है और कृष्णचन्द्र को अधूरा काम आगे बढ़ाने के लिए प्रोत्साहित करती है, लेकिन उसमें घटित यह परिवर्तन लेखक के सैद्धांतिक आग्रह और इच्छा का परिणाम न होकर वास्तविक स्थितियों का ही स्वाभाविक प्रतिफलन है। ईश्वरचन्द्र के प्रति सम्मान-प्रदर्शन की अतिरंजनाओं को बचाकर कहानी को कदाचित् और भी प्रभावशाली बनाया जा सकता था....।

'हंस' के आत्मकथा अंक में प्रकाशित अपनी संक्षिप्त आत्मकथा 'जीवनसार' में प्रेमचंद ने इस तथ्य का उल्लेख किया है कि कहानियाँ लिखने की शुरुआत उन्होंने सन् 1907 में की जबकि उपन्यास वह पहले से लिखते रहे थे। प्रेमचंद की आरम्भिक और हिंन्दी-उर्दू पत्रिकाओं में लिखी हुई कहानियों को दो भागों में संकलित करते हुए अमृतराय ने पर्याप्त खोज-बीन के बाद उनकी कहानियों की संख्या 'गुप्तधन' के दोनों खण्डों में संकलित 56 कहानियों सहित, 266 निर्धारित की है। उन्होंने यह अनुमान भी प्रकट किया है कि अभी भी तीस-चालीस कहानियाँ और मिलनी चाहिए जो पत्र-पत्रिकाओं में दबी पड़ी हैं और तत्कालीन पत्रों की सम्पूर्ण फ़ाइलें उपलब्ध न होने के कारण वे प्रकाश में नहीं आ पा रही हैं। यदि अमृतराय के इस अनुमान को सत्य माना जाए तो प्रेमचंद द्वारा लिखी गई कहानियों की

संख्या सहज ही तीन सौ के आस-पास पहुँच जाती हैं। उपन्यासों और पत्रकारिता के साथ ही रोजमर्रा की साधारण ज़िन्दगी की सारी व्यस्तताओं एवं जिम्मेदारियों के बीच तीन दशकों में इतनी बड़ी संख्या में कहानियों का लिखा जाना ही इस बात का प्रमाण है कि यह एक पूरी तरह से समर्पित लेखक की एकांत साधना का प्रतिफल है। अमृतराय ने इस वस्तुस्थिति पर टिप्पणी करते हुए लिखा है—'उनका लिखना अवकाश को भरने के लिए नहीं है, उन्हें लिखने के लिए अवकाश पैदा करना पड़ता था और वह उसी तरह पैदा होता था कि उन्होंने अपनी जिन्दगी से और सब बातें काटकर निकाल फेंकी थीं और एकांत भाव से साहित्य-रचना में लग गए थे। यह एक गृहस्थ योगी की, साधक की, भक्त की निर्मम कृच्छ साधना थी। साहित्य को किसी महान व्यावहारिक लक्ष्य से जोड़ना उनके सम्पूर्ण जीवन की उपलब्धि और आन्तरिक विवशता थी।'....ऐसी स्थिति में इस बात पर आश्चर्य नहीं होना चाहिए कि रचनात्मकता की दृष्टि से प्रेमचंद की कहानियाँ प्रायः ही दो विषम स्तरों की अनुभूति छोड़ती हैं और कमोबेश उनके लेखन के हर दौर में उनकी अच्छी और बुरी कहानियाँ एकसाथ मिल जाती हैं। वैचारिकता की दृष्टि से प्रेमचंद की कहानियाँ यदि सामाजिक सोद्देश्यता, सांप्रदायिक सद्‌भाव, जातीय एकता और राष्ट्रीय चेतना के प्रसार के लिए एक उदाहरण का काम देती हैं तो वहीं कुछ ऐसी कहानियाँ भी अवश्य मिल जाती हैं जो उनके सारे प्रगितशील चिन्तन पर प्रश्नचिन्ह लगा देती हैं और उनके लेखन की मूलधारा से एकदम अलग-थलग पड़ जाती हैं। उनकी ऐसी कहानियों में 'मूठ', 'नाग पूजा' और 'भूत' आदि, उनके उपन्यास 'कायाकल्प' की ही भाँति, पारिलौकिकता में उनके विश्वास का संकेत छोड़ती दिखाई देती हैं। 'मंत्र' में वह साम्प्रदायिक सद्‌भाव के मोर्चे पर जीवन भर सन्नद्ध भाव से लड़ते रहने की बात भुलाकर, सनातन हिन्दू धर्म की विजय पर प्रसन्न होकर साम्प्रदायिक विद्वेष की सरहद में चले जाते दिखाई देते हैं। इसी तरह 'शांति' और 'दो सखियाँ' आदि कहानियों में वह बड़े यांत्रिक ढंग से ऐसे निष्कर्ष निकालते दिखाई देते हैं कि जो उन्हें स्त्रियों की आधुनिक अंग्रेज़ी शिक्षा के विरोध में खड़ा कर देते हैं जबकि सच्चाई यह है कि अपने पूरे लेखन में वह सामाजिक धार्मिक रूढ़ियों और अशिक्षा को ही स्त्रियों और दलित वर्ग की दुर्दशा का मूल कारण मानकर गहरी संचित घृणा और अदम्य उत्साह के साथ इनके खिलाफ मोर्चा बाँधे रहे हैं।.... इसीलिए उचित यही है कि प्रेमचंद की परवर्ती दौर की कुछ पूर्वचर्चित और महत्त्वपूर्ण कहानियों को लेकर आज के परिवर्तित संदर्भों में उनकी उपलब्धियों और सार्थकता की खोज की जाए।....

प्रेमचंद ने 'सोज़ेवतन' से कहानी को जातीय और राष्ट्रीय सवालों से जोड़ने की जिस परम्परा का सूत्रपात किया था, उसका ही सुविकसित रूप हमें उनकी 'आहुति', 'जुलूस', 'समर-यात्रा' और 'सत्याग्रह' आदि कहानियों में दिखाई देता है। उनकी सुप्रसिद्ध कहानी 'शतरंज के खिलाड़ी' को भी मैं इसी वर्ग में रखने की सिफारिश करूँगा। पहली चारों कहानियाँ यदि राष्ट्रीय आन्दोलन के प्लावनकारी वेग का संकेत देती हैं तो 'शतरंज के खिलाड़ी' उस चेतना और वेग के बाधक तत्वों की ओर संकेत करती है। जहाँ देश की सामान्य जनता आजादी के लिए अपना सब कुछ होम कर देने को कृतसंकल्प थी, वहीं इसी

देश में अमीरों, ज़मींदारों और रियासतों के राजा-महाराजाओं का एक ऐसा वर्ग भी था जो कभी सक्रिय होकर और कभी निष्क्रिय रहकर इस राष्ट्रीय उभार को दबाने और कुचलने में ब्रिटिश साम्राज्य की मदद कर रहा था। 'शतरंज के खिलाड़ी' के मिर्ज़ा सज़्जाद अली और मीर रोशन अली इसी वर्ग के वास्तविक प्रतिनिधि हैं जो देश के सवालों, समस्याओं और परिवर्तनों से किसी क़िस्म का कोई सरोकार न रखकर अपनी पुश्तैनी जायदाद के सहारे पलते और ऐश करने के लिए बच रहे हैं—'संसार में क्या हो रहा इसकी किसी को ख़बर न थी....' उनकी विलासी-प्रवृत्ति और राष्ट्रीय चिन्ता के प्रति असंलग्नता के भाव पर यह टिप्पणी बहुत कुछ ग्रीक नाटकों के कोरस का काम करती है—'जब हमारे रईसों का यह हाल है तो मुल्क का खुदा ही हाफिज़ है।' किन्हीं अज्ञात कारणों से मीर रौशन अली की बेगम नहीं चाहती कि वह चौबीसों घंटे शतरंज के नाम पर घर पर ही अड्डा जमाए रहें। अतः इस सिर-दर्द से छुट्टी पाने के लिए वह बादशाही फौज का एक सिपाही भेजवाकर मीर की तल्वी का षड्यंत्र रचती है। उस सिपाही को देखते ही मीर की आत्मा काँप उठती है और अगले दिन उससे बचने के लिए, मिर्ज़ा के सुझाव पर, वह गोमती के पास कहीं वीराने में शतरंज का नक्शा जमाना शुरू कर देते हैं। ब्रिटिश सेना के लखनऊ में प्रवेश और वाजिद अली शाह की गिरफ्तारी से जिन लोगें को रत्तीभर फर्क नहीं पड़ता और इस सबसे एकदम बेपरवाह रहते हुए एक बेहद मामूली स्वार्थ के लिए, शतरंज की एक बाजी की मामूली-सी हार-जीत को लेकर, तलवारें खींच लेते हैं और वीर योद्धाओं की तरह एक-दूसरे को जख़्मी करके मर जाते हैं। जातीय और राष्ट्रीय महत्त्व के सवालों से बेख़बर रहकर, अपने छोटे-छोटे हितों और स्वार्थों को सब कुछ समझ लेंने वाली स्थिति और क़ौम पर इससे ज़्यादा सटीक व्यंग्य की कल्पना मुश्किल है। 'आहुति' का आनन्द भी प्रायः इसी ज़हनियत का आदमी है, फ़र्क़ बस इतना है कि वह कांग्रेस के काम में इसलिए थोड़ी-बहुत दिलचस्पी लेने लगता है क्योंकि रूपमणि, जो एक प्रबुद्ध और आधुनिक युवती होने के साथ ही उसकी सहपाठिनी भी है, इस आन्दोलन में दिलचस्पी लेती रही है। इस आनन्द के मुकाबले विशम्भर एक गरीब राष्ट्रभक्त छात्र है जो रानीगंज में एक सभा को सम्बोधित करते हुए पकड़ा जाता है और उसे दो वर्ष की सजा हो जाती है। रूपमणि आनन्द की जोखिम से बचने वाली बुर्जुआ प्रवृत्ति के मुकाबले विशम्भर के त्याग और कर्मठता से आकृष्ट होती है और उससे प्रेरणा लेकर पूरी तरह से अपने को आंदोलन की धारा में छोड़ देती है। वास्तविक स्वराज्य की अवधारणा पर टिप्पणी करते हुए कहती है, 'अगर स्वराज्य आने पर भी सम्पत्ति का यही प्रभुत्व रहे और पढ़ा-लिखा समाज यों ही स्वार्थांध बना रहे, तो मैं कहूँगी, ऐसे स्वराज्य का न आना ही अच्छा। अंग्रेज़ी महाजनों की धन-लोलुपता और शिक्षितों का स्वहित ही आज हमें पीछे डाल रहा है। जिन बुराइयों को दूर करने के लिए आज हम प्राणों को हथेली पर लिए हुए हैं, उन्हीं बुराइयों को क्या प्रजा इसलिए सिर चढ़ाएगी कि वे विदेशी नहीं स्वदेशी हैं? कम से कम मेरे लिए तो स्वराज्य का यह अर्थ नहीं है कि जान की जगह गोविन्द बैठ जाए। मैं समाज की ऐसी व्यवस्था देखना चाहती हूँ जहाँ कम से कम विषमता को आश्रय मिल सके।' 'समर यात्रा' और 'जुलूस' में प्रेमचंद राष्ट्रीय आंदोलन में आम जनता के उत्साह को अंकित करते हैं। इन कहानियों का रचना-संसार 'सोज़ेवतन' की कहानियों की तरह

अमूर्त न होकर एकदम ठोस और यथार्थ संसार है जो महात्मा गांधी के नेतृत्व में, शताब्दी के तीसरे दशक में अपूर्व निष्ठा और आत्मविश्वास के साथ इस राष्ट्रीय आन्दोलन से जुड़ रहा था। प्रेमचंद अभी भी महात्मा गांधी के प्रभाव से मुक्त नहीं हैं लेकिन इन कहानियों में वह उस प्रभाव की विधायक भूमिका को ही अधिकांश में अंकित करते हैं। हृदय-परिवर्तन और राजनीति में तथाकथित धार्मिक तालमेल के बदले यह एक अभूतपूर्व विशाल जनजागृति को ही इन कहानियों के केन्द्र में रखकर चलते हैं। 'समरयात्रा' की बूढ़ी नोहरी दोपहरी की धूप की तरह काँपकर दारोगा की ले-दे करती है। कोदई एक नेता के वर्ग के साथ अपनी गिरफ़्तारी देता है। आगे के लिए नोहरी के निर्देशानुसार बाकायदा जत्था बनता है और बालेण्टियर की सूची तैयार की जाती है जिसमें हिन्दू भी हैं और मुसलमान भी। इस व्यापक जन-जागृति के फलस्वरूप परिवर्तित मानसिकता पर टिप्पणी करते हुए लेखक लिखता है— 'ज्यों ही पराधीनता का आतंक दिल से निकल गया, आपको स्वराज्य मिल गया। भय ही पराधीनता है, निर्भयता ही स्वराज्य है.... ।' जुलूस का नेतृत्व बूढ़े इब्राहीम खाँ के हाथ में है। जुलूस पर हुए लाठी चार्ज के फलस्वरूप वह बुरी तरह जख्मी हो जाते हैं और वसीयत करते हैं कि उनकी लाश को गंगा में नहलाकर दफ़न किया जाए।' राष्ट्रीय आन्दोलन के सन्दर्भ में जातीय एकता और साम्प्रदायिक सद्भाव प्रेमचंद की इन कहानियों की एक खास विशेषता है। कभी-कभी अपने विदेशी आक़ाओं को खुश करने के लिए हमारे ही भाई-बन्धु, जो सरकारी यन्त्र का एक हिस्सा थे, इस आन्दोलन को कुचलने में कुछ ज्यादा ही उत्साह से काम लेते थे। लेकिन प्रेमचंद इस तथ्य की ओर जब-तब संकेत करते हैं कि उनसे हमारी कोई शत्रुता नहीं है। कभी आंतरिक पश्चात्तापवश और कभी किसी बाह्य प्रेरणा से ये लोग 'जुलूस' के दारोगा वीरबलसिंह की तरह अपना रास्ता बदल भी लेते हैं। 'सत्याग्रह' में लेखक यह दिखाने की कोशिश करता है कि इस जन-आन्दोलन के असाधारण उभार से भयभीत होकर ब्रिटिश सरकार किस प्रकार धार्मिक भावनाओं की आड़ में इस आन्दोलन को असफल करने और दबाने का षड्यन्त्र रचा करती थी।

भारतीय ग्राम्य-जीवन का अंकन प्रेमचंद के लिए आंदोलन या नारा नहीं था। प्रेमचंद इस बात को अच्छी तरह समझते थे कि अपनी सारी सादगी, सहजता और स्वेच्छा के बावजूद ध्वंसप्राय: सामंती-व्यवस्था और नवागत पूँजीवाद के दोहरे दबाव के फलस्वरूप भारतीय किसान की नियति को बदल पाने के लिए एक महत्त और निर्णायक संघर्ष अपेक्षित है। तीसरे दशक का अंत होते-होते देश की राजनीति और अपनी समाज रचना की पहचान का वह एक बेहतर और वयस्क परिचय देने लगते हैं। 'गृहदाह' और 'अलग्योझा' जैसी कहानियों में संयुक्त परिवार प्रथा के प्रति उनका मोह अलबत्ता अभी भी किसी हद तक बना रहता दिखाई देता है, लेकिन इसके साथ ही पीड़ित और वंचित वर्ग के अभिशप्त जीवन, उन पर होने वाले अत्याचार, बेगार और उनके निर्मम शोषण के बड़े यथार्थ और आत्मीय और प्रामाणिक चित्र इस दौर की कहानियों में सहज ही देखे जा सकते हैं। कठोर मेहनत के बावजूद किसान गरीब, अभिशप्त और फटेहाल हैं क्योंकि जमींदार, कारिंदे, पुलिस और धर्म के ठेकेदार सबके सब जोंक की तरह चिपटकर दृश्य-अदृश्य रूप में उनका खून चूस रहे हैं। अपने

निबन्ध 'महाजनी सभ्यता' में इसी स्थिति पर टिप्पणी करते हुए वह लिखते हैं—'मनुष्य समाज दो भागों से बंट गया है। बड़ा हिस्सा मरने और खपने वालों का है, और बहुत ही छोटा हिस्सा उन लोगों का, जो अपनी शक्ति और प्रभाव से बड़े समुदाय को अपने बस में किए हुए हैं। उन्हें इस बड़े भाग के साथ किसी तरह की हमदर्दी नहीं, जरा भी रु-रियायत नहीं। उसका अस्तित्व केवल इसलिए है कि अपने मालिकों के लिए पसीना बहाए, खून गिराए और एक दिन चुपचाप इस दुनया से विदा हो जाए।' स्थिति कितनी भीषण और विषम हो चुकी है, इसका संकेत वह बड़े पुरदर्द ढंग से करते हैं—'वह हवा इतनी ज़हरीली हो गई है कि इसमें जीवित रहना कठिन होता जा रहा है....' शोषण को अपना अधिकार मानकर चलने वाली इस व्यवस्था से मुक्ति का उपाय केवल एक है—इस समूची व्यवस्था का विनाश और एक वैकल्पिक व्यवस्था का निर्माण....'एक नई सभ्यता का सूर्य सुदूर पश्चिम में उदय हो रहा है जिसने उस नाटकीय महाजनवाद या पूँजीवाद की जड़ खोदकर फेंक दी है।'

घोषणा और अत्याचार पर आधारित इस व्यवस्था का भयावह रूप 'सवा सेर गेहूँ', 'सद्‌गति', 'ठाकुर का कुआं', 'पूस की रात' और 'कफ़न' जैसी कहानियों में देखा जा सकता है। 'सवा सेर गेहूँ' में शंकर विप्र से लिए गए सवा सेर गेहूँ के बदले, जो वह द्वार पर आए साधु के अतिथि-सत्कार के लिए लेता है, जीवन-भर गुलामी का पट्टा अपने गले में डाल लेता है। खलिहानी में डेढ़ पसेरी गेहूँ देकर अपने को चुकता समझ चुका था कि सात वर्ष बाद उससे उन सवा सेर गेहूँ का तकादा किया जाता है। साल भर पेट काटकर 60 रुपये देने के बाद भी उसकी ओर 120 रुपये बाकी निकलते हैं। यह निर्मम शोषण उसके मन में, एक किसान से मजदूर बन गए आदमी के मन में श्रम के प्रति निराशा और घृणा का भाव पैदा करता है....' जब सिर पर ऋण का बोझ ही लदता है तो क्या मन भर का और क्या सवा मन का। उसका उत्साह क्षीण हो गया, मेहनत से घृणा हो गई। आशा उत्साह की जननी है। आशा में तेज है, बल है, जीवन है। आशा ही संसार की संचालक है। शंकर आशाहीन होकर उदासीन हो गया। वे जरूरतें जिनको उसने साल तक टाल रखा था, अब द्वार खड़ी रहने वाली भिखारिनी थीं, बल्कि छाती पर सवार होने वाली पिशाचनियाँ थीं जो अपनी भेंट के बिना जान नहीं छोड़ती।' बीस वर्ष तक ग़ुलामी करने के बाद जब शंकर मरता है तो भी सवा सेर गेहूँ के कर्ज़ में 100 रुपये उसके सिर पर सवार थे जिनके भुगतान के लिए उसके जवान बेटे की गर्दन पकड़ी जाती है। कहानी के अंत में प्रेमचंद इस ओर भी अपने पाठकों को संकेत कर देते हैं कि यह कोई कपोल-कल्पित कहानी नहीं है—एक सत्य घटना है। ऐसे शंकरों और ऐसे विप्रों से दुनिया खाली नहीं है.... 'सद्‌गति' का दुक्खी चमार अपने नाम से भी दुखी ही है जो ईश्वर भक्त पंडित घासीराम से साइत पूछने जाता है तो उनकी गाय को घास डालने से लेकर भूसा ढोने और लकड़ी काटने तक सब कुछ भूखे ही मरते रहकर सद्‌गति को प्राप्त होता है। सारी सेवा के बावज़ूद ये लोग नीच, कमीन और अस्पृश्य हैं जो मजबूरी में ठाकुर के कुएँ का एक लोटा पानी भी भर लेने के हकदार नहीं हैं। शेर से भी भयानक मुँह वाले ठाकुर को देखते ही गंगी के हाथ से रस्सी छूट जाती है और घड़ा धड़ाम से हिलकोरे की आवाजें छोड़ता हुआ पानी में सरक जाता है। बदहवासी में वह घर पहुँचकर देखती है

कि जोखू लोटा मुँह से लगाए वही मैला-गंदा और बदबूदार पानी पी रहा है।....'पूस की रात' में जब तारे भी ठिठुरते हुए मालूम होते हैं, हल्कू अपने खेत के किनारे ऊख के पत्तों की एक छतरी के नीचे बांस के खटोले पर अपनी पुरानी गाढ़े की चादर ओढ़े कांप रहा होता है। अपने कुत्ते जबरा को अपने शरीर से सटाकर वह उस सेंक को एक नियामत की तरह भोगता है। सब कुछ करके भी कुछ न हो पाने की निरूपायता उसे अकर्मण्य बना देती है। वह नील गायों से खेत को बरबाद होते देखता रहता है और कुछ नहीं कहता है। सुबह खेत की दशा देखकर हल्कू और उसकी पत्नी मुन्नी की प्रतिक्रिया अलग-अलग होती है। मुन्नी इस बात को लेकर दुःखी है कि अब मजूरी करके मालगुजारी भरनी पड़ेगी। लेकिन हल्कू स्थिति को लेकर प्रसन्न भी है—अब रात की ठंड में यहाँ सोना तो न पड़ेगा।

प्रेमचंद की कहानी 'कफ़न' का आरम्भ इस प्रकार होता है—'झोंपड़े के द्वार पर बाप और बेटा दोनों एक बुझे हुए अलाव के सामने चुपचाप बैठे हुए हैं और अंदर बेटे की जवान बीवी बुधिया प्रसव-वेदना से पछाड़ खा रही थी। रह-रहकर उसके मुँह से ऐसी दिल हिला देने वाली आवाज निकलती थी कि दोनों कलेजा थाम लेते थे। जाड़ों की रात थी। प्रकृति सन्नाटे में डूबी हुई। सारा गाँव अंधकार में लय हो गया था।' जब घीसू निःसंग भाव से कहता है कि वह बचेगी नहीं तो माधव चिढ़कर उत्तर देता है कि मरना है तो जल्दी ही क्यों नहीं मर जाती—देखकर भी वह क्या कर लेगा। लगता है जैसे कहानी के शुरू में ही, बड़े सांकेतिक ढंग से, प्रेमचंद बुझ चुके अलाव के द्वारा पारिवारिक सद्भाव और ऊष्मा के चुक जाने की ओर इशारा कर रहे हैं और आंच का अंधकार में लय हो जाना मानों पूँजीवादी व्यवस्था का ही प्रगाढ़ होता हुआ अंधेरा है जो सारे मानवीय मूल्यों, सद्भाव और आत्मीयता को रौंदता हुआ निर्णय भाव से बढ़ता जा रहा है। इस औरत ने घर को एक व्यवस्था दी थी, पिसाई करके या घास छीलकर वह इन दोनों बेगैरतों की दोजख भरती रही है। और आज ये दोनों इस इन्तजार में हैं कि वह मर जाए, तो आराम से सोएं। आकाशवृत्ति पर ज़िन्दा रहने वाले बाप-बेटे के लिए भुने हुए आलुओं की कीमत उस मरती हुई औरत से ज्यादा है। उनमें से कोई भी इस डर से उसे देखने नहीं जाना चाहता कि उसके जाने पर दूसरा आदमी सारे आलू खा जाएगा। हलक और तालू जल जाने की चिन्ता क़िए बिना जिस तेजी से वे गर्म आलू खा रहे हैं, उससे उनकी मारक गरीबी का अनुमान सहज ही हो जाता है। घीसू को बीस साल पहले हुई ठाकुर की बारात याद आती है—उसके बाद वैसा पेट भर खाना नहीं मिला। 'कफ़न' एक ऐसी सामाजिक व्यवस्था की कहानी है जो श्रम के प्रति आदमी में हतोत्साह पैदा करती है क्योंकि उस श्रम की सार्थकता उसे नहीं दिखाई देती है। बीस साल तक यह व्यवस्था आदमी को भर पेट भोजन के बिना रखती है, इसलिए आश्चर्य नहीं कि अपने परिवार के ही एक सदस्य के मरने-जीने से ज्यादा चिन्ता उन्हें अपने पेट भरने की होती है। औरत के मर जाने पर कफन का चंदा हाथ में आने पर उनकी नीयत बदलने लगती है। हल्के से कफन की बात पर दोनों एकमत हो जाते हैं—'लाश उठते-उठते रात हो जाएगी। रात को कफन कौन देखता है?' और फिर उस हल्के कफन को लिए बिना ही वे लोग उस कफन के चन्दे को—शराब, पूड़ियों, चटनी, पापर और कलेजियों पर खर्च कर देते हैं। अपने भोजन

की तृप्ति से ही वे दोनों मृतक की सद्‌गति की कल्पना कर लेते हैं। अपनी उम्र के अनुरूप घीसू ज्यादा समझदार है। उसे मालूम है कि लोग कफन की व्यवस्था करेंगे—भले ही इस बार रुपया उनके हाथ में न आवे। नशे की हालत मैं माधव जब पत्नी के अथाह दुःख भोगने की सोचकर रोने लगता है तो घीसू उसे चुप कराता है—हमारे परम्परागत ज्ञान के सहारे कि मरकर वह मुक्त हो गई है और इस जंजाल से छूट गई है। नशे में नाचते-गाते, उछलते-कूदते, सब ओर से बेखबर और मदमस्त, वे वहीं गिरकर ढेर हो जाते हैं!....

विचारों की दृष्टि से भी प्रेमचंद के अंतिम दौर की कहानियाँ 'कश्मीरी सेब' और 'मनोवृत्ति' आदि एक निश्चित परिवर्तन का संकेत देती है। वे एक ऐसे लेखक का उदाहरण हैं जो परिवर्तन की आकांक्षाओं का सम्पूर्ण प्रतिफलन अपनी रचनाओं में उपस्थित नहीं कर सका। हर बड़े और महत्वपूर्ण लेखक की तरह प्रेमचंद ने भी उतार-चढ़ाव के अनेक दौर देखे हैं। विवरण-बाहुल्य और गहराई के अभाव का वास्ता देकर उनका विरोध करने वालों का अभाव कभी नहीं रहा। लेकिन देश के दो दशकों—सन् 1916 से सन् 1936 तक—के सामाजिक-राजनीतिक प्रसंगों और घटनाक्रमों, जन संघर्ष और सामाजिक परिवर्तन की आकांक्षा के प्रामाणिक और विश्वसनीय अंकन की दृष्टि से प्रेमचंद से बेहतर कोई दूसरा माध्यम नहीं है। यह अकारण नहीं है कि सामाजिक परिवर्तन की आकांक्षा रखने वाले हर पीढ़ी के लेखक उनसे जुड़कर गहरा सुख और गौरव अनुभव करते रहे हैं।

प्रेमचंदोत्तर हिन्दी कहानी

सन् '36 में प्रेमचंद के निधन के पूर्व ही हिन्दी कहानी में घटित परिवर्तन की आहट सुनाई देने लगी थी। कहानी की दो धाराओं—सामाजिक यथार्थ और व्यक्तिवादी—को लेकर कुछ आलोचकों के इस विभाजन में सरलीकरण दिखाई देता है। लेकिन इससे इन दो धाराओं के अस्तित्व को नकारा नहीं जा सकता। इस शताब्दी का तीसरा दशक, सन् '21 से सन् '30 तक का काल-खण्ड, स्वाधीनता आन्दोलन के अभूतपूर्व उभार का काल है। इसी कारण प्रेमचंद के 'कर्मभूमि' को राम विलास शर्मा ने स्वाधीनता आन्दोलन के प्रसार का उपन्यास कहकर उसकी इस विशेषता को रेखांकित किया है। इस बात का उल्लेख फिर किया जा सकता है कि द्विवेदी-युग के सारे नैतिकवादी दबावों के बावजूद प्रेम संबंधों को लेकर हिन्दी की कुछ अत्यन्त महत्वपूर्ण कहानियाँ इसी काल में लिखी गयीं। ऊपर से किसी हद तक विरोधाभासपूर्ण लगने पर भी यह सत्य है कि व्यक्तिगत प्रेम में उत्सर्ग की भावना राष्ट्र और देश के प्रति उत्कृट समर्पण को ही रूपायित करने वाला मनोभाव भी हो सकता है। प्रसाद की 'गुण्डा' में प्रेमिका और उसकी संतान की रक्षा में दिया गया नन्हकूसिंह का शौर्यपूर्ण बलिदान अपने निहितार्थ दूर तक फैला दिखाई देता है। पांडेय बेचन शर्मा 'उग्र' की 'चिन्गारियाँ' की ज़ब्ती का प्रसंग भी इस दौर की रचनात्मक अकुलाहट का ही संकेत है। यूरोप में फ्रायड का बढ़ता हुआ प्रभाव और सोवियत क्रांति की गूंज सीमायें लाँघकर भारत की हवा में भी घुलने लगे थे। इंग्लैंड में दूसरे दशक के प्रारम्भ में ही वर्जीनिया वुल्फ को मनुष्य की प्रकृति में घटित परिवर्तन का अनुभव होने लगा था। इसीलिए जब सन् '29 में जैनेंद्र कुमार अपनी कहानियों के पहले संग्रह 'फांसी' के साथ कहानी के मंच पर आये, उनकी ये कहानियाँ दो वर्ष पहले से ही पत्र-पत्रिकाओं में छपती रही थीं, तो तुरन्त ही लोगों का ध्यान उनकी ओर गया। स्वयं प्रेमचंद ने उनकी उपस्थिति में हिन्दी के गोर्की का आभास पाकर इसी रूप में उनका स्वागत किया। इसी प्रकार थोड़ा आगे चलकर अज्ञेय ने क्रांतिकारी पात्रों के उत्सर्ग को लेकर "विपथगा' की कहानियाँ लिखीं। अपने परिचित कुमांऊनी जन-जीवन के चित्रण से बंचते हुए इलाचंद्र जोशी ने भी मनुष्य के मनोभावों को आधार बनाकर कहानियाँ लिखीं जिनकी पहचान मनोवैज्ञानिक कहानियों के रूप में की गई। सामान्य मानवीय व्यवहार के अध्ययन से अधिक उनकी कहानियाँ कुण्ठाओं और ग्रंथियों पर केन्द्रित थीं। यही कारण है कि वे मनोवैज्ञानिक से अधिक मनोविश्लेषणात्मक कहानियाँ हैं।

प्रेमचंद के निधन के कुछ महीने पूर्व अप्रैल '36 में प्रगतिशील लेखक सम्मेलन की स्थापना हिन्दी में हो चुकी थी जिसकी अध्यक्षता स्वयं प्रेमचंद ने की थी। अपने अध्यक्षीय

भाषण में प्रेमचंद ने साहित्य के लिए परिवर्तित कसौटी की माँग उठाई थी और सामाजिक सन्दर्भों में साहित्य की भूमिका के महत्व को रेखांकित किया था। अपने सक्रिय क्रांतिकारी जीवन के कारण यशपाल इस समय जेल में थे। उनकी रिहाई भले ही सन् '38 में हुई हो, लेकिन जेल में ही लिखी जाने वाली उनकी कहानियाँ सन् '34 से ही पत्र-पत्रिकाओं में छपने लगी थीं। बाद में इन्हीं कहानियों का संकलन सन् '39 में 'पिंजरे की उड़ान' के नाम से प्रकाशित हुआ। आज भगतसिंह और उनके साथियों के उपलब्ध दस्तावेज़ों के आधार पर यह निष्कर्ष निकालने की सुविधा है कि ये लोग अपने आत्मसंघर्ष द्वारा कैसे निष्ठावादी मार्क्सवादी बन रहे थे। इस बात पर फिर बल दिए जाने की आवश्यकता है कि कहानी में ये प्रभाव सीधी और समानांतर धाराओं के रूप में नहीं देखे जा सकते। इन प्रभावों के प्रति उदासीन रह पाना शायद किसी भी जागरूक लेखक के लिए सम्भव नहीं था। कहानी में आने वाले इन नये प्रभावों और रुझानों की ओर से स्वयं प्रेमचंद भी उदासीन नहीं थे। उनके अंतिम दौर की कहानियों में, पात्रों की मनोवैज्ञानिक सूक्ष्मताओं की दृष्टि से, अपने समय के साथ चलने की प्रेमचंद की आकांक्षा को साफ देखा जा सकता है। जिसे व्यक्तिवादी मनोवैज्ञानिक कहानी कहा गया उसके प्रमुख लेखकों—जैनेंद्र और अज्ञेय ने वैसी अनेक कहानियाँ लिखीं जिनमें उनके समय-सन्दर्भों की छाप बहुत स्पष्ट है। इसी प्रकार यशपाल ने घोषित रूप से मार्क्सवादी होने पर भी व्यक्तिगत मनोभावों को केन्द्र में रखकर कुछ अत्यन्त महत्वपूर्ण कहानियाँ लिखीं। चूँकि उनका लक्ष्य साहित्य द्वारा एक शोषण रहित समता मूलक समाज की स्थापना था, उन्होंने भारतीय समाज में स्त्री की दयनीय अवस्था पर अपने को विशेष रूप से केन्द्रित किया। प्रेम उनके लिए वर्जित क्षेत्र नहीं था। उसकी अपनी आकांक्षाओं और उसके विरुद्ध किए जाते रहे अन्याय की लड़ाई यशपाल प्रायः ही बहुत क्रान्तिकारी उत्साह से लड़ते दिखाई देते हैं। प्रेमचंदोत्तर कहानी की जब-तब एक दूसरे को छूती और दूर होती इन धाराओं का पाट काफी बड़ा है क्योंकि छोटी-बड़ी धाराओं के रूप में अनेक कहानीकार उसमें जुड़ते रहे हैं। जैनेंद्र, अज्ञेय और यशपाल इस दौर के सर्वाधिक महत्वपूर्ण और प्रतिनिधि कहानीकार हैं। अतः इन लेखकों पर थोड़ी विस्तारपूर्वक चर्चा आवश्यक है।

जैनेंद्र कुमार

जैनेंद्र महात्मा गांधी के नेतृत्व में चल रहे स्वाधीनता आंदोलन में सक्रिय हिस्सा लेते हुए, अपनी पढ़ाई बीच में ही छोड़कर, राजनीति में आये थे। अपनी राजनीतिक गतिविधियों के लिए वे जेल भी जा चुके थे। अपनी आरम्भिक कहानी 'स्पर्द्धा' के कारण प्रेमचंद के सम्पर्क में आने के अपने अनुभव का उल्लेख जैनेंद्र ने किया है। अपनी बेकारी के दिनों में कुछ अर्थ-लाभ की आशा से अपने एक सम्पादक-मित्र के आग्रह पर वह कहानी उन्होंने सुबह से शाम तक बैठकर लिखी थी क्योंकि शाम को दफ्तर बन्द होने से पूर्व ही उन्हें उसे वहाँ पहुँचाना था। लेकिन उस कहानी पर संपादक-मित्र की राय बहुत उत्साहवर्द्धक न पाकर जैनेंद्र ने वे बेतरतीब स्लिपें प्रेमचंद को भेज दी थीं, जो तब 'माधुरी' के सम्पादक थे। प्रेमचंद ने भी उसे नहीं छापा। वापस मिली कहानी की स्लिपों के साथ प्रेमचंद द्वारा लिखे गए एक अंग्रेजी वाक्य पर उनकी दृष्टि अवश्य अटकी—Please ask if this is a translation 'स्पर्द्धा'

इटली की पृष्ठभूमि पर विदेशी-पात्रों को केन्द्र में रखकर लिखी गई कहानी है। इसीलिए शायद प्रेमचंद को लगा कि वह मौलिक न होकर किसी विदेशी कहानी का अनुवाद है। जैनेंद्र ने इस बात के लिए प्रेमचंद की प्रशंसा की है कि उन्होंने उनके रचनात्मक विकास में किसी प्रकार का हस्तक्षेप न करके, अपने ढंग से उन्हें विकसित होने का पूरा अवसर दिया। यही जैनेंद्र के उस रचनात्मक विवेक की भी प्रशंसा की जानी चाहिए जिसने उनके आगे यह स्पष्ट किया कि प्रेमचंद से अलग, स्वतन्त्र और मौलिक राह बनाकर ही कुछ महत्वपूर्ण और उल्लेखनीय किया जा सकता है। जब हिन्दी कहानी का भू-मण्डल प्रेमचंद के प्रचंड ताप से तप रहा था, इस प्रकार का कोई निर्णय लेकर उनके प्रभाव-क्षेत्र से अपने को बाहर रखकर कुछ कर पाने का विश्वास ही जैनेंद्र को जैनेंद्र बनाता है।

उनकी आरम्भिक कहानियों का संग्रह 'फाँसी' सन् '29 में प्रकाशित हुआ। बाद में उनकी सम्पूर्ण कहानियों का प्रकाशन दस खण्डों में हुआ। जैनेंद्र की इन आरम्भिक कहानियों—'फाँसी', 'ग़दर के बाद', 'जयसंधि' और 'रानी महामाया' आदि के माध्यम से उनकी रचना प्रक्रिया और रचनात्मक सरोकारों को समझा जा सकता है। ये कहानियाँ अपने आस-पास के जीवन और परिचित यथार्थ को आधार बनाकर नहीं लिखी गईं हैं। जैसा कि अपनी बात-चीत में एकाधिक बार स्वयं जैनेंद्र ने भी इस ओर संकेत किया है—ये विचारों के आधार पर गढ़ी या बनाई गई कहानियाँ हैं। 'फाँसी' शमशेर और जुलैका के प्रेम की कहानी है—क्रांतिकारी शमशेर के प्रति पुलिस अधिकारी की पुत्री जुलैका के प्रेम की कहानी। इसमें जैनेंद्र ने क्रांतिकारियों के निष्ठापूर्ण समर्पण और भारतीय अधिकारियों की मानसिक दासता के साथ ही साथ शिक्षा के वास्तविक उद्देश्य और भारतीय आदर्श आदि पर लम्बी-लम्बी बहसें कहानी में खपाने की कोशिश की है। जुलैका के रूप में एक आवेगपूर्ण अल्हड़ युवती, प्रेमानुभूति की उसकी प्रगाढ़ और सघन बुनावट और उसी के अनुरूप उसके मनोभावों एवं संवादों की भाषा जैनेंद्र की मौलिकता के कुछ ऐसे संकेत हैं जो उन्हें प्रेमचंद और उनके प्रभाव-वृत्त में लिखने वाले अन्य लेखकों से अलग करते हैं। कहानी का नायक शमशेर क्रांतिकारी नहीं है, लेकिन उसका चरित्र क्रांतिकारियों की उदारता और लक्ष्य के प्रति एकांत समर्पण की पद्धति पर ही गढ़ा गया है। यह एक ओर यदि जुलैका के प्रेम के दुर्निवार समर्पण के लिए एक बाध्यता बनता है, वहीं इसके राष्ट्रीय सन्दर्भों की उपेक्षा भी नहीं की जा सकती।

इसी काल में जैनेंद्र द्वारा लिखी गई अन्य कहानियाँ भी तत्कालीन राजनीति में सीधा हस्तक्षेप न करते हुए भी विचार और प्रभाव की दृष्टि से, 'सोज़ेवतन' और 'चिनगारियाँ' की परम्परा में ही आती हैं। 'स्पर्द्धा' जैसा कि उल्लेख किया जा चुका है, विदेशी परिवेश में भी क्रांति और अहिंसा की बहस को केन्द्र में रखकर विकसित होती है। बेंजिलो और गिडिटो दो मित्र हैं जो एक गुप्त क्रांतिकारी दल से सम्बद्ध हैं। बेंजिलो महत्वाकांक्षी है और उसका आदर्श नायक नेपोलियन है। गिडिटो बुद्ध और ईसा को अपना आदर्श मानकर क्रांति में भी अकारण हिंसा और रक्तपात का विरोधी है। पीडमोंट के शासक एलबर्ट की हत्या के सवाल पर दल दो भागों में बँट जाता है। मैरिथ और बेंजिलो के प्रेम के प्रति गिडिटो का रवैया एक

अभिभावक की तरह सहानुभूतिपूर्ण संरक्षण का है। बेंजिलो की दल-विरोधी नीतियों के कारण उसकी हत्या का कार्य मैरिथ को ही सौंपा जाता है। इसी प्रकार विचारों के आधार पर पात्रों को गढ़ने की प्रवृत्ति 'जयसंधि' में भी स्पष्ट है। राजनीतिक पृष्ठभूमि की कहानियों में भी प्रेम-त्रिकोण की उपस्थिति जैनेंद्र के भावी विकास का संकेत भी मानी जा सकती है। 'एक कैदी' कांग्रेस के नेतृत्व में चलने वाले स्वाधीनता आन्दोलन में, वर्ग-भेद की भर्त्सना की दृष्टि से, इस दौर की एक महत्वपूर्ण कहानी है। अपने एक साक्षात्कार में जैनेंद्र ने सन् '20 और सन् '30 के आन्दोलनों के बीच घटित अन्तर को स्वीकार किया है। उन्होंने माना है कि सन् '20 के आन्दोलन में चरित्र-बल अधिक था और नेता तथा जनता के बीच वैसा स्पष्ट विभाजन भी नहीं था। सन् '30 के आंदोलन में राजनीतिक कैदियों की आर्थिक स्थिति के अनुरूप उन्हें जेल में ए बी और सी श्रेणी मिलती थी। कुछ लोग इस सुविधा को प्राप्त करने के लिए दिए गए आयकर के प्रमाण-पत्र प्रस्तुत करने में भी संकोच नहीं करते थे। सन् '30 में ही गढ़वाल रेजीमेंट के सिपाहियों को पेशावर में निहत्थी जनता पर गोली चलाने के लिए दंडित किया गया था। स्वयं महात्मा गाँधी ने उनके इस कृत्य की निंदा की थी। जिस कैदी को केन्द्र में रखकर कहानी लिखी गई है, उसे इसी अपराध के लिए दस वर्ष की सजा हुई है। एक साधारण अपराधी की तरह ही वह जेल में है। घर दूर होने से उसे कोई देखने भी नहीं जा पाता। जेल में वह बीमारी और उत्पीड़न का शिकार है। आदेश के बावजूद गोली न चलाने के मूल में जो घटना थी—पिता की लाश से लगे सवा साल के बच्चे का दृश्य जो बहे हुए खून को थपथपाते हुए खेल रहा था, उसे वह आज भी भावुकता और अवसाद के साथ याद करता है। कहानी का वाचक 'मैं', जो स्वयं एक कांग्रेसी क़ैदी है, इसे उसका 'दम' कहता है जो इस तरह सब कुछ सहकर भी माफी माँगकर छूटने से इन्कार करता है। लेकिन दूसरा कैदी कन्हैया लाल इसे उसका भी श्रेय देने को तैयार नहीं है। वह अपने साथी 'मैं' की बात काटते हुए कहता है.... 'उसने माफी माँगकर न छूटने की कसम खाई है। और उसे पाप और बिरादरी का डर है....इस भय का ही दम कह लीजिए'....(जैनेंद्र की सम्पूर्ण कहानियाँ, भाग—1, पृ० 97)

इसी दौर की जैनेंद्र की दो महत्वपूर्ण कहानियाँ हैं—'खेल' और 'पत्नी'। 'खेल' तो उनकी एकदम शुरू की रचना है जिसे उन्होंने किसी मित्र की हस्तलिखित स्कूली पत्रिका 'ज्योति' के लिए लिखा था और जो बाद में 'विशाल भारत' में छपी थी। यह दो बच्चों के घरौंदे बनाने के खेल की कहानी है, जो अपने बेहद संक्षिप्त कलेवर में भी जीवन के व्यापक सत्य की कहानी बन जाती है। आस-पास की समूची प्रकृति, बच्चों के इस खेल के बहाने जैसे वेदांत का दर्शन बन जाती है। बच्चों का बहुत स्वाभाविक मामूली सा खेल, दांपत्य जीवन के रिहर्सल से लेकर जीवन के नाटक होने के सत्य को इतनी सहजता से व्यक्त करता है कि कहानी में विचार की सत्ता तिरोहित हो जाती है। 'पत्नी' ऊपरी तौर पर क्रांतिकारियों के विरुद्ध लिखी गई कहानी लग सकती है। जैनेंद्र ने स्वयं स्वीकार किया है कि कहानी की प्रेरणा उन्हें क्रांतिकारी भगवती चरण बोहरा से मिली थी। इसके सम्बन्ध में जैनेंद्र ने लिखा है....'क्रान्ति को अपनी मनोरम अभिलाषाओं से मण्डित करके जो हम देखते हैं, सो शायद

हिस्सा रहा है, लेकिन एक सीढ़ी से अधिक उसका कोई महत्व नहीं है। क्रांति के समर्थन में लिखी गई अज्ञेय की कहानियों में 'हारिति', 'अकलंक', 'द्रोही' और 'विपथगा' आदि कहानियाँ प्रमुख हैं। इनमें बड़े आवेग तरल ढंग से क्रांति के लिए मर मिटने वाले लोगों को अंकित किया गया है। इनमें पुरुष भी हैं और स्त्रियाँ भी। इन कहानियों पर भावुक आदर्शवाद के आरोप का उत्तर देते हुए स्वयं अज्ञेय ने लिखा है, 'पर उस समय के क्रांतिकारी आदर्शवादी थे, आदर्शवादी होते थे और आदर्शवादी होना गौरव की बात समझते थे। अगर उस काल के आदर्शवाद में एक रोमानी भोलापन भी झलकता है तो यह वास्तविक स्थिति का ही प्रतिबिम्ब है : आतंकवादी आंदोलन में एक रोमानी भोलापन था और उनमें से कोई भी तब रोमानियत या भोलेपन के आरोप पर लज्जित न होता। वे भी नहीं जिन्होंने अनन्तर रोमानियत-विरोधी मोहभंग की मुद्राएँ अपनाईं....' (वही, भूमिका, पृ० 7) स्पष्ट ही यह संकेत यशपाल की ओर है। अपने आतंकवादी काल में 'देवि स्वतंत्रते' को लेकर जिस प्रकार के भावुक गद्यगीत लिखने की बात यशपाल के बारे में लिखी गई है, यशपाल की एकदम आरम्भिक दौर की कहानियों में भी उस रोमानी और भावुक दृष्टिकोण के दर्शन कहीं नहीं होते। उनकी 'मक्रील' यदि यौवन के उद्दाम आवेग और आकर्षण की प्रतीक है, भावुकता की संक्रामकता की ओर संकेत करते हुए, तो 'प्रेम का सार' और 'हृदय' आदि कहानियों में उन्होंने स्पष्ट ही इस रोमानी और भावुक दृष्टि के विरोध में अधिक यथार्थ और तर्कपूर्ण दृष्टि अपनाने की कोशिश की है। आतंकवाद के जिस भावुक, आदर्शवादी और रोमानी रूप पर अज्ञेय देर तक आस्था बनाए रखते हैं, यशपाल उसे एक सीढ़ी की तरह इस्तेमाल कर आगे बढ़ जाते हैं। दरअसल रुके रहने और आगे बढ़ जाने का यह अंतर इन दोनों लेखकों के संदर्भ में खासा महत्वपूर्ण है क्योंकि यही उनके साहित्य की मूल दिशा को निर्धारित और नियंत्रित करने वाला प्रमुख तत्व भी है।

अज्ञेय की ये क्रांति संबंधी कहानियाँ भी मोटे तौर पर दो प्रकार की हैं। एक ओर यदि 'हारिति', 'विपथगा', 'अकलंक', 'मिलन' और 'कैसांड्रा का अभिशाप' जैसी कहानियाँ हैं, तो दूसरी ओर 'छाया' और 'पगोडावृक्ष' जैसी। इनमें पहले वर्ग की कहानियाँ वे हैं जिनमें जेल की कोठरी में बैठकर चीन, रूस, क्यूबा और ग्रीस आदि किसी भी देश की पृष्ठभूमि पर कहानी लिख ली गई है। अपने आरम्भिक दौर में स्वयं प्रेमचंद ने भी इस प्रकार की कहानियाँ लिखी थीं। इन कहानियों से यह साफ लगता है कि अपने क्रांतिकारी जीवन में, जेल में और जेल से बाहर, लेखक ने देश-विदेश के क्रांतिकारियों की जीवनियाँ पढ़ी होंगी और उसी प्रभाव में, निष्ठा और बलिदान-भाव को पुष्ट करने के विचार से, ये कहानियाँ लिखी गई हैं। अज्ञेय की ये कहानियाँ वस्तुतः जीवन के मूल स्रोत से कटकर क्रांति और अव्यावहारिक आदर्शों के अमूर्तन पर बल देती हैं। इनके मुकाबले अपने देश को पृष्ठभूमि और संदर्भों को अंकित करने वाली क्रांति संबंधी कहानियाँ अधिक सहज और ग्राह्य बन पड़ी हैं। 'छाया', 'एक घंटे में', 'दारोगा अमीचंद' और 'पगोडावृक्ष' जैसी कहानियाँ इसी श्रेणी में आती हैं। इन कहानियों में कहीं आतंकवादी कैदियों का उल्लास और जिंदादिली अंकित है, तो कहीं-कहीं हँस-हँसकर करुण और रोमांचक गीत गाते हुए अपने उद्देश्य के लिए उत्सर्ग हो जाने

—

वाली 'सुषमा' है जो एक बार 'शारदा' नाम से आतंकवादी क्रिया कलापों में मृत मान ली गई है, फांसी के बाद भी जिसकी छाया जेल के कर्मचारियों के आस-पास मंडराती रहती है। 'पगोडावृक्ष' में ऐसा ही एक क्रांतिकारी एक विधवा युवती के हृदय में न सिर्फ आकर्षण की एक अदृश्य लहर उठा जाता है, अपने उत्सर्ग से उसमें एक गहरा और आधारभूत परिवर्तन लाने में भी सफल होता है। सिपाहियों द्वारा पकड़ी जाने पर सुखदा की मुद्रा नए संकल्प और अभियान से पूर्ण है जैसे अपना पिछला सब कुछ छोड़कर हिन्दू समाज़ में वैधव्य के अभिशाप को भी एक नई गरिमा और तेज से भर उठी हो। उसके अंदर घटित इस गुणात्मक परिवर्तन को पगोडावृक्ष के माध्यम से बहुत सांकेतिक और प्रतीकात्मक रूप में व्यक्त किया गया है....'उस रात में पगोडावृक्ष ने पुरानी केंचुल उतार फेंकी थी—या नए वस्त्र धारण कर लिए थे। आज उसकी कालिमा का चिन्ह भी कहीं नजर नहीं आता था, वह फूलों से भरा हुआ, सौंदर्य से आवृत्त, सौरभ से झूम रहा था....' (संपूर्ण कहानियाँ, 1, पृ० 433)।

अपने रोमानी रुझान और जीव-जगत् संबंधी भाववादी दृष्टिकोण के कारण अज्ञेय का मन सबसे अधिक स्त्री और प्रेम संबंधों के अंकन में रमता है। प्रेमचंद की सामाजिक यथार्थ वाली कहानियों के मुकाबले उनकी 'अमर वल्लरी' और 'पगोडावृक्ष' जैसी कहानियों ने तत्काल ही लोगों को आकृष्ट किया और उन्हें छापने वाली पत्रिका के संपादक लंबे समय तक इन कहानियों को मॉडल के तौर पर इस्तेमाल करके नये लेखकों को वैसी ही कहानियाँ लिखने की हिदायत करते रहे थे। 'अमर वल्लरी', 'मनसो', 'सिगनेलर' और 'हरसिंगार' आदि उनकी इस प्रकार की कहानियों में सर्वश्रेष्ठ मानी जा सकती हैं। लेकिन लेखक की भाववादी रोमानी दृष्टि के परिणामस्वरूप यहाँ प्रेम का अंकन काफी कुछ अलौकिक और अशरीरी किस्म का है। वह मानता है कि जीवन में स्त्री का कोमल संस्पर्श मात्र जीवन की समूची गति बदल देता है, उसके 'होने' से लगता है कि आस-पास चारों ओर हरसिंगार फूल रहे हैं..... 'स्त्री के बिना कुछ भी अच्छा नहीं है, कुछ भी मधुर नहीं है, कुछ भी सुन्दर नहीं है; स्त्री—जो केवल स्त्री ही नहीं है, संसार की कुल सुन्दर और मधुर वस्तुओं की प्रतिनिधि है....' (वही, पृ० 322) गोविन्द अनाथालय में पल कर बड़ा हुआ है। लेकिन अपने अनाथ होने की अनुभूति इतनी तीव्र उसे कभी नहीं हुई जितनी हरसिंगार की माला भेंटने वाली रोगिणी युवती के आगे, उसके आग्रह पर भजन न सुना पाने पर हुई थी। उसे लगता है कि जैसे वह एक बार फिर, नये सिरे से, अनाथ हो गया है। उस रोगिणी युवती से उसकी भेंट फिर कभी नहीं होती, पता नहीं वह मरी या जीवित रही, जैसी उसकी हालत थी उसमें मर जाना ही अधिक स्वाभाविक है, लेकिन उसकी दी हुई हरसिंगार की माला उसके लिए अंततः स्त्री की कोमलता, सुन्दरता और आकर्षण का प्रतीक बनकर रह जाती है। अज्ञेय की इन कहानियों में अंकित प्रेम में व्यक्त से कहीं अधिक महत्व अव्यक्त का है जो मात्र अनुभूत भर है, जिसे केवल महसूस किया जा सकता है। लेकिन वह जो कुछ भी और जैसा हो, मन को एक नए आलोक से भर देता है। अज्ञेय की ये कहानियाँ हिंदी कहानी के क्षेत्र में, प्रेम-चित्रण में, कुछ अछूते आयामों के अन्वेषण के कारण महत्वपूर्ण हैं। एक तरह से इन्हें प्रसाद की कहानियों का विकास भी माना जा सकता है। यह अशरीरी-अतीन्द्रिय प्रेम-चित्रण नई

कहानी के दौर में, अज्ञेय के उत्कट विरोध का कारण भी बिना। लेकिन इसमें कोई संदेह नहीं कि आज हिन्दी में प्रेम कहानियों की जो सुसमृद्ध परम्परा दिखाई देती है, उसके विकसन और संवर्द्धन में इन कहानियों की एक ऐतिहासिक भूमिका रही है।

अज्ञेय की कहानियों में आत्मकेन्द्रित और व्यक्तिवादी तत्वों की पर्याप्त आलोचना होती रही है। कदाचित् आरोपों के इस शोर के कारण ही उनकी कुछ उल्लेखनीय कहानियों में प्रगतिशील तत्वों के स्वीकार की ओर लोगों का ध्यान अपेक्षाकृत कम गया है। स्त्री को कुंठित और असहाय बनाने वाले संदर्भ में 'गैंग्रीन' और 'कविप्रिया' का उल्लेख किया जा सकता है। घर और परिवार के इस दायरे को तोड़कर भी अज्ञेय निकले हैं और उन्होंने, किंचित् व्यापक धरातल पर मानव-मूल्यों की पक्षधरता की बात भी की है। यद्यपि इन कहानियों में भी उनके यहाँ दोनों ही प्रकार मिलते हैं। उन्होंने वैसी कहानियाँ भी लिखी हैं जो मानवीय तत्वों और जिजीविषा को रेखांकित करते हुए बड़े सहज ढंग से सामंती-मूल्यों का विरोध करती हैं। लेकिन इन्हीं में ऐसी कहानियाँ भी हैं जो रोमानी आदर्शवाद और भावुकता की शिकार हैं। देश-विभाजन की पृष्ठभूमि पर लिखी गई उनकी कहानियों में भी इन दोनों तरह की कहानियाँ देखी जा सकती हैं। 'लेटर-बाक्स' में पाँच वर्ष का बालक रोशन जिस तरह उस विभीषिका, बर्बर हत्याकांड और बलात्कार की कहानी बताता है वह उसकी उम्र और समझ के हिसाब से अविश्वसनीय लगने के कारण कहानी की पूरी मानवीय संवेदना को ही नष्ट कर देता है। इसी तरह 'शरणदाता' में अपने पूरे परिवार की इच्छा और योजना के विरोध में ज़ाकर देविन्दर लाल के प्रति जैबू की सदाशयता काफी कुछ आरोपित सी लगती है। 'बदला' इस प्रसंग में सबसे अलग दिखाई देती है। सब कुछ खोकर भी अपने मानवीय विवेक की रक्षा कैसे की जा सकती है, यह कहानी इसे उदाहृत करती है। जिस मज़हब के लोगों ने उस बूढ़े सिख का सब कुछ छीन कर आज उसे इस हालत में पहुँचा दिया है, उसी मज़हब के लोगों की रक्षा को उसने अपने जीवन का लक्ष्य बना लिया है। हर आने-जाने वाली गाड़ी में वह दिल्ली के लोगों को अलीगढ़ पहुँचाता है और अलीगढ़ के लोगों को दिल्ली। उसके अपने साथ शेखूपुरे में जो कुछ गुजरा है उसका सबसे बड़ा बदला यही हो सकता है कि और किसी के साथ वह कुछ न हो। औरत का अपमान सिर्फ हिन्दू और मुसलमान के बीच का सवाल ही नहीं है। वह इंसान की माँ की बेइज्जती है और चूँकि उसके अन्दर की इंसानियत इस सबके बावजूद मरी नहीं है, वह जुनून की हद तक जाकर वह सब करता है जो उसके वश में है।

देश विभाजन की पृष्ठभूमि पर लिखी गई इन कहानियों के अतिरिक्त भी अज्ञेय की कुछ कहानियाँ ऐसी हैं जिनमें मानवीय और प्रगतिशील तत्वों के स्वीकार का यह आग्रह देखा जा सकता है। 'जिजीविषा', 'चिड़ियाघर', 'पहाड़ी जीवन', 'अलिखित कहानी' और 'खितीन बाबू' जैसी कहानियाँ इस दृष्टि से ध्यान आकृष्ट करती हैं। भावुक और अतिरंजनापूर्ण स्थितियों से बचकर जहाँ भी लेखक सहज मानवीय स्थितियों का अंकन करता है, प्रभाव की दृष्टि से वे कहानियाँ सफल बन पड़ी हैं। 'चिड़ियाघर' में सामंती मूल्यों की वास्तविकता को

बहुत सजगता से उद्घाटित किया गया है। 'जिजीविषा' निम्न मध्यवर्गीय सपने की कहानी है, उसके बनने और हटने की, लेकिन टूटकर भी जैसे वह टूटता नहीं है।

प्रेमचंदोत्तर हिन्दी कहानी में अज्ञेय को एक नई दिशा के अन्वेषण का श्रेय दिया जाना चाहिए। प्रेमचंद और उनके समकालीन कहानीकारों की इति-वृत्तात्मकता और वर्णन बहुलता के बीच 'अमरवल्लरी' और 'पगोडावृक्ष' जैसी कहानियों की उपस्थिति जिस नये रचनात्मक उन्मेष का संकेत लेकर आई होगी उसका अनुमान लगा पाना कठिन नहीं है। सांकेतिकता और प्रभाव सघनता की दृष्टि से 'गैंग्रीन', 'हीलीबोन की बत्तखें' और 'जयदोल' भी उनकी उल्लेखनीय कहानियाँ हैं। अज्ञेय ने अपनी अनेक कहानियों में पत्र और डायरी शैली का प्रयोग किया है। कहानी को वे, 'एक क्षण का....जीवन स्थिति का सत्य—एक दौड़ती हुई लहर का गतिचित्र....' कहकर परिभाषित करते हैं। इन स्थितियों के लिए प्रायः वे प्रतीक विधान का सहारा लेते हैं। इससे कहानी में अमूर्त्तन का आग्रह बढ़ता है और दुर्बोधता से बच पाना कठिन होता है। 'साँप', 'पठार का धीरज' और 'कलाकार की मुक्ति' आदि कहानियाँ इस अमूर्त्तन की प्रवृत्ति के प्रतिनिधि उदाहरण हैं।

भाषिक संरचना की दृष्टि से अज्ञेय की कहानियों के कई स्तर हैं। वे यह नहीं मान पाते कि भाषा जनता की थाती है और जनता ही उसका मूल स्रोत है। हो सकता है प्रेमचंद की सीधी, सरस और किसी हद तक सपाट भाषा के मुकाबले शुरू में अज्ञेय की इस भाषा ने लोगों को आकृष्ट किया हो। क्रांति की पृष्ठभूमि वाली उनकी कहानियों की भाषा एकदम किताबी और भावुकता के उच्छल आवेग की भाषा है जिसे पढ़कर कहीं-कहीं गद्यगीत पढ़ने का भ्रम भी हो सकता है। संकेतों, बिम्बों और प्रतीकों का सहारा लेकर उन्होंने भाषा को एक भंगिमा देने की कोशिश अवश्य की है। लेकिन उनका शब्द-चयन उसे एक आरोपित भाषा का उदाहरण बनाता है। अज्ञेय प्रायः इसे अभिजात मुद्रा और संस्कार की आड़ में ढाँकने की कोशिश भी करते हैं। 'चिड़िया घर' का गाइड और 'मेजर चौधरी की वापसी' का सेनाधिकारी जैसी भाषा और शब्दों का प्रयोग करते हैं वह उनके समूचे अस्तित्व को कृत्रिम और अस्वाभाविक बना देता है। दुर्भाग्यवश ये उदाहरण अज्ञेय की काफी अच्छी और महत्वपूर्ण समझी जाने वाली कहानियों के हैं।....अज्ञेय की अंतिम कहानी 'कलाकार की मुक्ति' सन् '54 में प्रकाशित हुई थी। परवर्ती कहानी उनकी अनुपस्थिति ही नहीं, विरोध की साक्षी भी रही है। उसकी जीवंतता और सक्रियता का इतिहास ही कदाचित् अज्ञेय की असफलता और विवशता का संकेत है।

यशपाल

यशपाल की कहानियों का पहला संग्रह 'पिंजरे की उड़ान' सन् '39 में प्रकाशित हुआ। इसमें सन् '34 से सन् '38 के बीच जेल में लिखी गई उनकी कहानियाँ संकलित थीं। इस तरह 'पिंजरे की उड़ान' की प्रायः सभी और 'वो दुनिया' की कुछ कहानियाँ उसी काल की लिखी हुई हैं, जब न सिर्फ उनके जीवन का उद्देश्य बहुत स्पष्ट नहीं था बल्कि चौदह वर्षों के लम्बे कारावास के कारण कोई विशेष आशा भी नहीं रह गई थी। उनके जीवन की तरह

इन कहानियों का भविष्य भी तब एकदम अस्पष्ट और अंधकारमय था। ये कहानियाँ एक तरह से जेल के यातनापूर्ण, और यातना केवल शारीरिक ही नहीं होती, समय को झेल सकने के शगल के रूप में लिखी गई थीं। इस संग्रह में ऐसी कोई कहानी नहीं है जिसके आधार पर शीर्षक का नामकरण किया गया हो—इस संग्रह के अकेले अपवाद को छोड़कर यशपाल के सारे संग्रहों के नाम उनकी किसी कहानी पर ही रखे गये हैं। ये कहानियाँ किसी तीखे वैचारिक संघर्ष की कहानियाँ न होकर, जो आगे चलकर यशपाल की विशेष पहचान बनी, मुख्यत: मनोस्थितियों की कहानियाँ हैं। शायद इसी कारण कुछ आलोचकों ने इन्हें 'भावमूलक' बताकर इनकी पहचान की है। लेकिन संग्रह के शीर्षक से व्यंजित सारी भावाकुलता के बावजूद ये भावुकता और रोमानियत से मुक्ति की कहानियाँ ही अधिक हैं। अज्ञेय की इसी दौर की कहानियों के समान न तो ये क्रांति की रोमानी अवधारणा की शिकार होती हैं और न ही जैनेंद्र की कहानियों की तरह जीवन के अमूर्त्तन और भाषाई छल के सहारे विकसित होती हैं। प्रेमचंद की कहानियों की अपेक्षा निजी जीवन की अभिज्ञता का स्वाद इनमें खूब गाढ़ा होकर उभरा है। एक लेखक के सरोकारों को लेकर, इन कहानियों के लिखे जाने के दौरान यशपाल भले ही बहुत स्पष्ट न हों—कम से कम यह तो वे नहीं ही जानते थे कि आगे चलकर अपने अपूर्ण राजनीतिक लक्ष्यों की पूर्त्ति के लिए वे कलम को ही प्रमुख अस्त्र के रूप में इस्तेमाल करने वाले हैं—लेकिन कहानियों को संग्रहित करते समय तक स्थिति उनके आगे स्पष्ट हो चुकी थी। संग्रह की भूमिका में वे लिखते हैं 'हमारी कल्पना का आधार जीवन की ठोस वास्तविकताएँ ही होती हैं' इन कहानियों के संदर्भ में अपनी कल्पना के स्वरूप के बारे में वे लिखते हैं.... '(वह) आदर्श की ओर संकेत कर समाज के लिए नया नक्शा तैयार करने का यत्न करती हैं....' (पिंजरे की उड़ान, भूमिका पृ० 3)

बीस कहानियों की इस संग्रह में पाँच-सात कहानियाँ ऐसी हैं जिन्हें आज भी यशपाल की प्रतिष्ठा का आधार माना जा सकता है। इन कहानियों के संदर्भ में निजी जीवन की जिस अभिज्ञता की बात कही गई है, वह बहुत-कुछ वही चीज है जिसे 'नई कहानी' के आंदोलन में अनुभव की प्रामाणिकता कहा गया। वैसे आगे चलकर यशपाल सैद्धांतिक रूप में अनुभव की इस सीमाबंदी का विरोध करते हैं। लेकिन उनकी अभिरुचियों और अनुभव के छींटों ने इन कहानियों को निश्चय ही एक मनोहारी सरसता दी है। कश्मीर, अविभाजित पंजाब या और जिन दूसरे स्थानों का वर्णन इन कहानियों में है, वे सब वे ही स्थल हैं जहाँ यशपाल अपने क्रांतिकारी जीवन और फ़रारी के दिनों में घूमते-भटकते रहे थे। इनमें से कई कहानियों में आर्थिक संपन्नता और वैभव की चकाचौंध से परे दूर-दराज़ पहाड़ी गाँवों की सरलता और निश्छलता सुरक्षित है। आज शायद बहुतों को यह न मालूम हो कि अपने लम्बे जेल-जीवन से मुक्ति के बाद यशपाल के मन में एक विकल्प चित्रकार के रूप में भी जमने का था। जेल में एक ओर यदि वे क़लम से लिखने का अभ्यास करते थे, तो दूसरी ओर चित्रकारी का शौक भी उन्हें था और उस ज़माने के कई चित्र अभी हाल तक उनके यहाँ सुरक्षित थे। 'नीरस-रसिक' और आगे चलकर 'चित्र का शीर्षक' जैसी कहानियाँ, उनकी तत्कालीन अभिरुचियों

और आग्रहों को स्पष्ट करती मालूम देती हैं। जीवन और जगत के प्रति निर्मित और सुस्थिर होती दृष्टि का संकेत भी इनमें की कितनी ही कहानियों से मिल जाता है।

'मक्रील' और 'नीरस-रसिक' दोनों ही कहानियों में जीवन से कटे सौंदर्य और तत्संबंधी कल्पना में विरोध प्रकट करके जीवन के स्वीकार का आग्रह स्पष्ट है। 'मक्रील' के कवि की जिस भावुक कल्पना पर संसार मुग्ध है, स्वयं कवि के लिए वह जीवन की वास्तविकता के अभाव में अकेलेपन की यातना बन जाती है। 'नीरस-रसिक' की सविता जीवन के प्रति किसी क़दर भावुक और रोमानी दृष्टिकोण की शिकार है जो कहीं न कहीं उसकी किताबी समझ का ही परिणाम है। सौंदर्य को वह परिवेशगत दबावों से ऊपर और स्वांत: सुखाय मानकर चलती है। सविता के लिए जो प्रदुम्न की नीरसता है वह वस्तुत: उसके संयत आचरण और जीवन एवं जगत के प्रति उसकी सही समझ का परिणाम है जिससे सविता जैसी सोच वाले लोगों को एक संस्कारगत धक्का जैसा लगता है। 'प्रेम का सार' और 'पहाड़ की स्मृति' जैसी कहानियाँ नागरिक सभ्यता से अछूते पहाड़ी गाँवों में रहने वाले लोगों के भोले विश्वासों पर आधारित हैं। इन कहानियों में पहाड़ी जीवन की सरलता और प्राकृतिक सौंदर्य को शहरी जीवन के दुर्निवार आकर्षण के विसादृश्य के तौर पर रखकर देखा गया है और पहाड़ों की विपन्नता और रूढ़ियों को कहीं भी अनदेखा नहीं किया गया है। इन कहानियों में यशपाल व्यंग्य का प्रयोग भी बहुत सचेत भाव से करते देखे जाते हैं जो सामाजिक विसंगतियों और अंतर्विरोधों के विरुद्ध उनकी रचनात्मक पीड़ा का ही परिणाम है।

यशपाल के कहानी संग्रहों की भूमिकाओं में ऐसे सूत्र पर्याप्त मात्रा में उपलब्ध हैं जिनसे कहानी-रचना के उनके उद्देश्य के साथ ही उनकी रचना-प्रक्रिया पर भी प्रकाश पड़ता है। 'वो दुनिया' की कहानियों के बारे में यशपाल लिखते हैं—'इन कहानियों में उस दुनिया का कोई स्पष्ट चित्र नहीं दिया जा सका। यत्न किया गया है, इस दुनिया के वैषम्य की ओर संकेत करने का! इस दुनिया की कटुता से ही उस दुनिया की चाह उठती है और इसीलिए दिल पुकार उठता है—'वो दुनिया'। (वो दुनिया, भूमिका, पृ० 6) इस वक्तव्य में सामाजिक परिवर्तन की ललक बहुत स्पष्ट है। इस बदलाव में सामाजिक अंधविश्वासों की पर्तें छीलने के लिए विचारों और तर्क की महत्वपूर्ण भूमिका है। इस संदर्भ में उनकी टिप्पणी है....' कर्म की शक्ति का स्रोत मेरी तर्क की अथवा विचार की शक्ति ही है। मैं मनुष्य समाज का एक औसत प्राणी हूँ। अपनी परख से मैं मानव-समाज के इस गुण को पहचान सकता हूँ और इस परिणाम पर पहुँचा हूँ कि समाज की संचालक शक्ति उसके विचारों की गति में होती है और इसीलिए क्रांति के पूर्व तर्क का तूफान आता है या कहिए, क्रांति के बादल तर्क के तूफान पर ही चढ़कर आते हैं....' (तर्क का तूफान' भूमिका, पृ० 5) यशपाल का मानना है कि सौंदर्य रचना का एकमात्र उद्देश्य असुंदर का परिष्कार और बहिष्कार ही हो सकता है। सुन्दर और असुन्दर का भेद या असुन्दर को सुन्दर बना सकने का प्रयत्न विवेक और तर्क के बिना असंभव है। इसीलिए वे तर्क और विवेक को ही सौंदर्य के मूल उत्स के रूप में स्वीकार करते हैं। यशपाल कला के शुद्धतावादी सिद्धांत का खंडन करते हैं और कला की सामाजिकता

का पक्ष लेते हैं। इसी कारण अनेक लोगों को वे लेखक से अधिक प्रचारक लगते हैं जबकि यशपाल शाश्वत समझे जाने वाले परम्परागत मूल्यों को जीवन के निकष पर कसकर उनकी प्रसंगानुकूलता पर विचार करना चाहते हैं। लेकिन कहानी का प्रयोजन वे केवल नैतिक मान्यताओं की घोषणा करना नहीं मानते, रसोद्रेक द्वारा नैतिकता और मान्यता को ग्राह्य बनाना मानते हैं। शुरू से अंत तक कहानी में विचार का यह आग्रह यशपाल में सब कहीं देखा जा सकता है। उनकी अंतिम दौर की कहानियाँ 'लैंप शेड', 'नैतिक बल' और 'सच्ची पूजा' आदि मूलरूप में विचारों को आधार बनाकर ही लिखी गई हैं फिर भी इनके सन्दर्भ में यह जिज्ञासा स्वाभाविक है कि वे प्रभाव की दृष्टि से बेहद सामान्य क्यों हैं? 'लैंप शेड' नाज़ी बर्बरता पर केंद्रित है। 'नैतिक बल' में मजदूरों के अबाध शोषण पर टिकी सामंती नैतिकता की तीखी भर्त्सना है, लेकिन फिर भी कुल मिलाकर ये यशपाल की सफल एवं सार्थक कहानियों की श्रेणी में नहीं आतीं। मेरे विचार से इनकी प्रभाव-क्षमता के ह्रास की खोज जीवन के अंतरंग और आत्मीय संपर्क के अभाव में ही की जानी चाहिए।

यशपाल की कहानियों में विकास की खोज शिल्प के बजाय विचारों को ही आधार बनाकर की जा सकती है। 'पिंजरे की उड़ान' से 'अभिशप्त' तक की—सन् '39 से सन् '44 तक—उनकी कहानियों में विचारों के विकास की गति पर्याप्त धीमी रही है। इन कहानियों में धीरे-धीरे सामाजिक विसंगतियों और अंतर्विरोधों की उनकी पकड़ गहराती गई है। 'भस्मावृत्त चिंगारी' से 'तुमने क्यों कहा था मैं सुन्दर हूँ!'—सन् '46 से सन् '54 तक उनके विचारों में एक विस्फोटक आक्रामकता दिखाई देती है। रचना दृष्टि से भी इस अवधि में लिखी गई कहानियों की संख्या और दौरों के मुकाबले कहीं ज्यादा है। इस काल में उनके वैचारिक विस्फोट का सहज कारण देश की अस्थिर एवं संक्रमणशील स्थिति भी हो सकती है। इसके बाद 'उत्तमी की माँ' से 'भूख के तीन दिन'—सन् '55 से सन् '68 तक—और इसके बाद की उनकी अंतिम कहानियों में भी, जो उनके मरणोपरांत 'लैंप शेड' नाम से संग्रहित हुईं, फिर एक उतार की स्थिति दिखाई देती है। यदि इसे एक सरलीकृत वक्तव्य न माना जाए तो जीवन के आत्मीय और विश्वसनीय अंकन के साथ विस्फोटक वैचारिकता का संयत समन्वय ही यशपाल की कहानियों के मामले में एक आदर्श स्थिति ठहरती है। इन दोनों में से जहाँ एक को चुनने की विवशता हो वहाँ भी कोरी वैचारिकता के बदले जीवन के आत्मीय एवं संश्लिष्ट अंकन को ही प्राथमिकता दी जानी चाहिए। इस दृष्टि से विचार करने पर 'पिंजरे की उड़ान' की कहानियों की तुलना में उनकी अंतिम कहानियों की सीमित प्रभावक्षमता के कारणों को सही ढंग से समझा जा सकता है। यशपाल की परवर्ती कहानियों के कलात्मक ह्रास का मूल कारण भी वस्तुत: जीवन के प्रवाह से किसी हद तक उनका कट जाना ही रहा है।

यशपाल की पहले दौर की कहानियों में कभी किसी निहायत मामूली बात पर हल्की सी चुटकी ली गई है तो कभी समाज की असंगत और अन्यायपूर्ण स्थितियों पर व्यंग्य करते हुए सामाजिक न्याय के लिए संघर्ष को वाणी दी गई है। प्रेमचंद के बाद किसी भी दूसरे लेखक ने न तो इतनी बड़ी तादाद में विभिन्न वर्गों, श्रेणियों और संस्कारों वाले पात्रों के एक

जीवंत और विश्वसनीय संसार की रचना की, और न ही इतने ज्यादा मुस्लिम पात्रों को केन्द्र में रखकर कहानियाँ लिखीं जितनी यशपाल ने। इस काल की उनकी महत्वपूर्ण एवं उल्लेखनीय कहानियों में 'कुत्ते की पूँछ', 'परदा', 'गंडेरी', 'अस्सी बटा सौ', 'या साईं सच्चे', 'आदमी का बच्चा' आदि कहानियों का नाम लिया जा सकता है। इसी काल में वे 'ज्ञानदान', 'राजा', 'दासधर्म' और 'शंबूक' जैसी कहानियाँ भी लिखते हैं जिनमें पुराणों और इतिहास का उपयोग भी वे जीवन की संपूर्णता के सन्दर्भ में करते हैं। एक ओर यदि आर्यसमाजी जीवनदर्शन के परिणामस्वरूप वे अकारण संयम की आत्मघाती प्रवृत्ति की तीखी आलोचना करते हैं तो दूसरी ओर प्रेम की शाश्वत और रोमानी अवधारणा का भी तिरस्कार करते हैं। अत्याचार, अन्याय और शोषण के विरोध में सब कहीं वे सहज और सार्थक जीवन के पक्ष में खड़े दिखाई देते हैं।

यशपाल की दूसरे दौर की कहानियों में उनकी अनेक विवादास्पद कहानियाँ शामिल हैं। 'भस्मावृत्त चिंगारी' कला को जीवन से जोड़ने पर बल देती है। यशपाल की रचना-दृष्टि के फलितार्थ के कारण यह उनका घोषणा-पत्र जैसा है। जीवन के सहज और स्वाभाविक विकास को कुंठित करने वाली हर चीज से वे संघर्ष करते हैं। 'फूलो का कुर्त्ता', 'प्रतिष्ठा का बोझ', 'धर्म रक्षा', 'आतिथ्य' और 'तुमने क्यों कहा था मैं सुन्दर हूँ!' आदि कहानियाँ उनके इस दौर की उल्लेखनीय कहानियाँ हैं। इनमें से कई कहानियों में उनके यौन-प्रसंगों के कारण काफी विवाद मच चुका है। यौन-प्रसंगों के अंकन को लेकर यशपाल की सबसे बड़ी विशेषता यह है कि वे उन्हें सामाजिक अन्तर्विरोधों से जोड़कर देखते हैं। 'तुमने क्यों कहा था मैं सुन्दर हूँ!' में यशपाल माया की अतृप्ति के कारणों को सामाजिक संरचना में ढूँढ़ते हैं। उसका विवाह अपने से कहीं अधिक उम्र के व्यक्ति के साथ हुआ है, जहाँ अपनी सूनी कोख के बावजूद उसे कई बच्चों की माँ बन जाना पड़ा है। उसकी कुंठा में अभाव और कुढ़न ही उसकी बीमारी के कारण हैं। दूसरे अन्य किसी प्रकार के शोषण की तरह स्त्री के यौन शोषण को भी वे एक सामाजिक अपराध मानते हैं। अपने साहित्य में, इस वर्जित समझे जाने वाले क्षेत्र में प्रवेश करके, एक तरह से उनके द्वारा स्त्री के पक्ष में एक निर्णायक लड़ाई लड़ी गई है। आर्यसमाजी निषेधात्मकता और अर्थहीन संयम की तरह ही यशपाल गांधीवादी आचार-दर्शन के प्रति भी इतने ही असहिष्णु दिखाई देते हैं। 'धर्मयुद्ध' 'कंबलदान' और 'सत्य का द्वन्द्व' आदि कहानियाँ इसी आचारगत अंतर्विरोध का उद्‌घाटन करती हैं।

तीसरे दौर की कहानियों में भी 'उत्तमी की माँ', 'सच बोलने की भूल', 'खच्चर और आदमी' तथा 'भूख के तीन दिन' आदि संग्रहों में उनकी कई उल्लेखनीय कहानियाँ शामिल हैं। अपनी इस दौर की कहानियों में यशपाल को पौराणिक सन्दर्भों की ओर मुड़ते देखकर नामवर सिंह ने किसी क़दर आश्चर्य प्रकट करते हुए सवाल उठाया है कि आखिर क्या कारण है कि यशपाल और अज्ञेय दोनों की ही परिणति एक जैसी होती है। लेकिन यशपाल और अज्ञेय की यह परिणति एक जैसी हर्गिज नहीं है। अज्ञेय के लिए पौराणिक आख्यानों की ओर मुड़ना कथ्य के अभाव का परिणाम है, उसके बाद फिर वे कहानी लिखना छोड़ देते हैं, जबकि यशपाल पौराणिक सन्दर्भों की ओर परम्परा की सामयिक और युगानुकूल व्याख्या के

लिए जाते हैं। यह ठीक है कि इस दौर की कहानियों में 'उत्तमी की माँ', 'पतिव्रता', 'करवा का व्रत', 'पाप की कीचड़', 'सच बोलने की भूल', 'एक हाथ की उँगलियाँ' और 'आदमी और खच्चर' आदि में, यशपाल कोई नई जमीन न तोड़कर अपनी परम्परा की रक्षा में ही सक्रिय दिखाई देते हैं। इस दौर की बहुत सी कहानियों में वे बड़े स्थूल ढंग से कहानी के आशय को कहानी पर टांक देते हैं और एक रचनारूप के तौर पर कहानी की संश्लिष्टता के प्रति उदासीन दिखाई देते हैं।

प्रेमचंदोत्तर हिन्दी कहानी में कहानी की इन दो मुख्य धाराओं के साथ अनेक लोग चलते देखे जा सकते हैं। इन लेखकों में अनेक लेखक ऐसे हैं कहानी जिनकी केन्द्रीय रचनात्मक विधा न होने पर भी उन्होंने कुछ उल्लेखनीय कहानियाँ इस कालावधि में लिखीं। भगवतीचरण वर्मा की 'दो बांके' और 'मुग़लों ने सल्तनत बख़्श दी' जैसी कहानियाँ इसी काल में लिखी जाकर अरसे तक पठनीय कहानियाँ बनी रहीं। भगवतीचरण वर्मा की कहानियाँ चिंतन और व्यंग्य की अन्तर्धारा के साथ विकसित होती हैं। वे मनोवैज्ञानिक जटिलताओं से बचकर भी प्रेमचंद की कहानियों जैसा सीधा-सरल रचना-विधान नहीं अपनातीं। इसी प्रकार भगवती प्रसाद वाजपेयी का विकास आगे चलकर एक उपन्यासकार के रूप में हुआ, यह अलग बात है कि संख्या में ढेरों उपन्यास लिखने के बावजूद उनके यहाँ उल्लेखनीय उपन्यास एक भी नहीं हैं, लेकिन इस कालावधि में उनकी कहानियाँ भी काफी बड़ी संख्या में प्रकाशित हुईं। 'निंदिया लागी' और 'मिठाई वाला' आदि कहानियों में वे साधारण जीवन से उठाए गए निम्न मध्यवर्गीय और निम्नवर्गीय पात्रों का सहानुभूतिपूर्वक अंकन करते हैं। कभी-कभी वे वर्जित-क्षेत्रों में जाकर स्त्री के कामावेग और अन्य गूढ़ मनोभावों का चित्रण भी करने का प्रयास करते हैं। ग्रामीण परिवेश पर लिखी गई अपनी कहानियों, जो अपने रचना-विधान में कहानियों से अधिक रेखाचित्र के निकट हैं, द्वारा निराला भी इस दिशा में सक्रिय देखे जा सकते हैं। 'देवी', 'चतुरी चमार' आदि उनकी इसी प्रकार की कहानियाँ हैं। अपने परिचित यथार्थ के संवेदनशील अंकन की दृष्टि से आज भी इन कहानियों को उल्लेखनीय माना जा सकता है। आगे चलकर राहुल सांकृत्यायन ने भी 'सतमी के बच्चे' की कहानियों द्वारा इसी परम्परा का विकास किया। लेकिन उनकी जिन कहानियों से उन्हें अभूतपूर्व ख्याति मिली वे सन् '42 में प्रकाशित 'वोल्गा से गंगा' में संग्रहीत हुईं। इसी के आस-पास, इसी पृष्ठभूमि पर, भगवत शरण उपाध्याय की कहानियाँ 'सबेरा', 'संघर्ष' और 'गर्जन' नाम से प्रकाशित हुईं जिनमें मानव विकास को कहानियों के माध्यम से अंकित करने की कोशिश की गई थी। आगे चलकर इसी का चरम विकास, गाथाओं के रूप में, रांगेय राघव की 'महायात्रा' में दिखाई देता है। लेकिन जैसा कि उल्लेख किया गया है इनमें से कोई भी लेखक ऐसा नहीं है कहानी जिसकी मूल और केन्द्रीय रचनात्मक विधा हो। कहानी के विकास में इनकी छिट-पुट उपलब्धियों को अनदेखा नहीं किया जा सकता, लेकिन कहानी की मुख्य धारा में ये कहीं नहीं हैं।

इनके अतिरिक्त ऐसे कई लेखक हैं जो प्रेमचंद के जीवन-काल से ही कहानियाँ लिख रहे थे और जिन्होंने इस कालावधि में, इस दिशा में, अपनी रचनात्मक सक्रियता द्वारा कहानी में न

सिर्फ अपनी उपस्थिति का एहसास कराया रचना-तंत्र और भाव-बोध की दृष्टि से कहानी को समृद्ध भी किया। ऐसे लेखकों में उपेन्द्रनाथ अश्क, विष्णु प्रभाकर, अमृत लाल नागर, रांगेय राघव, अमृतराय, चन्द्रकिरण सौनरेक्सा और भैरव प्रसाद गुप्त आदि का उल्लेख किया जा सकता है।

उपेन्द्रनाथ अश्क

उपेन्द्रनाथ अश्क कहानी की मुख्य धारा में न होने पर भी इस क्षेत्र में शायद सबसे अधिक सक्रिय दिखाई देते हैं। वे पंजाबी और उर्दू की पृष्ठभूमि के साथ हिन्दी में आए। अपने आरम्भिक काल में ही उन्होंने 'कांकड़ा का तेली' जैसी यथार्थवादी कहानी लिखकर अपनी पहचान बनाई। लेकिन उनके पास न तो यशपाल की तरह समृद्ध राजनीतिक चेतना थी और न ही अज्ञेय या जैनेंद्र की भाँति मनोवैज्ञानिक जटिलताओं के प्रति वैसा अग्रह था, यही कारण है कि वे इन दोनों धाराओं के बीच तैरते हुए अपने को सक्रिय बनाए रखने की कोशिश करते हैं। उनकी आरम्भिक कहानियों, जिनमें 'डाची' और 'अंकुर' जैसी कहानियाँ शामिल थीं, को देखकर शमशेर ने जहाँ एक ओर उनके प्रति आश्वस्ति प्रगट की थी, वहीं यह आशंका भी व्यक्त की थी कि क्या अश्क युग-चेतना के वाहक बन सकेंगे? अश्क के कथा विकास को देखकर लगता है कि शमशेर की आशंका गलत नहीं थी। उनकी 'पलंग', 'बेबसी', 'झाग और मुस्कान' तथा 'ठहराव' आदि कहानियाँ देखकर लगता है कि युगीन चेतना से कटे रहकर उन्होंने व्यक्तिगत कुंठाओं के प्रति अधिक दिलचस्पी दिखाई है। काम कुण्ठाओं को लेकर अनेक कहानियाँ उन्होंने मंटो की स्पर्धा में लिखीं, लेकिन मंटो जैसा सामाजिक-राजनीतिक विसंगतियों वाली कहानियाँ अश्क के यहाँ नहीं हैं। सामाजिक चेतना के बावजूद अश्क में उस अन्तर्दृष्टि का अभाव है जो उस सामाजिक अन्तर्वस्तु का सार्थक रूपायन करती है। अन्तर्दृष्टि के अभाव को अश्क अपनी शिल्प-सजगता से पूरा करने की कोशिश करते हैं और यह सजगता उन्हें जब-तब रूपवाद के निकट ला खड़ा करती है। उनकी अंतिम कहानी 'अजगर' सन् '68 में प्रकाशित हुई थी जिसके बाद वे कहानी को छोड़कर अन्य रचनारूपों में सक्रिय दिखाई देते हैं। हिन्दी-उर्दू के अनेक लेखकों के व्यक्तिगत प्रसंगों को आधार बनाकर भी अश्क ने कहानियाँ लिखीं जो अपनी विस्फोटक अंतर्वस्तु की अपेक्षा निजी और विवादास्पद प्रसंगों के कारण ही चर्चित हुईं।

विष्णु प्रभाकर

विष्णु प्रभाकर ने भी प्रेमचंद के जीवन-काल में ही अपनी कथा-यात्रा प्रारम्भ की थी। प्रेमचंद के बाद इलाचंद्र जोशी, जैनेंद्र और अज्ञेय ने कहानी की जो नई जमीन तोड़ी उसके विरुद्ध किसी सार्थक हस्तक्षेप किसी भी नये लेखक के लिए एक बड़ी चुनौती थी। जब प्रेमचंद गांधीवाद के प्रति अपने मोहभंग की घोषणा करके अपनी रचनात्मक दिशा बदल चुके थे, विष्णु प्रभाकर गांधी और गांधीवाद के प्रभाव-वृत्त के अन्दर ही अपनी यात्रा शुरू करते हैं। गांधीवादी जीवन दृष्टि और भाषा पर जैनेंद्र के सुस्पष्ट प्रभाव के कारण तब अनेक लोगों को

वे जैनेंद्र का ही किंचित भिन्न संस्करण लगे थे। लेकिन छद्म दार्शनिकता और जीवन के अमूर्त्तन के विरुद्ध वे अपने लिए एक स्वतंत्र मार्ग बनाने की कोशिश करते हैं। अपने ऊपर पड़ने वाले प्रभावों की चर्चा करते हुए वे लिखते हैं, 'जब मैंने कलम पकड़ी तो गांधी जी राष्ट्रीय आंदोलन पर छाए हुए थे। देश भक्ति, त्याग, बलिदान, समर्पण, अन्याय का प्रतिरोध और कमजोर वर्गों के प्रति क्रियात्मक सहानुभूति जैसे नैतिक मूल्यों पर जोर था। मैं भी इन्हीं मूल्यों में डूब गया—(संचेतना, पूर्णांक 64, विष्णु प्रभाकर पर केंद्रित अंक, पृ० 24/25) 'मैं, मेरा समय और रचना-प्रक्रिया' शीर्षक अपने इसी आत्मकथ्य में विष्णु प्रभाकर यह भी स्वीकार करते हैं कि गांधी और आर्यसमाज के प्रभाव उन पर लगभग एक साथ पड़े। इनके साथ ही शरच्चंद्र के रूप में एक तीसरे प्रभाव का उल्लेख भी उन्होंने किया है। अपने लिए साहित्यिक दिशा की खोज में वे अपने आस-पास के जीवन के पर्यवेत्रण और अनुभव को ही अपना आधार बनाते हैं और अपने युग के राजनीतिक-सांस्कृतिक मूल्यों को, उनके प्रति कैसी भी शंका किये बिना, सलमा-सितारों की तरह टांकते दिखाई देते हैं। लेकिन प्रेमचंद की जिस परिवर्तित दृष्टि का विकास आगे चलकर यशपाल में दिखाई देता है, उसमें आर्यसमाज और गांधीवाद से उनके तीव्र विरोध के कारण एक ऐसी आक्रमकता विकसित होती है जो विष्णु प्रभाकर के इस कृत्रिम संतुलन की अपेक्षा कहीं अधिक विश्वसनीय और अर्थवान लगती है। लेकिन किताबी दार्शनिक चिंतन की अपेक्षा अपने अनुभव-जगत की ऊर्जा से बनी कहानियाँ होने के कारण 'कितना झूठ', 'सुराज' और 'तांगेवाला' जैसी उनकी आरम्भिक कहानियाँ अलग-अलग कारणों से उल्लेखनीय मानी जा सकती हैं। उनकी 'हिंमालय की बेटी', 'चाची' और 'मारिया' जैसी कहानियाँ स्त्री-चरित्र की आधारभूत गरिमा और औदात्य को रेखांकित करती हैं। 'मारिया' खासतौर से नारी के प्रति प्रचलित उस सैलानी-दृष्टि का प्रत्याख्यान करती है जो नारी को केवल शरीर मानकर चलती है। इससे भिन्न 'शरीर से परे' में लेखक भावुकतापूर्ण ढंग से अशरीरी प्रेम को गौरवान्वित करता दिखाई देता है—मध्यवर्गीय समाज में स्त्री की घुटन और पीड़ा के यथार्थ संदर्भों के प्रति उदासीन रहते हुए।

अपनी परवर्ती कहानियों में विष्णु प्रभाकर देश में पसरते व्यापक नैतिक स्खलन पर अवसादपूर्ण टिप्पणियाँ करते हैं। 'धरती अब भी घूम रही है', 'ठेका' और 'कितने जेबकतरे' आदि इस श्रेणी की उनकी उल्लेखनीय कहानियाँ हैं। 'धरती अब भी घूम रही है' के शीर्षक सहित नाटकीय अंत के बावजूद नीता का भोला विश्वास एक व्यापक राष्ट्रीय चिन्ता का आधार ग्रहण करके फैलता चला जाता है। 'ठेका' में उपभोक्ता संस्कृति की आहट सुनी जी सकती है जिसमें भौतिक समृद्धि के लिए नैतिक मूल्यों के ध्वंस की बाढ़ दांपत्य-संबंध को, उसकी सारी कथित गरिमा और पवित्रता को अपनी ज़द में ले लेती है।

प्रेमचंद ने हिन्दी में यथार्थवादी कहानी को जो रूप दिया था, विष्णु प्रभाकर ने उसके संवर्धन में सक्रिय योगदान देकर अपने लिए एक अलग राह बनाने की कोशिश की। लेकिन उनकी इस कोशिश में कृत्रिम संतुलन की भूमिका स्पष्ट है। परवर्ती कहानी पर उनका प्रभाव नगण्य प्राय: है। इस तथ्य को और भी विडंबनापूर्ण इसलिए माना जाना चाहिए क्योंकि जहाँ उनके अनेक समकालीन कहानी से क्रमश: दूर होते गए, विष्णु प्रभाकर आज भी कहानी को अपनी प्रिय और मूल विधा घोषित करते हैं।

इस दौर के अन्य प्रमुख लेखकों में अमृतलाल नागर, रांगेय राघव, अमृतराय और भैरव प्रसाद गुप्त आदि प्रगतिवादी आंदोलन के प्रभाव के अंतर्गत ही कहानियाँ लिख रहे थे। इन सब लोगों ने काफी संख्या में कहानियाँ लिखी हैं, सबके यहाँ कुछेक महत्वपूर्ण और उल्लेखनीय कहानियाँ हैं, लेकिन फिर भी कहानी उनकी मूल विधा नहीं है।

अमृतलाल नागर

नागर जी ने अपने उपन्यासों की तरह कहानियों में मध्यवर्गीय जीवन के विश्वसनीय चित्र दिए हैं। प्रेमचंद और यशपाल के बाद मुस्लिम पात्रों को केंद्र में रखकर उन्होंने शायद सबसे अधिक कहानियाँ लिखी हैं। हास्य-व्यंग्य के छीटों के साथ मध्यवर्गीय जीवन के अनेक स्तरों का अंकन उन्होंने किया है। 'लंगूर का बच्चा', 'दो आस्थायें', 'आदमी, नहीं! नहीं!!' 'मरघट के कुत्ते', 'तुलाराम शास्त्री', 'मल्का टूरिया का बेटा', 'मोती की सात चलनियाँ' और 'जुएँ' आदि उनकी उल्लेखनीय कहानियाँ हैं। धार्मिक-सामाजिक रूढ़ियों और अंधविश्वासों के विरुद्ध उनके मन में गहरी वितृष्णा है, लेकिन प्रेमचंद और यशपाल की तरह उनकी कहानियाँ सामाजिक संरचना में आमूल परिवर्तन को लेकर कोई गहरी रुचि नहीं रखती हैं। उनके रचनात्मक सरोकार सर्वव्यापी नैतिक अपक्षय, मूल्यविहीन राजनीति के प्रसार और उपभोक्ता संस्कृति की विकृतियों को लेकर अधिक स्पष्ट हैं। नागर जी की कहानियों में 'बतरस' का तत्व उनके मूल वैशिष्ट्य के रूप में अंकित किया जा सकता है जो उनके पात्रों के संवादों की अनेक अर्थछवियों वाली भाषा में देखा जा सकता है।

अमृतराय

अमृतराय की कहानी 'एक सांवली लड़की' का यह अंश उनके रचनात्मक सरोकारों को बहुत अच्छी तरह खुलासा करता है....'झूठ की तहें जो लिपटी हुई हैं हमारी आत्मा के गिर्द संस्कार बनकर, मैं उन्हें धो डालना चाहती हूँ, बड़ी सी एक झाड़ू लेकर साफ कर देना चाहती हूँ वे तमाम मकड़ी के जाले जो वर्जनाएँ बनकर मेरी देह के गिर्द लिपटे हुए हैं....' उनकी अधिकतर कहानियाँ सामाजिक विसंगतियों के सहारे विकसित होती हैं। जैसा कभी कृश्न चंदर ने उनके विषय में टिप्पणी करते हुए लिखा था कि उनके आगे जिन्दगी और समाज के मसले रहते हैं, वर्गों की टक्कर में ही कुछ निष्कर्ष निकलते हैं। वस्तुतः इस पहचान में ही अमृतराय की कहानियों की सीमाएँ भी स्पष्ट हैं। वे अपने पात्रों को जीवन से नहीं उठाते, मसलों और निष्कर्षों के अनुरूप उनकी कल्पना कर लेते हैं। इसी कारण उनकी कहानियों में, 'हजार मन राख और एक मन चिंगारी', 'गीली मिट्टी', 'एक गुमनाम आदमी' और 'तिरंगा कफ़न' आदि में, सर्वहारा और निम्नवर्ग के प्रति सहानुभूति और उनके साथ होते रहे अन्याय के प्रति गहरी घृणा और आक्रोश तो मिलते हैं, लेकिन वह संवेदनशीलता नहीं मिलती जो कहानियों की प्रभाव-क्षमता की अनिवार्य शर्त है। उनकी 'आह्वान' सामाजिक रूढ़ियों के विरुद्ध नये समाज के निर्माण का आह्वान है। 'समय' और 'चित्रफलक' जैसी कहानियाँ उनके यहाँ अपवाद जैसी हैं। इनमें से 'समय' पर मोहन राकेश की यह टिप्पणी महत्त्वपूर्ण है....'अमृतराय की 'समय' थीम की दृष्टि से नई नहीं है, फिर भी उसमें अपना

एक नयापन है।....कहानी बहुत ही आत्मीय ढंग से लिखी गई है, जिससे गीता की व्यथा सहज ही पाठक की अपनी व्यथा बन जाती है और गीता के पत्र को पढ़ चुकने के बाद उसे कुछ ऐसा महसूस होता है जैसे वह स्वयं भी गीता के प्रति कुछ अपराधी हो। कहानी की एक और विशेषता उसके निहित संकेत में भी है....कहानी के वातावरण में आरम्भ से अन्त तक समाई हुई उदासी है, उसके दोनों पात्रों के मौन में जो विकल ट्रेजेडी है, उससे यह कहानी बहुत दिन तक याद रहने वाली कहानियों में अपना स्थान बना लेती हैं....' (नई कहानियाँ, जुलाई 60, पृ० 78)।

रांगेय राघव

रांगेय राघव ने राहुल सांकृत्यायन की 'वोल्गा से गंगा' की तरह मानव-सभ्यता की विकास-यात्रा को अंकित करने की दृष्टि से 'महायात्रा' के दो वृहद् खण्ड प्रकाशित किए जिनकी रचनाओं को उन्होंने 'गाथा' कहा। लेकिन उनके अतिरिक्त भी उन्होंने काफी कहानियाँ लिखीं—भले ही कहानी को उन्होंने कभी अपनी मूल विधा के रूप में स्वीकृति न दी हो। उनकी कहानियों में 'बाप का दोस्त', 'धूल की आंधी', 'उपचेतना का ताण्डव' और 'यह ग्वालियर है!' आदि देश की स्वाधीनता के लगभग तत्काल बाद देश की एक प्रामाणिक और विश्वसनीय तस्वीर हमारे आगे प्रस्तुत करती है। उनकी कहानियों का संसार मुक्तिबोध की कविताओं के अँधेरे और बर्बर संसार से काफी समानता रखता है। बंगाल का अकाल, देश-विभाजन, सांप्रदायिक विद्वेष, मजदूरों की देशव्यापी हड़तालें, गोलीकाण्ड, बेरोजगारी और भुखमरी—इन सारी चीजों को मिलाकर ही उनकी कहानियों की दुनिया बनती है। उनकी उल्लेखनीय कहानियों में 'गदल', 'पंच परमेश्वर', 'मृगतृष्णा' और 'कुत्ते की दुम और शैतान' आदि का नाम सहज ही लिया जा सकता है। इन चारों उल्लिखित कहानियों से भी उनके वैविध्य, विस्तार और प्रयोगशीलता का अनुमान लगाया जा सकता है। यद्यपि 'गदल' के सन्दर्भ में रांगेय राघव ने अपने आलोचकों से शिकायत करते हुए लिखा है कि इस स्तर की कहानियाँ उनके यहाँ अनेक हैं, लेकिन लोगों ने चूँकि उन्हें पढ़ा नहीं है, उनके बारे में उनकी जानकारी भी नहीं है। लेकिन सच्चाई यही है कि उस कोटि और स्तर की उनके यहाँ दूसरी कहानी नहीं है। राजस्थानी परिवेश में प्रेम की निगूढ़ अभिव्यक्ति की दृष्टि से वह हिन्दी की कुछेक उल्लेखनीय प्रेम कहानियों में से है। उसके प्रकाशन के तत्काल बाद 'कहानी' में ही प्रकाशित अपने पत्र में शिवदान सिंह चौहान ने उसे 'उसने कहा था' के बाद उसी स्तर की कहानी बताया था। 'मृगतृष्णा' एक प्रतीकात्मक कहानी है जिसमें लेखकीय उत्तरदायित्व और सामाजिक संलग्नता के सवाल गहरी कलात्मक समझ के साथ प्रस्तुत किया गया है। राजतंत्र के प्रति वितृष्णा और धरती के प्रति प्यार का गीत जैसे मृग के मरने के बाद भी धरती के अकूत रेगिस्तानी विस्तार में गूँजता रहता है। 'कुत्ते की दुम और शैतान' में अंकित स्थितियाँ किसी हद तक अतिरंजित लग सकती हैं, लेकिन वह एक विशेष काल-खण्ड के रचनात्मक परिदृश्य पर तीखी टिप्पणी है। उसमें अंकित आलोचना की अराजकता का बखान कहीं न कहीं रांगेय राघव के व्यक्तिगत क्षोभ का संकेत भी देता है। लेकिन एक सार्थक और उद्देश्यपूर्ण प्रयोग की दृष्टि से वह एक उल्लेखनीय कहानी है। समूचे प्रगतिवादी

दौर में रांगेय राघव कदाचित अकेले लेखक हैं जिनकी कहानियों का फलक व्यापक है और जो शैली, शिल्प एवं रचना-तंत्र की दृष्टि से कहानी में अपनी प्रयोग बहुलता के कारण, कहानी के उपलब्ध चौखटे को झकझोरते और तोड़ते दिखाई देते हैं।

भैरव प्रसाद गुप्त

भैरव प्रसाद गुप्त जितने सजग संपादक थे, उनकी अपनी कहानियाँ शायद वैसी महत्वपूर्ण नहीं हैं। लेकिन अपनी सफल और उल्लेखनीय कहानियों में वे प्रेमचंद की तरह ग्रामीण और शहरी परिवेश पर समान रूप से लिखते हैं। जब-तब उनकी कहानियों में किस्सागोई का एक परिष्कृत रूप भी मिलता है। शैली की रवानी और व्यंग्य उनकी कहानियों की उल्लेखनीय विशेषताएँ हैं। स्वाधीनता के बाद सामान्य आदमी के अभावों और मोहभंग को केन्द्र में रखकर उन्होंने कई कहानियाँ लिखी हैं। 'सपने का अन्त' और 'सिविल लाइन का कमरा' इस दृष्टि से उनकी उल्लेखनीय कहानियाँ मानी जा सकती हैं। 'फंदा' की अधिकांश कहानियाँ सर्वहारा के शोषण और सामन्ती व्यवस्था के अभिशापों को उद्घाटित करती हैं। 'इन्सान और मक्खियाँ' तथा 'ऐसी आजादी रोज-रोज हो' उनकी उस राजनीतिक चेतना और व्यंग्य-दृष्टि के कारण महत्वपूर्ण हैं जिसे उनके सम्पूर्ण लेखन का मूलाधार माना जा सकता है। उनकी प्रसिद्ध कहानी 'चाय का प्याला' में पूँजीवादी अर्थव्यवस्था में व्याप्त शोषण की एक भयावह तस्वीर उभरती है। इसमें गूंजनेवाली संघर्ष की अन्तर्ध्वनि, विधायक पक्ष के चित्रण के कारण ही, कहानी को उस दौर की एक उल्लेखनीय कहानी बनाती है। कहानी में पत्रिका का पूँजीपति स्वामी बहुत कम हमारे सामने आता है, लेकिन अनुपस्थित होकर भी जैसे सब कहीं वह हमारे सामने है।

चन्द्रकिरण सौनरेक्सा

प्रेमचंदोत्तर हिन्दी कहानी में चन्द्रकिरण सौनरेक्सा के उल्लेख का एक विशेष औचित्य है। यह ठीक है कि हिन्दी कहानी के एकदम आरम्भिक दौर में ही उसे बंगमहिला—श्रीमती राज बाला घोष—जैसी लेखिका मिली। लेकिन इसके बाद एक लम्बा अंतराल दिखाई देता है। सुभद्रा कुमारी चौहान और होमवती देवी ने नारी जीवन और देश में घटित घटनाओं को केन्द्र में रखकर कहानियाँ लिखीं अवश्य, लेकिन कहानी की मुख्य धारा में उनका कोई उल्लेखनीय योगदान नहीं रहा। चंद्रकिरण सौनरेक्सा ने मध्यवर्गीय समाज की अन्तरंग झाँकी प्रस्तुत करने के बाद ही नारी मनोविज्ञान की सूक्ष्म और कलापूर्ण अभिव्यंजना की दृष्टि से इस दौर में अनेक उल्लेखनीय कहानियाँ लिखीं। उनकी रचनात्मक सक्रियता और कलात्मक स्तर इस दौर के किसी भी कहानीकार की तुलना में नगण्य नहीं है। उनकी कहानियों में रचना वस्तु का विस्तार उनकी एक उल्लेखनीय विशेषता है। उनकी कहानियाँ दलित और सर्वहारा की पक्षधर हैं, जिनमें पक्षधरता का उत्साह कहीं भी कलात्मक विचलन का कारण बनकर नहीं आता। 'आदमख़ोर' संग्रह की अधिकतर कहानियों में वे सामाजिक संरचना के सन्दर्भ में मनुष्य—पुरुष और स्त्री—की स्थिति को परिभाषित करना चाहती हैं। आधुनिकता और परम्परा का तनाव उनकी कहानियों में बहुत विश्वसनीय रूप में अंकित है

जिसमें वे उपभोक्तावाद के प्रति पर्याप्त सजग दिखाई देती हैं और मध्यवर्गीय समाज में अनुकरण और भौतिक समृद्धि की स्पर्धा की प्रतिद्वन्द्वता में एक सजग मूल्य-दृष्टि की अनिवार्यता पर बल देती हैं। उनकी 'नासमझ' और 'कवयित्री' आदि कहानियाँ पुरुष के वर्चस्व के सन्दर्भ में स्त्री की विवशता को रेखांकित करती हैं। 'बर्थडे' और 'आत्महंता' जैसी कहानियाँ व्यंग्य की अन्तर्धारा के साथ प्रदर्शन और अनुकरण की भर्त्सना करती हैं। 'बोद्दा', 'साइकिल' और 'बड़े कमीन : छोटे कमीन' आदि कहानियाँ सर्वहारा और उत्पीड़ित वर्ग के सपनों और सोच से बुनी गई कहानियों के उदाहरण हैं जिनमें प्राय: ही मध्य और उच्च मध्यवर्गीय सोच की विसंगतियों को समानांतर रूप में रखकर उद्घाटित किया गया है। इसे हिन्दी कथा-समीक्षा का दुर्भाग्य ही माना जाना चाहिए कि आज भी उनकी कहानियों की ओर लोगों ने अपेक्षित ध्यान नहीं दिया है।

प्रेमचंदोत्तर कहानी का यह परिदृश्य स्वाधीनता बाद के कुछ वर्षों तक बना रहता है। इसी बीच कहानीकारों की एक नई पीढ़ी की आहट सुनाई देने लगी थी। यह उन लोगों की पीढ़ी थी जिन्होंने देश की स्वाधीनता के बाद अपना होश संभाला था और वयस्क हुए थे। वे समता और नवनिर्माण के आदर्शों के ध्वंस को साक्षी बनकर देखने वाले लोग थे और स्वाधीनता के आरम्भिक कुछ वर्षों के बाद शुरू हुए व्यापक मोहभंग के शिकार थे। समाज, साहित्य, राजनीति और परिवार सब कहीं ऐसा बहुत-कुछ था जो उनमें तीखा असंतोष जगाता था। इस असंतोष की तीव्रता और उसके विरुद्ध नया कुछ करने का उत्साह कहानी में एक नये सर्जनात्मक विस्फोट का संकेत बनकर सामने आते हैं। तत्काल तो नहीं लेकिन इस रचनात्मक विस्फोट को व्यवस्थित और परिभाषित किए जाने की प्रक्रिया में ही इसे नई कहानी कहा गया। अगले अध्याय में नई-कहानी की विभिन्न अंतर्धाराओं, प्रवृत्तियों और प्रमुख लेखकों की विस्तृत चर्चा ही हमारा अभीष्ट है।

नई कहानी

देश की स्वाधीनता एक विभाजन रेखा है जो समाज और साहित्य को देखने का सारा दृष्टिकोण बदल देती है। शुरू में यह परिवर्तन बहुत स्पष्ट नहीं था। लोगों को ऐसा भी लगा कि चौदह अगस्त सन् '47 की रात में सोने और 15 अगस्त की सुबह उठने में कहीं कुछ ऐसा नहीं था जिसे किसी आधारभूत परिवर्तन का संकेत माना जा सके। लेकिन धीरे-धीरे ये परिवर्तन नदी के उद्‌गम स्थल के छोटे से स्रोत की तरह इस स्वाधीन देश की पूरी धरती पर पसरते दिखाई देते हैं। भारतीय कम्यूनिस्ट पार्टी की तत्कालीन सोच के अनुसार यह झूठी आजादी थी क्योंकि किसी भी स्तर पर इसमें कहीं कोई मौलिक और आधारभूत परिवर्तन था ही नहीं। यह सत्ता का हस्तांतरण मात्र था और जिस पूँजावादी-सामन्ती गठजोड़ को सत्ता मिली थी, उससे प्रेमचंद की 'आहुति' की रूपमणि की बात ही सच होती दिखाई दी थी अर्थात् गद्दी पर जॉन की जगह गोविंद बैठ गया था। लेकिन स्वाधीनता के दूरगामी और अनिवार्य परिणामों से बच पाना कठिन था। आये दिन पंजाबियों के आने वाले क़ाफ़िले ऐसी सच्चाई थे जिसे झुठलाया नहीं जा सकता था। समूचे हिन्दी प्रदेश में यह एक ऐसी सांस्कृतिक मुठभेड़ थी जो अस्तित्व के तात्कालिक संदर्भों से कहीं अधिक गहराई से अपना प्रभाव डालने जा रही थी। इस मुठभेड़ ने पहले तो इस क्षेत्र के मूल निवासियों को स्तब्ध और विजड़ित किया लेकिन फिर आशंकाओं और छिटपुट संघर्ष के बाद सहयोग और सम्मिलन की प्रक्रिया भी शुरू हुई। बहुत थोड़े समय में ही इस सम्मिलन के परिणाम भी सामने आने लगे। हिन्दी प्रदेश का आत्मकेंद्रित और काफी कुछ बंद सा समाज बाहर की ओर खुलने लगा। हमारे रहन-सहन, खान-पान, तीज-त्योहार, शादी-विवाह, उत्सव-पर्व सब कहीं इस प्रभाव को देखा जा सकता है। भ्रष्टाचार और चोर-बाजारी के विरोध में नेहरू की उद्‌घोषणाओं ने भी लोगों में नई आशायें जगाईं और कम से कम स्वाधीनता के बाद के आरम्भिक कुछ वर्षों में राष्ट्र निर्माण की एक चेतना चलने वाली हवा में घुली-मिली दिखाई देती है।

धीरे-धीरे वास्तविकता प्रकट हो जाने पर बाद में उसका कुछ भी हस्र हुआ हो, लेकिन सोवियत-संघ के मॉडल पर समाजवादी समाज के निर्माण का नारा शुरू में, प्रभाव की दृष्टि से, सचमुच चमत्कृत करने वाला था। अनेक नए विश्वविद्यालयों और कालेजों की स्थापना हुई। सारे भ्रष्टाचार के बावजूद सड़कों, पुलों और परिवहन सुविधाओं का विकास हुआ। अनेक नए विभागों का निर्माण हुआ और उस सारी गहमागहमी के कारण थोड़ी देर को अवश्य ऐसा लगा जैसे अर्से से अवरुद्ध पानी को निकासी का मार्ग मिल गया हो। यह प्रभाव वैसे हर क्षेत्र और वर्ग पर पड़ा, लेकिन समाज का मध्यवर्ग इससे सीधे और गहराई से

प्रभावित हुआ। लड़कियों को पढ़ाई-लिखाई के अवसर उपलब्ध हुए। पंजाबी लड़कियों के संघर्ष और प्रभाव की भी इसमें एक निर्णायक भूमिका थी जिसने उनके ऊपरी रहन-सहन और पहनावे पर ही अपना प्रभाव न डालकर उनकी सोच और व्यवहार में गहरे जाकर आधारभूत परिवर्तन उपस्थित किए। स्वाभाविक रूप से लड़कियों के विवाह की औसत आयु बढ़ गई क्योंकि अब वे घर में एकदम खाली बैठकर बोझ न होकर कुछ सार्थक और महत्वपूर्ण कर रही थीं। उनकी एकाग्रता और निष्ठा ने, इतिहास में कदाचित् पहली बार अपने लिए उपलब्ध सुविधाओं के उत्साह ने उनके भरपूर उपयोग का विवेक उनमें विकसित किया। इसके प्रत्यक्ष और स्पष्ट परिणाम भी जल्दी ही दिखाई देने लगे। शिक्षा और नौकरियों में सब कहीं वे लड़कों से गहरी प्रतिद्वन्द्विता और स्पर्धा में खड़ी हो पाने की स्थिति में दिखाई देने लगीं। नौकरी करने वाली लड़की या फिर भविष्य की आशा में पढ़ने वाली लड़की के प्रति परिवार के परम्परागत सोच में मौलिक अन्तर आना स्वाभाविक था। यह अन्तर उन परिवारों में और भी स्पष्ट था जिनमें लड़कियों के मुकाबले लड़के आवारा, निठल्ले या फिर पढ़ाई-लिखाई में औसत थे। पढ़ने-लिखने और उनकी सारी होशियारी के बावजूद नौकरियों में लड़कियों के लिए अवसर अपेक्षाकृत अधिक होने से भी उनकी स्थिति परिवार में बेहतर होने लगी थी। देश की स्वाधीनता के परिणामस्वरूप उनकी सामाजिक स्थिति में घटित यह परिवर्तन, उनकी बौद्धिक स्वीकृति जीवन की दूसरी दिशाओं में भी उनके मानसिक संघटन को प्रभावित किए बिना नहीं रह सकता था। घर से बाहर निकलकर, पुरुषों के सम्पर्क में आकर परम्परागत सामाजिक प्रतिबंधों और रूढ़ियाँ का चटखना-टूटना अनिवार्य था। प्रेम, विवाह और शुचिता के नैतिक आग्रहों में घटित परिवर्तन में इसे सब कहीं देखा जा सकता है। ये स्थितियाँ संबंधों को नए सिरे से परिभाषित करने की माँग करती थीं। इन संबंधों में परम्परागत परिचित संबंध तो थे ही, वे संबंध भी थे जो कदाचित् पहली बार सामने आए थे। ये पारस्परिक समादर और समझ के आधार पर बने संबंध थे जो सारी सामाजिक वर्जनाओं और निषेधों को तोड़-बहाकर अपनी शर्तों पर अपने होने का बोध क़रा रहे थे। तलाक़ को कानूनी स्वीकृति मिल जाने पर विवाह के पाखंड को बनाए और चलाए रखने की मजबूरी खत्म हो गई। अशरीरी और अवायवी प्रेम को लौकिक स्वीकृति मिलने लगी थी।

क्लारा जैटकिन ने लेनिन संबंधी अपने संस्मरणों में, क्रांति के बाद सोवियत की सर्वोच्च सत्ता संभाल लेने के बाद, लेनिन की सादगी के विषय में एक विस्मयकारी प्रसंग का उल्लेख किया है। दूर-दराज़ के किसी गाँव से कोई किसान लेनिन के पास आया था जिसकी ज़मीन उसके किसी पड़ोसी ने हथिया ली थी। उसे बताया गया था कि लेनिन से शिकायत करने से सब ठीक हो जायेगा। उत्सुकतावश जब खिड़की से झाँककर उसने लेनिन के कमरे में देखा तो वे एक खुर्री मेज़ पर, तामचीनी की प्लेट में काठ के चम्मच से दलिया खा रहे थे। शीशे के गिलास में सामने पानी रखा था। चौकीदार से मालूम होने पर कि यही लेनिन हैं, वह किसान उनसे मिले बिना लौट गया था। उसकी निराशा का कारण यह था कि जो व्यक्ति स्वयं इस तरह रहता है, वह उसकी क्या सहायता कर सकता है और उसकी बात सुनेगा कौन!

'फ्रीडम ऐंट मिडनाइट' में वायसराय-भवन में पाँच सौ कर्मचारियों की पूरी फौज की बात पढ़कर पहली प्रतिक्रिया में आश्चर्य हुआ था। लेकिन फिर जब अपने नेताओं के रहन-सहन से तुलनात्मक दृष्टि से स्थिति को समझने की कोशिश की तो वह विस्मय तत्काल ही समाप्त भी हो गया। स्वाधीनता आंदोलन में अनेक वैचारिक मतभेदों के बावजूद देश की स्वतंत्रता के लिए संघर्ष करने वाले लोगों के आगे एक साझा उद्देश्य था। महात्मा गांधी और भगतसिंह तथा उनके साथियों के आत्यंतिक संबंधों को यदि दरगुजर कर दिया जाये तो स्वाधीनता के लक्ष्य पर एक व्यापक सहमति थी।

चंद्रशेखर 'आजाद' और उनके क्रांतिकारी संगठन के प्रति नेहरू की कोई सहानुभूति न होने पर भी वे उनके रूस जाने के लिए आर्थिक सहायता को तैयार थे—भले ही आज़ाद की शहादत के कारण यह सम्भव नहीं हुआ। लेकिन स्वाधीनता के बाद सामान्य लक्ष्य के प्रति समर्पण का यह भाव समाप्त हो गया और राजनीतिक अंतर्विरोध खुलकर सामने आ गए। यशंपाल ने अपने 'झूठा-सच' के दूसरे भाग 'देश का भविष्य' में विस्तारपूर्वक इस प्रक्रिया का चित्रण किया कि कैसे रातों-रात कांग्रेस पार्टी का आकार किसी जादुई शक्ति से लोक कथाओं के जिन्न की तरह फूल गया । स्वाधीनता के लिए संघर्ष के दौर में भी उसका वर्ग-चरित्र पूँजावादी-सामंती गठजोड़ का प्रतिनिधित्व करता था। लेकिन स्वाधीनता के बाद तो वह जैसे चोरों और चोरबाजारी करने वालों की पार्टी बनकर रह गई। राजनीति के जिस अपराधीकरण का आज इतना शोर है और व्यवहार में स्थिति कुछ भी हो सैद्धांतिक रूप से उसके बारे में एक व्यापक सहमति दिखाई देती है, राजनीति में अपराधीकरण की यह प्रकिया स्वाधीनता के तत्काल बाद ही शुरू हो गई थी। सबसे करीब के लैंपपोस्ट पर चोर बाजारियों को टांगकर फाँसी दे देने वाली नेहरू की गर्वोक्ति उनका ही मुँह चिढ़ाने लगीं थी।

सद्य:प्राप्त स्वाधीनता के प्रति जनता के भावात्मक लगाव एवं उत्साह के कारण एकदम शुरू में यह चीजें भले ही पकड़ में न आई हों, लेकिन धीरे-धीरे ये स्थितियाँ जनता में व्यापक असंतोष और मोहभंग का कारण बनती हैं। कोटा, परमिट और ठेके की संस्कृति की शुरुआत का यही दौर है—कम-से-कम उस रूप में जिसकी चरम परिणति आज हमें चारों ओर दिखाई देती है। राजनीति उससे जुड़े और उसमें धँसे व्यक्ति के लिए अलादीन का वह चिराग बन गई थी जिसके कारण कोई भी व्यक्ति रातोंरात अपना महल खड़ा कर सकता था। महल बन जाने के बाद दास-दासियाँ और समृद्धि की पहचान कराने वाली अन्य चीजें तो आ ही जानी थीं।

हिन्दी में आंचलिकता के उभार को नामवर सिंह ने नवरोमांटिक उत्थान से जोड़कर देखा है। इस बात में सच्चाई है। आखिर ऐसा क्यों हुआ कि यह आंचलिकता थोड़े समय बाद ही उन लोगों को गाली जैसी लगने लगी जो शुरू में इसके प्रति बहुत उत्साहित थे? नामवर सिंह ने इस उत्थान की अभिव्यक्ति के रूप में जिन प्रतिनिधि रचनाओं का उल्लेख किया है कहानी में वह मार्कण्डेय का संग्रह 'पानफूल' है और उपन्यास में रेणु का 'मैला आँचल'। इन दोनों की रचनाओं का प्रकाशन वर्ष सन् '54 है। इसके कुछ वर्ष बाद ही छठे दशक का अंत होते-होते, शिवप्रसाद सिंह और शानी आंचलिकता को लेकर तीखी

टिप्पणियाँ करते हैं। स्वीकृति और अस्वीकृति के बीच का यह काल जो मुश्किल से चार-पाँच साल का है, वस्तुतः इस कथित नवोत्थान के प्रति एक व्यापक मोहभंग की शुरुआत का काल है। सड़कों, पुलों, स्कूलों और परिवहन सुविधाओं के विकास के कारण गाँवों में मोहभंग की यह प्रक्रिया अपेक्षाकृत बाद में शुरू होती है क्योंकि कम-से-कम ऊपरी तौर पर वहाँ बहुत कुछ ऐसा था जो इस विकास का भ्रम बनाए रख पाने को काफी था। शहरों में मोहभंग की यह प्रक्रिया और जल्दी शुरू हुई क्योंकि कोटा-परमिट और शिक्षित बेरोजगारी से उत्पन्न प्रभाव वहाँ आसानी से दिखाई देने लगे थे। नवनिर्माण का उत्साह धूमिल पड़ने लगा था और व्यंग्य अधिक सार्थक और उपयोगी दिखाई देने लगा था।

भारतेंदु-युगीन व्यंग्य-परम्परा से अपने को जोड़कर इसी दौर में हरिशंकर परसाई व्यंग्य की स्वीकृति के लिए कठोर संघर्ष करते दिखाई देते हैं और एक स्वतंत्र विधा के रूप में व्यंग्य की व्यापक स्वीकृति से उनके उस संघर्ष का परिणाम भी दिखाई देने लगता है। नई कहानी का रचनात्मक परिदृश्य इसी हताशा, मोहभंग, और देश की राजनीति के प्रति एक गहरी वितृष्णा से भरा है। सद्यःजात स्वाधीनता से भावात्मक लगाव और नवोत्थान के प्रति जो उत्साह था वह धीरे-धीरे तिरोहित होने लगता है। राजनीतिज्ञों के जीवन में गहरा धंसा ढोंग, कथनी और करनी वाले दो अलग-अलग चेहरे युवा-वर्ग में खीझ और बौखलाहट भरते थे। ऐसा भी लगता है कि इसी बौखलाहट और आक्रोश के परिणामस्वरूप संयत और संतुलित ढंग से उनके सोच पाने की शक्ति भी कुंठित होती है। इस तनाव के कारण ही परम्परा के प्रति अपना रिश्ता परिभाषित कर पाने में उन्हें थोड़ा समय लगता है।

जिस काल-खण्ड की कहानी को 'नई कहानी' कहकर स्थापित किया गया, उसे मोटे तौर पर सन् '54 से सन् '63 की सीमाओं में बाँधा जा सकता है। इसे अलग पहचान के लिए 'नई कहानी' किसने कहा, इस पर भी थोड़ा मतभेद है। कुछ लोग इसका श्रेय नामवर सिंह को देते हैं, और कुछ दुष्यंत कुमार को। लेकिन इस संदर्भ में नामवर सिंह की यह बात ही ठीक लगती है, 'कहानी की चर्चा में अनायास ही 'नई कहानी' शब्द चल पड़ा है और सुविधानुसार इसका प्रयोग कहानीकारों ने भी किया है और आलोचकों ने भी....' (कहानी : नई कहानी, पहला संस्करण, सन् '66, पृ० 53) इस सिलसिले में देवीशंकर अवस्थी मानते हैं कि दिसम्बर सन् '57 में प्रयाग में होने वाले साहित्यकार सम्मेलन तक नई कहानी अभिधान लगभग स्वीकृत हो चुका था। शिव प्रसाद सिंह, हरिशंकर परसाई और मोहन राकेश द्वारा पठित आलेखों में पहले ही वाक्यों में 'नई कहानी' का प्रयोग किया गया है। इसी सम्मेलन में 'नई' को लेकर होने वाले विवाद में ही ग्राम-कथा बनाम नगर-कथा का झगड़ा शुरू हुआ था। सन् '57 में ही प्रकाशित अपने संग्रहों 'नये बादल' और 'जहाँ लक्ष्मी क़ैद है' की भूमिकाओं में क्रमशः मोहन राकेश और राजेन्द्र यादव 'अपेक्षाकृत ठहरे हुए यथार्थ के बजाए निरन्तर कुलबुलाते हुए यथार्थ का सवाल उठा चुके थे....(नई कहानी : संदर्भ और प्रकृति, दूसरा संस्करण सन् '73, भूमिका, पृ० 15) इस सम्मेलन में पढ़े गए आलेखों का हवाला देते हुए डॉ० अवस्थी लिखते हैं कि परसाईं और राकेश दोनों ही कहानी को परम्परा से जोड़ने की उत्कंट अभिलाषा दिखलाते हैं, लेकिन नई कहानी को नई कविता

से अलगाये जाने पर बल देते हैं। परसाई ने लिखा, 'हिन्दी में कहानी की एक पुष्ट और स्वस्थ परम्परा है और वर्त्तमान कहानी उसका एक विकसित रूप है....' (वही) जैसा कि डॉ० अवस्थी ने संकेत किया है—नई कविता के कवियों और आलोचकों का बल पूर्ववर्ती काव्य रूढ़ियों के तोड़ने पर था। इसलिए उस कविता में जहाँ नई रचनाशीलता का उन्मेश प्रकट होता है वहीं तमाम छायावादी काव्य-सिद्धांतों पर आक्रमण भी होता चलता है। जबकि नई कहानी के साथ स्थिति ऐसी नहीं थी। नई कहानी का साहित्यशास्त्र आंदोलन के दौरान विकसित हुआ, वह भी काफी बाद में और आगे चलकर, इसलिए कहानी की परम्परा के प्रति उसमें एक संशय और दुविधा का भाव बना रहता है। उस समय राजेन्द्र यादव ने विचार के धरातल पर किसी सीमा तक परम्परा के अस्वीकार की बात कही थी और बाद में कमलेश्वर ने तो प्रेमचंद तक को 'पकी फसल में बहने वाला पानी' कहकर इस परम्परा को लगभग पूरी तरह नकार दिया। इसी कारण बाद में जैनेंद्र और अज्ञेय का लगभग वैसा ही मुखर विरोध नए कहानीकारों द्वारा हुआ जैसा नई कविता के कवियों द्वारा छायावादी कवियों और काव्य सिद्धांतों का हुआ था।

इस तरह नई कहानी यथार्थ और जीवन की वास्तविकताओं के अंकन के आधार पर अपने को पिछली कहानी से अलग करती है। वह आदर्शों और विचारों के आधार पर कहानी के गढ़े जाने का विरोध करती है। जैनेंद्र और अज्ञेय का विरोध जीवन के अमूर्तन और छद्म-दार्शनिकता के कारण किया गया। राजेन्द्र यादव ने 'व्यक्ति' और 'समाज' की दो धाराओं को मिलाकर जीवन को उसकी समग्रता और संश्लिष्टता में प्रस्तुत किए जाने की बात कही। पहले की कहानी में कोई 'विचार', 'सत्य' या 'आइडिया' लेखक के सामने कौंधता था और वह कुछ पात्रों, स्थितियों और घटनाओं के संयोग-संयोजन से उसे घटित या उद्‌घाटित कर देता था। इसीलिए नई कहानी में कहानी के परम्परागत और रूढ़ तत्त्वों के आधार पर कहानी के मूल्यांकन का विरोध किया गया। नई कहानी के बनते हुए स्वरूप को स्पष्ट करते हुए वे लिखते हैं। 'काल के प्रवाह में' व्यक्ति की सामाजिकता का बोध और स्थिति ही आज की कहानी की विषय-वस्तु है। कथाकार व्यक्ति को उसकी समग्रता में देखने का अग्रह करता है। व्यक्ति को उसके सामाजिक परिवेश, मानसिक अंतर्द्वन्द्वों तथा व्यावहारिक जीवन के तकाज़ों तथा अन्य आवश्यकताओं की एक संश्लिष्ट प्रक्रिया के रूप में पाना चाहता है। इसलिए कहानी का कोई भी तत्व निमित्त या आलंबन बनकर नहीं, स्वयं आश्रय या विषय-वस्तु बनकर आता है। परिणामत: इन दस वर्षों की कोई भी अच्छी कहानी उठा लीजिए—उसका प्रभाव या परिणति एक झटके के साथ देखा या पाया हुआ सत्य नहीं होता। न वह हथौड़े की चोट की तरह सारे अस्तित्व को झनझनाती है, न खुभे तीर की तरह टीसती है। वह तो कुहासे या अगरू गंध की तरह समस्त चेतना पर छा जाती है—स्वयं उसका अंग बन जाती है। इस प्रकार अनजाने ही आत्मा को संस्कार और दृष्टि देती है। यहीं यह कहना बहुत बड़ी गर्वोक्ति न होगी कि मानव-आत्मा का शिल्पी आज की कहानी में ही पहली बार अपनी भूमिका का सही निर्वाह करने का प्रयत्न करता है'....(वही, पृ० 102) राजेंद्र यादव के इस वक्तव्य में अनेक अंतर्विरोध हैं। स्तालिन ने राष्ट्रीय निवनिर्माण के लिए

लेखकों का आह्वान करके, उन्हें 'मानव आत्मा का शिल्पी' कहकर, साहित्य में जिस 'विचार' का महत्व रेखांकित किया था, नई कहानी में राजेन्द्र यादव उसे 'कुहासे' में बदलने पर जोर दे रहे थे। नई कहानी के ये अंतर्विरोध किस प्रकार इस आंदोलन के विचलन का कारण बनते हैं, इसे यथाप्रसंग देखा जायेगा। यहाँ नई कहानी के प्रवक्ताओं और भाष्यकारों की दृष्टि से उसे समझना ही हमारा अभीष्ट है।

अपने कथ्य और संवेदना के धरातल पर नई कहानी परिवर्तन का स्पष्ट आभास देती है। वैसे कभी प्रेमचंद ने स्वयं प्रसाद की ऐतिहासिक संदर्भों एवं पृष्ठभूमि वाली रचनाओं के कारण उन पर गड़े मुर्दे उखाड़ने का आरोप लगाया था। लेकिन फिर भी महोबा की पृष्ठभूमि में प्रसाद की तरह ही प्रेमचंद ने भी ऐतिहासिक कहानियाँ लिखीं। हिन्दी में शुरू से ही ऐतिहासिक कहानियों की एक समृद्ध परम्परा रही है। प्रसाद, वृन्दावनलाल वर्मा और चतुरसेन शास्त्री आदि ने उसके विकास में महत्वपूर्ण योग दिया। लेकिन नई कहानी के दौर में यह रचनारूप एक विलुप्त होती प्रजाति की तरह लगता है। अपने समकालीन सन्दर्भों का दबाव नई कहानी को अतीत से हटाकर अपने वर्तमान पर केंद्रित करता है और यह वर्तमान भी अनेक प्रकार की विसंगतियों और विद्रूपताओं से भरा है। शिक्षा और नौकरी के लिए किया जाने वाला संघर्ष, बेरोज़गारी से उपजी हताशा और भ्रष्टाचार के प्रति समाज की बढ़ती हुई उदासीनता और स्वीकृति इस दौर की कहानियों का मुख्य कथ्य है। बाहर निकलने पर युवतियों के लिए पुरुषों से सम्पर्क में आने के अवसर मिलते हैं, परिचय आत्मीय संबंधों में भी बदलता दिखाई देता है लेकिन समाज की वर्जनाओं और निषेधों के कारण प्रायः वे प्रेम-सम्बन्ध सफल नहीं होते। प्रेम सम्बन्धों की असफलता से उपजी यह हताशा कृष्णा सोबती की 'बादलों के घेरे' और उषा प्रियंवदा की 'पचपन खंभे लाल दीवारें' में पर्याप्त विश्वसनीय रूप में उपस्थित है। पत्नी और प्रेमिका के बीच का तनाव राजेंद्र यादव की 'कमज़ोर लड़की' का मूल कथ्य है। बेरोज़गारी की हताशा और मोहभंग निर्मल वर्मा की इस दौर की कितनी ही कहानियों में अंकित है। अमरकांत की 'डिप्टी कलक्टरी' प्रतीक्षा के हताशा में बदलने की प्रक्रिया को बेहद संवेदनशील ढंग से अंकित करती है। कामकाजी महिलाओं की समस्याओं और परिवार में उनकी बढ़ती हुई हैसियत को केंद्र में रखकर इस दौर में अनेक महत्वपूर्ण कहानियाँ लिखी गईं। देश के बाहर जाने के अवसर अपेक्षाकृत अधिक सुलभ हुए और विदेशी पृष्ठभूमि पर लिखी गई कहानियों ने हिन्दी कहानी के कथ्य और संवेदना को अभूतपूर्व विस्तार दिया। यही वह समय था जब एक ओर घर-परिवार में परम्परागत रिश्तों पर पुनर्विचार और उन्हें पुनर्परिभाषित करने की प्रक्रिया शुरू होती है तो दूसरी ओर अपरम्परागत और नई संवेदनशीलता से विकसित रिश्तों को महत्व दिया जाने लगता है। शिवप्रसाद सिंह की 'दादी माँ', मार्कण्डेय की 'गुलरा के बाबा' और भीष्म साहनी की 'चीफ़ की दावत' आदि कहानियाँ जैसे बूढ़े पात्रों के माध्यम से अपनी परम्परा से जुड़ने का ही सकारात्मक परिणाम है। राजेन्द्र यादव की 'एक खुली हुई सांझ' और मोहन राकेश की 'अपरिचित' नई संवेदन-शीलता के आधार पर नये रिश्तों के स्वरूप का संकेत देती है। 'परिंदे', 'तीसरी क़सम उर्फ़ मारे गए गुलफ़ाम', 'कोसी का घटवार' और 'नीली झील' आदि

कहानियाँ प्रेम के प्रति अधिक लौकिक और यथार्थ दृष्टिकोण अपनाती हैं और प्रेम के अवसाद, उल्लास और उत्सवधर्मिता के विभिन्न रंगों और मनोदशाओं को गहरी संवेदना और विश्वसनीयता के साथ अंकित करती हैं। शुरू में आंदोलन के नेतृत्व के कारण भले ही कुछ थोड़े से लोगों के नाम उछाले गए हों, लेकिन नई कहानी के लेखकों की संख्या और परिधि के कारण उसका रचना-संसार बहुत व्यापक और वैविध्यपूर्ण था। पंजाब से लेकर बिहार तक और मध्य प्रदेश के आदिवासी क्षेत्रों से लेकर कुमाऊँ के पहाड़ी जीवन तक अनेक लेखक थे जो इस कहानी को कथ्य और संवेदना के स्तर पर अभूतपूर्व विस्तार देते दिखाई देते हैं। हिन्दी कहानी के लगभग आधी शताब्दी के विकास ने भी उतनी महिला कथाकारों को उत्पन्न नहीं किया, जितनी लेखिकाएँ—कृष्णा सोबती, मन्नू भंडारी और उषा प्रियवंदा आदि—अकेले इस दौर में सामने आईं। निःसन्देह समाज में स्त्री की बदलती हुई स्थिति के कारण ही यह सम्भव हो सका। इन लेखिकाओं ने अपनी दृष्टि से अपने जीवन को देखा और कदाचित् पहली बार हिन्दी में स्त्रियों के जीवन और उसकी समस्याओं को प्रामाणिक और विश्वसनीय अभिव्यक्ति मिल सकी।

नई कहानी ने राजनीति के प्रति उदासीनता और उपेक्षा का रुख़ अपनाया। राजनीति का जो स्वरूप सामने आया उसमें उसके कर्णधारों के प्रति किसी प्रकार के आदर और विश्वास की कोई गुंजाइश ही नहीं रह गई थी। यही कारण है कि नई कहानी में नेताओं और उनसे जुड़े व्यक्तियों का उल्लेख हमेशा ही नकारात्मक रूप में, व्यंग्यात्मक ढंग से हुआ है। यह वस्तुतः यशपाल की दृष्टि का ही विस्तार था जिसका सर्वश्रेष्ठ रूप हरिशंकर परसाई में दिखाई देता है। वामपंथी राजनीति इस दौर में आस्था का मुख्य केन्द्र थी और नई कहानी के अनेक महत्वपूर्ण लेखक या तो सीधे उससे जुड़े थे या फिर उसके प्रति सहानुभूति रखते थे। नई कहानी के आंदोलन का नेतृत्व जिन लेखकों के हाथ में था, मोहन राकेश, राजेन्द्र यादव और कमलेश्वर, वे भले ही इस राजनीतिक परिदृश्य के प्रति उदासीन दिखाई देते हों लेकिन इस राजनीति में विश्वास और आस्था के कारण ही नई कहानी की दो धाराएँ स्पष्ट दिखाई देती हैं। लेकिन चूँकि आंदोलन का नेतृत्व इन्हीं लोगों के हाथों में था, राजनीतिक संदर्भों से जुड़ने वाली कथा-धारा काफी समय तक उपेक्षित रही। दूसरी ओर निर्मल वर्मा जैसे लेखक थे जो वामपंथी राजनीति से सीधे तौर से जुड़े होने पर भी अपनी कहानियों में उसका कोई आभास या संकेत देने से बचते थे। लेकिन नामवर सिंह द्वारा अपने संग्रह 'परिंदे' को 'नई कहानी की पहली कृति' घोषित किए जाने पर वस्तुतः वे अपनी इसी राजनीति का लाभ ले रहे थे।

अपने कथ्य और संवेदन की दृष्टि से नई कहानी अनेक स्तरों पर निष्ठा और आस्थाओं से मोहभंग की कहानी भी है। पुराने विचार, परम्परागत सम्बन्ध, अब तक आदर और आस्था बटोरते आदर्श और संस्थाएँ सबके प्रति एक गहरे मोहभंग की हताशा यहाँ सर्वत्र व्याप्त है। अकारण और अर्थहीन संयम के प्रति एक तार्किक और वैज्ञानिक दृष्टि की उपस्थिति के कारण यशपाल आर्यसमाज और गाँधीवाद का तीखा विरोध लेकर कहानी में आए थे। स्वाधीनता के बाद के वर्षों में इन संस्थाओं का बचा खुचा मुलम्मा भी उतर गया। आश्रम,

भूदान-योजना, गाँधीवादी संस्थान और तथाकथित धार्मिक साधु-सन्यासियों के मठ इस नई कहानी में सब कहीं विद्रूप और तिरस्कार के पात्र हैं। अपनी रचनावस्तु के इस विस्तार का ही परिणाम यह है कि नई कहानी में पहली बार आदिवासी और पहाड़ी अंचलों के ढेरों पात्र अपने वास्तविक रूप में दिखाई देते हैं। रेणु, शिवप्रसाद सिंह और मार्कण्डेय आदि परिवर्तित होते ग्राम-समाज की आकांक्षाओं, उल्लास और उत्सवप्रियता को अंकित करते दिखाई देते हैं। कुल मिलाकर यह बने-बनाये निष्कर्षों और सरलीकरणों के विरुद्ध अपने रचनात्मक विवेक का आधार लेकर विकसित होने वाली कहानी है।

कहानी में इस नये कथ्य और संवेदना को वहन करने के लिए उसके रचनातंत्र में परिवर्तन आना भी स्वाभाविक था। कहानी की अंतर्वस्तु उसकी भाषा एवं अन्य उपकरणों को निर्धारित करती है। आंचलिक और दूसरी भाषाओं के लेखकों के हिन्दी में आने और सक्रिय होने से यह ज़रूरी था कि उनके अपने अंचलों और क्षेत्रों की भाषिक-गंध और अर्थछवियाँ भाषा में आयें। पंजाबी, कुमांऊनी, भोजपुरी आदि क्षेत्रों की भाषा के मेल-जोल से, उसकी छौंक-बघार से नई कहानी के भाषिक क्षितिज का विस्तार होना स्वाभाविक था। यद्यपि अनेक कहानियों में आंचलिकता और क्षेत्रीय मोह की अतिरंजना के कारण संप्रेषण की समस्या भी पैदा हुई और इससे कहानी की पठनीयता भी अप्रभावित नहीं रह सकी। चूँकि नई कहानी की अंतर्वस्तु ढोंग और विगलितप्राय: आदर्शों के विरोध को अपना प्रस्थानबिंदु मानकर रूपाकार ग्रहण कर रही थी, उसमें एक खास तरह का आवेश और आक्रामकता थी जिसे सीधी, बेलौस और रोज़मर्रा की भाषा में ही अभिव्यक्त किया जा सकता था। यही कारण है कि पूर्ववर्ती पीढ़ी के लेखकों की तत्सम शब्दों के बाहुल्य वाली भाषा के स्थान पर अधिक सहज और अपनी अंतर्वस्तु की आवश्यकताओं को पूरा करने वाली भाषा के प्रति एक विशेष प्रकार की सजगता दिखाई देती है। ऐसा नहीं है कि इस भाषा का जन्म इसी नई कहानी के साथ हुआ हो। यह भारतेंदु और प्रेमचंद के गद्य का ही विस्तार था जिसमें परिष्कार करके उसे अपने अनुकूल बनाया गया। प्रसाद और उनके बाद के लेखकों ने जिस भाषा को अपनी ऐतिहासिक सांस्कृतिक पृष्ठभूमि वाली रचनाओं के लिए चुना था, उसे करीब-करीब त्याग कर एक अर्थगर्भ, सटीक और व्यंजनापूर्ण भाषा के विकास पर ज़ोर दिया गया।

कहानी में काव्य के उपकरणों का उपयोग भी खूब हुआ। चूँकि नई कहानी विचारों के आरोपण का विरोध करती थी, इसलिए अभिव्यक्ति में संयम और अंडरप्ले को विशेष महत्व देती थी। कहने की अपेक्षा या कम कहकर यह काम आसानी से किया जा सकता था। इसीलिए इसमें सांकेतिकता पर विशेष बल दिया गया। ब्यौरों और वर्णन की अपेक्षा बिंबों और प्रतीकों के उपयोग के प्रति आग्रह बढ़ा। प्रेमचंद के मुक़ाबले भाषा और रचनातंत्र की ये विशेषतायें उनके बाद की कहानी में—विशेषकर जैनेंद्र और अज्ञेय में—पर्याप्त मात्रा में मौजूद हैं। पूर्ववर्ती कहानियों की सांकेतिकता से नई कहानी की सांकेतिकता को अलग करते हुए मोहन राकेश लिखते हैं....'बात वही होती है और जीवन के उसी कैनवस से उठाई जाती है। मगर उसके संबंध में लेखक के अनुभव की निजता, जीवन के यथार्थ की व्यापक पकड़ और भाषा तथा शिल्प के क्षेत्र में उसकी अपनी प्रयोगात्मकता उसकी रचना को भिन्नता

और एक और ही सार्थकता प्रदान कर देती है....' (नई कहानी : संदर्भ और प्रकृति, पृ० 92) इस सांकेतिकता के लिए मोहन राकेश ने ही नई कहानी से 'चीफ़ की दावत' और 'दोपहर का भोजन' का उल्लेख किया है और टिप्पणी की है, 'चीफ़ की दावत' का संकेत मां के चरित्र के माध्यम से उभरता है और 'दोपहर का भोजन' में अभावग्रस्त घर की एक साधारण-सी दोपहर के वर्णन मात्र से। इन दिनों की लिखी हुई कितनी ही और ऐसी कहानियाँ मिल जायेंगी जिनमें कई-कई तरह के संकेत हैं—वे संकेत जो चरित्रों की भाव-भंगिमाओं और उनकी साधारण बातचीत से उभरते हैं, या केवल वातावरण के चित्रण से या केवल कहानी के शिल्प या कहने के ढंग से ही....' (वही, पृ० 93) कहानी को पढ़ते समय इन संकेतों के प्रति सजग हुए बिना कहानी को समझा ही नहीं जा सकता और इन संकेतों से कहानी को जो अर्थविस्तार मिलता है, कहानी की प्रभावान्विति में उसकी एक विशिष्ट और महत्वपूर्ण भूमिका है। मोहन राकेश तो यहाँ तक कहते हैं कि इस सांकेतिकता के अभाव में कहानी कहानी न बनकर एक नैरेटिव या विवरण मात्र बनकर रह जाती है।

वर्णन-बाहुल्य से बचने के लिए सांकेतिकता की ओर झुकाव ही कहानी में प्रतीक विधान की संभावनाओं को उजागर करता है। मोहन राकेश की 'एक और जिन्दगी' में बीना और प्रकाश के संबंध-विच्छेद के दूरगामी परिणामों की ओर संकेत करने के लिए, विशेषकर बच्चे के सन्दर्भ में, कोर्ट के पंखे से चिड़िया के बच्चे का ज़ख़्मी हो जाना इस प्रतीक विधान का एक सामान्य उदाहरण है। चिड़िया का वह बच्चा पूरी तरह से कटता भी नहीं, महज ज़ख़्मी होकर रह जाता है। उस चिड़िया के बच्चे के माध्यम से उस तलाक़ लेने वाले दम्पत्ति के बच्चे के भविष्य का ही संकेत दिया गया है। लेकिन यह आरोपित प्रतीक-विधान का उदाहरण ही अधिक है। उन्हीं की 'आखिरी सामान' में इस मूल्यहीन समाज व्यवस्था में घर से निकले गए सामान में आखिरी सामान के रूप में स्वयं बेला भंडारी का शामिल होना इस प्रतीक विधान का स्पृहणीय रूप माना जा सकता है। प्रतीक विधान यदि सहज न होकर आरोपित हो तो कहानी के प्रभाव को बढ़ाने के बजाय उसकी अपनी सारी सार्थकता ही संदिग्ध हो जाती है। राजेन्द्र यादव के यहाँ भी दोनों ही प्रकार की कहानियाँ मिल जाती हैं। उनकी 'प्रश्नवाचक पेड़' यदि इसी आरोपित प्रतीक विधान का उदाहरण है तो 'एक खुली हुई सांझ' स्त्री के प्रति परिवर्तित दृष्टि की अपेक्षाओं का सहज और कलात्मक प्रतीक बन जाती है। वैसे राजेन्द्र यादव को प्रतीक विधान के प्रति कुछ अधिक ही मोह रहा है। मोहन राकेश की कहानी 'अपरिचित' के संदर्भ में राकेश को लिखे गए एक पत्र में उन्होंने शिकायत की है कि उसके अंत में उस अपरिचित महिला द्वारा उढ़ाया गया कंबल कहानी में भावुकता बढ़ाने वाला प्रसंग है जबकि उसे पुरुष की कल्पना में दिखाकर इस घटना का प्रतीकात्मक उपयोग करके इस भावुकता से बचा जा सकता था, 'इसमें कंबल एक आत्मीय सान्त्वना का प्रतीक बनकर आता...' (राकेश और परिवेश : पत्रों में : सं० जयदेव तनेजा, पृ० 312) बाहरी चीजों के लिए ही नहीं, 'आत्मीय सान्त्वना' के लिए भी प्रतीक के उपयोग पर बल वस्तुतः राजेन्द्र यादव के इसी मोह का एक उदाहरण मात्र है। निर्मल वर्मा की 'माया दर्पण' में बंजर मैदान, टीले, ढूह और उड़ती हुई धूल के ऊपर फैली पीली, मटमैली उदास धूप तरन के मन

की उदासी एवं त्रासदी को जितनी सघनता से अभिव्यक्त करते हैं, उसे किसी और रूप में अभिव्यक्त कर पाना शायद संभव ही नहीं था।

नई कहानी में बिंब विधान के प्रति लेखकों का आकर्षण भी उसकी अंतर्वस्तु की जटिलता की एक अनिवार्य मांग के रूप में देखा जाना चाहिए। अपने पात्रों के भावों और मनोदशाओं को वर्णनों और ब्यौरों द्वारा उतने प्रभावी ढंग से अंकित नहीं किया जा सकता था। इस भावात्मक जटिलता को बिंबों द्वारा व्यक्त करने की सजगता इस दौर के प्राय: सभी कहानीकारों में दिखाई देती है। शेखर जोशी की 'कोसी का घटवार' में निर्जन-वीराने में गुसाईं की चक्की से निकलती भक्-भक् की आवाज बाहर बहती कोसी की सूखी धारा और पिसान के लिए खप्पर में अनाज डालकर बाहर निकलने पर आटे की उड़ती सफेदी में लिपटा उसका पूरा शरीर आदि बिंब उसके मन में बसी गहरी उदासी, अकेलेपन में रीतते जाने की पीड़ा को जितने सघन रूप में व्यक्त करते हैं उसे देखते हुए नई कहानी में बिंब विधान की भूमिका को आसानी से समझा जा सकता है। निर्मल वर्मा और रामकुमार की अधिकांश कहानियाँ बिंब विधान के कारण ही कविता जैसी भाव-सघनता उत्पन्न कर पाने में सक्षम हैं। नई कहानी में बिंब के महत्व पर टिप्पणी करते हुए परमानंद श्रीवास्तव लिखते हैं.... ' आधुनिक कहानी के अंतर्गत उपलब्ध बिंब बहुल पारदर्शी भाषा के अर्थपूर्ण उपयोग को देखते हुए यह सहज ही कहा जा सकता है कि सूक्ष्म से सूक्ष्म इंद्रिय-बोधों की अभिव्यक्ति के लिए जैसी अर्थपूर्ण क्षमता आज की कहानी में उपलब्ध है, पहले इस रूप में कभी नहीं थी। बिंब-विधान का सार्थक उपयोग करने वाले आज के कहानीकार वस्तुओं के पीछे छिपे हुए गहरे यथार्थ की नई खोज के प्रति, पहले के कहानीकारों की तुलना में कहीं अधिक व्याकुल एवं चेष्टावान दिखाई देते हैं.... ' (हिन्दी कहानी की रचना प्रक्रिया, पृ० 285)

पुरानी कहानी से नई कहानी को अलगाते हुए नई कहानी के व्याख्याकारों का विशेष बल प्रामाणिकता और अनुभव के अपनेपन पर था। इसी को उन्होंने 'भोगा हुआ यथार्थ' कहा और आगे चलकर यह एक तरह से नई कहानी की पारिभाषिक शब्दावली बन गई। नई कहानी की स्थापना और पहचान की प्रक्रिया में पूर्ववर्ती पीढ़ी—जैनेंद्र, अज्ञेय और यशपाल की पीढ़ी—के लेखकों का विरोध ही इस आधार पर किया गया कि ये लेखक विचारों को आधार बनाकर या छद्म दार्शनिकता के सहारे कहानियाँ गढ़ते हैं जिनमें वास्तविक जीवन कहीं होता ही नहीं। इन लोगों का आग्रह था कि लेखक को अपने अनुभव जगत का ही चित्रण करना चाहिए क्योंकि वह इसे विश्वसनीय और प्रामाणिक रूप में कर सकता है। जिस जीवन और परिवेश को हम जानते नहीं, उस पर हम सार्थक और प्रामाणिक लेखन कैसे कर सकते हैं? सैद्धांतिक दृष्टि से यह बात एकदम ठीक थी और इससे कहानी को विश्वसनीय और प्रामाणिक बनाकर उसे जीवन से जोड़ने या उसके निकट लाने में महत्वपूर्ण भूमिका भी अदा की। लेकिन जैसा कि आगे चलकर स्पष्ट होगा कि इस अतिवाद से कहानी में आत्मपरकता बढ़ी, उसे सामाजिक-राजनीतिक संदर्भों से काट दिया गया और प्रामाणिकता एवं भोगे हुए यथार्थ के नाम पर उसे अनुभववाद की अंधेरी सुरंग में ढकेल दिया गया।

काफी बाद में नामवर सिंह ने अनुभूति की इस प्रामाणिकता को सामाजिक-राष्ट्रीय संदर्भों से जोड़ते हुए लिखा—'कहने की आवश्यकता नहीं कि अनुभूति की प्रामाणिकता वस्तुतः पूर्वनिश्चित आग्रहों से अनुभूति की मुक्ति है जिसे संभवतः देश की राजनीतिक स्वाधीनता ने संभव बनाया....' ('आलोचना'—जनवरी-मार्च, '74, पृ० 67) लेकिन शुरू में इसे कहानी में विचारों के आरोपण और जीवन के अमूर्त्तन के विरोध में ही लिया गया। नई कहानी के व्याख्याकारों का जोर इस बात पर था कि नई कहानी आरोपित दृष्टि और अवास्तविक कल्पना-लोक दोनों से ही एक साथ मुक्ति के लिए संघर्ष की कहानी है। उनका कहना यही था कि नई कहानी का लेखक अपने सामाजिक परिवर्तनों एवं संक्रमणजन्य स्थितियों की गहरी समझ रखता है और जिस यथार्थ को संप्रेषित करने का उसका आग्रह है वह उसका भोगा हुआ यथार्थ होने के कारण ही प्रामाणिक और विश्वसनीय है। निःसंदेह यह स्थिति का बहुत संभावनापूर्ण और सार्थक विश्लेषण था। इस प्रामाणिकता के कारण कहानी में परिपक्वता और वयस्कता आई और वह जीवन के बहुत निकट आकर पाठकों को अपनी कहानी जैसी ही लगी। लेकिन इसमें भी कोई संदेह नहीं कि अनुभव की निजता के इसी दुराग्रह के कारण कहानी जीवन की व्यापकता से कट गई और इस आत्मपरकता एवं अनुभववाद की परिणति कुंठा, संत्रास और अकेलेपन में जाकर हुई।

काफी पहले, सन् '68 में, 'विकल्प' के कथा-साहित्य विशेषांक में हमने एक निबन्ध लिखा था 'प्रामाणिकता की तलाश' जिसमें 'अनुभव' और 'अनुभूति' में अन्तर करने पर बल दिया गया था। कहानी की प्रामाणिकता के सन्दर्भ में इस अंतर को समझना जरूरी है। जीवन में बहुत से अनुभव होते हैं, जिन्हें तराशने और काटने-छाँटने के बाद ही कहानी का रूप दिया जाता है। अपने मूल रूप में इन अनुभवों का उपयोग कच्चे माल से अधिक नहीं होता। उपयोग में आने के बाद भी उनका काफी बड़ा अंश व्यर्थ और फालतू हो जाता है। विदेशी पृष्ठभूमि पर लिखी गई तीन पीढ़ियों की कहानियों को लेकर प्रामाणिकता के महत्व को समझा जा सकता है। प्रेमचंद की आरम्भिक कहानियों में एक कहानी है 'सांसारिक प्रेम और देश प्रेम' यह कहानी मैजिनी के बारे में है और उसकी कथा-भूमि लंदन, स्विटजरलैंड और इटली आदि है। प्रेमचंद ने इन स्थानों को कभी नहीं देखा और न ही, इसके अभाव में, उपलब्ध साधनों का उपयोग करके उन्होंने इस कहानी को भौगोलिक दृष्टि से प्रामाणिक एवं सटीक बनाने की कोई कोशिश की। परिणामस्वरूप कहानी का परिवेश एकदम अवास्तविक और अप्रामाणिक है। उसकी सारी सफलता किसी नीतिकथा के ढंग पर सद्प्रवृत्तियों को उभारने तक ही सीमित है।

इसके बाद की पीढ़ी में चन्द्रगुप्त विद्यालंकार की कहानी 'वापसी' है। यह कहानी दूसरे विश्वयुद्ध की पृष्ठभूमि में है। यह इस अर्थ में प्रेमचंद की कहानी से थोड़ी अलग है कि यह युद्ध की भयावहता को उभार कर आज के संकट का बोध करा पाने में सक्षम है। वैसे इसमें भी मनुष्य की आधारभूत सद्प्रवृत्तियों को उभारने वाली दृष्टि ही अधिक सक्रिय है। युद्ध की भयावहता और विभीषिका के बीच, शत्रु-क्षेत्र में एक बच्चा उस सिपाही की सारी मानसिकता को बदल देता है। उस बच्चे की सुरक्षा एवं संरक्षण में वह सिपाही वास्तविक कर्त्तव्य को भूलकर उस बच्चे से भावात्मक रूप से जुड़ जाता है। चंद्रगुप्त विद्यालंकार ने भी

युद्ध के मोर्चे को देखे बिना कहानी लिखी है। कभी चंद्रधर शर्मा 'गुलेरी' ने इसी पृष्ठभूमि पर 'उसने कहा था' लिखी थी। वे स्थल उन्होंने भी स्वयं देखे नहीं थे, लेकिन युद्ध और सैनिक जीवन के परिवेश को वे बहुत प्रामाणिक रूप में अंकति कर सके थे। चंद्रगुप्त विद्यालंकार 'वापसी' में ब्यौरों और परिवेश की प्रामाणिकता की अधिक चिन्ता किए बिना भावुकता के सहारे मनुष्य की सद्वृत्ति को जाग्रित करके कहानी को समाप्त कर देते हैं।

तीसरी पीढ़ी में, जो नई कहानी की पीढ़ी है, निर्मल वर्मा की 'लंदन की एक रात' को लिया जा सकता है। वैसे निर्मल वर्मा की कहानियों पर उन्हीं की पीढ़ी के अनेक लेखकों ने उन पर विदेशी पृष्ठभूमि का ठप्पा लगाकर उन्हें नकारने की कोशिश भी की है। निर्मल वर्मा की कहानियाँ वस्तुत: यथार्थ के प्रति उसी आग्रह का प्रतिफलन है जिसमें नई कहानी का लेखक यथार्थ को व्यक्तिगत संदर्भों में देखने की हिमायत करता है। 'लंदन की एक रात' का यथार्थ क्या उसी रूप में चित्रित करना संभव था, जिस रूप में प्रेमचंद या चंद्रगुप्त विद्यालंकार ने अपनी कहानी में किया है? जिस मानवीय संकट की स्थिति इस कहानी में अभिव्यक्त है, वह यथार्थ के प्रामाणिक साक्षात्कार के अभाव में संभव ही नहीं थी। नई कहानी का लेखक सद्प्रवृत्तियों के आरोपित आग्रह से मुक्त है और जहाँ तक निर्मल वर्मा को लेकर विदेशी भाव-भूमि का सवाल है, वस्तुत: वही उनकी ईमानदारी भी है और शक्ति भी है। वे उस समाज और परिवेश के बारे में लिखते हैं, अपने संस्कारों को कहीं आरोपित किए बिना, जिससे उनका सीधा और लम्बा संपर्क रहा है।

प्रामाणिकता के संदर्भ में 'अनुभव' और 'अनुभूति' का अंतर भी निर्मल वर्मा की इसी कहानी के आधार पर समझा जा सकता है। इस कहानी की रचना-प्रक्रिया के सम्बन्ध में निर्मल वर्मा ने एक महत्वपूर्ण संकेत दिया है....'संयोग की बात है कि 'लंदन की एक रात' की पहली चंद पंक्तियाँ वही हैं, जो उस रात मैंने होस्टेल के कॉमन-रूम में लिखी थीं। सिर्फ पहली चंद पंक्तियाँ—कहानी का बाकी अंश बरसों बाद अपने घर की ऊपर वाली बरसाती में लिखा था, जब मैं लंदन के उन दिनों के ताप और बुखार से छुटकारा पा चुका था....' (सारिका, सितम्बर '67, पृ० 38) यह सिर्फ अनुमान की बात है कि कहानी का पहला प्रारूप क्या रहा होगा, लेकिन वह जो कुछ भी हो, उस पहले प्रारूप से अंतिम प्रकाशित प्रारूप तक की यह यात्रा ही वस्तुत: अनुभव से अनुभूति तक की यात्रा है। अनुभव में आवेश और आक्रोश होता है, जिसके प्रति मोह भी हो सकता है, अनुभूति उसे संयत करके स्थितियों के प्रति वस्तुपरक बनने की क्षमता प्रदान करती है। किसी भी रचना के प्रभावशाली बन सकने की यह पहली शर्त है कि अनुभव को वहाँ किस हद तक सफलतापूर्वक अनुभूति में बदला जा सका है। अनुभव की इस तात्कालिकता का ही परिणाम यह है कि नई कहानी में व्यक्तिगत अनुभव पर कुछ ज्यादा ही जोर दिया गया। इसलिए उसके लेखकों के वक्तव्यों में, और कहानियों में भी, आवेश और आक्रोश तो है, हर स्थापित मूल्य के प्रति अस्वीकार और नकार की मुद्रा भी वहाँ है, लेकिन उस अनुभव को पचाकर अनुभूति के ऐसे रसायन को तैयार करने का धैर्य उसमें नहीं है जो किसी बड़ी और महत्वपूर्ण रचना के लिए अपेक्षित है। इस दौर की कालजयी और उल्लेखनीय कहानियाँ वे ही हैं जिनमें ऐसा हो सका है।

नई कहानी में इसी प्रामाणिकता को लेकर यह भ्रम भी काफी समय तक बना रहा कि सामाजिक संदर्भों से कहानी को अलग रखकर ही उसे प्रामाणिक बनाया जा सकता है। इसी समझ के परिणामस्वरूप कुंठाओं और विकृतियों का सैलाब भी कहानी में आया। आगे यथाप्रसंग इसकी चर्चा की जायेगी। फिलहाल राजकमल चौधरी की ही दो कहानियाँ—'भूगोल का प्रारम्भिक ज्ञान' और 'पिरामिड'—लेकर इस स्थिति का विश्लेषण किया जा सकता है। पहली कहानी में यथार्थ का वही रूप उपलब्ध है जिसे गौरवान्वित करने का रिवाज नई कहानी में क्रमशः बढ़ा है। यौन-कुंठाओं में रुचि लेकर, निहायत फूहड़ तरीके से उन्हें व्यक्त किए जाने का कोई उदाहरण जुटाना हो तो यह कहानी बहुत अच्छे ढंग से यह काम कर सकती है। भोगा हुआ यथार्थ अपनी अंतिम निष्पत्ति में क्या हो सकता है, यह कहानी इसका एक प्रतिनिधि उदाहरण है। लेकिन कोशिश करने पर राजकमल चौधरी इन सीमाओं का अतिक्रमण भी कर सकते थे, इसका उदाहरण उन्हीं की कहानी 'पिरामिड' है। स्त्री की लाचारी और विवशता की ऐसी करुण अभिव्यक्ति, गहरे कला-बोध और सूक्ष्म सांकेतिकता के साथ, जैसी इस कहानी में उपलब्ध है, वैसे उदाहरण इस दौर की कहानियों में अधिक नहीं है। सामाजिकता के जिस आग्रह की बात अभी कही गई है, उसे भी इस कहानी के संदर्भ में समझा जा सकता है। 'पिरामिड' में जो विकृतियाँ हैं, रसिकलाल के चरित्र एवं परिवेश की, न सिर्फ यह कि लेखक का उनके प्रति कोई मोह नहीं है, उनके प्रति वह निर्मम और कटु भी है। अगर इतना ही होता तो भी बहुत-कुछ था, जो इसे राजकमल चौधरी की ही और बहुत-सी कहानियों से अलग कर सकता था। लेकिन इसके अलावा इसमें रसिकलाल के भाई फूल बाबू के रूप में वह सकारात्मक दृष्टि भी सक्रिय है जो 'पिरामिड' को इस दौर की एक उल्लेखनीय कहानी बनाती है। नितांत व्यक्तिगत अनुभव भी अनुभूति और विचार से जुड़कर कहानी को कैसे प्रामाणिक बना सकता है, इसका सर्वश्रेष्ठ उदाहरण कदाचित् मुक्तिबोध की कहानियाँ हैं। मुक्तिबोध की कहानियों में अनुभव अपने नंगे रूप में दिखाई देता है। लेकिन समाज और परिवेश की विकृतियों से जोड़कर वे अनुभव की इस निजता को तोड़कर उसे वृहत्तर सामाजिक संदर्भों में ढाल देते हैं। निजी अनुभव के सामाजिक उपयोग की दृष्टि से मुक्तिबोध की कहानियाँ उल्लेखनीय हैं। लेकिन इस दौर की कहानियों में उनकी कभी कहीं कोई चर्चा ही नहीं हुई। रचना में निजी अनुभव का बहुत महत्व है। लेकिन इस निजी अनुभव को वृहत्तर सामाजिक संदर्भों से जोड़कर ही सार्थक किया जा सकता है।

नई कहानी में अनुभव की प्रामाणिकता का नारा जल्दी ही अनुभववाद में बदल गया। गार्डन रोडरमल ने इसे ही नई कहानी में अ-लगाव के विकसित होते 'दर्शन' से जोड़ते हुए टिप्पणी की है.... 'स्पष्टतः नई कहानी जीवन की जिस दृष्टि और समझ पर निर्मित हो रही है वह सामान्यतः प्रेमचंद की अपेक्षा जैनेंद्र, अज्ञेय और कुछ सीमा तक यशपाल के अधिक निकट है। कहानियों का सामाजिक सन्दर्भ सिकुड़ता जा रहा है और तात्कालिक वैयक्तिक भावनाओं पर आग्रह बढ़ता जा रहा है। राजनीतिक, सामाजिक, आर्थिक और नैतिक मान्यताओं के प्रति एक सन्देह का भाव व्याप्त हो गया है। अलगाव-बोध का साहित्य ही

ऐसी किसी भी धारा की तार्किक परिणति है।'....(हिन्दी कहानी-अलगाव का दर्शन, पृ० 48) नई कहानी में मोहन राकेश और निर्मल वर्मा के यहाँ इन पतनशील प्रवृत्तियों का अंकन करने वाली कहानियाँ पर्याप्त संख्या में है। घर और परिवार के प्रति निषेध और अस्वीकार का भाव लेकर केवल एक बोहेमियन जीवन ही जिया जा सकता है। डाक-बंगलों, पबों और रेस्त्राओं की पृष्ठभूमि पर लिखी गई इस दौर की अनेक कहानियों में इस प्रवृत्ति को देखा जा सकता है। कृष्ण बलदेव वैद के यहाँ इन पतनशील और जीवन का निषेध करने वाली स्थितियों एवं 'दर्शन' की कहानियाँ सम्भवत: सबसे अधिक है। नई कविता के जो कवि कहानी की ओर आये—श्रीकांत वर्मा और कुंवर नारायण आदि—उनमें उस दौर की कविता की तरह ही अमूर्त्तन और मृत्यु-बोध की प्रवृत्तियाँ खूब सक्रिय दिखाई देती हैं। आगे चलकर इन्हीं प्रवृत्तियों की सहज और स्वाभाविक परिणति 'अकहानी-आंदोलन' में हुई—लेकिन उसके लिए पृष्ठभूमि नई कहानी ने ही तैयार कर रखी थी। वैद और निर्मल वर्मा आदि के सन्दर्भ में तो विदेशी पृष्ठभूमि की ढाल भी थी, वे कह सकते थे कि जिस जीवन का चित्रण ये अपनी कहानियों में कर रहे थे, उसमें यही स्थितिगत यथार्थ था लेकिन भारतीय समाज की पृष्ठभूमि में लिखने वाले अनेक कहानीकार भी इस प्रभाव से अपने को बचा नहीं सके। रमेश बक्षी, मुद्राराक्षस और आगे चलकर अकहानी आंदोलन से जुड़ने वाले अनेक लेखकों में इस पतनशील धारा से जुड़ने का उत्साह एक ऐसी अराजकता को जन्म देता है जिसमें साहित्य के सारे नैतिक और सामाजिक मूल्यों का निषेध ही लेखकों का घोषणा-पत्र बन जाता है।

नई कहानी में पनपे इस अनुभववाद का ही एक परिणाम यह हुआ कि सामाजिक अंतर्वस्तु वाले अनेक लेखकों की या तो उपेक्षा की गई या फिर उन्हें कहानी के हाशिए पर डाल दिया गया। अमरकांत जैसे लेखकों की इस दौर में वैसी चर्चा नहीं हुई जैसी दूसरे उन कहानीकारों की हुई जो उस समय लगाए गए नारे और उसी के अनुरूप बहती हवा के अनुसार लिख रहे थे। छोटे शहर के सामाजिक संक्रमण को हृदयेश की कहानियाँ गहरी विश्वसनीयता के साथ अंकित करने के बावजूद वे इस दौर की चर्चा में कहीं नहीं थे—कभी कहीं किसी ने उनका उल्लेख तक नहीं किया।

हिन्दी में प्रेमचंद और प्रसाद की उपस्थिति में भी, और इसके बाद जैनेंद्र, अज्ञेय और यशपाल की सक्रिय सर्जनशीलता के दौर में भी कहानी को वह केंद्रीय स्थिति प्राप्त नहीं थी जो नई कहानी के आंदोलन के दौर में उसे मिली। इसके लिए कहानीकारों को अधिक और आलोचकों को अपेक्षाकृत कम, संघर्ष भी करना पड़ा। परिमलवादी लेखक कहानी को—और उपन्यास तक को—कोई महत्व देने को तैयार नहीं थे। रामस्वरूप चतुर्वेदी 'असमय वृद्ध कथा-साहित्य' की विधिवत् औपचारिक घोषणा कर चुके थे। उस स्थिति में उपेक्षा और अंधेरे की खाई से कहानी को निकाल कर उसे ऊँचे और केन्द्रीय मंच पर स्थापित करने का कार्य नई कहानी ने ही किया। उसने जीवन के सम्पूर्ण और कलात्मक रूपायन का दावा पेश किया और काफी हद तक ऐसा किया भी। आंदोलन की अगुवाई कर रहे लेखकों की त्रयी—मोहन राकेश, यादव और कमलेश्वर—ने इस काम को इतना नहीं किया जितना और बहुत से लेखकों ने किया तब जिनकी भूमिका उतनी महत्वपूर्ण नहीं लगती थी। कहानी का

समवेत स्वर सचमुच अपने समय को परिभाषित करने वाला स्वर बन सका, जैसा कि उसके आंदोलन के सूत्रधारों ने अपने संदर्भ में उसका दावा किया था। शहर, कस्बा, गाँव, अपरिचित अंचल और दूर-दराज के आदिवासी क्षेत्रों तक कहानी पहुँची और इन सबसे मिलकर उसका जो संसार निर्मित हुआ वह इस पूरे देश का ही प्रतिनिधित्व करने वाला था। कहानी की रचनात्मक सक्रियता से प्रभावित होकर उस दौर के अनेक कवियों ने भी कहानी की ज़मीन पर उतर कर अपनी रचनात्मकता प्रमाणित की। मुक्तिबोध, रघुवीर सहाय, कुँवर नारायण, सर्वेश्वर और श्रीकांत वर्मा आदि कवियों ने इस दौर में उल्लेखनीय कहानियाँ लिखीं। इन सारे कवियों की कहानियों का स्तर और स्वरूप उनकी कविताओं की तरह ही समान नहीं है, लेकिन प्रायः सभी के यहाँ ऐसी कुछ कहानियाँ अवश्य हैं जिन्हें नई कहानी की मुख्य धारा में शामिल करके देखा गया। इनमें कुँवर नारायण की कहानियों में अमूर्त्तन के परिणामस्वरूप आई दुरूहता बहुत है और श्रीकांत वर्मा अस्तित्ववादी अ-लगाव और मृत्युबोध के शिकार हैं। लेकिन फिर भी कुँवर नारायण की अपेक्षा उन्होंने कुछ महत्वपूर्ण और उल्लेखनीय कहानियाँ लिखीं।

किसी भी दूसरे साहित्य रूप की अपेक्षा कहानी के व्यवसायीकरण की संभावनाएँ अधिक होती हैं। कहानी में चूँकि जन-माध्यम बन सकने की गुंजाइश अधिक होती है, बड़े पाठक-वर्ग की रुचियों से निर्देशित होने वाली पत्रिकाएँ, जो निश्चित रूप से बड़े पूँजीवादी संस्थानों से निकलने वाली पत्रिकाएँ ही होती हैं, इस मामले में महत्वपूर्ण भूमिका अदा करती हैं। नई कहानी-आंदोलन में शुरू से ही ऐसे अनेक तत्व सक्रिय थे जो कहानी में शिविरबद्धता और आत्मविज्ञापन को प्रश्रय देने वाले थे। जिन लोगों के हाथों में इस आंदोलन की बागडोर थी वे लोग कहानी में सामाजिक परिवर्तन की इच्छा और विचार को कहानी से बहिष्कृत करके कहानी को 'संबंधों' की कहानी बनाने पर ज़ोर दे रहे थे। इन संबंधों में भी अन्य पारिवारिक संबंधों की अपेक्षा स्त्री-पुरुष संबंधों पर ही उनका ज़ोर अधिक था। अन्य सहयोगी रचनाकारों की अपेक्षा या अलोचना द्वारा अपनी और अपने मित्रों की कहानियों को उछालने के कारण अराजकता बढ़ रही थी। इलाहाबाद में हुई साहित्यकार सम्मलेन की एक गोष्ठी पर अपनी प्रतिक्रया व्यक्त करते हुए भैरव प्रसाद गुप्त ने मोहन राकेश को लिखा....'साहित्यकार सम्मेलन की गोष्ठी का स्तर गिराने के लिए किसी एक को दोषी ठहराना उचित नहीं। मैं तो शायद कुछ मिनटों के लिए ही उसका दर्शक रहा। उस समय तुम्हीं बोल रहे थे और मुझे यह कहने में तनिक भी हिचक नहीं कि तुम्हारी बातों से मुझे बड़ी निराशा हुई थी।....तरुण लेखकों के हाथों में ज़ब भी मूल्यांकन सौंपा जायेगा, परिणाम यही होगा, ठीक एक बाज़ार के दूकानदारों की तरह, जिनमें से हर-एक अपने माल की प्रशंसा करता है....' (राकेश और परिवेश : पत्रों में, पृ० 494) तरुण लेखकों से भैरव प्रसाद गुप्त का आशय नई कहानी के लेखकों से है, खास तौर से इस आंदोलन की अगुआई करने वाली त्रयी से—मोहन राकेश जिसके घटक थे। कमलेश्वर द्वारा 'नई कहानियाँ' का संपादन-भार ग्रहण किए जाने के बाद, सन् '63 में, 'मेरा हमदम : मेरा दोस्त' वाला स्तम्भ वस्तुतः एक स्तम्भ मात्र न होकर इस दौर की पूरी कहानी को समझाने का एक सूत्र भी है। इसी की

ओर संकेत करते हुए मार्कण्डेय ने मोहन राकेश को लिखा....'हम-दम हो, चाहे वह नई कहानियों की पुस्तक माला हो उसमें योजनाएँ बनाकर अपने साथियों को देते हुए उसकी व्यापकता और विस्तार के साथ ही पूरे मूल्यों को देखने की ज़रूरत होती है। तोड़-जोड़ की सीमा नहीं है। यदि तुम प्रतिष्ठा का एक प्रतिमान नहीं रखोगे तो समय तुम्हारे साथ न्याय नहीं करेगा। आज हालत यह है कि सारे हिन्दी संसार में रचनात्मक मूल्यांकन को लेकर एक कयास की स्थिति है। लोग विचारों के संघर्ष से कतरा कर तारीफ चाहते हैं और पूरी पीढ़ी में अवसरवाद और प्रचार के लिए मोह घुस आया है....' (वही, पृ० 501)।

सन् '65 में आयोजित कलकत्ता कथा-समारोह में धनंजय वर्मा को 'जेबी-आलोचक' कहा गया। 'नई कहानियाँ' के बाद 'सारिका' का संपादन शुरू करने पर कमलेश्वर ने 'आम आदमी की कहानी' और 'समांतर कहानी' के जो आंदोलन चलाए वे कहानी की इसी व्यावसायिकता के परिणाम थे जिसकी शुरुआत नई कहानी आंदोलन से ही हुई थी। अपने पत्र में मार्कण्डेय ने 'हम-दम' के साथ नई कहानियों की जिस पुस्तक-माला का उल्लेख किया है, उसका संपादन राजेन्द्र यादव ने ही किया था जिसमें पुस्तक के आरम्भ में 'हम-दम' वाला यह लेख भी था। कुल मिलाकर ये पाँच संकलन निकले, जिनमें से तीन इसी त्रयी के लेखकों के थे—मोहन राकेश, राजेन्द्र यादव और कमलेश्वर—चौथा संकलन मन्नू भंडारी का था जो राजेंद्र यादव की पत्नी थीं। पाँचवाँ संकलन रेणु का था, जिसमें 'मेरा हमदम मेरा दोस्त' लेख कमलेश्वर का था।

नई कहानी के संदर्भ में व्यावसायिकता की चर्चा कहानी के सामाजिक विचलन की उपेक्षा करके नहीं की जा सकती। बड़ी पत्रिकाओं में, उनकी अपनी शर्तों पर, पारिश्रमिक की ऊँची दरों की ख़ातिर लिखना ही व्यावसायिकता नहीं है। वस्तुतः उसके हाथ इससे कहीं लम्बे हैं। वह लेखक में अपने लिखे के लिए जोखिम उठा सकने की आग को भी धीरे-धीरे बुझाती जाती है और युवा लेखकों के एक बहुत बड़े वर्ग को सुविधाओं और ग्लैमर की ढलान पर ढकेल देती है। सामाजिक चिन्ता के अवरोधक तत्वों को वह क्रांति और साहित्यिक लफ़्फ़ाजी के नाम पर चालू सिक्कों की तरह इस्तेमाल करके साहित्य के सामाजिक सरोकारों पर लीपापोती करने की कोशिश करती है। परिवर्तन की क्रांतिकारी चेतना से निर्देशित साहित्य और लेखकों की उपेक्षा करके वह उन्हें अंधेरी और बंद सुरंगों में ढकेलकर उस साहित्य और लेखकों को बेज़रूरत उछालती है जो अपने को उसकी मर्ज़ी पर छोड़ देते हैं।

नई कहानी के दौर में उसके सारे विभाजनों और उपविभाजनों के बावजूद, कहानी की दो धाराएं बहुत स्पष्ट देखी जा सकती हैं। प्रेमचंद से चली आने वाली कहानी की जो सामाजिक जनवादी धारा थी—भीष्म साहनी, मार्कण्डेय, अमरकांत और शेखर जोशी आदि नई कहानी में उसी धारा का प्रतिनिधित्व करने वाले लेखक हैं। इन लेखकों की चर्चा बाद में 'जनवादी कहानी' के अंतर्गत की जायेगी। आगे के पृष्ठों में नई कहानी के अन्य प्रमुख कहानीकारों की चर्चा एवं मूल्यांकन ही हमारा अभीष्ट है।

मोहन राकेश

मोहन राकेश की कहानियों का पहला संग्रह 'इंसान के खंडहर' सन् '50 में प्रकाशित हुआ। मोहन राकेश की ये कहानियाँ एक लेखक के रूप में उनकी पहचान बनाती कहानियाँ हैं। इनमें वे अपने आस-पास के जीवन की खुली आँखों देखते हैं और काफी कुछ प्रेमचंद और यशपाल की तरह मंदिरों में धर्म के नाम पर पलने वाली विद्रूपताओं का उद्घाटन करते हैं। 'खंडहर' में मोगा तहसील से अमृतसर आए चेतराम को 'लघुसिद्धांत कौमुदी' पढ़ाने के बहाने मंदिर का पुजारी गोस्वामी हाथ से आकार बना-बनाकर बतलाता है कि इतने-इतने स्तनों वाली नारी को 'श्यामा' कहते हैं और इतने-इतने स्तनों वाली को 'पद्मिनी'। चैतू अभ्यास के तौर पर मंदिर में आने वाली युवतियों को देखकर उनके श्यामा और पद्मिनी होने का अनुमान लगाता रहता है। फिर वह कापी पर उन स्तनों के चिह्न बनाता रहता है। मंदिर और गली के परिवेश में कुंठित वासनाओं का उद्घाटन ही कहानी का लक्ष्य है। इसी तरह 'सीमाएँ' में प्रेम के अतींद्रिय संसार में उड़ती उमा जब अपने प्रेमी की काली आँखों में खो जाने का प्रयास करने के बाद चेतती है जो पता चलता है कि मंदिर की उस भीड़ में उसके गले की चेन गायब है। 'उर्मिल जीवन' में बड़ी बहन की मृत्यु के बाद मीरा का विवाह उसी के पति से कर दिया जाता है। लेकिन मीरा के जीवन की सारी प्रकृत इच्छाओं एवं उमंगों के ध्वंस के लिए जो बिंब और प्रतीक लेखक ने गढ़े हैं, वह उसकी सारी पीड़ा को नकली बना देते हैं—'मीरा ने सामने देखा। आँखें दीवार पर लगे एक चित्र पर अटक गईं। कसाई मरी हुई बकरी को भून रहा है। हरी घास के पास बँधी हुई बकरी घास में मुँह मार रही है....घास की ओट में वह छुरा है जिस पर अब भी लहू के दाग हैं....' ('पहचान तथा अन्य कहानियाँ, पृ० 80) 'दोराहा', 'धुँधला दीप' और 'लक्ष्यहीन' आदि कहानियाँ अपने नायकों के रूप में केसरी नामक एक युवक को केन्द्र में रखकर चलती हैं। प्रेम, साहित्य, स्कॉच, बीयर और कॉफी-हाउस में भटकते सैलानी युवक के जीवन में सब कहीं एक से अधिक लड़कियाँ हैं जो किसी न किसी कारण से उसकी जिन्दगी के दायरे से छिटक कर बाहर चली गई हैं। केसरी एक ऐसा युवक है जिसके सामने किसी प्रकार का कोई आर्थिक-सामाजिक संघर्ष है ही नहीं—जिसकी दुनिया का सबसे बड़ा सच शराब और झुठे-सच्चे प्रेम-प्रसंग ही है। यही शायद वह भोगा हुआ यथार्थ था जिस पर मोहन राकेश सहित उनके सहयोगी लेखकों का तब इतना बल था। संग्रह की उल्लेखनीय कहानियों में 'मरुस्थल' और 'कंबल' की चर्चा की जा सकती है। मरुस्थल वस्तुतः पूँजीवादी सभ्यता का मरुस्थल है—उसमें पनपते संबंधों का मरुस्थल। कहानी राजस्थान के परिवेश पर केन्द्रित है। लेकिन यह बाह्य मरुस्थल, अपने प्रतीकार्थ में, जिस आंतरिक मरुस्थल की ओर संकेत करता है वही कहानी को महत्वपूर्ण बनाता है। 'वासना की छाया' और 'कंबल' मनुष्य की आदिम प्रवृत्तियों पर केन्द्रित हैं। 'वासना की छाया' का बूढ़ा जाट, अपनी पत्नी की मृत्यु के बाद, स्त्री के सहवास-सुख से वंचित, सब ओर से निराश होकर अपनी तेरह वर्षीय बेटी पुष्पा को बदलकर अपने लिए औरत ले आता है। इसे बुरा भी नहीं समझा जाता। 'कंबल', रांगेय राघव की 'तबेले का धुँधलका' की तरह शरणार्थियों की बेबसी की कहानी है—उनकी असहायता

से लाभ उठाने की प्रवृत्ति की कहानी। तीस परिवारों के शरणार्थी शिविर में बनारसी की जवान देह टोह-टोहकर, उसकी जाँघों और छातियों को मसलने के बाद, उसे एक कंबल मिल जाता है, जबकि उसका बूढ़ा बाप ठंड से सिकुड़ कर मर जाता है।

मोहन राकेश की कहानियों की काफी बड़ी संख्या स्त्री-पुरुष संबंधों को लेकर है—इन संबंधों में भी तनाव और निर्णयहीनता को लेकर। राकेश की इन कहानियों के सारे नायकों को यदि एक जगह इकट्ठा किया जाए तो वे अनिता राकेश की 'चंद सतरें और' में अंकित मोहन राकेश से भिन्न नहीं हैं। वे अधिकतर सैलानी किस्म के लोग हैं जो अपने वर्तमान और अतीत से मुक्त होने के लिए पहाड़ों पर भटकते रहते हैं। होटल, काफी हाउस, जुआ, शराब और क्लब आदि से मिलकर ही उनकी जिन्दगी बनती है। अधिकतर वे घुँघराले बालों और चश्मा लगाने वाले सुदर्शन युवक हैं जिनकी कमसिन नायिकाएँ उनकी चिन्ता जरूरत से कुछ ज्यादा ही करती हैं—जिस सब के लिए शरच्चंद्र की नायिकाएँ खास तौर से बदनाम रही हैं। 'ग्लास टैंक' का नायक उम्र में नीरू से बहुत बड़ा है। बचपन में 'ब्राउन कैट' कहकर वह नीरू को अपनी टाँगों पर सुला लिया करता था। लेकिन उम्र के इस अंतर के बावजूद वह नीरू को बेहद निरीह और अपने प्रति उदासीन सा लगता है। 'एक ठहरा हुआ चाकू' की मिन्नी भी वाशी को लेकर कुछ ऐसा ही अनुभव करती है। उसे तो सड़क पार करते वाशी को फिसलने से भी बचाना होता है—बाकायदा उसकी बाँह पकड़ कर।

मोहन राकेश के समूचे रचनाकाल में ऐसी कहानियों की सूची काफी लम्बी है जिनमें वे स्त्री और पुरुष को अलग-अलग इकाई मानकर उनकी लक्ष्यहीनता, हताशा, कुंठाओं, तनावों और निर्णयहीनता से उत्पन्न विक्षोभ को अंकित करना चाहते हैं। इन कहानियों में ये स्थितियाँ और उनसे उत्पन्न परिणाम प्रायः मनुष्य के अंदर कहीं घटित होते हैं—उसकी सामाजिक संरचना और व्यवस्था की ओर से बहुत कुछ उदासीन रहते हुए। 'खाली' में तोषी और जुगल के वैवाहिक जीवन में बढ़ते तनावों को सामाजिक पृष्ठभूमि में अंकित नहीं किया गया है। आखिर सात-आठ वर्षों में ऐसा क्या हुआ है कि तोषी अपने खालीपन और अकेले में भी जुगल की खुशी को बर्दाश्त करने के लायक नहीं रह गई है? जुगल की खुशी की कल्पना-मात्र में उसे अपनी पराजय की छाया तिरती दिखाई देती है। 'क्वार्टर' में ढेर-सारी जगह वाला सुवधिापूर्ण क्वार्टर भी मन के मेल के अभाव में यातनादायी बन जाता है। इन कहानियों में, राकेश के सम्पूर्ण साहित्य की तरह, पुरुष की संवेदनशीलता को स्त्री के फूहड़पन और शंकालु प्रवृत्ति के कंट्रास्ट में चित्रित किया गया है। इसी के परिणामस्वरूप दांपत्य संबंधों में तनाव बढ़ता है और 'घर' की चाह बनकर रह जाती है। 'एक और जिन्दगी' में बीना और प्रकाश के विच्छेद के बीच कोई बड़ा और बुनियादी कारण मौजूद नहीं है। कुल मिलाकर वह विपरीत रुचियों और अहं की लड़ाई है। प्रकाश की हताशा और भटकाव को बढ़ाने वाला निर्मला का पागलपन अतिरंजित ही नहीं बनावटी भी लगता है। इसीलिए बीना को लेकर प्रकाश को लगता है कि अतीत के कोहरे में वह दिन भी था जो चार-साल में आज तक बीत नहीं सका है। कहानी की बुनियादी कमजोरी को लेखक आरोपित प्रतीकों से ढाँकने की कोशिश करता है। इन सबकी अपेक्षा 'फौलाद का आकाश'

इसी कारण किसी हद तक एक सफल कहानी है क्योंकि इसमें मीरा के जीवन की सारी नमी और ताजगी के छीजने को सामाजिक कारणों से जोड़कर देखा जा सका है।

स्त्री-पुरुष सम्बन्धों के दायरे के बाहर मोहन राकेश की कुछ उल्लेखनीय कहानियाँ स्त्री की वर्जनाविहीन सहज छवि को अंकित करने की दृष्टि से महत्वपूर्ण हैं। काम-काजी महिलाओं के आर्थिक और भावात्मक शोषण की ओर भी उनकी दृष्टि गई है। 'आद्रा' की बूढ़ी माँ अपने जवान बेकार बेटे बचन के लिए जिस सहजवत्सल भाव से चिन्तित हैं, उससे मोहन राकेश की कहानियों के क्षितिज को एक सुखद व्यापकता मिलती है। 'अपरिचित' में एक ऐसी आत्मसजग और वर्जनाहीन युवती दिखाई देती है, जो रात के अकेले सफ़र में गैर समझे जाने वाले आदमी से अपने बच्चे, पति और भविष्य की योजनाओं के विषय में बेहद सहज ढंग से बात करती है। उसकी यह सहजता, उतरते समय उस सोते हुए पुरुष को उढ़ाए गए कंबल की तरह ही देर तक भटकाती रहती है।

मोहन राकेश की कुछ अन्य कहानियाँ—'आखिरी सामान', 'मिस पाल', 'भूखे' और 'सुहागिनें' आदि—स्त्री को उसके पूरे सामाजिक सन्दर्भ में प्रस्तुत करती हैं। 'आखिरी सामान' की बेला भंडारी मूल्यविहीन, भ्रष्ट सामाजिक-व्यवस्था में उसके मूक प्रतिशोध का प्रतीक बन जाती है। मूल्यों के इस व्यापक ह्रास की स्थिति में 'मिस पाल' की तिक्तता और हताशा उसके लिए एक अनिवार्य सामाजिक परिप्रेक्ष्य तैयार करती है। उसकी सबसे बड़ी आकांक्षा यही है कि दफ्तर के इस गलीज माहौल से निकलकर, किसी साफ-सुथरे निर्जन स्थान पर बैठकर, अपने मन के दो-चार चित्र बना सके। इस माहौल की सारी कटुता को पी और पचा कर भी उसकी आधारभूत सौन्दर्यवृत्ति कुंठित होने से बची रह सकी है। इसी तरह 'भूखे' में वास्तविक भूखे एवलीन और उसका बच्चा नहीं है। अपने भारतीय पति की असामयिक मृत्यु के बाद एवलीन अपनी ओर अपने बच्चे की ज़रूरतें क्रमशः कम करती जाती है। कलाकार पति की तस्वीरें बिक जाने की आशा में वह स्वयं अपने को और बच्चे को बहलाती रहती है। उसके चारों ओर जो लोग हैं—सड़क पर, होटलों में और सब कहीं—वे ही दरअसल भूखे लोग हैं जो उसकी मजबूरी की बिना पर उसे ही अपनी खुराक बना लेना चाहते हैं, और वह भरसक गरिमामय ढंग से इस सबका प्रतिरोध करती है। लेकिन बालरूम की सीढ़ियों पर खिलखिलाती हुई लड़कियों को चढ़ते देखकर, जहाँ बड़े-बड़े सौदे अनायास ही तय हो जाते हैं, मूक, लाचार नज़र उस ओर डालकर उसके आगे बढ़ जाने के बावजूद क्या उसके अपने भविष्य का अनुमान लगा लेना मुश्किल है? 'सुहागिनें' में दो अलग-अलग वर्गों की स्त्रियाँ हैं—हेडमिस्ट्रेस मनोरमा सचदेव और उसकी नौकरानी काशी—जिनके माध्यम से लेखक इस तथ्य की ओर संकेत करना चाहता है कि हमारी असमान समाज-व्यवस्था अपने सोच एवं व्यवहार में किस हद तक क्रूर, अमानवीय और स्त्री-विरोधी हो सकती है। जैसी स्थितियाँ हैं उनमें आर्थिक दृष्टि से स्त्री के आत्मनिर्भर होने से भी कोई बड़ा फर्क पड़ने वाला नहीं है। पुरुष-वर्चस्व वाले इस सामाजिक ढाँचे में बुनियादी परिवर्तन के बिना स्त्री सब कहीं एक-सी बेबस और लाचार है।

मोहन राकेश सीमित रचनात्मक सरोकारों वाले लेखक हैं। रचना-वस्तु के चुनाव की उनकी अपनी सीमाएँ हैं। भारतीय समाज की संघर्षशील और परिवर्तनकामी चेतना का अभाव उनकी कहानियों में सब कहीं दिखाई देता है। अपनी पीढ़ी के अनेक लेखकों की तरह देश-विभाजन की छायायें उनके रचना-संसार पर भी झूलती दीखती हैं। औरों की अपेक्षा उस त्रासदी से, पंजाबी होने के नाते, उनका सीधा और प्रत्यक्ष संबंध भी रहा। 'क्लेम', 'परमात्मा का कुत्ता' और 'मलबे का मालिक' जैसी कहानियाँ उनकी इसी अनुभवसम्पन्नता का परिणाम हैं। स्थिति के विरोध में यदि कुछ नहीं किया जा सकता, तो भौंका तो जा सकता है। 'जानवर और जानवर' के निष्क्रिय समर्पण की अपेक्षा यह फिर भी एक बेहतर स्थिति है। लेकिन मोहन राकेश की परवर्ती कहानियाँ सामाजिक सन्दर्भों और मूल्यों की ओर से और भी उदासीन दिखाई देती हैं। इसीलिए नई कहानी के समर्थन में दिए गए उनके वक्तव्यों और सर्जनशीलता में एक गहरी फाँक है। उनकी परवर्ती कहानियाँ खास तौर से मूल्य-निषेध, अमूर्त्तन और कलावादी भटकाव की शिकार हैं।

राजेंद्र यादव

राजेंद्र यादव की कहानियों का पहला संग्रह 'लहरें और परछाइयाँ' सन् 50 में प्रकाशित हुआ। लेकिन आज वे उसे अपने संग्रहों में शामिल नहीं करते। उनका दूसरा संग्रह 'देवताओं की मूर्त्तियाँ' सन् '52 में आया। लेकिन अब इसका भी वे इतना ही महत्व मानते हैं जितना किसी संगीतकार के लिए उसके आरम्भिक रियाज़ का होता है। राजेंद्र यादव ने जब लिखना शुरू किया तो वह प्रगतिवाद का उत्कर्षकाल था। 'देवताओं की मूर्त्तियाँ' की शीर्षक कहानी में वे लेखक और उसके समाज के रिश्ते की पड़ताल करते हैं और अनुभव की प्रामाणिकता को एक सिद्धांत के रूप में प्रस्तुत करते हैं। इसी में वे कहानी 'गढ़ने' और 'बनाने' की पद्धति का भी विरोध करते हैं जिसमें तब प्रगतिवादी और गैर-प्रगतिवादी दोनों ही प्रकार के लेखक शामिल थे। अपने ढंग से यह कहानी बुद्धिजीवियों की मानसिक जड़ता पर भी आघात करती है जो अपनी सुविधा के लिए श्रम को मानसिक और शारीरिक की कोटियों में बाँटकर देखते हैं। मात्र बौद्धिक सहानुभूति से ही कोई लेखक सर्वहारा का लेखक नहीं हो जाता। लेकिन सोच के धरातल पर यह कहानी अनेक प्रकार के अन्तर्विरोधों का शिकार है। कहानी के जिस गढ़े जाने के विरोध में यह घोषणा-पत्र का काम करती है, अपनी प्रकृति में यह स्वयं वैसी ही गढ़ी हुई कहानी है।

राजेंद्र यादव मध्यवर्गीय जीवन के लेखक हैं और चेखव उनके प्रिय कथाकार हैं। वे भारतीय समाज में स्त्री के बहुविध उत्पीड़न के प्रति पर्याप्त सजग और संवेदनशील हैं। उनकी अनेक कहानियाँ—'खेल-खिलौने', 'साइकिल', 'कुतिया', 'नास्तिक', 'तीन पत्र और आलपीन', 'लकड़हारा' और 'जहाँ लक्ष्मी कैद है'.... आदि उनकी इसी संवेदनशीलता का प्रमाण है। कोई लड़का किसी सुन्दर लड़की को देखकर विवाह का हठ करने लगे, अनशन पर बैठ जाये, तो क्या लड़की को उसके खूँटे से बाँध दिया जाना चाहिए—बिना इस बात की चिन्ता किए कि लड़की की अपनी इच्छा और आकांक्षा क्या है? पुरुष वर्चस्व वाले भारतीय

समाज में वस्तुतः लड़के की इच्छा और रुचि का ही महत्व है। इन कहानियों में घटित कितने ही संयोगों और दूरारूढ़ संभावनाओं के बीच यह प्रश्न अवश्य उभर कर सामने आता है कि क्या स्त्री जीवन की सार्थकता मात्र एक शो-पीस—खेल-खिलौने—तक ही सीमित है? इस स्थिति को सामान्यतः स्वीकार कर लिया गया है कि बैल चलता है, गाड़ी घिसटती है, साइकिल में अगला पहिया चलता है, पिछला घिसटता है। यह विचार 'साइकिल' की रश्मि के दिमाग में जैसे किसी पहिए की तरह घूमता है और देर तक घूमता रहता है। 'नास्तिक' की नीरा सारी अतिनाटकीय स्थितियों के बावजूद धर्म के नाम पर पल रही जहालत का शिकार होने से अपने को बचा नहीं पाती। उसकी संतान को गंगा माई की कृपा का फल मानकर, उसकी आँखों के सामने ही, उसकी सास द्वारा जल-समाधि दे दी जाती है। 'जहाँ लक्ष्मी कैद है' में एक ऐसे पिता की कल्पना की गई जिसके मन में यह विश्वास गहराई से जमा है कि लड़की को घर से निकालते ही, उसका विवाह करते ही, उसकी सारी श्री और संपदा उसे छोड़ जायेगी। वह अपनी बेटी को लक्ष्मी मानकर इसीलिए उसे कैद में रखता है। उसकी छब्बीस वर्ष की बेटी लक्ष्मी उसी कैद में हिस्टीरिया का शिकार हो जाती है। चौकीदार उसके संबंध में गोविंद को बताते हुए रूपाराम के प्रति लक्ष्मी की गहरी आसक्ति के साथ हिस्टीरिया के दौरे की दशा में उसकी स्थिति का वर्णन भी विस्तारपूर्वक करता है। इस किस्से को सुनकर नया-नया आया गोविंद लक्ष्मी के छोटे भाई द्वारा लक्ष्मी के लिए मांगी गई पत्रिका में एक कहानी के रेखांकित अंशों को देखकर वास्तविकता समझ लेता है। इस कैद से मुक्त कराकर कहीं भगा ले चलने का उसका करुणापूर्ण आग्रह और वैसा न करने पर फाँसी लगाकर मर जाने की उसकी चेतावनी उसे बेचैन कर देती है। आज पूरा पौराणिक रूपक अपनी संपूर्णता में उपस्थित है और गोविन्द को लक्ष्मी का उद्धार करना ही होगा। अर्थ की विकृतियों और देह की अपनी जैविक अनिवार्यता के द्वन्द्व का निरूपण ही कहानी का मूल कथ्य है। लेकिन इस सबके लिए पौराणिक नामों का साम्य और जिन अन्य चमत्कारपूर्ण युक्तियों का सहारा लिया गया है, वह सब कहानी को अप्रभावित किए बिना नहीं छोड़ता।

नई कहानी कहानी के शास्त्रीय ढांचे के अस्वीकार का आग्रह लेकर आई थी, क्योंकि वह अपने समय-संदर्भों से जुड़ने की इच्छा का प्रतिफलन थी। इस सिलसिले में राजेन्द्र यादव की टिप्पणी है, 'शास्त्र के द्वारा हम किसी भी रचना के रूप, उसकी कलात्मक सफलताओं-असफलताओं को भले ही जान लें, रचना की प्रेरणा और प्राण को पाने में कोई शास्त्री हमारी सहायता नहीं कर सकता। परिवेश को समय-बोध, काल-बोध कुछ भी कह लीजिए, बात उसी संपूर्ण परिप्रेक्ष्य की है जो रचना को अपने साथ जोड़े रखता है, या जिससे जुड़ी रहने को रचना मजबूर है। यही कारण है कि आज रचनात्मक समीक्षा अपने समय को ही किसी-न-किसी रूप में परिभाषित करने पर जोर देती है। आधुनिकता और सामयिकता को समझने के सारे प्रयत्न संकेत करते हैं कि हम कहीं सारी कलाओं के पीछे बहने वाली अंतर्धारा को पकड़ने को ही अधिक आकुल हैं....' (कहानी : स्वरूप और संवेदना, पृ० 51) इस वक्तव्य के बाद यह जिज्ञासा स्वाभाविक है कि राजेन्द्र यादव की कहानियाँ अपने समय को कैसे और

किस सीमा तक परिभाषित करती हैं या 'कलाओं के पीछे बहने वाली अंतर्धारा' को पकड़ने की उनकी आकुलता का स्वरूप क्या है? राजेन्द्र यादव की आरम्भिक कहानियों में राजनीतिक विसंगतियों की जिस समझ के छिट-पुट संकेत मिलते हैं, उस दृष्टि का कोई सुसंबद्ध विकास उनकी परवर्ती कहानियों में उपलब्ध नहीं है। इस संदर्भ में उनके उपन्यास 'उजड़े हुए लोग' का स्मरण स्वाभाविक है, जो उनके सम्पूर्ण लेखन में एक अपवाद जैसा है। लेकिन फिर भी उनके यहाँ कुछ ऐसी कहानियाँ अवश्य हैं जिन्हें आधार बनाकर इस मुद्दे पर बात की जा सकती है। इन कहानियों में 'लंचटाइम', 'बिरादरी-बाहर', 'तलवार पंचहजारी', 'नये-नये आने वाले' और 'प्रश्नवाचक पेड़' आदि का उल्लेख किया जा सकता है।

आदमी आदमी के प्रति किस सीमा तक निर्मम—कैलस—हो सकता है, यह पूँजीवादी व्यवस्था उसकी संवेदनशीलता को कैसे नष्ट करती है, 'लंचटाइम' इसका अच्छा उदाहरण है। वकील की खामोशी और शातिरपन से शय पाकर उसके सिखाड़ी और मुंशी मुवक्किल देवी सहाय से कैसे पेश आते हैं, उनकी निर्लज्जता और देवी सहाय की निरीहता कहानी में परत-दर-परत खुलती चलती है। अपने आक्रोश की मूक अभिव्यक्ति देवी सहाय शीशी की दवा को पास की झाड़ियों में लौटकर करता है। तब तक लंचटाइम खत्म हो चुकता है। कोर्ट का चपरासी केस की सुनवाई के लिए अगले मुवक्किल की गुहार लगाने लगता है। वकील साहब झटके से उठते हैं और उनके गले की पट्टियाँ और कॉलर हिलने लगते हैं। देवी सहाय जब शीशी की दवा उड़ेल कर डगमगाते कदमों से बरामदे से उतर रहा होता है 'तभी बरामदे से काली मुर्गी की तरह वकील साहब गुजर गए—दो चूजों की तरह उनके साथ मुवक्किल दोनों ओर लगे थे....'। 'बिरादरी-बाहर' में बेटी के अंतर्जातीय विवाह के बाद बेटी-दामाद्र को छोड़ देने की धमकी देने वाला बूढ़ा बाप स्वयं ही बिरादरी-बाहर हो जाता है। समय और उसके तकाज़ों से आँख चुराकर आदमी अपनों के बीच भी कैसा अकेला और निरीह हो जाता है पारसबाबू इसकी एक मिसाल हैं। समय की गति को पहचानने से इन्कार करने पर समय उन्हें निर्ममता से रौंद कर आगे बढ़ जाता है। 'तलवार पंचहजारी' गद्दारी और अत्याचार की सामंती विरासत के तिरस्कार की कहानी है। पुरखों का नाम लेकर जीने वाले, आने वाली पीढ़ियों के लिए कैसी मुसीबत छोड़ जाते हैं इसका कभी उन्हें कोई आभास नहीं होता। 'नये-नये आने वाले' में भी युवा-पीढ़ी की आचार निष्ठा और सैद्धांतिक दृढ़ता के संकेत स्पष्ट हैं। बनी-बनाई आस्थाओं और प्रचलित विश्वासों से इस पीढ़ी के मोहभंग के संदर्भ में राजेन्द्र यादव ने अन्यत्र टिप्पणी की है....'नौजवान लोगों के पास कोई अतीत नहीं है, और भविष्य उनसे छीन लिया गया है। न वे भविष्य के यूटोपियन सपनों में भाग सकते हैं न अतीत के फ्लैशबैकीय संसार में। वर्तमान उनके लिए आशा और अतीत में छलाँग लगाने का निमित्त बनकर नहीं, ऐसी अनिवार्यता बनकर आया है, जिससे कोई छुटकारा नहीं है....' (एक दुनिया : समानांतर, चौथा संस्करण, 80, पृ० 63) यहाँ सब कुछ उल्टा-पुल्टा और अव्यवस्थित है जिसके बीच ही अपना रास्ता बनाना है।.... 'पास-फेल' और 'प्रश्नवाचक पेड़' में कालेज और विश्वविद्यालय के अध्यापकों की दुनिया है—जिसे किसी हद तक एकांगी तो कहा जा सकता है, लेकिन वह अवास्तविक नहीं है। नया मकान बनवाकर भी

वह पंखा इसलिए नहीं चलाते कि बिल ज्यादा आयेगा और अपने तर्क के बाद ही उन्हें महसूस होता है कि वह पसीने से बुरी तरह भीग रहे हैं।

राजेन्द्र यादव की ये कहानियाँ एक सीमित अर्थ में ही अपने समय को परिभाषित कर पाती हैं। अपने अन्य समकालीनों की तरह उनके यहाँ भी स्त्री-पुरुष संबंधों वाली कहानियों की संख्या काफी बड़ी है। इनमें प्रेम की अशरीरी धारणा के तीखे प्रतिवाद से लेकर संबंधों के टूटने की पीड़ा तक की कहानियाँ शामिल हैं। तन और मन के दो अलग खानों में, जैनेंद्र की नायिकाओं की तरह, बाँटकर स्त्री को देखने का नई कहानी ने विरोध किया है। राजेन्द्र यादव भी इस छद्म को स्वीकार नहीं करते। 'मेरा तन मन तुम्हारा है', 'एक कमजोर लड़की की कहानी' की नायिकाओं के मुक़ाबले 'नीराजना' की नीराजना अपनी अर्जित आत्मसजगता के कारण ही अपने प्रेमी के प्रति अधिक ईमानदार है। पति-पत्नी के बीच तीसरे की उपस्थिति को लेकर भी उन्होंने कहानियाँ लिखी हैं—कभी यह तीसरा सशरीर मौजूद है तो कभी उसकी आशंका और संदेह उसे बनाए रखता है। 'पुराने नाले पर नया फ्लैट' में यह नाला दीरू के पति के पूर्व प्रेम का है और नया फ्लैट उनके दांपत्य संबंधों का, जो कॉलोनी में नए मकान की तरह ही हवा के हर झोंके के साथ बदबू का भभका भी साथ लिए हैं। अतीत के प्रति किसी प्रकार की मोहाविष्टता राजेन्द्र यादव की कहानियों में नहीं है—जैसी वह निर्मल वर्मा और रामकुमार की कहानियों में उनका मुख्य आकर्षण बनकर आती है। 'पेट्रोल पंप' का अजय कहने को संध्या से कहता है....'अभी भी तुम्हें देखकर पुराना सब दोहराने का मन करता है....' ('टूटना' और अन्य कहानियाँ, पृ० 171) लेकिन फ़ोन करने का आग्रह करते हुए जब वह उसे अपना कार्ड देता है तो उसे लगता है कि उसका एक कीमती कार्ड बेकार ही जाया हुआ। उसका अतीत उसके लिए अब महज एक पेट्रोल पंप है जहाँ डेटिंग का आमंत्रण देता बड़ा-सा बोर्ड लगा है—जहाँ से जरूरी ईंधन लेकर आदमी आगे की यात्रा पर चल देता है। 'खेल' की लेखा तीस वर्ष की कुँवारी युवती है जो अपने से सात वर्ष छोटे दिवाकर को बातों ही बातों में 'लड़की' और 'औरत' का अंतर ही नहीं बता देती, गढ़ी हुई कहानी सुनाकर अपने को कहीं बहुत मासूम भी साबित करना चाहती है। कम से कम अब यह उसे सीखना नहीं है कि इस मामले में कब और कहाँ कितनी छूट देनी है। 'छोटे-छोटे ताजमहल' में संबंध-विच्छेद की दो कहानियाँ हैं, लेकिन भावुकता से बचने की आत्मसगजता वहाँ भी बहुत स्पष्ट है। प्रेम में शाश्वत जैसा कुछ नहीं होता। जीवन में उसकी स्थिति मीरा के चश्मे के काँचों में कल्पित छोटे-छोटे ताज के बिंबों की तरह ही रह गई है, जो बैठने का कोण बदल लेने मात्र से झलमलाकर आँखों से ओझल भी हो सकते हैं। 'लौटते हुए....' संबंधविच्छेद की हताशा और उसके कारण मृदुल के तिलतिल टूटने की कहानी है....एक ओर दफ्तर की ओछी मानसिकता है जो हर कहीं कहानी सूँघती है तो घर पर बेटी से बोला गया यह झूठ कि उसके पापा हवाई-दुर्घटना में मर चुके हैं, उसकी आत्मा पर बोझ बनकर सवार है।....'अपने पार' टूटने के परिणाम को बच्चे के कोण से देखती है। 'लौटेत हुए' और 'अपने पार....' टूटने के 'परिणाम' की कहानियाँ हैं, जबकि 'टूटना' टूटने की 'प्रक्रिया' की। एक अप्रत्यक्ष और अदृश्य रूप से लड़ी गई लड़ाई कितनी भयंकर और

जानलेवा हो सकती है, नसों को चटखाने और तोड़ने वाली, यह 'टूटना' से स्पष्ट है। लड़ने से पैदा हुई थकान ही उसके बचाव का कारण बन सकती है, लेकिन तब तक बहुत कुछ नष्ट हो चुका होता है।

अपनी रूपक और प्रतीक-कथाओं के संदर्भ में राजेन्द्र यादव विधाओं की शुचिता का सवाल उठाते हुए उसे खारिज कर देते हैं। अपनी इन कहानियों के रूप को लेकर वे स्वयं भी बहुत स्पष्ट नहीं है। उनका केवल एक ही आग्रह है—उनकी इन कहानियों को अपने समय की सच्चाइयों के रूप में लिया जाए...'मैं साग्रह कहना चाहूँगा कि मेरी ये कहानियाँ—आप इन्हें रूपक, फैंटेसी, प्रतीक या किसी भी कटघरे में रखें—आज की सच्चाइयों की कहानियाँ हैं....' ('ढोल' और अन्य कहानियाँ, भूमिका), 'ढोल', 'सिंहवाहिनी', 'अंधा शिल्पी और आँखों वाली राजकुमारी', 'गुलाम', 'अभिमन्यु की आत्महत्या' और 'परी नहीं मरती' आदि कहानियाँ अमूर्त्तन की शिकार हैं। ऐसा नहीं है कि इन्हें कोशिश करने पर 'जीवन की सच्चाइयों' से जोड़ा नहीं जा सकता, लेकिन अपने उलझाव और दुरूहता के कारण, जो जीवन के अमूर्त्तन का ही अनिवार्य परिणाम है, ये कहानियाँ इस कथित जीवन की सच्चाइयों का न तो कोई स्पष्ट बोध कराती हैं और न ही उसके प्रति कोई विक्षोभकारी प्रतिक्रिया उत्पन्न करती हैं।

शिल्प-चमत्कारों के कारण प्रायः राजेन्द्र यादव की कहानियाँ वैसी ही 'गढ़ी' और 'बनाई' गई कहानियाँ लगती हैं, जैसी कहानियों का विरोध करके नई कहानी अपना सौंदर्यशास्त्र निर्मित करने पर बल देती है। शिल्प वैचित्र्य से अधिक उसकी शोखी उनमें है, जिसके कारण वे अपनी भूमिकाएँ भी सीधे-सादे ढंग से नहीं लिख पाते। उनकी कहानियों के शीर्षक बेहद चमत्कारपूर्ण, दूरारूढ़ और प्रतीकों के प्रति उनके गहरे लगाव का परिणाम है। डायरी, पत्र, कहानियों के दोहरे अंत, रूपक और फैंटेसी का आग्रह और कभी-कभी पाठकों को सीधे संबोधन की प्रवृत्ति उनकी कहानियों में वैविध्य तो पैदा करती है, लेकिन शिल्प के प्रति यह अकारण शोखी उनकी गंभीरता को क्षति भी पहुँचाती है। कभी-कभी ऐसा भी लगता है कि वे रचना-वस्तु की क्षीर्णता की क्षति-पूर्ति के लिए ही इन सारे उपकरणों का प्रयोग कर रहे हों।

कमलेश्वर

कमलेश्वर की सात कहानियों का पहला संग्रह 'राजा निरबंसिया' सन् '57 में प्रकाशित हुआ। उसी वर्ष उनका एक और संग्रह 'कस्बे का आदमी' भी आया। इन दोनों संग्रहों की कहानियों से कमलेश्वर की पहचान एक कस्बई परिवेश के लेखक की बनी। इन कहानियों के कुछ पात्र पढ़े-लिखे किस्म के निम्नमध्यवर्गीय युवक हैं जो या तो छोटी-मोटी नौकरी में लगे हैं या फिर नौकरी की तलाश में हैं। संबंधों की जटिल और सांकेतिक अभिव्यक्ति की दृष्टि से 'देवा की माँ' दूर तक आश्वस्त करती हैं। चाहकर भी वह अपने उस पति के प्रति पूरी तरह से निःसंग और उदासीन नहीं हो पाती, जिसने उसे और उसके लड़के को छोड़कर अपना नया घर बसा लिया है। 'पानी की तस्वीर' में 'बाबा' के रूप में बूढ़े पात्रों के पुनरावर्तन

की कोशिश स्पष्ट है। बाबा के चरित्र की आदर्शवादी गढ़न और विचार एवं संस्कार के द्वन्द्व में 'विचार' का बहिष्कार—नई कहानी के विकास की दिशा का हल्का-सा आभास देता है। 'धूल उड़ जाती है' और 'मुरदों की दुनिया' मुस्लिम पात्रों के बावजूद संयोगों और अविश्वसनीय घटना-प्रसंगों के सहारे विकसित होने वाली कहानियाँ हैं। अपनी प्रकृति में वे वैसी ही 'गढ़ी' और 'बनाई' गई कहानियाँ हैं, नई कहानी जिनके विरोध का लक्ष्य लेकर सामने आई थी।

'राजा निरबंसिया' 'कहानी' प्रतियोगिता में पुरस्कृत होकर पहली बार सन् '56 के 'कहानी' वार्षिकांक में छपी थी। उसमें कहानी के साथ एक संक्षिप्त संपादकीय टिप्पणी भी दी गई थी कि कमलेश्वर की कहानियों का पहला संग्रह 'सुबह का सपना' छपने वाला है। लेकिन यह संग्रह 'राजा निरबंसिया' नाम से निकला, जिसमें 'सुबह का सपना' भी शामिल थी। संग्रह के शीर्षक के लिए कहानी के चुनाव का यह परिवर्तन, कमलेश्वर के रुझानों और सरोकारों पर प्रकाश डालता है। उसके संप्रेषण में जो भी आधारभूत दुर्बलताएँ रही हों, लेकिन 'सुबह का सपना' के केन्द्र में एक 'विचार' था, जबकि 'राजा निरबंसिया' का उल्लेख उसके प्रकाशन से लेकर आज तक उसके दोहरे कथा-शिल्प के कारण होता रहा है। लेकिन फिर भी कहानी में लोक-कथात्मक शैली का समानांतर उपयोग दो भिन्न युगों की संवेदना को, उसमें घटित परिवर्तन को, पर्याप्त सर्जनात्मक ढंग से उभारता है। बीमारी और बेरोज़गारी से उपजी जगपती की आर्थिक मजबूरियाँ उसे धीरे-धीरे उसकी पत्नी चंदा से दूर करती जाती हैं। वस्तुत: यह तथ्य ही कहानी में परिवर्तित संवेदना और मूल्य-बोध का वाहक बन जाता है। लेकिन आत्म-हत्या से पूर्व चंदा और कानून के नाम छोड़ा गया उसका संदेश अपनी रोमानी प्रकृति के कारण कहानी में निहित क्षीर्ण से विचार को भी आहत करता है।

'कस्बे का आदमी' में संग्रहित कहानियों का मुख्य आकर्षण परिवेशगत है—एक छोटे शहर की हदों को छूता वह कस्बई परिवेश जो नगर कथा और ग्राम कथा के बीच कमलेश्वर की आधारभूत पहचान बनकर उभर रहा था। लेकिन यह परिवेश यथातथ्यता की सीमाओं का अतिक्रमण यदा-कदा ही कर पाता है। इस परिवेश में समाजार्थिक परिवर्त्तन की प्रक्रिया का अंकन उतना महत्वपूर्ण नहीं है जितना कि उस परिवेश का बाह्य चित्रण जो प्राय: कहानी को रिपोर्ताज में बदलता दिखाई देता है। अपने अस्तित्व और परिवर्तित पहचान के लिए संघर्षरत किसी भी रचनारूप में कला-रूपों एवं साहित्य-विधाओं का यह संक्रमण आपत्तिजनक न होने पर भी यह यथातथ्यता रचनात्मक संकट अवश्य उपस्थित करती है, जिसके कारण मूल्यगत संघर्ष और बोध स्पष्टता से नहीं उभर पाता। 'गरमियों के दिन' कस्बे के बाजार का एक रिपोर्ताजनुमा वर्णन है, मोहन राकेश की 'मंदी' की तरह, जिसमें वैद्य जी एक सर्टीफिकेट वाले ग्राहक की प्रतीक्षा में पूरी दोपहर यूँ ही बिता देते हैं—बिना कुछ खाए-पिए। 'भटके हुए लोग' भारत विभाजन की पृष्ठभूमि में शरणार्थी-समस्या से संबंधित है। लेकिन उसमें प्रतिवाद का वैसा स्वर नहीं उभरता जैसा मोहन राकेश की 'परमात्मा का कुत्ता' में है। विचार और दृष्टि का अभाव कहानी की आधारभूत दुर्बलता बनकर सामने आता है। 'तीन दिन पहले की रात' और 'सींखचे' भारतीय समाज में स्त्री की नियति को

परिभाषित करने का प्रयत्न कही जा सकती हैं। विवाहित जीवन के तीन दिन मीता को उसके भविष्य का संकेत देने के लिए काफी है। 'सींखचे' में एक भारतीय नारी का वर्जनाओं भरा संसार है, जिसमें स्वामिनी के रूप में मिली प्रतिष्ठा के बावजूद उसकी स्थिति दासी या पालतू वेश्या से बेहतर नहीं है। लेकिन कहानी का यह सोच उसकी बुनावट का हिस्सा नहीं बन सका है और उसके चौखटे से छिटक कर बाहर जा पड़ता है।

नई कहानी में 'विचार' की क्षीर्णता को कमलेश्वर जब-तब अपने ढंग से व्याख्यायित करते हैं। लेकिन उनकी ये व्याख्यायें अस्पष्टता और अंतर्विरोधों से भरी हैं। अपने अन्य सहयोगियों की तरह कमलेश्वर भी यशपाल पर प्रवृत्तिमूलकता का आरोप लगाकर उन्हें लगभग खारिज कर देते हैं। आदर्श स्थिति यह होती कि यशपाल की इस तथाकथित प्रवृत्तिमूलकता के कलात्मक विकास की संभावनाएँ खोजी जातीं। और भी मजे की बात यह है कि वे कहानी में 'अच्छी' और 'बुरी' की बहस को असंगत एवं निराधार मान कर 'सार्थकता' को ही कहानी की सफलता की कसौटी मानते हैं। लेकिन इस सार्थकता अर्थात् सामाजिक प्रयोजनशीलता को वे कहीं भी ठीक से स्पष्ट नहीं करते।

एक निर्माणाधीन कहानीकार की हैसियत से मैनपुरी से इलाहाबाद की यात्रा कमलेश्वर के लिए वैसा कोई मानसिक संक्रमण पैदा नहीं करती जैसी उनकी, रचनात्मकता के मध्यवर्ती दौर में, इलाहाबाद से दिल्ली की यात्रा करती है। इलाहाबाद में उसके सारे शहरीपन के बावजूद, कहीं न कहीं लेखक का अपना वह कोना बचा हुआ था जिसेक अन्दर कहीं उसका 'कस्बा' सुरक्षित था। लेकिन दिल्ली आकर उसे लगता है जैसे वह एकदम अपरिचित, पराई और बेगानी जगह में आ पड़ा है। बाद में गहरे आत्मसंघर्ष के बाद, व्यंग्य के उपयोग की संभावनाएँ तलाशकर वह अपनी अवरुद्ध सर्जनात्मक को एक नई दिशा देने का प्रयास करता है। दिल्ली में, महानगर में, कमलेश्वर का सबसे बड़ा संकट अपनी पहचान का संकट है। आदमी ही नहीं वहाँ का प्राकृतिक परिवेश भी अजनबी और भयावह लगता है। जामा मस्जिद की गुंबद और मीनार के ऊपर आसमान में उड़ती चीलें और मोजे की शक्ल में कटा हुआ आसमान....'तमाम सड़कें हैं जिन पर वह जा सकता है, लेकिन वे सड़कें कहीं नहीं पहुँचातीं। उन सड़कों के किनारे घर हैं, बस्तियाँ हैं पर किसी भी घर में वह जा नहीं सकता। उन घरों के बाहर फाटक हैं, जिन पर कुत्तों से सावधान रहने की चेतावनी है, फूल तोड़ने की मनाही है और घंटी बजाकर इंतजार करने की मजबूरी है....' (खोई हुई दिशाएँ, पृ० 31) फटफट वाले सरदार जी का रोज के चार आने के बदले छः आने माँग लेना या कभी साझी सपनों वाली इन्द्रा का चाय में चीनी के बारे में पूछ लेना चंदर को ऊपर से नीचे तक चीर जाता है। अजनबीपन और अ-लगाव का यह बोध वस्तुतः उसी अस्तित्ववादी दर्शन और साहित्य की अनुगूँज है जिसकी धुंध नई कविता में छाई हुई थी। भले ही और बहुतों की तरह कमलेश्वर इसे पश्चिम से भिन्न अपने ही परिवेशगत संदर्भों की देन कहें, लेकिन इसकी जड़ें पारिवारिक विघटन और आर्थिक विषमता से बाहर ही कहीं हैं। ये हताशा, आत्मनिर्वासन, ऊब, अ-लगाव और पराजय-बोध जैसी मनःस्थितियाँ वस्तुतः उसी क्षणवाद से जन्मी और उपजी हैं जो मनुष्य के इतिहास के समूचे प्रवाह से काटकर एक क्षणविशेष में, मात्र अपने

लिए सीमित और सार्थक बनाकर छोड़ देती है। 'खोई हुई दिशाएँ' की गढ़ी और अतिरंजित-सी स्थितियों की अपेक्षा उनकी वे कहानियाँ आज भी महत्वपूर्ण हैं जो महानगर की सामाजिक विरूपताओं को व्यंग्य की मुद्रा में उभारती हैं। 'दिल्ली में एक मौत' और 'एक अश्लील कहानी' ही नहीं, 'एक थी विमला' और 'प्रेमिका' आदि कहानियाँ भी अपने सद्यः अर्जित व्यंग्य-कौशल के कारण ही सार्थक मानी जा सकती हैं। 'एक अश्लील कहानी' में लेखक कुंती के निर्वसन होने की स्थितियों को, उसकी अनिवार्यता को, समूचे सामाजिक परिप्रेक्ष्य में देखता है। अपनी देह के वैभव के प्रति इस हद तक सजग और चेतस्-युवती जिस पुरुष को ब्याही गई है वह उम्र में ही उससे बहुत बड़ा नहीं है, उसका यह दूसरा विवाह भी है। इस पर भी वह युवा पत्नी के प्रति उदासीन रहकर अधिकतर घर से बाहर ही रहता है। कहानी में वर्णित कुंती की निर्वसनता अश्लील नहीं है, अश्लील वस्तुतः वे स्थितियाँ हैं जो इस सामाजिक व्यवस्था की देन है। इस तरह यह कहानी इस समूची व्यवस्था और व्यवहार के विरुद्ध एक सार्थक प्रतिवाद बन जाती है। 'दिल्ली में एक मौत' उस महानगरीय निःसंगता पर चोट करती है जो किसी परिचित की मौत का इस्तेमाल अपने ढंग से करती है। राष्ट्रीय एवं राजनीतिक विरूपताओं के संदर्भ में कमलेश्वर के व्यंग्य का संभावनापूर्ण उपयोग 'जार्ज पंचम की नाक' में देखा जा सकता है। उनकी परवर्ती कहानियों में व्यंग्य को फैंटेसी में घुलाकर जिस नये रचनात्मक रसायन का निर्माण किया गया है वह उन्हें अमूर्त्त की अभिव्यक्ति की खोज में प्रवृत्त करता है। 'लाश', 'जोखिम', 'लड़ाई' और 'बयान' आदि कहानियाँ इस दृष्टि से उनकी उल्लेखनीय कहानियाँ हैं, जिनमें अमूर्त्त की यह खोज उन्हें अस्पष्टता और दुरूहता तक ले जाती है।

नई कहानी में आधुनिक नारी की उपस्थिति के संदर्भ में कमलेश्वर की टिप्पणी है....'आधुनिक नारी अब अपनी पूरी गरिमा, देह-संपदा और वास्तविक सम्मान के साथ आई है....' (नई कहानी की भूमिका, पृ० 18) इसी संदर्भ में थोड़ा आगे चलकर लिखते हैं....'औरतें अब औरतें हैं, वे झूठी सती या वेश्याएँ नहीं हैं, इसलिए नई कहानी खलनायिकाओं से शून्य है....संशयग्रस्त संबंधों के बिजबिजाते दलदल अब नहीं हैं। नारी की देह अब उसके अपने निर्णय की वस्तु है....' (वही, पृ० 19) कमलेश्वर की ये कहानियाँ—'एक अश्लील कहानी', 'एक थी विमला', 'प्रेमिका', 'रातें' और 'मांस का दरिया' आदि प्रचलित अर्थ में शायद स्त्री-पुरुष संबंधों की कहानियाँ नहीं हैं। इन कहानियों में स्त्री या तो सामाजिक विसंगतियों की शिकार है या फिर एक ढोंग भरा जीवन जीने को विवश है। कुंती और जुगनू जैसी स्त्रियाँ या फिर 'रातें' की शारदाबाई की पूरी चार पीढ़ियाँ जो कुछ सहती और भोगती हैं उसके सुस्पष्ट सामाजिक संदर्भ हैं।

प्रेम कहानियों के रूप में 'नीली झील' और 'नागमणि' की चर्चा की जा सकती है। 'नीली झील' का रोमानी परिवेश, कहानी में गहराई से बुने गए आशय पारवती की देह के बखान के लिए उपयोग में लाए गए उपमान और प्रतीक मजदूर महेसा के मानसिक स्तर के अनुरूप न होने से कृत्रिम और आरोपित से लगते हैं। कहानी के दो स्तर, संवेदना और उसका माध्यम, कहानी में फाँक डालते हैं और वे जोड़ छिपते नहीं हैं। लगभग इसी प्रकार की

भावुकता 'नागमणि' में भी है। विश्वनाथ को देवर होने के नाते भाभी सुशीला के साथ ही बैठकर सफ़र करना होता है। कपड़े बदलने के लिए उसे बाहर करना या जेवर निकालते हुए उसी से हार का हुक खुलवाना उसके लिए सांसत बन जाता है। बगलों के पास पसीने से भीगा ब्लाउज और अधखुली पीठ देखकर, जो केले के पत्ते की तरह चिकनी और रेशमी थी, वह बेहाल हो जाता है। उसे लगता है जैसे वह पके हुए गेहूँ के खेत में उतर गया हो....उसकी सर्पमणि—सुशीला—की उजास उसे अभिभूत किए रहती है। चंदन-सुधियों वाली यह यात्रा जीवन भर उसका पीछा करती है।

कमलेश्वर की रचनात्मकता का सबसे बड़ा संकट उनकी वैचारिक विपन्नता से संबंधित है। जब-तब वे 'मनुष्य की सम्यक् मुक्ति के संघर्ष में' साहित्य की हिस्सेदारी की बात भी कहते हैं। 'सारिका' के अपने संपादन-काल में उन्होंने कई आंदोलनों का सूत्रपात किया, जिनकी चर्चा यथा प्रसंग की जायेगी।

निर्मल वर्मा

निर्मल वर्मा की सात कहानियों का पहला संग्रह 'परिंदे' सन् '60 में प्रकाशित हुआ। शुरू से ही चर्चा के केन्द्र में रहने का कारण निर्मल वर्मा की कहानियों का अपना वैशिष्ट्य तो था ही, उनका तब एक वामपंथी लेखक होना भी इसका कारण था। निर्मल के संदर्भ में यह दूसरा कारण कुछ अधिक ही महत्वपूर्ण लगता है। नई कहानी को एक आंदोलन के रूप में प्रतिष्ठित करने वाले संपादक और आलोचक स्वयं मुख्यत: वामपंथी रुझान वाले लोग थे। 'कहानी' और 'नई कहानियाँ' में उनकी कहानियों को, छठे दशक के उत्तरार्ध और सातवें दशक के पूर्वार्द्ध में, भैरव प्रसाद गुप्त ने पर्याप्त महत्व देते हुए प्रकाशित किया। सन् '57 में 'हंस' के अर्द्धवार्षिक संकलन में अमृतराय ने 'परिंदे' प्रकाशित की और संग्रह के रूप में प्रकाशित होते ही इन कहानियों पर नामवर सिंह ने पहले आकाशवाणी, इलाहाबाद के लिए और फिर 'कृति' के लिए उसकी समीक्षा लिखकर गद्‌गद्-भाव से उसकी प्रशंसा की। बाद में भी उसे उन्होंने 'नई कहानी का पहला संग्रह' घोषित किया। इस सारे घटना-क्रम से स्पष्ट है कि इस प्रतिष्ठा और प्रशंसा के मूल में निर्मल वर्मा का वामपंथी रुझान वाला लेखक होना ही एक मुख्य कारण था। बाद में उनके विरोध का भी मुख्य कारण यही था—उनका वामपंथी न रहकर विरोधी शिविर में चले जाना।

वास्तविकता यह है कि निर्मल वर्मा की कहानियाँ कभी भी विचारधारा के उपयोग की कहानियाँ नहीं रहीं। 'परिंदे' (1960) से 'सूखा' और अन्य कहानियाँ (1995) तक उनकी कहानियों में कोई आधारभूत परिवर्तन घटित नहीं होता। उनके रिपोर्ताज 'चीड़ों पर चांदनी' ('64) ही उनकी एकमात्र ऐसी रचना है जिसको पढ़कर उनके तब के मार्क्सवादी रुझान को पकड़ा जा सकता है। उनकी 'परिंदे' का संसार स्वातंत्र्योत्तर भारत के लगभग तत्काल बाद का मध्यवर्गीय संसार है। इसमें विवाह छूटने की कचोट लिए तपेदिक की शिकार युवतियाँ हैं, अखबारों में जगह देखते बेकार-बेरोजगार युवक हैं, जो प्रतियोगी परीक्षाओं के लिए 'ओवर-एज' होकर कहानी और रिव्यू लिखकर अपने भविष्य के सपने बुनते हैं। 'अंधेरे में'

एक परम्परागत समाज में टुकड़ों में बंटी स्त्री है। कहानी प्रेम-त्रिकोण के रूप में होने पर भी बच्चे के माध्यम से माँ-पोतो-के गहन अवसाद के संकेत कहानी में बहुत कुशलता से बुने गए हैं। निर्मल वर्मा ने गहरी कलात्मक सजगता से, एक बच्चे की स्वत:स्फूर्त जिज्ञासा से बंधे रहकर, अनिच्छित विवाह के दुष्परिणामों का संकेत और माँ का व्यक्तित्व टुकड़ों में बंट जाने की छटपटाहट को अभिव्यक्त किया है। यह बच्चा सिर्फ एक माध्यम है—दरअसल वह वीरेन चाचा ही हैं, जो उसके रूप में, अनुपस्थित होकर भी वहाँ उपस्थित हैं।—'वह मेरे पास आ गई—आँखें ऊपर उठाकर मुझे निहारती रहीं, फिर झपट कर उन्होंने मुझे अपने पास घसीट लिया और बार-बार ठंडे सूखे होठों से मुझे चूमने लगीं....' (परिंदे, पृ० 18) जैनेंद्र कुमार 'त्याग-पत्र' में मृणाल और प्रमोद के बीच यह खेल खूब खेल चुके हैं। यह अकारण नहीं है कि फिट्स आने पर माँ दाँत कटकटाती है और फ़ोटो में भी उसकी झुकी हुई आँखें और मरी हुई तितली के परों की तरह अधखुले होंठ उसकी सारी उदासी और अवसाद को बाहर आने से रोकते हैं।

निर्मल वर्मा की ये कहानियाँ मित कथन का अद्‌भुत उदाहरण हैं। उनके यहाँ कहानी सीधी गति से विकसित न होकर छोटे-छोटे खण्डों में, स्मृतियों के सहारे बढ़ती है। मितकथन के कारण छूटे हुए अंशों—गैप्स—से उपजी दुरुहता के प्रति वे पर्याप्त सजग हैं। उनकी कहानियों में परिवेश और प्रकृति के अनेक उपकरण जीवित प्राणी की तरह अपना अस्तित्व रखते हैं। यहाँ पत्ते सड़कों पर भागते हैं, खालीपन दो लोगों के बीच बाकायदा आ बैठता है। 'अंधेरे में' में खिड़की पर पड़ने वाली पीली रोशनी, पहाड़ों की सन्नाटे भरी दोपहर, मेम की भुतहा कोठी और भटकने के लिए सीमाहीन विस्तार और वीरानी—ये सब कहानी में जीवित पात्रों की हैसियत रखते हैं।

निर्मल वर्मा की इन कहानियों की दुनिया हताश और आत्मपरक नायकों की दुनिया है। 'परिंदे' के पात्रों की अनाम और अस्पष्ट प्रतीक्षा को नामवर सिंह ने कभी व्यापक राष्ट्रीय संदर्भों से जोड़ने की कोशिश की थी जो आज तक उनके आलोचना-कर्म का सबसे विडंबनापूर्ण पक्ष रहा है। 'सितंबर की एक शाम' का युवक अपना शहर छोड़कर, पिता का विरोध करके इस शहर में आया है। लेकिन अंत तक यह स्पष्ट नहीं होता कि उसका लक्ष्य और आकांक्षाएँ क्या हैं। इसी शहर में उसकी बहन बच्ची भी है। भाई को दुखी देखकर, घर वापस जाने के लिए वह कुछ रुपये देती है, क्योंकि उसके आगे सारा जीवन पड़ा है। लेकिन उन रुपयों से घर जाने के बजाय वह किसी बाजरू लड़की के साथ रात बिताकर अपने कमरे पर लौट आता है। यह निर्मल की उस दौर की कहानियाँ हैं जब वे घोषित रूप में एक कम्युनिस्ट थे। इसके कुछ बाद ही ब्रेख्त पर टिप्पणी करते हुए उन्होंने लिखा था—'ब्रेख्त कम्युनिस्ट थे, क्योंकि उनके लिए कम्युनिस्ट होने के मानी बहुत सहज थे—एक समकालीन होना, दूसरे शब्दों में अपने निजी घेरे के बाहर उन सब आवाज़ों का साक्षी होना, जो बीसवीं सदी के अंधेरे से टकराती हुई हमारे पास आती हैं....' (चीड़ों पर चाँदनी, पृ० 12/13) यह वह दौर था जब उन्हें 'आउटसाइडर' शब्द बेमानी लगता था। लिदित्से के खण्डहरों के बीच भटकते हुए उन्हें लगता था कि समय की इस बर्बरता के लिए हम भी जवाबदेह हैं क्योंकि

'टूटी हुई दीवारों के मलबे के नीचे हम सबकी आत्मा का एक अंश दब गया है....' (वही, पृ० 105) 'परिंदे' की कहानियाँ उस सबकी साक्षी बने बिना इस मलबे के स्तूप पर ही जश्न मनाती दिखाई देती हैं।

निर्मल वर्मा के 'परिंदे' का प्रकाशन सन् '60 में हुआ। सन् '59 में ही वे देश से बाहर चले गए थे और सन् '70 तक उन्होंने चेकोस्लोवाकिया प्रवास सहित यूरोप के अनेक देशों की यात्राएँ कीं। इस लम्बे प्रवास का रचनात्मक उपयोग अनिवार्य था। 'जलती झाड़ी' ('64(से 'कव्वे और कालापानी' ('83) तक उनके हर संग्रह में विदेशी पृष्ठभूमि पर लिखी गई कहानियाँ मौजूद हैं। अपनी इन कहानियों के संदर्भ में वे लिखते हैं... 'वर्षों विदेश में रहने के कारण मेरी कुछ कहानियों में शायद एक वीराने किस्म का 'प्रवासीपन' चला आया है— मुझे नहीं मालूम यह इन कहानियों को अच्छा बनाता है या बुरा। कुछ भी हो, इन्हें 'विदेशी कहानियाँ' कहना शायद ठीक न होगा। यों भी मुझे कहानियों, कविताओं को भौगोलिक खण्डों में विभाजित करना अरुचिकर और बहुत हद तक अर्थहीन लगता रहा है....दरअसल किसी लेखक की पृष्ठभूमि विदेशी है या देशी—यह चीज बहुत गौण है, उसका महत्व है तो सिर्फ इसमें कि किस सीमा तक और कितनी गहराई से वह किसी खास स्थिति या नियति को खोल पाती है—बल्कि यूँ कहें महत्व की कोई चीज है, तो सिर्फ यह ही—बाकी सब राख है....' (मेरी प्रिय कहानियाँ '70, भूमिका पृ० 7) सन् '68 में 'विकल्प' के कथा-साहित्य विशेषांक में लिखते हुए मैंने स्वयं इसके लिए निर्मल की प्रशंसा की थी कि वे वही लिख रहे थे जिससे उनका गहरा और आत्मीय परिचय था। विदेशी परिवेश के आधार पर कहानियों के अलग विभाजन का भी मैंने विरोध किया था। निर्मल वर्मा कहीं ऐसा नहीं करते कि वहाँ की समस्याओं को अपने समाज और व्यक्तियों पर आरोपित करके मनचाहे निष्कर्ष निकालें। अपनी कहानियों में विदेशी पृष्ठभूमि का उपयोग निर्मल वर्मा न तो उषा प्रियंवदा की तरह दो संस्कृतियों की संस्कारगत टकराहट के रूप में करते हैं, और न ही वे कृष्ण बलदेव वैद की तरह आधुनिकता से सम्मोहित होकर वहाँ की स्थितियों को अपने परिवेश पर थोपने की कोशिश करते हैं। रामकुमार की अनेक कहानियों—'डेक', 'जानीन' आदि— या फिर अपने ही उपन्यास 'वे दिन' की तरह भारतीय युवक और विदेशी युवती को लेकर प्रेम-कथा बुनने का आग्रह भी उनके यहाँ नहीं के बराबर है। निर्मल वर्मा की ये कहानियाँ पश्चिम को पश्चिम की तरह, उसी की अपनी शर्तों पर, देखने और जानने की इच्छा का परिणाम हैं। उस समाज़ की ऊब, हताशा और अ-लगाव, अपने अस्तित्वादी संदर्भ में, इन कहानियों में खूब मुखर हैं। एक लेखक, खास तौर से एक भारतीय लेखक की हैसियत से, वे किसी प्रकार का कोई नैतिक या सांस्कृतिक हस्तक्षेप नहीं करते।

निर्मल वर्मा की इन कहानियों में अंकित यूरोप आखिर कौन सा यूरोप है? 'एक शुरुआत' में बेल्जियम में बसा एक अंग्रेज 'मैं' को यूरोप देखने की जैसे एक नई दृष्टि देता है। बातों-बातों में वह कहता है कि यूरोप में देखने आए टूरिस्ट आम तौर पर आर्ट गैलरीज, म्यूजियम, पुराने चर्चों, कैथड्रल—वह सब देखते हैं जो बीत गया है, लेकिन उनमें से शायद ही कोई एक ऐसे वास्तविक यूरोप को देखना चाहता है जो धीरे-धीरे मर रहा है.... 'यूरोप

की यात्रा करते आपको कभी यह मालूम नहीं हुआ कि देयर इज डेथ....डेथ इन एयर ऑल एराउंड?...लेकिन इसके परे भी एक यूरोप है, वह जिसे कोई नहीं देखता जो बहुत अकेला है, धीरे-धीरे मर रहा है....' (ज़लती झाड़ी, पृ० 50) निर्मल वर्मा की कहानियों में अंकित यूरोप, पुराने चर्च, गाथिक इमारतों और कला-दीर्घाओं में प्रवासी भारतीयों की सारी दिलचस्पी के बावजूद, यही युद्धोत्तर यूरोप है—गहरी हताशा, पराजय-बोध और अस्तित्व के संकट से ग्रस्त। यूरोप की इस पृष्ठभूमि में निर्मल वर्मा के पात्र एक उदासीन, आत्मलीन और मूल्य-निरपेक्ष जीवन जीते लोग हैं। वे पबों और क्लबों में शराब पीकर रात गुजारते हैं और खुले आकाश के नीचे उन्मुक्त भाव से प्यार करते हैं। अतीत इनके लिए चंद स्मृतियों में बंद है। भविष्य के प्रति उदासीन बने रहकर वे पूरी तरह वर्तमान में जीते हैं। जीवन के प्रति एक अवसादपूर्ण उदासीनता उनका स्वभाव है और वे वह सब कुछ स्वीकारते चलते हैं, मानव-नियति के रूप में एक दार्शनिक छद्‌म के साथ, जो उनके ऊपर आता है। 'लंदन की एक रात' को कुछ लोगों ने वर्ग संघर्ष और प्रतिरोधी चेतना से जोड़कर देखा है। वह ठोस, आदिम और बनैले आतंक की सरहदों तक जाती भी है, लेकिन किसी सक्रिय और वास्तविक प्रतिरोध का कोई संकेत उससे नहीं उभरता। इससे अधिक कारगर प्रतिरोध तो महेन्द्र भल्ला के प्रवासी भारतीय कर लेते हैं, जबकि उन्हें नीग्रो लोगों का कोई सहयोग प्राप्त नहीं है। 'डेढ़ इंच ऊपर' में एक बूढ़े शराबी का आत्मालाप है। 'धूप का एक टुकड़ा' में एक बूढ़ी महिला है, जिसके लिए धूप के एक मामूली से टुकड़े की तलाश एक अमूर्त्त बेचैनी में ढल जाती है। बूढ़े पियक्कड़ की तरह इस महिला के पास भी उसका एक समूचा अतीत है जो एक खटके के मानिंद अंधेरे में एक चिमगादड़ की तरह उसे छूता हुआ निकल जाता है—जो न बाहर है न भीतर—लेकिन फिर भी चारों ओर फड़फड़ाता हुआ।

निर्मल वर्मा की अनेक कहानियाँ यूरोपीय समाज में प्रेमानुभव और उससे जुड़ी आकांक्षाओं पर केंद्रित है। 'अंतर' एक ऐसी लड़की की कहानी है जो अविवाहित होने के बावजूद गर्भ धारण करके उसके समापन के लिए अस्पताल में भर्ती है। लड़का उसकी पसंद की चीजें लेकर आता है। उसकी तबीयत के बारे में पूछे जाने पर कंबल के अंदर हाथ ले जाकर पेट पर फिराते हुए वह काफी हल्केपन से बात करती है। उसके होठों और मुँह पर प्यार करके कुछ जरूरी हिदायतें देने के बाद, लड़का चला जाता है। उसके जाने के बाद, उसकी लाई हुई चीजों को वह एक पुराने तौलिए में लपेट कर खिड़की से बाहर फेंक देती है। इस तरह वह अपने अवश आक्रोश को व्यक्त करती है, जिसमें उस अजन्मे शिशु के प्रति उसकी ममता भी शामिल है, जिसे अपने प्रेमी की इच्छा के कारण उसे नष्ट कर देना पड़ा है। देह का निर्बंध उल्लास 'छुट्टियों के बाद' और 'वीक-एंड' में बहुत स्पष्ट है, जो घर-परिवार की बंधी जिन्दगी से भिन्न एक उन्मुक्त और दायित्वरहित जीवन का ही पर्याय है। 'आदमी और लड़की' में कम उम्र की लड़की बड़ी उम्र के आदमी से प्यार करती है.... 'उम्र के बारे में क्या सोचना? वह तो रात की बर्फ है। सोते हुए पता ही नहीं चलता, सुबह उठो तो फाटक पर ढेर सी जमा हो जाती है....।' (कव्वे और काला पानी, पृ० 101) 'पिता और प्रेमी' भी ऐसे ही वर्जनाहीन प्रेम की कहानी है—जिसमें भूरे बालों वाली लड़की अपने

बच्चे के पिता के बारे में अपने नए प्रेमी को बेहद सहज रूप में सब कुछ बता देती है। इन कहानियों में, विदेशी पृष्ठभूमि वाली, 'दूसरी दुनिया' कई कारणों से महत्वपूर्ण और उल्लेखनीय है। इसमें ग्रेता नामक बच्ची की स्मृति की पर्तें खुलती हैं जिनमें से एक जादुई और काल्पनिक दुनिया बनती और फैलती जाती है। यह एक ऐसी दुनिया है जिसका अस्तित्व सिर्फ उस लड़की के मन में है।

'परिंदे' के बाद जो कुल जमा पैंतीस-चालीस कहानियाँ निर्मल वर्मा ने लिखी हैं उनमें से लगभग बीस इसी विदेशी पृष्ठभूमि पर है। निर्मल वर्मा के इस यूरोप में अस्तित्ववादी जीवन दर्शन के केवल नकारात्मक तत्वों को ही स्वीकृति मिली है। वे सार्त्र और मेर्लोपोंती की तरह, उनके सारे विचलन और भटकाव के बावजूद, सर्वहारा की क्रांति और मार्क्सवाद में तो विश्वास नहीं ही करते, अस्तित्ववाद को उसके राजनीतिक आशय के साथ भी ग्रहण नहीं ही करते जिसमें सार्त्र लेखक की प्रतिबद्धता के सवाल को इतनी गंभीरता से उठाते हैं। निर्मल वर्मा की कला-दृष्टि अस्तित्ववाद के ह्रासशील घटकों से निर्मित दृष्टि है, जिसमें कलावाद के छौंक की भूमिका भी महत्वपूर्ण है। अपने बचाव के लिए वे 'तटस्थता' और 'कमिटमेंट' शब्दों को आमने-सामने रखते हैं। लेकिन तटस्थता के दायरे से बाहर वे जिस कमिटमेंट की बात करते हैं वह न तो अस्तित्ववादियों का कमिटमेंट है, न ही मार्क्सवादियों का। अपनी प्रकृति में वह घोर आत्मपरकता की उपज है जो लेखक को बीहड़ अराजकता की सीमा में लाकर छोड़ देता है—'लेखक की तटस्थता टूटती है और उसका कमिटमेंट आरम्भ होता है। किन्तु कमिटमेंट उसका किसी बाह्य सामाजिक सत्य से न होकर अपने से केवल अपने से है। हर लेखक अपने कमिटमेंट में बिल्कुल अकेला है (अगर वह लेखक है....)' (हर बारिश में, पृ० 103) निर्मल वर्मा के लिए कला, अनुभव और फार्म सबके सब अपनी आत्मपरकता में ही महत्वपूर्ण है और उनकी संपूर्ण कथा-यात्रा इसी आत्मपरकता में ही सम्पन्न होती है।

फणीश्वर नाथ रेणु

रेणु की कहानियों का संसार मुख्यत: ऐसे लोगों से निर्मित है जो भारतीय ग्राम-जीवन के प्रति किसी हद तक रोमानी मोह से ग्रस्त हैं और जिन्हें गाँवों का सांस्कृतिक एवं लोक तात्विक वैभव बहुत गहराई से छूता और बाँधता है। उनका ध्यान भारतीय ग्राम-जीवन के बदलते हुए संश्लिष्ट यथार्थ की ओर उतना नहीं है जितना उसके उत्सवधर्मी स्वरूप की ओर। स्वाधीनता के तत्काल बाद के वर्षों में ग्राम-विकास और ग्रामोत्थान का राष्ट्रीय उत्साह ही इसके मूल में है। शायद इसी कारण वे रूढ़ि जर्जर सामंती और अर्द्धसामंती ग्राम-व्यवस्था से संघर्ष करती नई क्रांतिकारी चेतना के अंकन में वैसी दिलचस्पी नहीं दिखाते जैसी नागार्जुन अपने उपन्यासों में दिखाते हैं। इस सबकी अपेक्षा वे निश्चय ही भिन्न रचनात्मक सरोकारों वाले लेखक हैं।

अपनी कहानियों में एक ओर रेणु आधुनिकीकरण की विडंबना के रूप में शहर की ओर पलायन करते ग्रामीण युवकों को अंकित करते हैं तो दूसरी ओर भारतीय ग्रामों की लोक-

कला एवं लोक-संस्कृति को मिशनरी उत्साह और काव्यात्मक संवेदना के साथ पुनर्जीवित करने का प्रयास करते हैं। 'विघटन के क्षण' में शहर आकर रिक्शा खींचने और दरबानी करने वाले लोग हैं, जो गाँव लौटकर शहरी विकास और समृद्धि की कहानियाँ खूब अकड़ के साथ सुनाते हैं, तो वहीं चुरमुनियाँ और विजया भी हैं, विघटन के एक विकल्प के रूप में, जो अपने गाँव के रंगा-रंग आकर्षण को गहरी ललक के साथ देखती और याद करती हैं। इसी तरह 'ठेस' में सिरचन की सादगी एवं करुणा की पृष्ठभूमि में उसकी विलुप्त प्राय: कला के प्रति भी यही ललक मौजूद है। 'भित्ति चित्र की मयूरी' की फुलपत्ती चित्र की मयूरी की तरह अपनी धरती और जड़ों से अलग होना नहीं चाहती। अपनी धरती और परिवेश के बीच ही जैसे वह जीवंत और प्राणवान है। रेणु की इन कहानियों का वैशिष्ट्य ग्राम-संस्कृति के प्रति उनकी गहरी ललक के रूप में रेखांकित किया जा सकता है। उनके समूचे रचना कर्म की यह बुनियादी पहचान है।

प्रेम-संबंधों को आधार बनाकर लिखी गई रेणु की कहानियों की खूब चर्चा हुई है। 'तीसरी कसम अर्थात् मारे गए गुलफ़ाम', 'रसप्रिया' और 'एक आदिम रात्रि की महक' जैसी कहानियों ने अपनी ताजगी और नएपन से बहुतों को अभिभूत किया था। इसी कारण शायद उनकी सराहना में अतिरंजना से भी काम लिया गया। अब शायद अपेक्षाकृत वस्तुपरक ढंग से उन पर विचार किया जा सकता है। 'रसप्रिया' और 'आदिम रात्रि की महक' के मुकाबले 'तीसरी कसम अर्थात् मारे गए गुलफ़ाम' में रोमानी भाव-बोध अधिक स्पष्ट और मुखर है। सामाजिक संदर्भों का एक बेहद बारीक और नाजुक-सा तंतु इस कहानी को थामे दिखाई देता है। महुआ घटवारिन को सौदागर ने खरीद लिया और हीराबाई को कभी मधुरा मोहन कंपनी की स्टेज पर नाचना है तो कभी रौता कंपनी की स्टेज पर। हिरामन को बुरा लगता है जब तरह-तरह के लोग उसे 'रंडी' और 'पतुरिया' कहकर बुलाते हैं। लेकिन वह किस-किस से लड़े? कंपनी की औरत को बाकायदा 'बिठा' लेने की बात तो उसकी कल्पना से भी परे है। हीराबई के रूप-रस और गंध को जिस मोहक अंदाज में कहानी में बांधा गया है, वस्तुत: वे ही तत्व रीतिकालीन उपमानों को नए सिरे से पुनर्जीवित करने का प्रयास करते हैं। हीराबाई के सौंदर्य वर्णन में 'कनुप्रिया' से आश्चर्यजनक समानता है—किसी पर किसी के प्रभाव की बात न कही जाकर यह वस्तुत: मूल रोमानी दृष्टि की समानता की ओर ही एक संकेत है।....'हिरामन परदे के पीछे से देखता है। हीराबाई एक दियासलाई की डिब्बी के बराबर आइने में अपने दाँत देख रही है....मदनपुर मेले में एक बार बैलों को नन्हीं-नन्हीं कौड़ियों की माला खरीद दी थी हिरामन ने। छोटी-छोटी, नन्हीं-नन्हीं कौड़ियों की पांत....' (ठुमरी, पृ० 135) लाल मोहर का लौनक लहसनवा नौटंकी कंपनी में नौकर होकर अपने को धन्य मानता है। गाँव में आखिर रखा ही क्या है? 'हीराबाई की साड़ी धोने के बाद कठौते का पानी अतर-गुलाब हो जाता है। उसमें अपनी गमद्दी डुबाकर छोड़ देता हूँ....लो सूँघोगे?....' (वही, पृ० 162) 'रसप्रिया' पंचकौड़ी मृदंगिया और जोधन गुरु की बेटी रमपतिया की प्रेम कहानी है। जोधन गुरु से ही उसने संगीत की शिक्षा ली थी। लेकिन जब उन्होंने अपनी बाल विधवा बेटी रमपतिया के चुमौना की बात उठाई तो वह रातों रात

भाग खड़ा हुआ, क्योंकि गुरु को उसने अपनी जाति नहीं बताई थी! लेकिन इस तरह भाग कर भी क्या वह सचमुच रमपतिया से भाग पाता है? बेसहारा रमपतिया नंद बाबू की शरण में रहती-पलती है। सब कुछ उन्हें सौंपकर भी उसे मिला क्या है? नंदबाबू की शोषण वृत्ति और सामंती मुल्यों के प्रति रेणु कोई गहरी वितृष्णा या प्रतिवाद नहीं दिखाते। नंदबाबू का चरवाहा बनकर मोहना धीरे-धीरे मौत की ओर बढ़ता है, क्योंकि उसके जैसे लोगों को तिल्ली का इलाज सिर्फ चिता पर होता है। उसे इलाज के लिए दिए गए पंचकौड़ी मृदंगिया के पैसों की बात बताकर जब मोहना माँ से उसके बारे में पूछता है तो वह आँखों से आँसू पोंछती हुई उसे झूठा, बेईमान और गुरु द्रोही ही नहीं बताती—बेटे को सख्त ताकीद भी करती है कि ऐसे लोगों की संगत कभी न करे! 'एक आदिम रात्रि की महक' में यह गंध सरसतिया के बे-नहाये जवान शरीर की है जो करमा को अपने में पूरी तरह डुबा लेती है। इसके बाद चूने और वार्निश की गंध उसे अब गंध लगती ही नहीं है। करमा एक ऐसे अदृश्य शोषण का शिकार है, जिसका उसे कोई एहसास ही नहीं है। सरसतिया का बूढ़ा बाप उस पर ताना कसता हुआ ठीक ही कहता है—पेट माधोचंद यानी पेट भर कर ही दूसरों की सेवा में लगा रहने वाला मूर्ख। उसे गर्व है कि वह नौकर नहीं है, 'साथ' रहता है। लेकिन सरसतिया के बाप ने भी तो वही किया है, जिसके खिलाफ वह उसे चेताता है। तीन रुपये की मोटी-मोटी भांगुर मछलियाँ एक चुटकी चूड़ा खिलाकर उससे ठग ली हैं....लेकिन इस ठगे जाने में भी उसे अपनी कल्पना को विस्तार देने का सुख मिलता है....सरसतिया का बूढ़ा बाप, घर, कुटुम और ऐसी ही बहुत सी दूसरी कल्पनाएँ अचानक उसे एक अजब सी गंध लगती है। चो-ओ-ओ-र! का शोर मचने पर तंबू में छिपे होने पर भी सरसतिया की खिलखिलाती हँसी, उसके झबरे केश और बे-नहाए शरीर की गंध करमा में कहीं बहुत गहरे उतरती जाती है।

रेणु की कहानियों में पात्रों और परिवेश की संश्लिष्ट घुलावट उनकी उल्लेखनीय विशेषता है। राजेन्द्र यादव ने ठीक ही लिखा है....'परिवेश-वातावरण जीवित पात्र की तरह सामने खड़ा होकर अपना हक अकेले रेणु में ही माँगता है'....(रेणु की श्रेष्ठ कहानियाँ, भूमिका, पृ० 6) 'लाल पान की बेगम', 'टेबुल' और 'लफड़ा' आदि कहानियाँ वैविध्य और विस्तार की दृष्टि से भी महत्वपूर्ण हैं। 'टेबुल' में यह परिवेश शहरी दफ्तर का है, जिसमें दुर्वादास की मानसिक ग्रन्थियों के बहाने भारतीय कामकाजी महिलाओं की सामान्य सोच पर भी रोशनी पड़ती है। 'लफड़ा' के केंद्र में गोआनीज मैडम का पेन्ट हाउस है जिसमें कहानी बहुत-कुछ निरपेक्ष ढंग से चलती है। रेणु की असाधारण पर्यवेक्षण क्षमता और भाषिक भंगिमाओं द्वारा अंर्तछवियों का सघन रचाव यहाँ भी स्पष्ट है, गोकि ये रेणु की उतनी महत्त्वपूर्ण कहानियाँ नहीं हैं। चरित्र और परिवेश की यह संश्लिष्टता 'लाल पान की बेगम' में बहुत प्रभावी रूप में उपस्थित है। विरजू की अम्मा का क्रोध और ठस्सा, गिरी का तेल डालने की हैसियत से लेकर अपने पति को अपनी हथेली के नीचे रखने का उसका दबंग हौसला—सारा कुछ बहुत जीवंत रूप में कहानी में अंकित है। मेले के लिए माँगी गई बैलगाड़ी, और फिर बड़े पैमाने पर की जाने वाली तैयारियाँ....थोड़ी देर पहले ही समर-भूमि में जिन पड़ौसियों को उसने ललकारा था, उन्हें भी साथ चलने के लिए बुलाया जाता है—जंगी की

टेसन वाली पतोहू, राधे की बेटी सुनरी और लेखा खवास की बहू....और भी जो बाकी रह गई हैं वे सब। उन सबके बीच, हिलती-डुलती गाड़ी और छनकर आती हुई कार्तिक की चाँदनी तथा खेतों में धान के झरते फूलों की गंध के बीच वह सचमुच ही लाल पान की बेगम जैसी ओज और गरिमा से भरी होती है।....'नैना जोगिन' में यह परिवेश तो उतना मुखर नहीं है। लेकिन यहाँ एक संपूर्ण-स्त्री-रतनी-कदाचित् पहली-बार अपने स्त्री होने का अधिकार माँगती है—चुनौती भरे और आक्रामक ढंग से। रतनी को देखकर यह समझना मुश्किल नहीं है कि दूसरों के कारण पीड़ा-भोग का विस्फोट कैसे सात्विक आवेश को जन्म देता है। ऐसी पीड़ा का अपना अलग तेज होता है जो अश्लीलता को भी गला देता है।

ऊपर से देखने वालों को रेणु की कहानियाँ जैसी राजनीति-निरपेक्ष या राजनीति-विरोधी लगती हैं, वस्तुतः वे वैसी हैं नहीं। लेखक बनने से पूर्व रेणु कैसे और किस सीमा तक राजनीति से जुड़े रहे थे इसका उल्लेख 'नेपाली क्रांति कथा' में उपलब्ध है। लेकिन नई कहानी का दौर और बहुत सी चीजों की तरह राजनीति से भी मोहभंग का दौर है। रेणु के देखते ही देखते राजनीति से नीतियों और मूल्यों का निर्वासन शुरू होकर अपने चरम पर पहुँच चुका था। अवसरवादी तत्व और ढोंग राजनीति पर हावी हेते गए। वामपंथी राजनीति में आपसी मतभेदों ने लोगों को दूर तक निराश किया। राजनीति में वस्तुतः यह लफ्फ़ाजी का दौर है जो लक्ष्यों और बड़े उद्देश्यों में घाल-मेल करके उनके वास्तविक रूप को विरूपित करती है और अनेक प्रकार के भ्रम फैलती है। 'जलवा' की फातमादि से लेखक सवाल पूछता है—आपने पॉलिटिक्स क्यों छोड़ दी?—यह रेणु और उनकी पीढ़ी के लेखकों का एक अहम सवाल है। रेणु की कहानियों में अनेक ऐसे पात्र हैं जो शिद्दत से यह महसूस करते हैं कि दुनिया अब रहने के लायक नहीं रह गई है। 'रेखाएँ : वृत्तचक्र' का शिवनाथ सोचता है....'इस दुनिया अर्थात् इस विराट् वेश्यालय में मैं ही सबसे बड़ा पुण्यात्मा हूँ क्योंकि मैं ही इसे समाप्त करना चाहता हूँ....' (अगिनखोर, पृ० 33) रेणु के यहाँ समाज और राजनीति की सड़ांध को अंकित करने वाली कहानियाँ काफी बड़ी संख्या में है। नेताओं और मंत्रियों के भ्रष्टाचार के भी अनेक चित्र इनमें उपलब्ध हैं। लेकिन स्थिति के प्रतिरोध की चेतना वहाँ नहीं है। 'अगिनखोर' में युवा पीढ़ी का जो चित्र अंकित किया गया है, उनमें आवेशजनित प्रतिक्रिया तो है, लेकिन सोच को संचालित करने वाले विवेक का उसमें अभाव है। 'आत्मसाक्षी' में रेणु वामपंथी शक्तियों की चर्चा करते हैं। लेकिन यहाँ भी उनका उद्देश्य किसी सार्थक विकल्प की अपेक्षा उनके बिखराव और विघटन पर ही ध्यान देना अधिक है। यह विघटन सामान्य कार्यकर्त्ता का मनोबल किस तरह तोड़ता है, रेणु पर्याप्त विश्वसनीय रूप में अंकित करते हैं। परसाई के बाद कदाचित् इस दौर में रेणु अकेले लेखक हैं जो व्यंग्य की सर्जनात्मक संभावनाओं का उपयोग करते हैं। लेकिन नये समाज के निर्माण में वे उसकी भूमिका के प्रति उदासीन दिखाई देते हैं।

शिवप्रसाद सिंह

नई कहानी-आंदोलन में शिवप्रसाद सिंह की पहचान मूलतः एक ग्राम-कथाकार के रूप में उभर कर आई थी। लेकिन ग्रामीण यथार्थ के अपने अंकन में न तो वे वैचारिक तेजस्विता

अपनाते दिखाई देते हैं और न ही लोक तत्वों के समुचित उपयोग के बावजूद आंचलिकता के प्रति एक स्वतंत्र आंदोलन का उत्साह दिखाते हैं। उनकी कहानियों पर, शुरू से ही ग्राम-जीवन के रोमानी चित्रण का आरोप लगाया जाता रहा है। अपने पहले संग्रह 'आर-पार की माला' में इसी आरोप का उत्तर देते हुए उन्होंने लिखा, 'मेरे कुछ मित्रों को शिकायत है कि मैं गाँव के वातावरण का रंगीन और रोमांटिक चित्र उपस्थित करता हूँ। मैं मानता हूँ कि तथाकथित यथार्थवाद और प्रकृतिवाद के नाम पर गाँवों की गरीबी के अतिरंजित चित्र मात्र गाँवों को एकपक्षीय और प्राणहीन रूप में ही प्रस्तुत कर सके हैं। जिन्दगी वहाँ रोती ही नहीं मुस्कराती भी है। आँसू और हँसी के ये धूपछाहीं अंबर इन कहानियों के परिधान हैं....' (आर-पार की माला, भूमिका, पृ० 5)।

शिवप्रसाद सिंह की इन कहानियों की दुनिया अधिकतर बूढ़े और आदर्श पात्रों की दुनिया है—चाहे वह 'नई पुरानी तस्वीरें' की बुआ हों या 'हीरों की खोज' के बोधन तिवारी। 'दादी-माँ', 'देऊ दादा' और उपधायन मैया में भी शिवप्रसाद सिंह ऐसे पात्रों को केन्द्र में रखते हैं जो अपने चारित्रिक प्रभा-मंडल से भले थोड़ी ही देर को, अभिभूत किए बिना नहीं छोड़ते। ऊपर से कठोर लेकिन अंदर से क्षमाशील, शांत और गंभीर किस्म के ये बूढ़े पात्र गाँव के जीवन में अभी भी हतप्रभ नहीं हुए हैं और खासा प्रभाव रखते हैं। घायल बच्चे को हाथों में लिए उपाधयन जी लोक कथा की उस देवी की तरह मालूम देती हैं जो शापित पुजारी को दिखाई न देने पर भी उसके कष्ट में सहायता को तत्पर भाव से उपस्थित हैं। कहानी में ऐसे पात्रों की उपस्थिति के संदर्भ में शिवप्रसाद सिंह ने अन्यत्र लिखा है.... 'सन् '50 के आस-पास कहानी के क्षेत्र में पारिवारिक व्यक्तियों के चित्रण की एक प्रवृत्ति चली थी। 'दादी-माँ', 'गुलरा के बाबा', 'देवा की मां' आदि कहानियों में पितृवर्ग या आदरणीय बुजुर्ग का चित्रण एक भिन्न दृष्टिकोण से होता था। लेखक इन सामान्य चरित्रों के भीतर कुछ ऐसा खोज रहा था जो स्वतंत्र भारत की नई आकांक्षा को बल दे। इन चरित्रों के माध्यम से वह असल में अपने को खोज रहा था, सामाजिक नक्शे में अपनी स्थिति का अन्वेषण कर रहा था....' (आधुनिक परिवेश और नव लेखन, पृ० 37)।

लेकिन ध्यान देने की बात यह है कि ग्राम जीवन के संश्लिष्ट यथार्थ के अंकन से बचकर पर्याप्त भावुक ढंग से इकहरे और सरलीकृत पात्रों द्वारा न तो स्वतंत्र भारत की नई आकांक्षा को बल प्रदान किया जा सकता था और न ही सामाजिक नक्शे में अपनी स्थिति का कैसा भी अन्वेषण संभव था। शिवप्रसाद सिंह की इन कहानियों में स्वतंत्रता के बाद बाढ़ के पानी की तरह आई राजनीति, दलबंदी, सरकारी योजनाओं में भ्रष्टाचार और व्यापक स्तर पर नैतिक मूल्यों के विघटन का कोई संकेत नहीं मिलता। सामंती मूल्यों और जीवन-पद्धति के प्रति एक अव्यक्त-सा आकर्षण भी इन कहानियों में मौजूद देखा जा सकता है। शिवप्रसाद सिंह इस बात को स्वीकार भी करते हैं कि सामंती मूल्यों और जीवन पद्धति में सब कुछ बुरा ही नहीं था और यदि उनके कुछ पात्र उन सकारात्मक पक्षों का प्रतिनिधित्व करते हैं तो इसमें वे कोई बुराई नहीं समझते। अपनी अनेक कहानियों में शिवप्रसाद सिंह ने ग्राम समाज में हशिए पर जीवित लोगों—मुसहर, चमार, कुम्हार, भंगी, कंजर, नट, केवट, भांड़, वेश्या

और हिजड़े आदि—को अपने वर्ग-संस्कारों से मुक्त होकर अंकित किया है। 'पाप जीवी', 'विन्दा महाराज', 'सपेरा', 'भाटी की औलाद', 'इन्हें भी इंतजार है', 'रेती' और 'बेहया' आदि कहानियाँ इस दृष्टि से उल्लेखनीय हैं। इन कहानियों में पात्रों की गढ़न और तराश के पीछे शरच्चंद्र और हजारी प्रसाद द्विवेदी के प्रभाव को भी आसानी से पकड़ा जा सकता है। अलौकिक गुणों से भरपूर नारियों को भी जो सामाजिक-व्यवस्था अपदार्थ मानकर लांछित और तिरस्कृत करती है तो खोट कहीं-न-कहीं उस व्यवस्था में ही है। परवर्ती संदर्भों में इस वर्ग की राजनीतिक स्थिति और भूमिका के प्रति लेखक भले ही उदासीन दिखाई दे, वर्तमान समाज की जड़ता और अवरुद्ध विकास में इस वर्ग की भूमिका को कहीं कम करके नहीं देखा गया है।

भारतीय समाज में इस उत्पीड़ित वर्ग से बहुत भिन्न स्थिति स्त्री की नहीं है। शिवप्रसाद सिंह डॉ० लोहिया के हवाले से इन दोनों के प्रति अपनी गहरी और हार्दिक संवेदनशीलता व्यक्त करते हैं। 'केवड़े का फूल' की अनिता इसी स्त्री-वर्ग की प्रतिनिधि पात्र है। स्वयं पति द्वारा सार्वजनिक सम्पत्ति बनाए जाने का विरोध करने वाली अनिता के पति के लिए रखैल रख लेने की उदारता दिखाने का उपदेश उसके पिता ही उसे देते हैं। पति से अपमान-जनक पत्र पाकर भी अपने निर्णय पर अमल कर पाने की स्वतन्त्रता उसे नहीं है। कहानी के अन्त में इसी स्थिति पर 'मैं' की किंचित् रोषपूर्ण टिप्पणी है....'मैं जब भी कभी अनिता के बारे में सोचता हूँ मेरे सामने केवड़े के फूलों की याद आ जाती है। यदि उन्हें स्वतन्त्र खिले रहने दें, तो जहरीले साँप इन्हें अपनी गुंजलक में लपेट लेते हैं क्योंकि इनकी मादक गंध सही नहीं जाती है और यदि किसी को निवेदित किए जाएँ तो भद्र लोग इन्हें तोड़-मरोड़ कर कुएँ में फेंक देते हैं क्योंकि इससे पानी खुशबूदार होता है....' (कर्मनाशा की हार, पृ० 58) स्पष्टीकरण के सहारे खड़ा यह प्रतीक-विधान भले ही कहानी को कमजोर करता हो, लेकिन अनिता के जीवन की विडम्बना को वह अवश्य रेखांकित करता है। व्यवस्था का यह 'अंधकूप' अपनी सामाजिक मान-मर्यादा के नाम पर जाने कितनी कुंवारी छवियाओं और विवाहिता सोना भाभिओं को अपने अकूत अंधेरे में छिपाए पड़ा है। नारी की इसी विवशता और पीड़ा को 'अरुँधती' की बड़की बहू के माध्यम से बहुत अर्थपूर्ण एवं कलात्मक ढंग से अंकित किया गया है। कहते हैं कि अरुंधती एक ऐसा तारा होता है जो मृत्यु से कुछ पहले दिखाई देना बन्द हो जाता है। बड़की बहू एक ऐसे ही तारे के समान है जो दुर्भाग्य से एक ऐसे परिवार में आ पड़ी है जहाँ लोगों को उसके वास्तविक गुणों की अपेक्षा खानदान की झूठी प्रतिष्ठा का दंभ अधिक प्रिय है। वे सब जिस व्यवस्था के अंग हैं वह मरणासन्न व्यक्ति की तरह अरुंधती को देख पाने में असमर्थ है। बड़की बहू के गर्भस्थ शिशु को वे इसलिए नष्ट कर देते हैं क्योंकि लोग कहेंगे कि वह उनके नौकर हीरा का अंश है। कोख सूनी हो जाने पर, तंद्रा की स्थिति में, बड़की बहू को लगता है....'जैसे एक पतले, चमकीले, सुनहले साँप पर कहीं से काजल के ढोंके आ-आकर गिर रहे हैं। देखते ही देखते उसका सारा शरीर एक विचित्र चमक से भर गया और वह उन काले काजल के ढोंकों को चीरती आसमान की ओर उड़ती चली जा रही है। नीचे हजारों हाथ हैं जैसे बाजरे की फसलें हिल रही हैं, सारा

आसमान उसकी जय जयकार से गूँज रहा है....अरुंधती। और वह है कि निरन्तर पृथ्वी से दूर, बहुत दूर होती जा रही है....' (मुरदा सराय, पृ० 33)

'धरातल', 'रेती' और 'वशीकरण' जैसी कहानियाँ पुरुष-वर्चस्व वाली सामाजिक-संरचना में स्त्री की वास्तविक स्थिति को रेखांकित करती हैं। 'कर्मनाशा की हार' के भैरो पांडे में अन्ततः यह महत्त्वपूर्ण विवेक जागृत होता है कि टीमल मल्लाह की विधवा बेटी फुलमतिया के लड़का जनने से ही कर्मनाशा में बाढ़ नहीं आई है। अज्ञान और निहित स्वार्थों के कारण फैलाई गई अफवाहों का प्रतिवाद करने को वह आगे आते हैं, और बखरी के रूप में अपने पूर्वजों की ढहती हुई मर्यादा की चिन्ता किए बिना फुलमतिया के लड़के को अपने कुल-दीप की संतान मानने का नैतिक साहस दिखाते हैं। वस्तुतः इस साहस में ही एक जड़ समाज की कर्मनाशा की हार और एक नए समाज के अभ्युदय का संकेत निहित है।

नई कहानी को मूलतः बदले हुए संबंधों, विशेषरूप से स्त्री-पुरुष संबंधों के संदर्भ में, की कहानी माननेवाले लोगों को यह देखकर आश्चर्य हो सकता है कि शिव प्रसाद सिंह के यहाँ ऐसी कहानियाँ बहुत कम हैं। राजेन्द्र यादव, मोहन राकेश, कमलेश्वर और निर्मल वर्मा ही नहीं रेणु और मार्कण्डेय की अपेक्षा भी शिवप्रसाद सिंह के यहाँ ऐसी कहानियाँ काफी कम हैं। 'एक दुनिया समानांतर' में राजेन्द्र यादव ने कहानियों के जो वर्ग बनाए हैं उनमें संख्या की दृष्टि से उपरोक्त सभी लेखकों की, 'प्रणय और परिणय' वर्ग में, तीन-तीन, चार-चार कहानियाँ रखी हैं जबकि शिव प्रसाद सिंह की वहाँ एक भी कहानी नहीं है। मेरे विचार से इसका एक कारण तो यह है कि शिवप्रसाद सिंह पतनशील पश्चिमी संस्कृति की सेक्स और कुंठा प्रधान बीमार आधुनिकता के निषेध से अपनी रचना-यात्रा शुरू करते हैं। अस्तित्ववादी लेखकों पर एक परिचयात्मक पुस्तक लिखने के बावजूद वे उसके प्रभाव से प्रायः अपने को मुक्त रख सके हैं। इसका दूसरा कारण यह है, और यह पहले का ही विस्तार है, कि वे अपनी अधिकांश प्रेम-सम्बन्धों वाली कहानियों में सम्बन्धों का अंकन सामाजिक संदर्भों में किए जाने पर बल देते हैं। यही कारण है कि अपनी प्रकृति में ये कहानियाँ अंतर्मुखी न होकर बहिर्मुखी हैं। इनमें स्त्री के प्रेम की अवरुद्ध और कुंठित करने वाली सामाजिक संरचना को विश्लेषित करने की कोशिश प्रमुख दिखाई देती है। 'नन्हों' सामाजिक विधि-निषेधों के द्वन्द्व को, उसमें निहित पीड़ा और अवसाद को, गहरी संवेदनशीलता से उभारती है। आवेग और अवरोध का तनाव कहानी में बहुत जीवंत और विश्वसनीय रूप में अंकित हुआ है। मुँह-दिखाई में दिया गया रुमाल रामसुभग को लौटा देने से ही सम्बन्धों को समाप्त नहीं समझा जा सकता....'राम सुभग ने रुमाल ले लिया। नन्हों उसका जाना भी न देख सकी। आँखें जल में तैर रही थीं। दिये की लौ जटामासी के फूल की तरह कई फाँकों में बट गई थी। नन्हों ने किवाड़ बन्द कर लिए पर साँकल न चढ़ा सकी....' (इन्हें भी इतंजार है, पृ० 26) लेकिन क्या सिर्फ दीये की लौ ही दो फाँकों में बँटी है? दीये की यह लौ वस्तुतः नन्हों के अपने बँट जाने का ही प्रतीक है—उस मनोद्वन्द्व का जिसके कारण रामसुभग के चले जाने पर भी वह किवाड़ पर सांकल नहीं चढ़ा पाती।

अपनी भूमिकाओं में शिवप्रसाद सिंह ने नई कहानी के शिल्प-विकास में अपनी भूमिका के प्रति लोगों की उदासीनता देखकर क्षोभ व्यक्त किया है। अपने को 'इमारती आदमी' यानी शिल्पी कहे जाने पर उन्हें सुख मिलता है। उनकी आरम्भिक कहानियों में ही इस शिल्प-सजगता के संकेत मिलने लगते हैं। 'बरगद के पेड़' में लोक-तत्वों का कलात्मक उपयोग और दोहरी कहानी का कौशल, जिसमें आगे चलकर कमलेश्वर ने 'राजा निरबंसिया' लिखी, सहज ही ध्यान खींचता है। संकेतपूर्ण व्यंजना और प्रतीकों का संयत उपयोग इन कहानियों की उल्लेखनीय विशेषता है। शिवप्रसाद सिंह अपनी अनेक कहानियों में आत्म-कथात्मक शैली का प्रयोग करते हैं। इनमें गाँव का एक पढ़ा-लिखा युवक है, जो कहीं छात्र है तो कहीं नौकर, जो गाँव लौटकर संस्मरणात्मक रूप में ग्राम-परिवेश पर कहानियाँ लिखता हैं। लेकिन इसी कारण ये कहानियाँ यदि सुग्राह्य और सरस बनी हैं तो कहीं वे अकारण बिखराव का शिकार भी हुई हैं। उनकी सफल और उल्लेखनीय कहानियाँ वे ही हैं जिनमें लेखक आत्मपरकता का अतिक्रमण करके ग्रामीण यथार्थ को उसकी संपूर्णता एवं जटिलता में अंकित कर सका है। अपनी ऐसी ही कहानियों में वे पतनशील, समाजनिरपेक्ष और आत्मपरक प्रवृत्तियों के विरुद्ध संघर्ष की मुद्रा में खड़े दिखाई देते हैं।

हरिशंकर परसाई

नई कहानी में अंतर्वस्तु के विस्तार की दृष्टि से हरिशंकर परसाई की भूमिका विशष महत्व रखती है। वे अपने लेखन को एक सामाजिक कर्म के रूप में परिभाषित करते हैं। उनकी मान्यता है कि सामाजिक अनुभव के बिना सच्चा और सार्थक साहित्य रचा ही नहीं जा सकता। लेखक और सामाजिक अनुभव के आपसी संबंध की व्याख्या करते हुए वे लिखते हैं.... 'साहित्यकार का समाज से दोहरा संबंध है। वह समाज से अनुभव लेता है, अनुभवों में भागीदार होता है। बिना सामाजिक अनुभव के कोई सच्चा साहित्य नहीं लिखा जा सकता, लफ़्फ़ाजी की जा सकती है। साहित्यकार सामाजिक अन्वेषण भी करता है। उन छिपे अंधेरे कोनों का अन्वेषण करता है जो सामान्य चेतना के दायरे में नहीं आते। वह इन सामाजिक अनुभवों का विश्लेषण करता है, कारण और अर्थ खोजता है उन्हें संवेदना के स्तर तक ले जाता है और उन्हें रचनात्मक चेतना का अंग बनाकर रचना करता है। फिर समाज से पाई इस वस्तु को रचनात्मक रूप देकर फिर समाज को लौटा देता है। इस तरह साहित्य एक सामाजिक कर्म हो जाता है....' (पूर्वग्रह, पूर्णांक 10, पृ० 2) लेखन को सामाजिक-कर्म के रूप मं परिभाषित करने के बाद अपने समय की राजनीति के साथ लेखक का रिश्ता स्वत: तय हो जाता है। इस मुद्दे पर वे और भी साफ़गोई से लिखते हैं.... 'राजनीति मनुष्य की नियति तय कर रही है। बुद्धिजीवी जो यह कहते हैं कि हमें राजनीति से क्या मतलब, वे वास्तव में बड़ी गंदी देश-द्रोही राजनीति में फँसे हैं। मैं यह नहीं कहता कि हम किसी पार्टी के सदस्य हो जायें। पर मैं यह जरूर चाहूँगा कि इतनी समझ हो और निष्ठा भी हो कि यह राजनीति समाज को प्रगति के रास्ते पर ले जा रही है, और यह राजनीति प्रतिगामी और यथास्थिति-वादी है....' (वही, पृ० 5)

यही कारण है कि परसाई यूरोप के पतनशील साहित्यिक प्रवृत्तियों के अनुकरण में लिखे जा रहे साहित्य की भर्त्सना करते हैं। 'हॉरर', 'फ्रस्ट्रेशन', 'मृत्युबोध' और 'संकट' के दर्शन को वे अपरिवर्तनीय मानकर नहीं चलते। उनका कहना है, 'अहंकार के घोंघे से आप बाहर आइये और अपने को व्यापक संपर्क से जोड़ दीजिए....' (ज्ञानोदय, फरवरी '66, पृ० 126 : कलकत्ता कथा-समारोह में दिया गया अभिभाषण) संत्रास और अजनबीपन को वे बौद्धिक स्नाबरी मानते हैं और स्वयं अपने बारे में उनकी घोषणा है....'अपने परिवेश से मैं अपने को पूरी तरह जुड़ा हुआ पाता हूँ। सहयोगी हूँ, दर्शक नहीं....' (नई धारा, कमलेश्वर द्वारा संपादित 'समकालीन कहानी अंक' पृ० 120)

अपने पहले संग्रह 'हँसते हैं रोते हैं' की कहानियों में परसाई अपने आस-पास की जिन्दगी को अंकित करते हैं। इन कहानियों में निम्नमध्यवर्गीय अभावों और विडम्बनाओं को उभारा गया है, लेकिन इनमें तराश का वह पैनापन नहीं है जो आगे चलकर परसाई की एक खास पहचान बनती है। 'सेवा का शौक' और 'भीतर का घाव' जैसी कहानियाँ इस संग्रह में अपवाद जैसी लगती हैं, जो मानवीय पीड़ा के संदर्भ में नैतिक-सामाजिक विकृतियों को पर्याप्त विश्वसनीय और प्रभावशाली ढंग से अंकित कर सकी हैं। इस संग्रह की अधिकांश कहानियाँ या तो भावुकता की शिकार हैं या फिर शिल्प के कच्चेपन की। यही कारण है कि समग्र प्रभाव की दृष्टि से ये परसाई की प्रतिनिधि और उल्लेखनीय कहानियाँ नहीं बन सकी हैं। इन कहानियों को आधार बनाकर परसाई के परवर्ती विकास को समझ पाना कठिन है। इन्हें पढ़कर इतना पता अलबत्ता चल जाता है कि समाज में जो असत्य और विषमताएँ हैं उनका शिकार वे लोग ही अधिक हैं जो सीधे और ईमानदार हैं। इसी संकेत के सहारे कदाचित् यह अनुमान भी लगाया जा सकता है कि इन लोगों के सार्थक ढंग से जीने की इच्छा और उसके लिए किए जाने वाले संघर्ष को लेखक अनदेखा करके नहीं चल पायेगा।

सामाजिक विकृतियों के चक्रव्यूह में फँसे साधारण आदमी की नियति से जुड़ा लेखक शाश्वत साहित्य का प्रभा-मंडल बनाकर नहीं चल सकता। इसीलिए परसाई की यह घोषणा एकदम विश्वसनीय लगती है....'मैं शाश्वत साहित्य रचने का संकल्प करके लिखने नहीं बैठता। जो अपने युग के प्रति ईमानदार नहीं होता, वह अनन्तकाल के प्रति कैसे हो लेता है मेरी समझ से परे है....' (रानी नागफनी की कहानी, भूमिका, पृ० 5) यही कारण है कि परसाई की परवर्ती कहानियाँ, जो 'जैसे उनके दिन फिरे' और 'सदाचार का ताबीज' में संकलित हैं, अपने समय की विद्रूपताओं को बहुत सहजता से अंकित करती हैं। इन कहानियों के आधार पर स्वाधीनता के बाद के भारत की एक सम्पूर्ण और सच्ची तस्वीर आसानी से तैयार की जा सकती हैं जिसमें राजनीति, शासन-तंत्र, शिक्षा-पद्धति, नौकरशाही और साहित्य एवं कला की विकृतियों के साथ शायद ही कोई पक्ष छूटा हो। 'रानी नागफनी की कहानी' को वैसे एक व्यंग्य उपन्यास की संज्ञा दी गई है, लेकिन उसके अनेक अंश स्वतंत्र कहानियों के रूप में भी प्रकाशित हुए हैं। क्रुद्ध और विद्रोही पीढ़ी का दर्शन, सरकारी कार्यालयों की कार्यपद्धति, लड़के को कुटीर उद्योग की श्रेणी में रखकर विवाह के टेंडर की सिफारिश आदि कुछ ऐसे मुद्दे हैं जिनसे सामाजिक संरचना को समझने में सहायता मिल

सकती है। अपने समय की राजनीति के प्रति लेखक के आक्रोश की कोई सीमा नहीं है। नई कहानी में परसाई अकेले लेखक हैं जो राजनीतिक कदाचार और सत्ता की विकृतियों को इतनी दूर तक जाकर उद्घाटित करने का जोखिम उठाते हैं।

हरिशंकर परसाई की कुछ प्रमुख कहानियों को आधार बनाकर उनके रचना-संसार और रचनात्मक सरोकारों का विश्लेषण किया जा सकता है। 'मौलाना का लड़का', 'राग-विराग', 'सदाचार का ताबीज', 'भोलाराम का जीव', 'मुंडन', 'एक तृप्त आदमी की कहानी', 'मैं हूँ तोता प्रेम का मारा' और 'सत्य साधक मंडल' आदि कहानियाँ अपनी अंतर्वस्तु की व्यापकता की दृष्टि से कमोबेश परसाई की प्रतिनिधि कहानियाँ मानी जा सकती हैं। इन कहानियों में यदि एक ओर राजनीति और शासन तंत्र की विकृतियों एवं कार्यपद्धति की आलोचना की गई है तो दूसरी ओर साधारण आदमी की यातनाओं और महत्वाकांक्षा शून्य मानसिकता के निर्माण की विडम्बना को भी रेखांकित किया गया है। इस पूँजीवादी समाज में धर्म और अध्यात्म धूर्तता, छद्म और ढोंग का पर्याय बनकर आता है और परसाई गहरे कंसर्न के साथ उसकी वास्तविकता के उद्घाटन में रुचि लेते हैं। स्त्री-पुरुष संबंधों वाली कहानियों का परसाई के यहाँ प्राय: एकांत-अभाव सा है, लेकिन कुछ कहानियों में उन्होंने हमारे समाज में स्त्री की नियति पर बड़े सार्थक ढंग से टिप्पणी करने की कोशिश की है।

'भोलाराम का जीव', 'सदाचार का ताबीज' और 'मुंडन' जैसी कहानियाँ राजनीति, शासन और सरकारी तंत्र की वास्तविक पहचान की दृष्टि से महत्वपूर्ण हैं। इन कहानियों को पढ़कर जिस वास्तविकता से हमारा साक्षात्कार होता है वह इतिहास और सरकारी आंकड़ों से अलग ही नहीं, उस सबके विरोध में भी पड़ता है। 'भोलाराम का जीव' देश की समूची व्यवस्था पर एक रनिंग-कमेंट्री जैसी है। भोलाराम एक ऐसे देश का वासी है जहाँ दोस्तों को भेजी गई चीजें रेलवे वाले उड़ा लेते हैं और होजरी के पार्सलों के मोजे रेलवे अफसर पहनते हैं। यहाँ राजनीतिक दलों के लोग विरोधी नेता को उड़ाकर बंद कर देते हैं ताकि विरोधी की आवाज को दबाया जा सके। खास तौर से कहानी दफ्तरी-तंत्र को उद्घाटित करती है जहाँ रिटायर होने के पाँच वर्ष बाद भी भोलाराम की पेंशन नहीं खुलती है। उनकी अर्जियाँ उड़ती फिरती हैं क्योंकि उन पर 'वजन' नहीं रखा गया है। अपना नाम सुनकर पाँच दिन पूर्व मरे भोलाराम का जीव उस फाइल से बोलने लगा है—वह जीव जो गरीबी की बीमारी से मरा है और जिसके गन्तव्य तक न पहुँचने के कारण तरह-तरह की अटकलें लगाई जाने लगी थीं। 'सदाचार का ताबीज'....वास्तविक आर्थिक सुरक्षा के अभाव में भ्रष्टाचार निरोधक प्रयासों की असफलता की ओर संकेत करती है। 'मुंडन' शासन और सरकारी तंत्र की उन व्यावहारिक जटिलताओं को सामने लाती हैं जो आँख के नीचे की चीजों को देखने से इंकार करता है।

ये सारी स्थितियाँ देश के आम आदमी को कैसे और किस सीमा तक प्रभावित करती हैं? 'एक तृप्त आदमी की कहानी' के एन० एल० मास्टर सोलहो आने तृप्त आदमी हैं, जो अपने रोजमर्रा के हर अभाव के लिए रेडी-मेड तर्क की ढाल कसे दिखाई देते हैं। 'राग-विराग' और 'सत्य साधक मंडल' धर्म के नाम पर पलने वाली धूर्तताओं का उद्घाटन करती हैं। 'मौलाना का लड़का' और 'मैं हूँ तोता प्रेम का मारा' के सरोकार निश्चय ही भिन्न प्रकार

के हैं। 'मौलाना का लड़का' में धार्मिक कट्टरता और धर्मोन्माद का संघर्ष प्रगतिशील वैचारिक दृष्टि से होता है। मौलाना और पादरी दोनों का ही एतराज बच्चों के प्रेम विवाह को लेकर उतना नहीं है, जितना कि अपने-अपने धर्म में उनका मत-परिवर्तन कराके पुण्य कमाने पर आग्रह है। इस धार्मिक कट्टरता से बचकर प्रेमी युगल चुपचाप कोर्ट मैरिज कर लेता है। 'मैं हूँ तोता प्रेम का मारा' बड़े सहज ढंग से हमारे सामाजिक अंतर्विरोधों को खोलती है। भारतीय समाज में पत्नी, आर्थिक स्वतंत्रता के अभाव में, न तो तोते की मादा जैसा व्यवहार कर सकती है और न ही उस काछिन की तरह जो अपने पति को किसी और से फँसा देखकर अपनी जमा-पोटली बाँधकर और चार खरी-खोटी सुनाकर चल देती है। तोते की अबोध जिज्ञासा सामाजिक अंतर्विरोध की परतें खोलती है जहाँ प्रेम को सहज और स्वत: स्फूर्त ढंग से व्यक्त कर पाना असंभव है क्योंकि उसे अपराध की श्रेणी में रखा जाता है।

परसाई व्यंग्य को गंभीरता से लेते हैं और उसे सामाजिक परिवर्तन की दिशा में एक उपयोगी हथियार की तरह इस्तेमाल करते हैं। आकार की दृष्टि से उनकी कहानियाँ छोटी होती हैं। वे कथानक की पुरानी और स्वीकृत मर्यादा को नकार कर आगे बढ़ती हैं। अपने कथ्य की सघनता के कारण वे शिल्प की मोहताज नहीं है, बल्कि कथ्य के अनुरूप ही अपना शिल्प भी वे स्वयं खोजती हैं। इतिहास, पुराण, लोककथा, लोक वार्ता और फैंटेसी ये सारी चीजें उनके यहाँ उनकी अपनी शर्तों पर उपस्थित हैं। काल की त्रिआयामिता यहाँ स्थगित हो जाती है और सब कुछ एक विराट् वर्तमान पर आकर स्थिर हो जाता है। बात चाहे वह दो हजार वर्ष पहले की हो या दो हजार वर्ष आगे की—समय की दूरी का यह बोध उनके यहाँ महज एक रचनात्मक कौशल बनकर रह जाता है। अपने आशयों और सरोकारों में वे पूरी तरह से वर्तमान को समर्पित लेखक हैं।

शानी

नई कहानी की आधारभूत स्थापनाओं में से एक यह भी थी कि कहानी में आस-पास की परिचित जिन्दगी को ही अंकित किया जाना चाहिए। शानी के सन्दर्भ में इस उल्लेख का एक विशेष कारण है। शानी की कहानियों का पहला संग्रह 'बबूल की छाँव' सन् '58 में प्रकाशित हुआ। तब शानी बस्तर के दूर-दराज क्षेत्र में थे और तत्कालीन साहित्यिक-सांस्कृतिक हलचलों से प्राय: पूरी तरह कटे हुए थे। शानी की कहानियों के प्रकाश में आने का काल लगभग वही है जो रेणु के 'मैला आँचल' के प्रकाशन का काल है। लेकिन आंचलिकता के उस संक्रामक दौर में भी शानी उस ओर से एकदम उदासीन दिखाई देते हैं। 'बबूल की छाँव' की कहानियों का भौगोलिक परिवेश वही है—बस्तर का आदिवासी क्षेत्र—लेकिन ये कहानियाँ आदिवासी लोगों की कहानियाँ न होकर अधिकांशत: उस निम्न-मध्यवर्गीय मुस्लिम परिवेश की कहानियाँ हैं—स्वयं शानी जिसका हिस्सा थे। इन कहानियों के बारे में उन्होंने लिखा भी है, 'इन कहानियों के लिए मैं अधिक दूर नहीं गया हूँ, अपने आस-पास के वातावरण को ही चित्रित किया है....' (बबूल की छाँव, भूमिका, पृ० ०) शानी की इन कहानियों के संदर्भ में सबसे महत्त्वपूर्ण बात यह है कि शानी स्त्री को उसके पर

सामाजिक-सदंर्भ में देखते हैं। प्रचलित अर्थ में स्त्री-पुरुष संबंधों वाली कहानियाँ शानी के यहाँ नहीं के बराबर है। प्रेम को लेकर जो दो कहानियाँ इस संग्रह में हैं—'नारी और प्यार' तथा 'पहाड़ और ढलान'—उनमें भी शानी स्थितियों की सारी अतिरंजित और नाटकीय बुनावट के बावजूद, प्रेम के गैर रोमानी स्वरूप को ही रेखांकित करते हैं। इन कहानियों में प्रेम के आवेग की अपेक्षा बुद्धि की भूमिका महत्वपूर्ण है जो जीवन को पूरे ठहराव के बीच देखे जाने पर बल देती है।

लेकिन शानी की महत्वपूर्ण और उल्लेखनीय कहानियाँ हैं जो स्त्री को—हिन्दू और मुस्लिम दोनों ही—उनकी परिवेशगत सामाजिक विसंगतियों एवं अंतर्विरोधों के बीच रखकर उसकी वास्तविक स्थिति का आकलन करती हैं। 'जनाजे का फूल' की आयशा, 'राख' की नीली, 'जिन्दगी जलती है' की सलमा, 'शेफाली' की शेफाली और 'बबूल की छाँव' की मिसेज सेन आदि सारी स्त्रियाँ, विवाहित और अविवाहित दोनों ही, अपने सामाजिक परिवेश के अंतर्विरोधों से टकराती हैं और उससे बाहर आ पाने की अकुलाहट और बेबसी के बावजूद वहीं बनी रहने को अभिशप्त हैं। चाहे वे पढ़ी-लिखी प्रबुद्ध वर्ग की हों या बेपढ़ी-लिखी, लगभग समान-भाव से उन्हें अपने सामाजिक-आर्थिक ढाँचे की कोई चेतना नहीं है, इसीलिए वे भोग रही छटपटाहट और बेचैनी से आगे नहीं जा पातीं। यह सवाल हमें गहरे अवसाद से भर जाता है कि आखिर इस अकूत प्राकृतिक वैभव और अपने वैसे ही रूप के बावजूद आयशा अपनी भरी जवानी में ही जनाजे के फूल की हैसियत को क्यों पहुँच गई है? 'राख' की नीली स्वयं राख होती सिगड़ी के कोयलों को फूँकती रहती है। उसका कैंसर से पीड़ित पति अस्पताल में पड़ा है, अभी भी सकीना की यादों में खोया हुआ, नीली के प्रति संदेह और ईर्ष्या में सुलगता हुआ। अपनी ओर न देखकर उससे वह पूरी तरह एकनिष्ठ और अक्षत बनी रहने की अपेक्षा करता है। मिसेज सेन को लगता है कि विवाह का सुख बबूल की छाँव है....'पतली, बिरली और कंटीली, जिसमें कोई ठहराव नहीं है। यह अलग बात है कि उसकी चुभन को ही ठंडक जानकर हम संतोष मान लेते हैं—' (वही, पृ० 161) अपने पति की शंकाओं के विरुद्ध अपनी सफाई में कुछ कहना उसे अपमानजनक लगता है। आसमान पर छाए बादल उमस और घुटन के बाद भले ही भहराकर बरस पड़ें, लेकिन मिसेज सेन की जिन्दगी पर छाये बादल बरस भी नहीं सकते। स्थायी घुटन और उमस ही उसकी नियति है। 'रहीम चाचा' और 'अपनी-अपनी राह' के रहीम और करीम वक्त के मारे लोग हैं। किसी विचार-दर्शन की अपेक्षा व्यक्ति को केन्द्र में रखकर कहानी लिखे जाने के आग्रह का प्रभाव इन पर स्पष्ट है। अपनी बुनावट में चारित्रिक अतिरंजनाओं और कुछ रोमानी किस्म की करुणा के कारण ये कहानियाँ तब मानवीय नियति और पीड़ा के नाम पर लोकप्रिय भी हुई थीं।

शानी की परवर्ती कहानियों में अपने परिवेशगत सामाजिक अन्तर्विरोधों के बीच जो युवती चित्रित है उसकी आत्मसजग और काफी-कुछ गैर-रोमानी छवि पर्याप्त आश्वस्तकारी है। 'छल' की नाजो पिता की पुश्तैनी जायदाद नष्ट हो जाने के बाद, परिताप और मलाल की स्थिति में नौकरी के लिए बाहर निकलती है। 'एक संधि और' की कटे बालों वाली ताहिरा

अपने गैर मामूली खुलेपन के कारण लोगों की बातों की चिन्ता किए बिना अपनी निश्छल आत्मीयता उलीचती चलती है। 'एक काली लड़की' की मेहरान समाज के विभिन्न स्तरों और वर्गों के लोगों की प्रतिक्रियाओं को बहुत संजीदगी से तोड़ती है, कुछ तोड़ने की चेतना और दिखावे से पूरी तरह मुक्त रहकर। 'छोटे घेरे का विद्रोह' की मिसेज शुक्ला रूढ़ और मुर्दा सोच के विरुद्ध अनैतिक आवश्यकताओं की स्वीकृति के लिए संघर्ष करती है। पूरी कहानी में प्रच्छन्न व्यंग्य की जो अंतर्धारा सक्रिय है उसे देखते हुए 'मैं' इस मुर्दा सोच का ही एक अदना प्रतिनिधि मात्र है। 'डाली नहीं फूलती' की सबीहा की हताशा का मूल कारण क्या है? उसकी बंजरता के लिए अंततः जिम्मेदार कौन है? परिवेश चाहे हिन्दू हो या मुस्लिम स्त्री की यातना की मूल स्थितियाँ और कारण लगभग समान हैं क्योंकि हमारी सामाजिक संरचना में, संवैधानिक अधिकारों की समानता का दावा आज भी एक भ्रम बना हुआ है। 'छोटे और छोटे शहर' की रमा अपने भावात्मक और दैहिक शोषण के विरुद्ध एक प्रतिवाद बनकर उठ खड़ी होती है। प्रेम के नाम पर एक विवाहित पुरुष द्वारा अपने उपयोग का रास्ता बन्द करके वह नये सम्बन्धों की नींव रखती है—लोगों की टिप्पणियों और प्रतिक्रियाओं की चिन्ता किए बिना।

निम्नमध्यवर्गीय जीवन को शानी ने व्यापक फलक पर अंकित किया है। ऐसी कहानियों में 'हाशिए', 'भूले हुए', 'एक हमाम में सब नंगे', 'चूल्हे का चाँद', 'एक नाव के यात्री', 'एक कमरे का मकान' और 'गंदले जल का रिश्ता' आदि उल्लेखनीय है। अर्थाभाव के बावजूद सफेदपोशी की विवशता, पारिवारिक ढाँचे की चरमराहट, कैसे भी परिवर्तन की अपेक्षा यथास्थिति और सुरक्षा की चाह, बड़े शहरों में जगह की तंगी के सबब से स्नायविक तनाव और पीढ़ियों की सोच का अंतराल इन कहानियों के मुख्य विषय हैं। शानी से यह शिकायत हो सकती है कि अपने पात्रों का चुनाव करते समय उन्होंने इस वर्ग—निम्न मध्यवर्ग—की राजनीतिक चेतना और आकांक्षाओं की उपेक्षा की है। ऐसे पात्र उनके यहाँ नहीं के बराबर हैं जिनमें सामाजिक परिवर्तन की कोई चेतना हो। इसका एक स्वाभाविक कारण राजनीतिक उथल-पुथल से दूर एक ठहरे और पिछड़े हुए क्षेत्र में उनका लंबे समय तक रहना भी हो सकता है। लेकिन शानी के यहाँ ऐसी कहानियाँ पर्याप्त संख्या में हैं जो समाज में व्याप्त नैतिक क्षरण के सघन संकेतों से बुनी गई हैं। ऐसी कहानियों में 'इमारत गिराने वाले', 'बिरादरी' और 'पत्थरों का तालाब' आदि की चर्चा की जा सकती है। इसी का आक्रामक रूप दिल्ली की पृष्ठभूमि पर लिखी गई उनकी कहानी 'पहला दिन' में भी देखा जा सकता है। 'इमारते गिराने वाले' उस नौदौलतिए वर्ग के तौर-तरीकों पर एक बेहद सार्थक और तीखी टिप्पणी है जो ईंट-पत्थर की इमारत के लिए अपने परिवार और दाम्पत्य सम्बन्धों की इमारत ढहाने में भी संकोच नहीं करता।

शानी की कहानियाँ वर्णन को प्रमुखता देने के बावजूद संकेतों की सघन बुनावट की कहानियाँ हैं। लेकिन संश्लिष्टता के बावजूद किसी प्रकार का उलझाव या दुरूहता उनमें नहीं है। समूची नई कहानी में प्रतीकों का जितना संयत और विवेकपूर्ण उपयोग शानी में मिलता है, अन्यत्र दुर्लभ है। उनकी कहानियों के शीर्षक प्रायः ही प्रतीकात्मक होते हैं और उनके

अर्थोद्‌घाटन में ही कहानी विकसित होती चलती है! 'एक से मकानों का नगर' में मकानों से मतलब सिर्फ मकानों से ही नहीं, उन औरतों से भी है जो स्वभाव में सब कहीं न कहीं एक-सी हैं—थ्रिल की आकांक्षा के बावजूद समाज की आँखों से डरी और सहमी हुई। 'मछलियाँ' में आदिवासियों के ऊपरी नंगेपन और कथित छोटेपन के प्रति बाहरी लोगों की उपेक्षा के संकेतों को बहुत कुशलता से बुना गया है। माड़िन नदी की छोटी-छोटी मछलियों की तरह उपेक्षा भासा की नियति भी है। कैरोल और उसकी पत्नी ही नहीं, उनकी बिल्ली--पुसाल-भी बाहर से मँगवाई गई डिब्बाबन्द मछलियाँ पसन्द करती है। माड़िन नदी की स्थानीय मछलियाँ डिब्बे का पानी बह जाने से मर जाती हैं। दुर्गंध छोड़ती उन मछलियों को भासा कातर भाव से महुए के पेड़ के नीचे लौट देता है। यह अनुमान लगा लेना भी उसके लिए कठिन नहीं है कि जल्दी ही उन नंगी मछलियों पर धूल की परत चढ़ जायेगी।

शानी की कहानियों का भौगोलिक क्षेत्र, खास तौर से उनकी आरम्भिक कहानियों में, प्रकृति की असाधारण समृद्धि का क्षेत्र है। लेकिन प्रकृति उनके लिए सजावट की वस्तु नहीं है। उनके पात्रों की भावात्मक हिस्सेदारी में उसकी महत्त्वपूर्ण और सक्रिय भूमिका है। शानी की कहानियों में प्रकृति के मूड्स और मनोभावों को ठीक से समझ कर ही उनके पात्रों के अंतर्द्वन्द्वों और मनोदशाओं को सही ढंग से पकड़ा जा सकता है। शानी की कहानियों में उपलब्ध प्रायः सारा प्रतीक विधान और बिम्ब निर्माण इस प्रकृति के सहारे ही जीवंत और मूर्त्त रूप ले पाने में सफल होता है।

कृष्णा सोबती

नई कहानी आन्दोलन में कृष्णा सोबती अकेली कहानीकार हैं जिन्होंने इतनी कम कहानियाँ लिखकर अपनी विशेष पहचान बनाई है। उनकी प्रतिनिधि कहानियों का संग्रह 'बादलों के घेरे' सन् '80 में प्रकाशित हुआ। लेकिन इसकी अनेक कहानियाँ नई कहानी आन्दोलन में चर्चित हो चुकी थीं। इसके पूर्व उनकी अन्य चर्चित और विवादास्पद मानी जाने वाली कहानियाँ—'मित्रो मरजानी', 'यारों के यार', 'तिन पहाड़' आदि तब प्रकाशित हुईं जब नई कहानी का आन्दोलन लगभ उतर चुका था। इनके बाद उनकी सिर्फ दो कहानियाँ और छपी हैं—'ऐ लड़की' और 'नामपट्टिका'। अपने कम लिखने के कारणों पर टिप्पणी करते हुए उन्होंने एक साक्षात्कार में कहा है, 'मुझ में एक गहरा ठंडापन है। कभी-कभार लिखने बैठ ही जाती हूँ तो वह मेरे निकट समूची प्रक्रिया का एक अंग बन जाता है। कुछ भी लिखना मेरे निकट एक गम्भीर और जोखिम भरी स्थिति बन जाती है। इसीलिए मैं अपने लेखक को कभी पटाती नहीं। दाँव पर नहीं लगाती। अपने से हटकर मैं उसे दूसरा व्यक्ति समझती हूँ और उसकी इज्जत करती हूँ....' (सारिका, जनवरी '79, पृ० 9) नई कहानी के बेहद आत्मपरकता वाले दौर में लेखक और भोक्ता के बीच की यह दूरी किसी हद तक आश्चर्यजनक लग सकती है। ऐसा नहीं है कि कृष्णा सोबती के अपने अनुभव और आग्रह उनकी कहानियों में न हों, लेकिन उनके आधार पर उनके जीवन-प्रसंगों में प्रवेश की वैसी छूट नहीं मिलती जैसी उस दौर के अन्य बहुत से लेखकों के साथ मिलती है। उनकी

कहानियाँ उनके अनुभवों का ताप संजोए रखकर भी उन्हें आत्मवृत्तांत के रूप में लिए जाने की छूट प्राय: नहीं देतीं।

'बादलों के घेरे' में उनकी लम्बी कथा-यात्रा को समेटती चौबीस कहानियाँ हैं। इनमें उनकी एकदम आरम्भिक दौर की कहानियों में 'नफ़ीसा' और 'लामा' सन् '44 की है, और 'दो राहें : दो बाहें' सन् '59 में मूलत: सहयोगी उपन्यास 'ग्यारह सपनों का देश' के एक अध्याय के रूप में लिखित है, जिसमें पात्रों एवं घटना-प्रसंगों को लेकर अधिक मौलिक और नया करने की अधिक गुंजाइश नहीं थी। इन कहानियों को मोटे तौर पर तीन वर्गों में बांटा जा सकता है। पहले वर्ग में वे कहानियाँ आती हैं जिन्हें आम तौर पर प्रेम और स्त्री-पुरुष सम्बन्धों की कहानियाँ कहा जाता रहा है। 'बादलों के घेरे', 'कुछ नहीं—कोई नहीं', 'दोहरी सांझ', 'पहाड़ों के साये तले' और 'दो राहें : दो बाँहें' आदि इसी वर्ग की कहानियाँ हैं। इन कहानियों में ही उनकी उन कहानियों के विकास-सूत्र खोजे जा सकते हैं जो आगे चलकर 'मित्रो मरजानी' और 'तिन पहाड़' जैसी कहानियों में पूर्णता पाते हैं। इन कहानियों में, उस दौर के अन्य लेखकों की तरह, एक सैलानी किस्म की युवती को केन्द्र में रखकर, असफल प्रेम की रोमानी और काफी कुछ भावुक लगने वाली स्थितियों को बुना गया है। इन कहानियों का दूसरा वर्ग उन कहानियों से बनता है जिनमें स्त्री की नियति को उसके परिवेशगत द्वन्द्वात्मक सम्बन्धों के सन्दर्भ में आंकने की कोशिश की गई है। इन कहानियों में कृष्णा सोबती निषेध और नकारवादी दृष्टि को खारिज करती हुई स्त्री की यातना को उसके पूरे सामाजिक परिप्रेक्ष्य में अंकित करती हैं। 'बदली बरस गई', 'गुलाबजल गंडेरियाँ' और 'आजादी शम्मोजान की' आदि इस वर्ग की उल्लेखनीय कहानियाँ हैं। इन कहानियों का तीसरा वर्ग अविभाजित पंजाब और देश-विभाजन की त्रासदी, यातनाओं और विडंबनाओं से संबंधित है। मानवीय सद्भाव के क्षरण वाले उस भयावह दौर में भी, भावुक हुए बिना, कृष्णा सोबती उस मानवीय तत्व को रेखांकित करती हैं जो मनुष्य में बचे हुए विश्वास को जिन्दा रखे हुए था। 'सिक्का बदल गया', 'डरो मत, मैं तुम्हारी रक्षा करूँगा' और 'मेरी माँ कहाँ....' आदि कहानियाँ इसी दृष्टि से देखी जानी चाहिए। जिन लोगों को कृष्णा सोबती का उपन्यास 'जिन्दगीनामा' उनके अपने लेखन के संदर्भ में एक आकस्मिक घटना जैसा लगता है, उन्हें उनकी 'कलंगी', 'जिगरा की बात', 'दादी-माँ', 'बहनें' और 'भोले बादशाह' आदि कहानियाँ देखनी चाहिए। 'कलगी' में जोधसिंह की कलगी सल्लखी के लिए पूरे पंजाब की कलगी बन जाती है जो शेरों की सेना को सारी बहादुरी के बावजूद आज फिरंगी के नीचे पड़ी है। इन कहानियों में वस्तुत: पंजाब ही वास्तविक नायक है—अपने शौर्य, परम्पराओं, रीतिरिवाजों, खुशियों और गमों के साथ। एक ऐसा पंजाब जो कभी था और अब नहीं है।

कृष्णा सोबती की प्रेम-सम्बन्धी कहानियाँ, अपने सारे रोमानी और भावुक मिजाज के बावजूद, इस तथ्य को नए सिरे से उद्घाटित करती हैं कि तन का धर्म मन के धर्म से अलग नहीं होता। नई कहानी आंदोलन के दौर में जैनेंद्र और अज्ञेय की मनोवैज्ञानिक कहानियों के विरुद्ध काफी कुछ लिखा गया। कृष्णा सोबती उसी परिवर्तित दृष्टि की रचनात्मक स्तर पर

व्यक्त करती हैं। 'बादलों के घेरे' ऊपर से देखने पर बेहद रोमानी-सी कहानी है। उसकी नायिका मन्नो तेपदिक की मरीज है जो अपने ही संबंधियों की उदासीनता झेलती भवाली के सेनेटोरियम में पड़ीं है। एक दिन जब वह अपनी चाची के यहाँ परिवार से मिलने नैनीताल आती है तो दो दिन रुकने की बात होने पर भी वह एक ही दिन बाद वापस लौट जाती है। उसका खाना नौकर द्वारा उसके कमरे में भिजवा दिया जाता है। रवि अकेला व्यक्ति है, बाहर का होने के बावजूद, जो उसके लिए सहानुभूति, प्रेम और अपनत्व की ज़रूरत को समझता है। मन्नो अपनी भावनाओं के ज्वार को कभी बाहर नहीं निकलने देती। उसका बहुत पराया-सा दीखता और दूर-दूर सा लगता चेहरा रवि की स्मृति में वर्षों बाद भी खुभा रहता है। पैरों की धीमी चाल और पीले चेहरे वाली मन्नो के न झुकने वाले कंधे उसकी कोई सहायता नहीं करते। बुआ मन्नो की इस विडम्बना को समझती है। मन्नो के इस दुर्भाग्य में उनकी अपनी भूमिका भी रही है। दस वर्ष बाद, जब मन्नो कभी की जा चुकी है, उसी स्थिति में, उसी कॉटेज में, सामने वाले पाइन्स देखते हुए रवि को अभी भी वह विश्वास हौसला देता है कि आज वह होती तो मुझे झेल लेती। ऐसा कुछ कहकर कृष्णा सोबती प्रेम की शक्ति का ही संकेत कर रही होती हैं जिसके अभाव ने मन्नो को मन्नो बना दिया और साहस के अभाव में जिसे स्वीकार न कर पाने के कारण रवि भी उसी राह आ लगा है। 'कुछ नहीं—कोई नहीं', और 'दोहरी सांझ' जैसी कहानियाँ प्रेम के इसी दुर्निवार आकर्षण को उद्घाटित करती हैं, जिसमें थोड़ी देर को सारे नैतिक और परम्परागत मान-मूल्य बाढ़ में नदी किनारे के वृक्ष की तरह बह जाते हैं।—'जो हो ही जाए उसका फिर कहना-कराना किसके वश होता है!' (बादलों के घेरे, पृ० 81) 'सिक्का बदल गया' विभाजन की पृष्ठभूमि पर मानवीय सदाशयता को गहरी संवेदनशीलता से अंकित करती है।

'यारों के यार' में कृष्णा सोबती जैसे दीवार में लगे छोटे आकार वाले पारदर्शी शीशे में से बाहर की पूरी दुनिया पर टिप्पणी करती हैं। दफ्तर की दुनिया का कूजा बाहर के हहराते हुए समुद्र का बोध कराता है। साथियों और यारों के सतबचनों, फ़िकरेबाजियों और चुहलों से पूरी कहानी गूँजती रहती है। दफ्तर के नियम और कायदे ही बाहर की दुनिया पर भी लागू होते हैं। मानवीय संबंधों का क्षरण, नंगई और धोखेधड़ी को आदमी का निबाह बना लेना, काले धन की समानांतर व्यवस्था-गरज यह कि जो दफ्तर में वही सब कुछ बाहर है। कभी इस कहानी की भाषा को लेकर गहरा विवाद लम्बे समय तक बना रहा था। इस सन्दर्भ में कृष्णा सोबती मानती हैं कि गालियाँ भी बोलचाल की जिन्दा जबान का एक महत्त्वपूर्ण अंग हैं। उन्होंने धर्म शिक्षा की झोंक या सामाजिक नफासतों के नाम पर इस सच्चाई को बलिदान होने से बचाया है।

कृष्णा सोब्रती बौद्धिक और किताबी सहानुभूति से बचकर परिवेश के बीच से हाड़-मांस की वास्तविक स्त्री को मित्रो के रूप में गढ़कर, 'मित्रो मरजानी' में, एक संपूर्ण और कद्दावर औरत को जैसे पहली बार हिन्दी कहानी की जमीन पर खड़ा करती हैं। उसकी जिन्दादिली, चुहल और खिलंदरापन उसे एक ऐसा व्यक्तित्व देते हैं जो आतंक और पीड़ा एक साथ उपजाते हैं। उसका अंग-अंग में पूरा होना और उतने ही मुँहफट तरीके से इस

'होने' को व्यक्त करना जैसे सारे परम्परागत निषेधों को एक ही झटके में ध्वस्त कर देता है। देशज शब्दों के मेल बने तद्भवों द्वारा कृष्णा सोबती मिन्नो और उसकी मिट्टी के संबंध को अप्रतिम शक्ति से अंकित करती है। 'ऐ लड़की' और 'नामपट्टिका' जैसी कहानियाँ 'बदली बरस गई' का ही विस्तार हैं—अपनी संपूर्णता में—जिनमें जीवन के प्रति गहरी आसक्ति और स्त्री की सघन पहचान अपना अर्थ तलाशती दिखाई देती है।

उषा प्रियंवदा

अपनी पूर्ववर्ती और समकालीन कथा-लेखिकाओं की तुलना में उषा प्रियंवदा का रचना-संसार और उनके सरोकार बहुत सीमित हैं। वे न तो चंद्रकिरण सौनरेक्सा की तरह वृहत्तर सामाजिक संदर्भों से जुड़कर व्यवस्था के शोषक आदमखोर स्वरूप का उद्घाटन करती है, और न ही कृष्णा सोबती की तरह संक्रमणशील समाज में स्त्री की आत्मसजगता को चित्रित करती हैं—सारे सामाजिक, राजनीतिक परिवर्तन के बीचो-बीच खड़ी अपनी निजता और अधिकार की आवाज उठाती हुई स्त्री। सामाजिक अंतर्विरोधों को लेकर वे मन्नू भण्डारी की तरह सजग और सचेत भी नहीं है। अपने पहले संग्रह 'फिर बसंत आया' को अब वे अपनी रचनाओं में शामिल नहीं करती। काफी पहले कुंवर नारायण ने उनके संग्रह 'जिन्दगी और गुलाब के फूल' के सन्दर्भ में 'आधुनिकता की तरफदार' कहकर उषा प्रियंवदा की अभ्यर्थना की थी। 'पेरम्बुलेटर', 'कच्चे धागे' और 'दो अंधेरे' जैसी कहानियों को अपवाद मानकर इस संग्रह की शेष कहानियों में जो स्त्री अंकित है वह समृद्धि और सम्पन्नता की पृष्ठभूमि वाली युवती है। कालेज युनिवर्सिटी में शिक्षा प्राप्त या फिर काम-काजी किस्म की युवतियाँ ही अधिकांशतः इन कहानियों में अंकित हैं, जिनकी मुख्य समस्या प्रेम की है। 'मोहबंध' में सिसकियों और भीगी आँखों वाला अतीत ही मोहबंध है। 'पूर्ति' का तारा वर्जना और निषेध से बाहर आकर मसूरी प्रवास की उस निर्जन तूफानी रात में नलिन से वह सब कुछ पाकर संतुष्ट है जो अब सारे जीवन के लिए काफी है। 'जाले' की पर्याप्त रोमानी परिवेश में इस तथ्य को रेखांकित करती है कि प्रेम का आकर्षण सुशिक्षित और अपढ़ व्यक्तियों को समान रूप से बाँधता है। वह वस्तुतः मकड़ी के जाले की तरह है, जिसके तार दूर से बहुत सुकुमार और कोमल लगते हैं पर एक बार उनमें फँस जाने के बाद मुक्ति की कोई आशा नहीं रह जाती। उषा प्रियंवदा की कहानियाँ सामाजिक वर्जनाओं और जीवन की निषेधवादी दृष्टि का प्रथ्याखान करती हैं। उनकी नायिकाएँ दैहिक पवित्रता की मिथ तोड़ती हैं। 'चाँद चलता रहा' की रोहिनी को तो जीवन-भर एक कचोट बनी रहती है कि अरविन्द से विवाह तय हो जाने के बाद भी एक रात उसके आग्रह को ठुकराकर जैसे वही उसकी अकालमृत्यु के लिए उत्तरदायी है। दैहिक संकोच की इस प्रतिक्रिया में ही जैसे वह निर्बंध जीवन की ओर मुड़ जाती है, जहाँ बार-बार अपने को मारकर, अपने से उस सबका बदला लेकर उसे गहरा सुख मिलता है। 'कटीली छाँह' में वर्जना को एक सामाजिक सन्दर्भ देने की कोशिश की गई है। 'छुट्टी का दिन' कामकाजी महिलाओं की हताशा और विडंबना को व्यक्त करती है। 'दृष्टि दोष' मूल्यों के आग्रह की कहानी है जिसमें जीवन पद्धति और सोच की भिन्नता के बावजूद साम्ब का अपनी पत्नी के प्रति रागात्मक निष्ठा का भाव चंद्रा को फिर उसके पास ले आता है क्योंकि

प्यार की मधुरता ने उसका दृष्टि-दोष मिटा दिया है। 'जिन्दगी और गुलाब के फूल' उस व्यापक मोहभंग और हताशा की कहानी है जिसमें शिक्षित बेरोजगारी का समूचा देशव्यापी सन्दर्भ सिमट आया है। इस हताशा की स्थिति में सुबोध एक ओर यदि शोभा से दूर चला जाता है तो दूसरी ओर अपनी ही बहन वृन्दा की नौकरी के बाद, स्थितियाँ उसे और भी अपदार्थ और हीन बनाकर छोड़ देती है। 'वापसी' उषा प्रियंवदा की कहानियों में एक भिन्न प्रकार की कहानी है। यह भारतीय परिवेश में अजनबीपन के बोध की कहानी है जिसमें नौकरी पर बाहर रहने के कारण गजाधर बाबू की लम्बी कल्पित अनुपस्थिति उन्हें परिवार के ढाँचे से बाहर कर देती है। रिटायर होने के बाद जिस जीवन की कल्पना उन्होंने की थी, वह जैसे छिटक कर कहीं दूर जा पड़ता है। इस कहानी को लेकर जब विवाद चला था तो किसी ने यह आपत्ति उठाई थी कि अपने परिवार में जिस तरह गजाधर बाबू को अवांछित और अपरिचित बनाकर पेश किया गया है, उससे तो लगता है जैसे वह बीच-बीच में कभी घर आते ही नहीं रहे हैं और पूरी नौकरी के बाद अब अचानक उनकी वह वापसी हुई है। विश्वसनीयता के लिए अनिवार्य इन ब्यौरों के प्रति उदासीन रहने के बावजूद उनके प्रति लड़कों-बहुओं और जवान बेटी की असहिष्णुता और उपेक्षा किसी हद तक समझी भी जा सकती है। लेकिन दोबारा नौकरी पर चले जाने पर उनकी अपनी पत्नी की प्रतिक्रिया इस अलगाव-बोध को पूरी तरह कृत्रिम और आरोपित बना देती है। कमरे में पड़ी, व्यर्थ जगह घेरती गजाधर बाबू की चारपाई को नरेन्द्र से बाहर निकालने को कहकर, क्योंकि उसने कमरे में चलने तक की जगह रोक रखी है, जैसे वह गजाधर बाबू को—अपने उस पति को जिसके साथ उनका पैंतीस वर्षों का नाता है—पूरी तरह से फालतू और अवांछित बना देती है। प्रतीकों के प्रति दुराग्रह की हद तक बढ़ी हुई प्रवृत्ति ही कहानी को अविश्वसनीय बना देती है।

उषा प्रियंवदा की नायिकाएँ प्रेम को जीवन का सबसे महत्वपूर्ण अनुभव मानती हैं। 'पचपन खम्भे लाल दीवारें' की सुषमा की तरह कभी-कभी वे सामाजिक व्यवस्था की जटिलता और अभेद्यता का संकेत भी देती हैं। 'एक कोई दूसरा' की रानी अपने शिक्षक डॉ० कुमार के प्रति अनाम अदृश्य आकर्षण में बंधती जाती है। लेकिन एक सूक्ष्म स्तर पर यह आकर्षण एक मूल्यबोध का भी निर्माण करता है। अपनी सुन्दरता और सम्पन्नता के कारण वह बहुतों की काम्य रही है। अपने बारे में उसकी स्वीकृति है.... 'मैं बुरी नहीं हूँ, केवल पूरी तरह जीने का प्रयत्न कर रही हूँ....' (एक कोई दूसरा, पृ० 18) डॉ० कुमार के सम्पर्क में धीरे-धीरे उसे अपनी समृद्धि, सम्पन्नता और यौवन का अर्थ बदलता हुआ-सा लगता है। 'झूठा-दर्पण' में भी दो भिन्न वर्गों और संस्कारों वाले व्यक्ति—यति और कुंवर—मूल्यों का यह द्वन्द्व बनाए रखते हैं। अमृता पति को चाहती है, लेकिन विवाह की स्वीकृति कुंवर को दे देती है और स्वयं एक ऐसा झूठा-दर्पण बन जाती है जो सच्चे और वास्तविक प्रतिबिम्ब को उभारने की क्षमता खो चुका है। 'कोई नहीं' में लेखिका नमिता के सन्दर्भ में न तो कहीं आत्मपीड़ा को ग्लोरीफाई करती है और न ही अतीत को लेकर अतिरिक्त रूप से कहीं भावुक होती है। इसके विपरीत नमिता का अवसाद भरा पश्चाताप उसकी कैरियरिस्ट परिणति की व्यर्थता का बोध करा पाने में सफल होता है।

विदेशी पृष्ठभूमि पर—अमेरिका और कनाडा की—उषा प्रियंवदा ने जो प्रेम-कहानियाँ लिखी हैं उनमें से कुछ में एक मुख्य पात्र विदेशी है और कभी-कभी पात्र सब भारतीय हैं, मात्र परिवेश और पृष्ठभूमि विदेशी है। 'मछलियाँ' की विजी और 'शेष-यात्रा' की अनु की तरह उषा प्रियंवदा की नायिकाएँ प्राय: ही परिवार का विरोध झेलकर अपने सद्य: विवाहित पति या-प्रेमी के साथ या फिर उसके आमंत्रण पर, वहाँ पहुँचती हैं। दो सभ्यताओं-संस्कृतियों की मुठभेड़ प्राय: उन्हें शॉक देती है, जिससे उनका संतुलन डगमगाता है। 'मछलियाँ' की विजी—विजयलक्ष्मी-के मन में यह बात बैठ गई है कि जिस मनीष के लिए अपना सब कुछ छोड़कर, नाना के दिए माँ के आभूषण बेचकर वह अमेरिका आई है, उसी मनीष को वह मुन्नी के कारण नहीं पा सकी है। मुन्नी और नटराजन की भावनाओं के प्रति उदासीन बनी रहकर वह जो कुछ करती है उसमें मनीष को खो देने की पीड़ा की भूमिका ही महत्वपूर्ण है, जिसके लिए उसने इतना कुछ सहा और किया है।

इन कहानियों में उषा प्रियंवदा विषय की एकरूपता के बावजूद वैविध्य का आभास देती है। यहाँ वे अमेरिकी जीवन-पद्धति पर अतिरिक्त रूप से कोई टिप्पणी नहीं करती, न ही किसी प्रकार का नैतिक हस्तक्षेप करती है, लेकिन दो संस्कृतियों के अन्तर को समझना मुश्किल नहीं होता। कभी-कभी ऐसा भी होता है कि वे दो संस्कृतियों को दो भिन्न जीवन मूल्यों के रूप में इस्तेमाल करती हैं। 'सागर पार का संगीत', 'चाँदनी में बर्फ', 'टूटे हुए' और 'पिघलती हुई बर्फ' आदि कहानियाँ प्रेम को, उसके अनुभव और प्रक्रिया को, विभिन्न रूपों में प्रस्तुत करती हैं। इन कहानियों में उनकी आरम्भिक कहानियाँ वाला रोमानी आग्रह झड़ चुका है और एक वयस्कता इनमें सब कहीं उपस्थित है। यहाँ तक आते-आते यह साफ हो जाता है कि शाश्वत कुछ नहीं होता—प्रेम भी नहीं। इसी पृष्ठभूमि में बाद की कहानियों में आवेग का तारल्य बढ़कर उस मूल्य-बोध को छिपा लेता है, जिसका हल्का सा आभास उनकी विदेशी पृष्ठभूमि पर लिखी गई शुरू की कहानियों में दिखाई दिया था। सोच और वय दोनों ही दृष्टियों से जैसे ये नायिकाएँ पक चुकी हैं और इस बीच अमेरिकी जीवन के तौर-तरीके उनके खून का हिस्सा बन चुके हैं। जिन प्रेमियों और पतियों की खातिर अपना घर-परिवार छोड़कर ये नायिकाएँ वहाँ पहुँची थीं, शुरू के उस सांस्कृतिक-झटके को झेल जाने के बाद, वे अब अपने लिए नई राहें खोजने को आतुर दिखाई देती हैं। उनके लिए अब न तो भारत में छूटे हुए परिवार के प्रति किसी प्रकार का भावुक कर्त्तव्य-बोध शेष रह गया है, और न ही भारतीय पत्नी की वह अवधारणा जो कल्याणी और टीटी में कहीं न कहीं उन्हें बाँधे रहती है। निहायत अकुंठित भाव से वे सिर्फ अपने तात्कालिक आवेगों के प्रति ही सच्ची बनी रहना चाहती हैं। 'सम्बन्ध', 'कितना बड़ा झूठ' और 'ट्रिप' उनके इसी आवेग के स्वीकार को रेखांकित करती हैं।

उषा प्रियंवदा की कहानियाँ अनुभव की विपन्नता की कहानियाँ हैं। वे कदाचित् अकेली लेखिका हैं जिन्होंने प्रेम पर इतनी अधिक कहानियाँ लिखी हैं। उनकी आरम्भिक कहानियों पर अज्ञेय और धर्मवीर भारती की छाया साफ दिखाई देती है। अपने अनुभव की विपन्नता को वे काव्यात्मक ब्यौरों, प्रतीक विधान शिल्प की संश्लिष्टता से पूरा करना चाहती

हैं। नई कहानी अपरिमित वैविध्य और विस्तार की संभावनाएँ लेकर विकसित हुई थी। उषा प्रियंवदा की कहानियों से नई कहानी की सीमाओं को आज शायद बेहतर ढंग से समझा जा सकता है।

मन्नू भंडारी

मन्नू भंडारी का पहला संग्रह 'मैं हार गई' सन् '57 में प्रकाशित हुआ। इसमें कोई भूमिका नहीं है, लेकिन इस संग्रह की कई कहानियाँ कहानी में आ रहे परिवर्तन को रेखांकित करती हैं, वहीं 'पंडित गजाधर शास्त्री' और 'दो कलाकार' शीर्षक कहानियाँ नई कहानी के वैचारिक संघर्ष के साथ ही उसकी सामाजिक भूमिका को भी उद्‌घाटित करती हैं। किंचित् अतिरंजना के बावजूद 'पंडित गजाधर शास्त्री' के कथाकार नायक पुरानी पीढ़ी के उन अनेक कहानीकारों का ही मिला-जुला रूप हैं जो स्वयं मात्र एक कहानी लिखकर अर्थात् बहुत सीमित रचनात्मक पूँजी के आधार पर कहानी के 'मैं' के रूप में एक पूरी की पूरी संभावनाशील पीढ़ी को नकारने की असफल कोशिश कर रहे थे। अपनी एक कहानी की तुलना में 'मैं' के तीन प्रकाशित संग्रहों की ओर से वह पूरी तरह उदासीन ही नहीं बने रहते हैं, बिना देखे और पढ़े ही वह उन्हें खारिज करने की कोशिश भी करते हैं। उपेक्षितों और उत्पीड़ितों के प्रति संवेदनशीलता की सारी कथित और प्रचारित मुद्रा के बावजूद अपने आचरण में वह क्या-कुछ करते हैं, वह होटल के नौकर के प्रसंग में स्पष्ट हो जाता है। इसी प्रकार नारी के प्रति उनकी भोगवादी स्वेच्छाचारी दृष्टि और साहित्य में चोरी पर भी साधुवाद की अपेक्षा के कारण वह नई कहानी के लेखक द्वारा स्वयं में एक उत्तेजक विषय समझे जाते हैं। यही कारण है कि किसी प्रचारित घोषणा-पत्र और सौन्दर्य-शास्त्रीय सिद्धान्तों में उलझे बिना भी 'पंडित गजाधर शास्त्री', सारी अतिरंजना के बावजूद, पुरानी पीढ़ी और कहानी की आलोचना का जोखिम उठाती है। इसी तरह 'दो कलाकार' एक गढ़ी हुई कहानी होने पर भी रचना और कर्म की एकता पर बल देती है। जीवन में कर्म के प्रति चित्रा की तरह उदासीन रहने वाले लोग ही अंततः रचना में कलावाद का सहारा लेते हैं। चित्रा के चित्र 'कन्फ्यूजन' में अमूर्त्तता और प्रतीक-बहुलता को लेकर अरुणा की टिप्पणी प्रकारान्तर से नई कहानी में घुसपैठ करती इन प्रवृत्तियों के विरुद्ध ही एक टिप्पणी है।

नारी के प्रति स्वेच्छाचारी और सामंती दृष्टि का जो हल्का सा आभास 'पंडित गजाधर शास्त्री' में मिलता है, 'मैं हार गई' और 'तीन निगाहों की एक तस्वीर' कितनी ही कहानियों में उसका विस्तार देखा जा सकता है। 'घुटन' और 'ईसा के घर इन्सान' रूढ़ियों और धार्मिक वर्जनाओं द्वारा नारी के सम्पूर्ण विकास को कुंठित किए जाने का संकेत देती हैं। इन निषेधों और वर्जनाओं के अनुरूप ढलते जाने से भी क्या हासिल होता है? 'एक कमजोर लड़की की कहानी' की रूप आखिर क्या पाती है? इससे भिन्न 'गीत का चुंबन' की कनिका हाड़-माँस की एक जीती-जागती युवती है जो निखिल द्वारा किताबी स्त्री की भावुक परिकल्पना के विरुद्ध तीखा आक्रोश प्रकट करती है। इन कहानियों में मन्नू भंडारी ने पर्याप्त संयत ढंग से एक ऐसी नारी गढ़ने की कोशिश की है जो क्रमशः एक जीवंत और आत्मसजग स्त्री के रूप में

विकसित होती है और जो अर्थहीन विधि-निषेधों के लिए जीवन नष्ट करने की अपेक्षा अपना जीवन अपने ढंग से जीना चाहती है। इस आत्मसजग स्त्री की उपस्थिति उनकी 'दीवार, बच्चे और बरसात', और 'तीन निगाहों की एक तस्वीर' में भी रेखांकित की जा सकती है। परम्परागत और चालू मुहावरे में इसे आसानी से 'कुलटा' भी साबित किया जा सकता है। 'खोटे सिक्के' की लक-दक, फैशनेबुल किस्म की छात्राओं को लेकर सधे और संयत व्यंग्य का कौशल आश्वस्त तो करता ही है, मन्नू भंडारी की उस विशेषता की ओर भी संकेत करता है जहाँ वे अपनी समकालीन कथा लेखिकाओं के बीच लगभग अकेली है। यह वस्तुत: प्रेमचन्द और यशपाल से प्राप्त रचना-दृष्टि है जिसका भरपूर उपयोग, महिला कथाकारों में, चंद्रकिरण सौनरेक्सा के यहाँ मिलता है। नई कहानी के रोमानी आत्मग्रस्तता के दौर में इस दृष्टि का समुचित विकास नहीं हो सका। 'सयानी बुआ', 'अकेली' और 'मजबूरी' आदि कहानियों में इस आत्मग्रस्तता का अतिक्रमण वे वृद्धाओं की ममता और संवेदनशीलता को रेखांकित करके करती हैं। 'अभिनेता' और 'मैं हार गई' में मूल्यों के ह्रास के संकेत स्पष्ट हैं। मन्नू भंडारी की ये कहानियाँ लेखिका की सामाजिक चिन्ता का साक्ष्य बन सकी हैं जो उनके परवर्ती लेखन में वृहत्तर सन्दर्भों से जुड़ने की आकांक्षा के रूप में प्रतिफलित होती हैं।

अपने समय-सन्दर्भों के प्रति यह खुली दृष्टि मन्नू भंडारी को अपने दौर की कथा-लेखिकाओं से तो अलग करती ही है, अनेक पुरुष कहानीकारों से भी अलग करती है। पूँजीवादी समाज में तेजी से उभरते नवधनाढ्य वर्ग की मूल्य-मूढ़ता के संकेत उनकी अनेक कहानियों में उपलब्ध हैं। 'मैं हार गई' की कथा-लेखिका नायिका निर्धन और सम्पन्न दोनों वर्गों से ही अपने नायक के निर्माण में असफल रहती है। लेकिन फिर भी अपने वर्ग के सम्पन्न नायक की अपेक्षा संभावनाएँ उसे विपन्न और साधनहीन नायक में ही दिखाई देती हैं। जब और जहाँ भी वह अपने इस नायक को नौकरी दिलाने की कोशिश करती है, उसे अपने ही पिता के सगे-सम्बन्धी और नाते-रिश्तेदार कुर्सियों और गद्दियों पर छाए मिलते हैं। यह नायक अपनी पूरी संभावनाओं के साथ कहानी में भले ही न उभर सका हो, लेकिन शीर्षक से संकेतित इस कथा-लेखिका की पराजय की स्वीकृति यह स्पष्ट कर देती है कि वर्तमान राजनीतिक व्यवस्था में उनके नियामकों से कोई आशा नहीं की जा सकती। 'क्षय', 'नकली हीरे', 'सजा', 'तीसरा हिस्सा' और 'अ-लगाव' आदि कहानियाँ, एक सुनिश्चित क्रम में, इस वर्तमान व्यवस्था के अन्तर्विरोधों की गहराई में जाकर उद्घाटित करती हैं और ह्रासशील मूल्यों के सार्थक संकेत देती हैं। 'क्षय' में क्षय क्या कुंती के पापा को ही है? इस क्षय की शिकार यह पूरी व्यवस्था है जो अपने लिए स्वेच्छा से चुने गए शिक्षण कार्य को लेकर कुंती के सारे आदर्शों की हत्या कर देती है। 'तीसरा हिस्सा' अस्तित्व के लिए सारे विवश समझौतों के बावजूद ऐसा कुछ खास अपने लिए बचाए रखने की इच्छा का प्रतीक है जिसे पत्नी या बॉस कोई भी छू नहीं सकता। 'तीसरा हिस्सा' से 'अ-लगाव' तक की यात्रा वस्तुत: आकांक्षा से कर्म की दिशा में एक सार्थक संतरण का उदाहरण है।

थोड़ा आश्चर्यजनक होने पर यह सच है कि नारी को अनेक रूपों और कोणों से प्रस्तुत करने में सिद्धहस्त मन्नू भंडारी ने प्रचलित अर्थवाली प्रेम कहानियाँ बहुत कम लिखी हैं।

अपनी पीढ़ी में वे कदाचित् अकेली लेखिका हैं जिन्होंने नारी को विभिन्न पारिवारिक रिश्तों और व्यापक सामाजिक सन्दर्भों में अंकित किया है। उनके यहाँ दादी, माँ, बुआ, बहन, पत्नी, पुत्री और प्रिया आदि स्त्री के विविध रूप मिलते हैं। वे अनुभव करती हैं कि आज स्त्री सब कहीं मिसफिट है क्योंकि उसका विकास समाज के स्वस्थ संदर्भ में न होकर अभी तक एक समस्या के रूप में हुआ है। लेकिन नारी कोई थ्योरम का प्रॉब्लम नहीं है। इसी कारण वे नारी को पूरे सामाजिक परिप्रेक्ष्य में प्रस्तुत करती है। उनकी 'संख्या के पार', 'रानी माँ का चबूतरा', 'शिशु सुरक्षा केन्द्र', 'नशा', 'बाँहों का घेरा' और 'स्त्री-सुबोधिनी' आदि कहानियाँ स्त्री के इन्हीं विभिन्न रूपों की शोभा-यात्रा प्रस्तुत करती हैं।

मन्नू भंडारी की प्रेम कहानियों में 'यही सच है', 'एक बार और' तथा 'ऊँचाई' विशेष रूप से उल्लेखनीय हैं। इन कहानियों के सन्दर्भ में सबसे मुख्य बात यह है कि महज आक्रामक या बोल्ड माने जाने के लिए वे अकारण शोखी से काम नहीं लेती हैं। इन कहानियों में वे प्रथम प्रेम की उत्कटता और आवेग-मयता को वे विशेष महत्व देती हैं। इसके लिए उनकी नायिकाएँ अपने सुनिश्चित और सुरक्षित वर्तमान को भी दाँव पर लगाने में संकोच नहीं करती हैं। संयोग से इन तीनों ही कहानियों की नायिकाओं के जीवन में दो पुरुष हैं, जिनमें से किसी को लेकर, मात्र सती-साध्वी समझी जाने के लिए, वे अपने को छलती नहीं हैं। 'यही सच है' का वैचारिक आधार अपेक्षाकृत कमजोर है। नैतिक-अनैतिक से परे यह वस्तुत: वर्तमान को पकड़ और भोग लेने वाला क्षणवादी दर्शन है जो अस्तित्ववादियों ने खूब गरिमा-मंडित किया है। अतीत और भविष्य से कटकर दीपा पूरी तरह से इसी वर्तमान को समर्पित है, इसलिए जो भी उसके सामने होता है, वह निशीथ हो या संजय, वही उसे एकमात्र सच लगता है।....'एक बार और' की बिन्नी और कुंज के बीच औपचारिकता इस तरह सच हो जायेगी, किसने सोचा था? लेकिन यह सच है और इसका प्रमाण उसकी अप्रत्याशित वापसी है। 'ऊँचाई' में शिवानी ग्यारह वर्ष बाद अतुल से मिलती है। शिवानी अब विवाहित है और माँ है। लेकिन अतुल को निर्जन बाँधवहीन घर में अकेला देखकर उसे पीड़ा होती है। क्या 'इतने वर्षों वह उसके लिए ही रुका और बैठा रहा है? शिवानी गहरे अपराध-बोध से भर उठती है....'मेरे प्यार की लाश ने तुम्हें जीती-जागती लाश बना दिया है, मेरा प्यार ही तुम्हें नया जीवन भी देगा....मेरे इस अधिकार को मुझसे कोई नहीं छीन सकता' (एक प्लेट सैलाब, पृ० 144) ऐसा करके न तो वह अपने पति शिशिर को धोखा देती है और न ही उसे पीड़ा पहुँचाना चाहती है। वह सिर्फ अपने को पीड़ा से बचाना चाहती है। सब कुछ जानकर ऐसा नहीं है कि शिशिर को आघात नहीं लगता। लेकिन आघात को सह पाने की शक्ति भी उसे मिलती है। इस पारस्परिक समझदारी के विकसित होने पर उसे लगता है कि गहरी थकान के बाद गर्म पानी में डाले गए पैरों को जैसे शुरू में पानी गर्म लगता है, फिर आराम मिलने लगता है, ऐसा ही कुछ उसके साथ भी हुआ है। मन्नू भंडारी की इन कहानियों को नैतिकता-अनैतिकता की कसौटी पर नहीं कसा जा सकता। इन कहानियों का महत्व इसमें है कि वे नारी-मन के अन्तर्द्वन्द्वों और सोच को सूक्ष्मता और बेबाकी से उद्घाटित करती हैं। ये सोच और आचरण की एकता पर बल देती हैं।

एक साक्षात्कार में मन्नू भंडारी ने नई कहानी-आंदोलन और उसमें अपनी स्थिति पर टिप्पणी करते हुए कहा है, 'कहानी आंदोलन के केन्द्र में क्या, मैं तो किनारे पर भी नहीं थी। यह महज संयोग की बात है कि मैंने जब लिखना शुरू किया तो 'नई कहानी' के सूत्रधार अपने पूरे चढ़ाव पर थे। उन सभी से मेरा घनिष्ठ सम्बन्ध-सम्पर्क था, सो मेरा नाम भी जुड़ गया। इसे मेरी मासूमियत मत समझिए, सच्चाई है कि मुझे तो आंदोलन का क-ख-ग भी नहीं आता था उस समय।' (त्रिशंकु, मन्नू जी के तमाम रंग, पृ० 17) मन्नू भंडारी के इस वक्तव्य से कई बातें साफ होती हैं। नई कहानी के सूत्रधारों से उनका आशय राजेन्द्र यादव, मोहन राकेश और कमलेश्वर से है। मन्नू भंडारी के इस आंदोलन में शामिल किए जाने का मुख्य कारण उन लोगों से उनका घनिष्ठ सम्बनध-सम्पर्क था। लेकिन बहुत से लोग ऐसे भी थे जिनको इस सम्बन्ध-सम्पर्क की सुविधा नहीं थी। नई कहानी के सूत्रधारों की यह उल्लिखित त्रयी इस आंदोलन को व्यापक आधार देने के पक्ष में नहीं थी। ले-देकर इसमें, 'नए कहानीकार' शृंखला का सम्पादन करते हुए, राजेन्द्र यादव ने रेणु को और शामिल किया। आलोचकों और आंदोलन की उपधाराओं का नेतृत्व करने वाले लोगों के अपने-अपने लेखक थे। जैसा कि स्पष्ट करने की कोशिश की गई है नई कहानी इस सामूहिक संघर्ष और उपलब्धियों का ही प्रतिफल थी। लेकिन इसके बाद भी अनेक लोग थे जो इस आंदोलन में कहीं नहीं थे। यह ठीक है कि जो प्रतिभाशाली और महत्वपूर्ण लेखक थे वे इस आंदोलन में कहीं न कहीं शामिल थे और आपसी विरोध और मतभेद के बावजूद सर्जनात्मक स्तर पर सक्रिय थे। देर-सबेर उन्हें स्वीकृति भी मिली। लेकिन अपनी उपेक्षा से असंतुष्ट लेखकों की संख्या कम नहीं थी। इन्हीं लेखकों ने अपने आस-पास जुटे लेखकों को लेकर नई कहानी के विरोध और प्रतिक्रिया में सचेतन-कहानी और अ-कहानी जैसे कथा-आंदोलनों की अगुआई की।

सचेतन कहानी

नई कहानी मे शुरू से ही ऐसे आत्मपरक और व्यक्तिवादी तत्व सक्रिय थे जो कहानी को उसकी पूरी परम्परा से काट कर नई कहानी को स्वत:स्फूर्त और स्वायत्त मानकर चल रहे थे। सचेतन कहानी के प्रवक्ता महीप सिंह ने जब सचेतन कहानी की अवधारणा को आंदोलन के रूप में प्रस्तुत किया तो उनका मुख्य बल नई कहानी में सक्रिय इस आत्मपरकता का विरोध ही था। अस्तित्ववादी दर्शन के प्रभाव से अजनबीयत और अ-लगाव की जो प्रवृत्तियाँ कहानी में घुसपैठ कर रही थीं, व्यक्ति को समाज से काटकर एक स्वतंत्र इकाई के रूप में प्रस्तुत किया जा रहा था और नई कविता की तरह नई कहानी में भी संत्रास, हताशा और मृत्यु-बोध की बातें की जाने लगी थीं—महीप सिंह ने नई कहानी में सक्रिय इन प्रवृत्तियों के विरुद्ध ही सचेतन कहानी की अवधारणा प्रस्तुत की। इसके स्वरूप को स्पष्ट करते हुए उन्होंने लिखा, 'सचेतन एक दृष्टि है। वह दृष्टि जिसमें जीवन जिया भी जाता है और जाना भी जाता है। अपने संक्रांति-काल में चाहे हमें जीवन अच्छा लगे या बुरा लगे, चाहे उसे घूँट-घूँट पीकर हमें तृप्ति प्राप्त हो, चाहे नीम के रस की तरह हमें उसे आँखें मूँद कर निगलना पड़े परन्तु जीवन से हमारी संपृक्ति छूटती नहीं। कड़ुए घूँटों से घबड़ा कर जीवन से भाग खड़े होने की बात वैयक्तिक रूप में मानव इतिहास में अनेक बार दोहराई गई है और हर बार किसी-न-किसी प्रकार का दार्शनिक-बौद्धिक आधार देकर उसके औचित्य की स्थापना का प्रयास किया गया है। परन्तु मनुष्य की प्रवृत्ति जीवन से भागने की नहीं रही है। जीवन की ओर भागना ही उसकी नियति है....' (आधार, सचेतन कहानी विशेषांक, सन् '64, संपादकीय, पृ० 12)।

महीप सिंह मानते हैं कि हमारी समस्या आस्थाहीनता की न होकर आस्था की जड़ता की है। आस्था की इस जड़ता को वे दो रूपों में देखते हैं। एक ओर यदि यह मनुष्य को अतीत के सुनहले स्वप्नों में डुबाती है तो दूसरी ओर कुंठा, निराशा, अवसाद और विशृंखलता की भावना उत्पन्न करती है। उनके अनुसार इन दोनों ही स्थितियों का परिणाम निष्क्रियता के रूप में सामने आता है। उनके अनुसार सचेतन कहानी इसी निष्क्रियता के प्रतिरोध की कहानी है। जहाँ तक नई कहानी का सवाल है विस्तारपूर्वक इसे स्पष्ट किया जा चुका है कि वह कहीं भी अतीत के सुनहले स्वप्नों में डुबाने का प्रयास नहीं करती। वह तो अतीत से गहरे मोहभंग की कहानी है जो अपने वर्तमान को ही सच मानकर चलती है। इसीलिए इधर-उधर की बहुत सी बातें इस आंदोलन को किंचित् व्यापक आधार देने के लिए की गईं जबकि उनके विरोध का मूल और एकमात्र मुद्दा नई कहानी की आत्मपरकता का विरोध था। इस आत्मपरकता को भी उन्होंने पूरे सामाजिक-राजनीतिक परिप्रेक्ष्य में न

देखकर, अस्तित्ववाद की ह्रासशील और जीवन-विरोधी प्रवृत्तियों के रूप में ही देखा। स्पष्ट ही यह एक बेहद सरलीकृत दृष्टि थी।

महीप सिंह ने अपने इसी संपादकीय में नई कहानी में प्रतीक-विधान और सांकेतिकता को भी फ्रांस के प्रतीकवादियों से जोड़कर देखा और उसके अतिरेक पर टिप्पणी करते हुए लिखा, 'यहाँ यह कहना भी अप्रासंगिक नहीं होगा कि फ्रांसीसी प्रतीकवाद से प्रभावित होकर कुछ लोग कविता की तरह कहानी में भी रहस्य वृत्ति एवं अस्पष्टता को एक अनिवार्य गुण मानने लगे हैं और बोदलेयर की तरह विषय-वस्तु और रूपतत्व में विभेद न रखकर उसे एक अखंड क्रिया मानते हैं। 'नई कहानी' के माध्यम से हिन्दी में ऐसे कहानी लेखकों का आग्रह धीरे-धीरे रूपतत्व पर ही आकर केन्द्रित हो गया है। इनकी रचनाओं में व्यक्ति और व्यक्तिवाद को उभारने का एक सायास प्रयास होता है। उनके भावों का सृजन न करके अपने विचित्र और अव्यवहारोचित दृष्टिकोणों के अंकन पर केन्द्रित हो जाता है। फलतः ऐसी कृतियों में व्यापक मानवीय संवेदना का तो चित्रण होता नहीं, उसमें आए संवेग हमारे अंतस में कोई भावोद्रेक न करके वैचित्र्य बन जाते हैं। ऐसी कहानियों में 'व्यक्तित्व' को सृजन का एक माध्यम न मानकर स्वयं वर्णविषय मान लिया जाता है....' (वही, पृ० 14) नई कहानी की जो सुविस्तृत चर्चा पिछले पृष्ठों पर की गई है उससे यह स्पष्ट है कि महीप सिंह के ये आरोप एकांगी और पूर्वाग्रह ग्रस्त हैं। नई कहानी में भी, जैसा कि उस चर्चा से स्पष्ट है, अनेक धाराएँ थीं और उन सबको सामान्य रूप से एक ही डंडे से हाँकने की यह प्रवृत्ति अत्यन्त दोषपूर्ण तो है ही, उसकी सारी उपलब्धियों के प्रति एक निषेधवादी दृष्टि भी अपनाती है। यह ठीक है कि कहानी में कविता के तत्वों की घुसपैठ, विशेष रूप से उनका अतिरेक, कहानी को रूपवाद और अमूर्त्तन की ओर ले जा रहा था। लेकिन यह नई कहानी की मूल और सामान्य प्रकृति नहीं थी। नई कविता के जो कवि कहानी की ओर आए थे, खास तौर से कुंवर नारायण, श्रीकांत वर्मा और सर्वेश्वर आदि, उनकी अनेक कहानियों में जीवन के निषेध और अमूर्त्तन की प्रवृत्ति विद्यमान थी। लेकिन यह समूची नई कहानी का एक छोटा-सा हिस्सा था। इनमें भी संभवतः कुंवर नारायण को छोड़कर अन्य कवियों ने जीवन के अनेक महत्वपूर्ण पक्षों और प्रसंगों पर कहानियाँ लिखीं। नई कहानी अंतर्वस्तु और रूप के कृत्रिम और सतही विभाजन को तोड़ने का प्रयास करके उसे अधिक संश्लिष्ट और एकीकृत रूप में प्रस्तुत करने का आग्रह लेकर आई थी। रूपवादी, तत्व उसमें सक्रिय न हों ऐसा नहीं है, लेकिन इस मुद्दे पर भी सभी कहानीकारों की स्थिति एक-सी नहीं है। रूपवादी तत्व उन्हीं लोगों में अधिक है जो कहानी में वैचारिकता के निषेध और अस्वीकार से अपनी रचना-यात्रा शुरू करते हैं। व्यापक मानवीय संवेदना के चित्रण की दृष्टि से तो नई कहानी का आंदोलन हिन्दी कहानी में एक अभूतपूर्व आंदोलन रहा है और इस दृष्टि से आज भी उसकी उपलब्धियों को कोई गंभीर और सार्थक चुनौती नहीं दी जा सकी है।

सचेतन कहानी में, रचना और अवधारणा दोनों स्तरों पर ही, निषेध, विरोध और अस्वीकार की भूमिका का विशेष महत्व रहा है। नई कहानी के कथित सूत्रधारों के प्रति महीप सिंह की नकारवादी दृष्टि उनके इस वक्तव्य से स्पष्ट है, 'समय और सुविधा देखकर

दर्शन की स्थापना का सबसे छिछला उदाहरण अभी हाल में ही देखने में आया है। एक 'लोकप्रिय' कहानी-पत्रिका के लेखक-संपादक ने अपने एक लम्बे संपादकीय में कापालिकों की तरह प्रेत जगाते हुए 'नई कहानी' का प्रगतिशील तत्वों के प्रति समर्पित होना लिखा है। साहित्यिक चर्चाओं में इतना बड़ा मजाक शायद ही कभी किया गया हो। जो लेखक सदैव नई कहानी की स्थापना का कार्य 'नये' और 'पुराने' का सतही भेद दिखाकर करता रहा हो और जिसके साथी लेखकों ने कहानी के नए संदर्भ खोजते हुए कविता और कहानी की भावभूमियों का अंतर ढूँढा हो या परिभाषा के नए सूत्र एकत्र करते हुए अपनी कहानियों में मानव-आत्मा के शिल्पी का पहली बार अपनी भूमिका के निर्वाह की गर्वोक्ति की हो, एका-एक ऐसा लेखक 120 पृष्ठ की पत्रिका के संपादक होने की सुविधा का लाभ उठाकर हवा के बहाव को देखते हुए झट से प्रगतिशीलता का जामा ओढ़ ले तो इसे घोर अवसरवादिता के अतिरिक्त और क्या कहा जायेगा....' (वही, पृ० 15)

महीप सिंह का वक्तव्य चीजों को संदर्भों से काटकर उनकी अराजक व्याख्या का एक अच्छा उदाहरण है। इसीलिए इसके निहित संदर्भों को स्पष्ट करना जरूरी है। जिस पत्रिका की ओर महीप सिंह का संकेत है वह कमलेश्वर के संपादन में निकलने वाली पत्रिका 'नई कहानियाँ' है। भैरव प्रसाद गुप्त के बाद 'नई कहानियाँ' का संपादन जब कमलेश्वर के हाथ में आया तो निःसन्देह पत्रिका में एक गुणात्मक अन्तर भी आया। लेकिन फिर भी स्थिति वैसी एकदम नहीं थी जैसी कि महीप सिंह के इस वक्तव्य में उसे प्रस्तुत करने की कोशिश की गई है। जुलाई '64 में शिवदान सिंह चौहान ने 'आलोचना' का एक संपादकीय लिखा था—'आज की कहानी : आंदोलन की उपलब्धियाँ।' इसमें और रमेश बक्षी के अतिथि संपादन में 'लहर' के, दो खण्डों में प्रकाशित कहानी विशेषांक में, उन्होंने अपने लेख में नई कहानी के विरोध में कुछ एकांगी और पूर्वाग्रहपूर्ण वक्तव्य दिए थे। उन वक्तव्यों में नई कहानी के अस्तित्व को ही नकारा गया था और 'नए' तथा 'पुराने' के झगड़े को अर्थहीन मानकर नई कहानी में 'नए' की अवधारणा को ही अस्वीकार किया गया था। इसी का उत्तर कमलेश्वर ने 'नई कहानियाँ' के अगस्त '64 के अपने संपादकीय में दिया था—'प्रेत बोलते हैं' शीर्षक से। जैसा कि हमेशा होता है इस विवाद में अतिवादी और पूर्वाग्रहपूर्ण वक्तव्य दोनों ओर से दिए गए। नई कहानी अपनी परम्परा का तिरस्कार कर रही थी यह एक अतिवाद था और शिवदान सिंह चौहान 'नई कहानी' के अस्तित्व को ही अस्वीकार कर रहे थे, वह दूसरा अतिवाद था। अन्य लोगों में महीप सिंह का आशय निश्चय ही मोहन राकेश और राजेन्द्र यादव के उन लेखों से है जो उन्होंने अपने संग्रहों क्रमशः 'एक जिन्दगी और' तथा 'किनारे से किनारे तक' की भूमिकाओं के रूप में लिखे थे। यह ठीक है कि इन लेखों में अपने को प्रतिष्ठित करके दूसरों को नकारने की मुद्रा स्पष्ट थी, महीप सिंह पर भी इसकी प्रतिक्रिया अस्वासिक नहीं मानी जा सकती, लेकिन नई कहानी की प्रकृति और अवधारणा को स्पष्ट करने में इन लेखों की भूमिका से इंकार नहीं किया जा सकता। इसी कारण बाद में देवीशंकर अवस्थी ने अपनी संपादित पुस्तक 'नई कहानी : प्रकृति और संदर्भ' में इन्हें संकलित किया।

महीप सिंह 'सचेतन' की व्याख्या करते हुए लिखते हैं, 'सचेतन दृष्टि आधु-निकता की दृष्टि है। आधुनिकता एक गतिशील स्थिति है और हमारे सक्रिय जीवन-बोध पर निर्भर है। जीवन को जड़ और निरर्थक अथवा गतिहीन मान बैठने वाला व्यक्ति अधिक से अधिक वर्तमान के कुछ क्षणों में ही जी सकता है। उसके पास भविष्य की दृष्टि नहीं निखर सकती। जो लोग जीवन को एक प्रदत्त वस्तु के स्तर पर ही ग्रहण करते हैं, जिसमें सक्रिय रूप से जीने की अपेक्षा कुछ घटित होने का बोध ही अधिक रहता है, वे मानो जीवन को केवल अनुभूति के स्तर पर ही जीते हैं। परन्तु जो जीवन को समग्र रूप में जीना चाहता है, वह उसे 'जानना' भी चाहता है। ज्ञान निष्क्रिय नहीं सक्रिय व्यापार होता है और वह ज्ञेय को संस्कारित करता है। 'जानने' का यह सक्रिय भावबोध आधुनिकता का भावबोध है। आधुनिकता गतिशीलता में होती है, यह उसकी अनिवार्य शर्त है और विकासशील और जुड़ा व्यक्ति ही आधुनिकता को ग्रहण कर सकता है। आधुनिकता नवीन परिस्थितियों के सन्दर्भ में अपना संस्कार करती चलती है। और संस्कारित परिस्थितियों को अनुभूति की संपृक्ति से चित्रित करना सचेतन कहानी की विशेषता है....' (वही, पृ० 15-16)

'जनतन्त्र' और 'समाजवाद' जैसे शब्दों की तरह 'आधुनिकता' भी एक ऐसा शब्द है जिसकी लोगों ने मनमानी व्याख्या की है। नई कहानी स्वयं बदले हुए सामाजिक-राजनीतिक संदर्भों में बनी-बनाई दृष्टि और परम्परागत मूल्यों के स्थान पर युगानुरूप जीवन-दृष्टि का आग्रह लेकर आई थी। महीप सिंह जिसे 'जानना' और 'ज्ञान की सक्रियता' कहकर प्रस्तुत करते हैं यह वस्तुत: वही प्रगतिशील दृष्टि थी जिसका सूत्रपात हिन्दी कहानी में प्रेमचंद ने किया था और जिसकी एक समृद्ध और सुविकसित परम्परा थी। नई कहानी में भी इन कहानीकारों की एक धारा खूब सक्रिय और महत्वपूर्ण थी जो सामाजिक परिस्थितियों को समझकर परिवर्तन की आकांक्षा वाले पात्रों को प्रस्तुत कर रहे थे। महीप सिंह सचेतन कहानी को उस धारा से नहीं जोड़ते, बल्कि ऐसा किए जाने का विरोध भी करते हैं। इस सन्दर्भ में, ऐसे किसी प्रयास का प्रतिवाद करते हुए वे लिखते हैं, 'सचेतन दृष्टि की बात करते हुए हमने मानवीय संदर्भ के इस वृहत्तर दायित्वबोध की बात की थी जिसे पढ़कर हिन्दी के कुछ-एक अधकचरे और अधपढ़ आलोचकों ने यह कहना शुरू कर दिया था कि यह उन्हीं मान्यताओं का पुनरावर्तन है जो कहानी के सन्दर्भ में दूसरे-तीसरे दशकों में स्थापित की गई थी। वस्तुत: आज के मनुष्य की संक्रमणशील स्थितियों को जिन्होंने बौद्धिक स्तर पर ग्रहण करने के बजाय चालू मुहावरों की सहायता से ही समझने का प्रयास किया है, वे इससे अधिक दूर तक देख सकने की सामर्थ्य भी नहीं रखते....' ('सचेतन कहानी', डॉ० इंद्रनाथ मदान द्वारा संपादित 'हिन्दी कहानी : पहचान और परख' में संकलित, पृ० 89)

महीप सिंह सचेतन कहानी को, उसमें निहित दृष्टि को, सार्त्र के अस्तित्ववाद के सक्रिय और सकारात्मक पक्ष से जोड़ते हैं। वे उनकी पुस्तक 'अस्तित्ववाद और मानववाद का हवाला देते हुए मनुष्य के वरण की स्वतंत्रता के सन्दर्भ में उसकी प्रतिबद्धता और दायित्वबोध का उल्लेख करते हैं। वे सार्त्र के 'एँग्विश' शब्द को सचेतन दृष्टि की अवधारण से जोड़ते हुए, विरक्ति और निष्क्रियता के विरोध में सक्रियता और दायित्व से जोड़ते हुए

सचेतन की अपनी व्याख्या को पर्याप्त आधुनिक बनाकर प्रस्तुत करने की कोशिश करते हैं। नई कहानी के सन्दर्भ में उस पर अस्तित्ववाद की ह्रासशील और मानवविरोधी प्रवृत्तियों की चर्चा यथाप्रसंग की गई है। उसमें वैचारिकता के क्षरण की चर्चा भी की जा चुकी है जिसके कारण उसमें आत्मपरकता की प्रवृत्ति क्रमशः बढ़ती गई। लेकिन सचेतन कहानी किसी भी स्तर पर, न ही अवधारणा के और न ही रचना के, उसकी समकक्षता में आ पाने की स्थिति में थी। नई कहानी की चर्चा में चूँकि सार्त्र और काफ्का की चर्चा जब-तब होती थी, राजेन्द्र यादव चेखव से अपने प्रभावित होने का उल्लेख ही न करके इसका प्रमाण भी दे चुके थे अतः महीप सिंह को भी लगा कि प्रभावित करने के लिए कुछ विदेशी नामों का होना जरूरी है। सचेतन कहानी को सार्त्र से जोड़ने की उनकी कोशिश इसी हीनता-बोध से उपजी है। सच्चाई यह है कि सचेतन कहानी, नई कहानी के विरोध और असंतोष से जन्मा आंदोलन था जिसके मूल में उपेक्षा से पैदा हुई तिलमिलाहट बहुत स्पष्ट थी। 'आधार' के नवम्बर '64 में महीप सिंह द्वारा संपादित सचेतन कहानी विशेषांक में 'विचार' और 'रचना' खण्डों में जिन लोगों को शामिल किया गया है, उस सबको देखकर इस आन्दोलन की वास्तविकता स्पष्ट हो जाती है। लक्ष्मी सागर वार्ष्णेय, राजीव सक्सेना, उपेन्द्रनाथ अश्क, श्याम परमार और प्रभाकर माचवे आदि इसके मुख्य प्रवक्ताओं में हैं। जगदीश चतुर्वेदी द्वारा 'कथा-परिचर्चा' के नाम पर जैनेंद्र कुमार से एक साक्षात्कार भी लिया गया है। इस खण्ड में 'विचार' की बानगी के कुछ उदाहरण प्रस्तुत हैं। जगदीश चतुर्वेदी के एक प्रश्न के उत्तर में जैनेंद्र कुमार कहते हैं, 'सचेतन कहानी' का शब्द मुझे 'नई कहानी' जैसा निरर्थक नहीं मालूम होता। जिस तत्व पर ध्यान दिलाने का उसका प्रयास है, वैसा हो तब वह सचमुच सार्थक बन सकता है....' (आधार, पृ० 44) इस साक्षात्कार में जैनेंद्र प्रगतिवाद से लेकर नई कहानी तक अपनी भड़ास निकालने का कोई अवसर जैसे छोड़ना नहीं चाहते। प्रभाकर माचवे साहित्य में अपनी उपेक्षा से दुखी हैं। उन्होंने कहानियाँ भी लिखी हैं, यह उन्हीं के वक्तव्य से पता चला और उस क्षेत्र में वे अपने वक्तव्य लिखने के समय तक उपेक्षित होने के कारण घोषित करते हैं.... 'अतः मेरी पूरी सहानुभूति सब तरह के उपेक्षितों के साथ है....' (वही, पृ० 49) वे इस भ्रम को भी तोड़ देते हैं जो सचेतन कहानी की मूल प्रेरणा के रूप में सक्रिय था। वे उपेक्षा को ही उसकी मूल प्रेरणा मानकर अपनी स्वीकृति का ठप्पा लगा देते हैं।

सचेतन कहानी की मूल प्रेरणा की प्रेमचंद की कथा-दृष्टि से जोड़े जाने पर महीप सिंह की तीखी प्रतिक्रिया ऊपर उद्धृत की गई है। इस विशेषांक में 'हिन्दी कहानी : सचेतन दृष्टि' शीर्षक अपनी टिप्पणी में अश्क लिखते हैं.... 'मैंने उस भूमिका (आशय महीप सिंह के संग्रह 'उजाले के उल्लू' की भूमिका से है) से कुछ सूत्र-वाक्य लेकर यहाँ दे दिए हैं और इनसे यह अंदाज हो सकता है कि सचेतन कथाकार ऐसी कोई बात नहीं कहते जो पहले न कही गई हो। अधिकांशतः ये वही बातें हैं, जो प्रेमचंद के समय से कही जाती रही हैं और जिन पर प्रगतिशीलों ने भी काफी जोर दिया है। हाँ, इधर कुछ वर्षों से नई कहानी के समर्थक उनसे जरूर हटे और उन्होंने ऐसी कहानियाँ लिखीं हैं जो शत-प्रतिशत व्यक्तिगत हैं, जो मन-सागर की गहराइयों में टामकटोवे मारकर अपने जाने सत्यों के मोती लाने का प्रयास

करती है' (वही, पृ० 29) जैसा कि उल्लेख किया जा चुका है नई कहानी ने शुरू में परम्परा के अस्वीकार से अपनी रचना-यात्रा शुरू की, अपने आक्रामक वक्तव्यों के कारण उसने अनेक लेखकों को नाराज किया और उपेक्षा की रणनीति अपनाकर बहुतों को उससे बाहर खदेड़ दिया। कुछ लोग, जिनमें राजीव सक्सेना जैसे मार्क्सवादी लेखक भी थे, भले ही वे कहानीकार या आलोचक न हों, नई कहानी के प्रवक्ताओं द्वारा प्रगतिशील कथाधारा से कटकर अस्तित्ववाद की ह्रासशील प्रवृत्तियों से जुड़ने के कारण उस पूरे आंदोलन के प्रति विरोध का भाव रखते थे, उन लोगों ने भी सचेतन कहानी के समर्थन में अपना वक्तव्य दिया। इसका कारण यह था कि वैचारिक स्तर पर उसमें उन्हें विरोध जैसा कुछ नहीं लगा क्योंकि वे अधिकांशतः वे ही बातें थीं जो प्रेमचंद और उनके परवर्ती प्रगतिशील लेखक कहते रहे थे। यह बात उनके वक्तव्य के इस अंश से स्पष्ट है.... 'स्पष्ट ही, यह धारणा उस विचारधारा के विपरीत है जिसको पिछले दशक में नवलेखन का मूल आधार माना जाता रहा है। नवलेखन के समर्थक, विशेषकर नई कविता कही जाने वाली धारा के प्रवर्तक यह मानते रहे हैं कि मनुष्य अवश और विवश है। कुंठा और अनास्था उसकी नियति है, क्योंकि हम ऐसे युग में रह रहे हैं जहाँ मर्यादाएँ टूट गई हैं, समाज खंड-खंड हो गया है, मानव-मूल्य विघटित हो गये हैं, आदि। वे इस 'युगबोध' को 'प्रामाणिक' रूप में (आथेंटिक) 'ईमानदारी' से, 'तटस्थता' पूर्वक अभिव्यक्त करना ही नवलेखन की विशेषता मानते थे और शायद आज भी मानते हैं।....' (वही, पृ० 22) स्पष्ट ही राजीव सक्सेना का यह वक्तव्य महीप सिंह और सचेतन कहानी के पक्ष में उतना नहीं है, जितना कि नवलेखन की ह्रासशील प्रवृत्तियों के विषय में है। एक मार्क्सवादी लेखक और प्रगतिवादी लेखक संघ से जुड़े होने के कारण उनकी चिन्ता को समझा जा सकता है। वे सचेतन कहानी का समर्थन इसीलिए करते हैं क्योंकि उन्हें वह प्रेमचंद और प्रगतिशील धारा के निकट लगती है। इस बात के लिए महीप सिंह की प्रशंसा की जानी चाहिए कि एक कुशल संयोजक की तरह यहाँ-वहाँ से बटोरकर ऐसे अनेक लोगों को जुटा लिया जो अनेक कारणों से नवलेखन और खास तौर से नई कहानी के विरोधी हैं। सचेतन कहानी 'सचेतन' की अपनी सारी व्याख्या के बावजूद सचेतन दृष्टि की कहानी उतनी नहीं थी जितनी वह नई कहानी के विरोध का मंच थी।

विचार की तरह रचना के स्तर पर भी सचेतन कहानी परस्पर विरोधी प्रवृत्तियों के लेखकों का जमावड़ा था। 'आधार' के सचेतन कहानी विशेषांक में जिन बीस लेखकों की कहानियाँ संकलित हैं उनमें से एक वर्ग ऐसे लेखकों का है जो किसी आंदोलन में शामिल नहीं थे और इसीलिए उन्हें सचेतन कहानी में शामिल कर लिया गया। आनंद प्रकाश जैन, कमल जोशी, ममता अग्रवाल, हृदयेश आदि इसी प्रकार के लेखक हैं। मधुकर सिंह और हिमांशु जोशी आगे चलकर समानांतर कहानी आंदोलन के लेखकों के रूप में जाने गए। जगदीश चतुर्वेदी और योगेश गुप्त जैसे लेखक कहानी में सामाजिकता का निषेध करने वाले लेखक थे। जगदीश चतुर्वेदी आगे चलकर बाकायदा अकहानी आंदोलन से जुड़े और अगले अध्याय में उसी के अन्तर्गत उनकी चर्चा की जाएगी। यहाँ 'आधार' के इस विशेषांक में उनकी 'अधखिले गुलाब' शीर्षक जो कहानी है वह सचेतन कहानी की घोषणा-पत्र के

विरुद्ध अकविता और अकहानी की प्रवृत्तियों को ही उदाहृत करती हैं। मुग्धा नायिकाओं के यौन-प्रसंगों को गहरी अभिरुचि के साथ जगदीश चतुर्वेदी ने अपनी कितनी ही कहानियों में प्रस्तुत किया है। यह वही समय था जब अमेरिका में ब्लादिमोर नेबीकोव की 'लोलिता' प्रकाशित हुई थी और कुंठापूर्ण यौन प्रसंगों में रुचि रखने वाले लेखकों के लिए वह जबर्दस्त प्रेरणास्रोत बनी हुई थी। इसी विशेषांक में जोड़-बटोरकर इकट्ठे किए गए ऐसे लेखकों का भी एक वर्ग है, जिन्होंने कहानी को कभी गंभीरता से लिया ही नहीं और जो न तब कहानीकार के रूप में अपनी कोई पहचान रखते थे और न बाद में ही अपनी कोई पहचान बना पाए। ऐसे लेखकों में बलराज पंडित, राम कुमार भ्रमर, शक्तिपाल केबल, श्याम परमार, शकुंतला शुक्ल और प्रियदर्शी प्रकाश आदि शामिल हैं। वेद राही ने बहुत कम कहानियाँ लिखी हैं और आगे वह फिल्म-संसार में चले गए। सचेतन कहानी के उल्लेखनीय लेखकों में महीप सिंह, कुलभूषण, धर्मेन्द्र गुप्त और मनहर चौहान आदि ही हैं जो कुछ समय तक रचना और विचार के स्तर पर सचेतन कहानी से सक्रिय रूप में जुड़े रहे। अतः इनकी कुछ प्रमुख और उल्लेखनीय कहानियों की चर्चा द्वारा इस आंदोलन की वास्तविक प्रकृति को समझने में सहायता मिल सकती है।

महीप सिंह

सचेतन कहानीकारों में महीप सिंह ने ही मुख्यतः एक कहानीकार के रूप में अपनी पहचान बनाई। संख्या की दृष्टि से उन्होंने काफी कहानियाँ लिखी हैं, लेकिन उनके यहाँ ऐसी कहानियाँ ना के बराबर हैं जिन्होंने कहानी परिदृश्य में अपनी पहचान छोड़ी हो या रचनावस्तु एवं कला के स्तर पर कहानी में कोई गंभीर और उल्लेखनीय हस्तक्षेप किया हो। उनकी कुछ उल्लेखनीय कहानियों में 'कील', 'कछुए', 'युद्धमन', 'पार-दर्शक' और 'स्वराघात' आदि का नाम लिया जा सकता है। महीप सिंह की कहानियाँ निम्नमध्य और मध्यवर्गीय जीवन की सामान्य स्थितियों पर केन्द्रित होती हैं और औसतपन ही उनकी सबसे बड़ी सीमा है। बहुत हल्के-फुल्के ढंग से स्थितियों पर चिढ़ाते और व्यंग्य करते हुए वे आगे बढ़ जाते हैं। 'कील' और 'कछुए' नई कहानी के स्वीकृत प्रतीक विधान को अपनाने का प्रयास करते हुए भी किसी गंभीर और सूक्ष्म स्तर पर कुछ अन्वेषित और अभिव्यक्त कर पाने में अधिक सफल नहीं होती। 'स्वराघात' में महीप सिंह महानगर में मृत्यु से संबंधित प्रतिक्रियाओं का आकलन करते हैं, कमलेश्वर की 'दिल्ली में एक मौत' की तरह ही। लाला दुनीचंद की जवान बेटी विमला दिल के दौरे से मर जाती है। पति कलकत्ता में है और सूचना पाकर आने के बाद तुरंत लौट जाता है क्योंकि इनकम टैक्स की उसकी तारीख है। दोस्तों में ताश के शौकीन दुनीचंद आने जाने और मातमपुर्सी करने वाले लोगों से बुरी तरह ऊब जाते हैं। पत्नी अन्दर औरतों के साथ व्यस्त रहती है और दोनों बेटे दफ्तर चले जाते हैं। आने वाले लोगों की औपचारिक बातें, न आ-पाने या देर से आ पाने की घिसी-पिटी सफाई और फिर शुरू हो जाने पर सब कुछ भूलकर देश-जहान की बातें। इस बीच कभी ठीक से अखबार पढ़ पाने का मौका भी उन्हें नहीं मिला है। ऊबकर वह क्रिया तेरहवें दिन के बदले ग्यारहवें दिन ही कर लेने का निर्णय करते हैं। पत्नी को वह यह कहकर समझा देते हैं कि ग्यारहवें दिन

रविवार पड़ने से लड़कों को छुट्टी नहीं लेनी होगी और आने-जाने वालों को भी सहूलियत रहेगी। उनका मित्र सुच्चा सिंह जब आता है तो यह सूचना उसे देते हुए वह कुछ अधिक जोर से बोल रहे होते हैं। फिर अपना यह अतिरिक्त रूप से आया हुआ उत्साह उन्हें स्वयं ही गलत लगता है। वह मुँह लटका लेते हैं, गहरी सांस भरते हैं और चेहरे पर संजीदगी लाकर सुच्चा सिंह के पास बैठ जाते हैं।

मनहर चौहान

मनहर चौहान ने भी नई कहानी आंदोलन के दौर में ही लिखना शुरू किया था। कुछ अच्छी और उल्लेखनीय कहानियाँ लिखने के बावजूद, कहानी में उनकी कोई सार्थक पहचान न बन पाने से वह शायद बाल-साहित्य या अन्य क्षेत्रों की ओर मुड़ गए। उनकी उल्लेखनीय कहानियों में 'घरघुसरा' और 'बीस सुबहों के बाद' की चर्चा की जा सकती है। 'बीस सुबहों के बाद' में महानगर-बम्बई—के जीवन की व्यस्तता और विसंगतियों को पर्याप्त विश्वसनीय और आकर्षक ढंग से अंकित किया गया है। चोपड़ा—'मैं'—अपनी नई नौकरी के सिलसिले में दिल्ली से बम्बई जाता है और एक अतिथि गृह में रहने की व्यवस्था करता है। उस कमरे में दो लोग—स्वामीनाथ और कापड़िया—पहले से ही हैं। बीस दिन रहने के बाद भी स्वामीनाथ से उसकी भेंट कभी नहीं हो पाती, पहले दिन को छोड़कर। रात में ग्यारह के बाद जब वह लौटता है तो चोपड़ा सो चुका होता है और सुबह को अगरबत्तियाँ जलाकर और जाने की तैयारी में खटर-पटर करके जब वह तैयार होता है तो चोपड़ा चादर तानकर उस ओर से उदासीन बना रहकर नींद पूरी करने की कोशिश करता है। कापड़िया से ही उसे उसके बारे में सारी सूचनाएँ मिलती हैं। स्वामीनाथन नौकरी नहीं नौकरियाँ करता है और महानगर में रहकर ढेर सा पैसा कमाना चाहता है। छूटा हुआ खत पोस्ट कर देने या बर्थ डे पार्टी में बुलाने की सूचनाएँ भी लिखकर ही दी-ली जाती हैं। एवरग्रीन में स्वमीनाथन की बर्थ डे पार्टी में चोपड़ा पहुँच जाता है, लेकिन किसी कारण से कापड़िया नहीं पहुँच पाता। चोपड़ा की सबसे बड़ी समस्या यह है कि एक बार थोड़ी देर की भेंट के बाद वह स्वामीनाथन को पहचानेगा कैसे! उत्साहपूर्वक हाथ मिलाते व्यक्ति को देखकर वह उसके स्वामीनाथन होने का अनुमान भर लगा पाता है। महानगर का अपरिचय, औपचारिकता, व्यस्तता, संकोच और कुंठाएँ 'बीस सुबहों के बाद' में बिना किसी दार्शनिक मुखौटे के सहज रूप में अंकित हैं।

योगेश गुप्त

महानगर का आतंक और अ-लगाव योगेश गुप्त की कहानी 'इन्क्लोजर' में भी है—लेकिन वहाँ उसकी अभिव्यक्ति ऐसी सहज और पारदर्शी न होकर उलझाव और दार्शनिक छद्म से आक्रांत है। बस में बैठा घनश्याम, बगल में गंदे कपड़ों में तीखे नाक-नक्श वाली लड़की के आ बैठने से नाक-भौं सिकोड़ता है। गुजरती हुई बस में से कीकर के पेड़ के नीचे तीन आदमी, जिनके हाथों से तोड़े गए खरबूजे के टुकड़े हैं, उसे योजना बनाते डाकू से लगते

हैं। पसीने, तेल और मोबिल आयल की कारखाने वाली परिचित गंध यहाँ भी उसका पीछा कर रही है। उसे खुद मालूम नहीं है कि आज वह कारखाने से जल्दी क्यों चला आया है। बस का स्टॉप आने पर जब कंडक्टर उसका टिकट अभी तक खत्म न होने की बात कहकर उसे झिड़कता है तो वह और टिकट बना देने को कहता है। उसका कोई गंतव्य नहीं है। कंडक्टर के पूछने पर वह बताता है—शाम तक का! अपने काम की गंध उसमें इन्क्लोजर की तरह रस-बस गई है और उससे मुक्ति की कोई राह उसे दिखाई नहीं देती है। अपनी अन्य कहानियों में भी योगेश गुप्त निम्नमध्यवर्गीय अभावों और रोजमर्रा के संघर्षों को अस्तित्ववादी मुहावरे और छद्म दार्शनिकता के साथ अंकित करने का प्रयास करते हैं। 'चित्तकोबरा' भी उनकी एक ऐसी ही कहानी है। इनकी अपेक्षा 'टूटता हुआ कोला' और 'बहुत सारी बातें', अपने अस्तित्ववादी मुहावरे के बावजूद, मध्यवर्गीय जीवन की विसंगतियों और विद्रूपताओं को अंकित करने का प्रयास करती हैं। लेकिन यह देखकर आश्चर्य होता है कि इन स्थितियों के लिए जिम्मेदार सामाजिक और परिवेशगत कारणों की खोज की कोई व्यग्रता यहाँ नहीं है। 'प्रलाप', 'गतिसीमा', 'बहता शून्य और टेलीफोन बूथ', 'द केव' और 'अबरक के फूल' आदि कहानियाँ उलझाव और अमूर्त्तन की प्रवृत्ति का शिकार हैं। 'भीड़ नम्बर दो' में समूचे मजदूर आंदोलन को जिस रूप में अंकित किया गया है, उससे लेखक की मध्यवर्गीय कुंठाएँ स्पष्ट हो जाती हैं। ये मजदूर दुर्घटनाग्रस्त साथी पर कैसी भी सहानुभूति के बदले एक-दूसरे पर हँसते हैं और कभी-कभी तो स्वयं ही उस दुर्घटना का कारण भी होते हैं। रतिया की ठस्सेदार चाल और छातियों को लेकर वे भद्दे मजाक करते हैं। हड़ताल वाले दिन जब मजदूर नारे लगाते हैं तो प्रेस के आस-पास के लोग उनका मजाक उड़ाते हैं और एक कोई लड़का होने की खुशी में इस सबको हिजड़ों के नाच की संज्ञा देता है! बाद में जब आंदोलन काफी कुछ अप्रतिरोध्य होता दिखाई देता है तो यही परेश, बड़े बेमन से, इस भीड़ में शामिल होकर ही अपने को सुरक्षित अनुभव करता है। स्पष्ट ही यह पूरी कहानी जिस मजदूरी-विरोधी दृष्टि से लिखी गई है, उससे लेखक की अपनी कुंठाएँ उभर कर सतह पर आ जाती हैं।

कुलभूषण

सचेतन कहानी से जुड़ने वाले लेखकों में कुलभूषण भी एक महत्त्वपूर्ण नाम है। सुदर्शन का पुत्र होने के नाते कहानी के संस्कार उन्हें विरासत में मिले थे। मध्यवर्गीय जीवन की पृष्ठभूमि पर उन्होंने जीवन की विद्रूपताओं और मूल्य-संकट को पर्याप्त संवेदनशील ढंग से अंकित किया। 'आधार' के सचेतन कहानी विशेषांक में प्रकाशित उनकी कहानी 'पहली सीढ़ी' उनकी उल्लेखनीय कहानियों में से एक है। कहानी एक निम्नमध्यवर्गीय युवा दम्पत्ति के मूल्य और महत्वाकांक्षा को केन्द्र में रखकर विकसित होती है। महेश और मीरा मुरादाबाद में सुखी और सामान्य जीवन जी रहे थे। लेकिन साधारण नौकरी से असंतुष्ट उन लोगों के मन में यह विचार आता है कि बंबई जाकर फिल्म-जगत में मीरा के कला-प्रिय व्यक्तित्व और अभिरुचियों के लिए अपार संभावनाएँ हैं। मीरा के लिए फिल्में मिलने के बाद महेश भी लेखक और निर्देशक बनकर एक सुखी और समृद्ध जीवन के सपने देखता है।

बम्बई में इधर-उधर भटकने के बाद वे लोग अंततः कांतिभाई के चंगुल में फँस जाते हैं। काम के सिलसिले में प्रभावशाली लोगों से मिलवाने के बहाने कांतिभाई मीरा को लेकर घूमता है और महेश गहरे मानसिक क्लेश और संताप की स्थिति में उसकी प्रतीक्षा करता है। कांतिभाई मीरा को आश्वासन देता है कि वह खुद एक फिल्म बनायेगा जिसमें बुरी औरत की एक महत्वपूर्ण भूमिका उसे देगा। एक पतिनिष्ठ पत्नी से बुरी औरत तक की मीरा की यात्रा ही 'पहली सीढ़ी' में विश्वसनीय रूप में अंकित है। पारिवारिक और दांपत्य जीवन की सहजता और सुख को छोड़कर मीरा सम्पन्नता और ग्लैमर की दुनिया में धंसने का मन ही मन निर्णय कर चुकी है। कांतिभाई के साथ होने से घूमने के बाद होटल में खाना खाने के बीच वह सचमुच भूल चुकी होती है कि सिनेमा के टिकट लेकर महेश उसकी प्रतीक्षा कर रहा होगा। घर लौटने पर कमरे में बिखरे पड़े सामान और महेश की त्यौरियों को देखकर स्थिति को समझने में उसे कोई दिक्कत नहीं होती। पति के क्रोध और पिटाई के बावजूद वह आगे की अपनी योजनाओं पर विचार कर रही होती है—कांतिभाई की फिल्म 'अलिफ़ लैला' में एक बुरी औरत की अपनी भूमिका के बारे में।

सचेतन कहानी आंदोलन की उपलब्धियों पर टिप्पणी करते हुए महीप सिंह ने एक ओर यदि अस्तित्ववादी-दर्शन के प्रभाव से कहानी की मुक्ति की बात कही है तो दूसरी ओर उन्होंने उसे उस जड़ता को तोड़ने का श्रेय भी दिया है जो नई कहानी आंदोलन के दौरान सिर्फ तीन-चार नामों के दोहराए जाने से ही कहानी में आ गई थी। वे लिखते हैं.... 'सचेतन कहानी का दूसरा महत्व (अस्तित्वधादी दर्शन का विरोध और मनुष्य की सार्थकता की खोज—यह पहला महत्व था) इस बात में है कि इस आन्दोलन से पहले हिन्दी कहानी के साथ कुल तीन-चार नाम इस तरह से जुड़ गए थे कि उनके बाहर कहानी यानी हिन्दी कहानी को देख पाना संभव ही नहीं रह गया था। सचेतन कहानी आंदोलन के कारण वह जड़ता समाप्त हो गई और हिन्दी कहानी अपने मुक्त वातावरण में सांस लेने लगी....' ('घिराव' की भूमिका, पृ० 9) लेकिन इस आंदोलन के सन्दर्भ में यह वक्तव्य बड़बोलेपन और आत्मप्रचार का ही एक उल्लेखनीय उदाहरण है। विचार और सृजन दोनों ही स्तरों पर इस आन्दोलन की उपलब्धियाँ बहुत सीमित थीं। वह कभी वैसी तेजस्विता प्राप्त नहीं कर सका जिससे नई कहानी के लिए कोई सार्थक चुनौती पैदा हो सकती थी। महीप सिंह का यह वक्तव्य इसी बात को प्रमाणित करता है कि नई कहानी के प्रमुख सूत्रधारों के प्रति कुछ लोगों में गहरा असन्तोष व्याप्त था। इसीलिए कभी-कभी उनके विरोध में एक व्यापक संयुक्त मोर्चा बनता भी दिखाई देता है। जैनेंद्र, अश्क और विष्णु प्रभाकर जैसे अनेक प्रतिष्ठित लेखक इस मोर्चे में शामिल होते दिखाई देते हैं। रामदरश मिश्र अरसे से कहानियाँ लिख रहे थे, लेकिन उनकी कहानियों का कभी कोई गंभीर नोटिस नहीं लिया गया। सचेतन कहानी आंदोलन में उन्हें भी साथ लेने और स्थापित करने की कोशिश की गई। आगे चलकर अ-कहानी आंदोलन के भी कुछ लेखक इससे जुड़े जो बाद में अपनी मूल प्रवृत्ति की ओर लौट गए।

कहानी के आंदोलनों में पत्रिकाओं की महत्वपूर्ण और उल्लेखनीय भूमिका रही है। महीप सिंह ने कमलेश्वर पर 'नई कहानियाँ' के दुरुपयोग की तोहमत लगाई थी। लेकिन

महीप सिंह की अपनी पत्रिका 'संचेतना' स्वयं उनके द्वारा संचालित आंदोलन का मुख-पत्र बनी और रही। रामदरश मिश्र के संपादन में 'हिन्दी कहानी : दो दशक की यात्रा' शीर्षक विशेषांक निकालकर 'संचेतना' के द्वारा महीप सिंह ने नई कहानी के विरुद्ध एक प्रकार का अभियान ही चालू किया। महीप सिंह द्वारा संपादित 'आधार' के सचेतन कहानी विशेषांक की चर्चा इसी अध्याय में विस्तारपूर्वक हुई है। सचेतन कहानी आन्दोलन जो इतनी दूर तक चल सका उसमें 'संचेतना' की एक निर्णायक भूमिका थी। 'संचेतना' के अभाव में इस आंदोलन की कल्पना ही असंभव थी। लेकिन इससे यह भी प्रमाणित होता है कि मौलिक और तेजस्वी स्थापनाओं और सर्जनात्मकता के अभाव में केवल पत्रिका के मंच से कोई आंदोलन दूरगामी और प्रभावी यात्रा नहीं कर सकता।

अ-कहानी

सचेतन कहानी यदि नई कहानी की उपेक्षा की प्रतिक्रिया थी, तो अ-कहानी नई कहानी में वैचारिकता के क्षरण और राजनीति के निषेध वाली दृष्टि का ही विकास थी— एकांगी, अतिरेकी और अतिरंजनापूर्ण विकास। हिन्दी की साठोत्तरी कविता की तरह, जिसे अ-कविता आंदोलन के रूप में जाना जाता रहा है, अ-कहानी का भी मूल स्वर विरोध और निषेध का है। यह अकारण नहीं है कि अ-कविता के अनेक कवि—गंगाप्रसाद विमल, जगदीश चतुर्वेदी और राजकमल चौधरी आदि—ही अ-कहानी में भी सक्रिय दिखाई देते हैं और ये लोग ही अ-कहानी का घोषणा-पत्र तैयार करने की पहल करते हैं। गंगाप्रसाद विमल और रवीन्द्र कालिया इस आंदोलन के प्रमुख प्रवक्ताओं में से रहे हैं। गंगाप्रसाद विमल अ-कहानी को आंदोलन न मानकर, एक दृष्टि मानते हैं जो कहानी-विधा के स्वीकृत मान-मूल्यों के निषेध पर बल देती हैं। इसके स्वरूप पर टिप्पणी करते हुए वे लिखते हैं, 'अ-कहानी का संदर्भ इस दृष्टि से आंदोलन नहीं है, कोई मंच नहीं है, तथा कोई विशेषण भी नहीं है। मूल्यांकन की दृष्टि से कथा के रचना-विधान का पृथक्तव स्पष्ट करने के लिए ही अ-कहानी का नामांकन किया गया हो—यह भी पूर्ण रूप से सत्य नहीं है। वस्तुतः अ-कहानी कथा के स्वीकृत आधारों का निषेध तथा किसी तरह के मूल्य स्थापन का अस्वीकार है....' (हिन्दी कहानी : पहचान और परख, सं० इंद्रनाथ मदान, पृ० 93)।

विमल अ-कहानी को कथा-रचना की विश्वव्यापी आधारभूमि में एक रचनात्मक संगति के रूप में व्याख्यायित करते हैं। फ्रांस में स्वीकृत और परम्परागत रचनात्मक-विधाओं के निषेध और अस्वीकार को स्वर देने वाले आंदोलन एंटी-नावेल, एंटी-स्टोरी और एंटी-ड्रामा के रूप में सक्रिय थे। एलन राब्ब ग्रिए और नताली सारात के नेतृत्व में फ्रांस में अ-कहानी का आंदोलन एक ओर यदि कथा-विधा के स्वीकृत और परंपरागत तत्वों के निषेध पर बल दे रहा था तो दूसरी ओर जीवन में किसी प्रकार के नैतिक और मूल्यपरक हस्तक्षेप का भी विरोध कर रहा था। निर्बाध प्रयोगशीलता ही उनके लिए सबसे बड़ा रचनात्मक मूल्य थी। अतः विमल अकहानी में भी 'भारतीयता' को अस्वीकार करते हैं। इस संदर्भ में विमल की टिप्पणी है.... 'इसलिए 'संज्ञाओं' और राजनीतिक, सामाजिक प्रभावों से उत्पन्न समस्याओं के पीड़न के अतिरिक्त कोई भारतीयपन आज की कहानी में खोजना 'पंच-तंत्र' को स्पुतनिकयुग की कहानियाँ मानने के समान है। 'काल' की भौगोलिक यात्राएँ खत्म होकर अब 'स्पेस' के उस 'अभूगोल' से

जुड़ गई हैं जहाँ अनुभव भी 'संज्ञातीत' है। अत: भारतीयता का अग्रह केवल प्रतिगामी शक्तियों की स्थापनाकांक्षाओं का ही आग्रह है। सैमुअल बैंके की या बूल्टोविक की 'लवर्स' में या आयनेस्को की 'द विक्टिम आफ ड्यूटी' में कोई भूगोल नहीं है; उसमें सिर्फ आज के संसार का आदमी है जो तमाम बनी-बनाई धारणाओं, व्यवस्थाओं और अनुशासनों के खिलाफ है।.... वस्तुत: यह विरोध मानव की उन असंगत निर्मितियों का विरोध है जो बाहरी तौर से तो कल्याण का भ्रम देती हैं, लेकिन अपने यथार्थ किन्तु छिपे रूप में निरन्तर मनुष्य के शोषण का ही आधार बनती हैं। इसलिए कहीं भी यह विद्रोह 'असामाजिक-दृष्टि' का नहीं है।....' (वही, पृ० 95)।

यह वस्तुत: नई कहानी की उसी दृष्टि का विस्तार है जिसका प्रतिनिधित्व कृष्ण बलदेव वैद और काफी कुछ रमेश बक्षी आदि कर रहे थे। यह कामू से लेकर बीट जेनरेशन तक सबको इसीलिए स्वीकारने पर बल देती है क्योंकि इन सब में स्वीकृत और स्थापित मूल्यों के प्रति आक्रोश और अस्वीकार का भाव सक्रिय है। फ्रांसिस फैंटन, बूल्टोविक आदि लेखकों की कुछ कहानियों का उल्लेख करते हुए विमल उन्हें 'सभ्यता-संस्कृति-इतिहास के दबाव' में पिस रहे आधुनिक मनुष्य की 'प्रामाणिक गाथाएँ' मानकर-प्रतिष्ठित करने का प्रयास करते हैं। इन कहानियों के नायक जीवन में संयोगों से उत्पन्न विद्रूपात्मक स्थितियों के प्रति पूरी तरह तटस्थ बने रहते हैं क्योंकि वे 'परिणामों' को भी उतना ही निरर्थक मानते हैं, जितना स्वयं की 'अजीब' स्थिति को। निर्णय के लिए स्वतंत्र होने पर भी यह मनुष्य 'इतिहास के दबाव' के कारण अपने को पंगु समझता है। बैकेट के नाटकों में चित्रित ऊल-जलूल स्थितियों में फँसकर समर्पण और एक अंतहीन प्रतीक्षा ही उसकी नियति है।

गंगाप्रसाद विमल अ-कहानी में तत्कालीन यूरोप में सक्रिय कला एवं साहित्यजगत के अनेक प्रभावों को घुला-मिलाकर प्रस्तुत करते हैं। एब्सर्ड थियेटर, एंटी स्टोरी, अस्तित्ववाद और बीट जेनरेशन आदि के तत्त्व इस अ-कहानी की प्रकृति का निर्धारण करते हैं। जीवन में स्थापित मूल्यों और नैतिक हस्तक्षेप का विरोध जिस मनुष्य को अ-कहानी में प्रस्तुत करता है वह विद्रूपताओं और कुंठाओं का शिकार मनुष्य है। जीवन को विद्रूप बनाने वाली स्थितियों को वह सिर्फ झेल सकता है, काफी कुछ उदासीन बने रहकर—उनसे मुक्त होने की कैसी भी सक्रियता के बिना सिर्फ एक अर्थहीन प्रतीक्षा करते हुए। कुंठाओं और भावनाओं के ध्वंस से उसका मनोजगत निर्मित है। यह मनुष्य जन्मजात विद्रोही है।

राजनीति के प्रति एक व्यापक मोहभंग और इसी के परिणामस्वरूप व्यंग्य और विद्रूप की बढ़ती हुई संभावनाएँ नई कहानी के दौर में ही शुरू हो चुकी थीं। अ-कहानी तक आते-आते राजनीति के प्रति मोहभंग और हताशा का यह भाव और भी सघन होता दिखाई देता है। राजनीति और नेताओं को लेकर उसकी आक्रामकता भी उसी अनुपात में बढ़ती है—लेकिन कुल मिलाकर अकहानी का मूल स्वर राजनीति के प्रति उदासीनता और अस्वीकार का है।

अकहानी के इस घोषणा-पत्र से उनकी अंतर्वस्तु में आए बदलाव का पर्याप्त संकेत मिल जाता है। इसी के अनुरूप वह अपना रचना-विधान भी तैयार करती है। फैंटेसी और अमूर्त्तन के प्रति गहरा आकर्षण कहानी में अनेक प्रकार की दुरूहता और जटिलता को लगभग अनिवार्य बना देता है। फैंटेसी के प्रति यह बढ़ा हुआ आकर्षण सामाजिक और क्रांतिकारी आशयों वाली अंतर्वस्तु के लिए अनिवार्य छद्म के रूप में न आकर सिर्फ कौतुक और चमत्कार के लिए आता है। वैसे इसकी शुरुआत भी नई कहानी के दौर में कृष्ण बलदेव वैद, कुँवर नारायण और श्रीकांत वर्मा की कहानियों से हो चुकी थी : लेकिन नई कहानी के दौर में ही मुक्तिबोध जैसे लेखक फैंटेसी का प्रयोग गहरे सामाजिक आशयों के साथ कर रहे थे। काफ्का या ईरानी लेखक समद बहरंगी की तरह अकहानी के लेखकों के आगे फैंटेसी के उपयोग की ऐसी कोई सामाजिक-राजनीतिक अनिवार्यता नहीं थी।

जीवन की अनगढ़ता को उसके वास्तविक और मूलरूप में प्रस्तुत करने के आग्रह के कारण अकहानी के लेखक उस बिम्बनिर्माण और प्रतीकविधान का तिरस्कार करते हैं जो नई कहानी में इतनी अधिकता में उपस्थित है। अकहानी में आई आत्यंतिक व्यक्तिवादिता को ये लोग किसी अकल्पित स्थिति के रूप में स्वीकारने को तैयार नहीं हैं। वे यह मानकर चलते दिखाई देते हैं कि कमोबेश सभी लोग ऐसा ही जीवन जी रहे हैं। इसे वे जीवन का तीखा, त्रासदायक और साहसिक चित्रण के रूप में स्वीकृति देते हैं जिसमें आवेश और आक्रोश की एक निर्णायक भूमिका है। इस सन्दर्भ में गंगाप्रसाद विमल की यह टिप्पणी महत्वपूर्ण है.... 'यह कहना एकदम सही नहीं है कि एक प्रबुद्ध आदमी जो 'जीवन' जीता है वह अन्य लोगों के लिए अकल्पित है। जीवन की सारी स्थितियाँ ऐतिहासिक शक्तियों के दबाव के कारण समान रूप से अवस्थित रहती हैं, प्रबुद्ध या संवेदनशील व्यक्ति उन्हें जल्दी पकड़ लेता है। बाहर से दीखने वाले जीवन की अन्तर्धाराओं के अनेक चेहरों का परिचय सिर्फ बिम्ब या आसंगों से सम्भव नहीं है, उसके लिए उसी तरह का 'अनगढ़ वातावरण' स्वयं बिम्बात्मक होकर स्पष्ट हो जाता है....' (हिन्दी कहानी : पहचान और परख, पृ० 100)।

इन कहानियों में संरचनात्मक परिवर्तन को भी अनदेखा नहीं किया जा सकता। यहाँ कहानियों में कथा-तत्व नहीं के बराबर है! घटनाएँ और ब्योरे अत्यल्प हैं—उतने ही जितने से काम चल सकता है। यहाँ न घटनाएँ महत्वपूर्ण हैं और न ही उनका पात्रों पर पड़ने वाला प्रभाव। जैसा कि विमल कहते हैं, 'घटनाओं की अन्तर्धाराओं का आतंक है, जो अलग-अलग सन्दर्भों में रूपायित होता है....' (वही) समकालीन स्थितियों में अनुभववृत्त को जैसा विस्तार मिला है अकहानी उसे ही अनेक कोणों से प्रस्तुत करने को प्रतिबद्ध है, जबकि इस विकसित अनुभववृत्त के साथ चल पाने में पहले के कहानीकार पिछड़ गए से दिखाई देते हैं। विमल नई कहानी के कुछ लेखकों की 'शिखर' कहानियों से अ-कहानी को इसी आधार पर आगे बढ़ा मानने पर जोर देते हैं कि वह मनोवेगों के आदर्शों से अपने को मुक्त कर सकी है। सुख, नैतिकता, प्रेम और अन्य प्रकार के सामाजिक सम्पर्क आदि नई कहानी की इन शिखर

कहानियों में बेहद झूठे और कल्पित रूप में अंकित हैं। इन कल्पित और आदर्श मनोवेगों द्वारा नई कहानी के लेखक वस्तुत: यथार्थ से पलायन करते हैं क्योंकि इनमें मानवीय आवेगों का शोषण कथा का उद्देश्य बना रहता है। लोकप्रियता और बढ़ती हुई व्यावसायिक स्पर्धा ने कहानी की प्रयोगशीलता को बाधित किया था। अ-कहानी इसी दुर्लभप्राय: प्रयोगशीलता को नए सिरे से अंवेषित करने पर बल देती है। अ-कहानी की इन घोषणाओं पर किसी प्रकार की टिप्पणी के पूर्व उसके प्रमुख लेखकों की सर्जनात्मक उपलब्धियों पर दृष्टिपात कर लेना उपयोगी होगा।

सवाल सिर्फ कहानी के कथा-तत्व और उसके स्वीकृत रचना-रूप को नकारने का ही नहीं है, यह तो उन कहानियों में भी देखा जा सकता है जो गहरी सामाजिक-राजनीतिक चेतना के साथ लिखी जा रही हैं, सवाल इस सारे निषेध और प्रयोग-धर्मिता की रचनात्मक सार्थकता का है।

गंगाप्रसाद विमल

गंगाप्रसाद विमल की कहानियों में अंकित स्थितियाँ अधिकांश में बनावटी हैं और इसीलिए इन स्थितियों के चौखटे में फिट किए गए पात्र भी जीते-जागते, हँसते-बोलते इंसान न होकर एकदम ठंडे और किताबी पात्र हैं जो बड़े दार्शनिक अंदाज में प्रतीक्षा, त्रास, आतंक, अनिश्चय और निर्णयहीनता के तनाव की जिन्दगी जीते हैं। दरअसल ये कहानियाँ जैनेंद्र और अज्ञेय की कृत्रिम, अमूर्त्त छद्म दार्शनिकता के तहत लिखी गई कहानियों का ही विस्तार हैं—जिनमें अस्तित्त्ववाद और पश्चिम के कुछ अन्य कला-आंदोलनों की छौंक लगाई गई है। 'कोई शुरुआत', 'नाटक अधूरा', 'शीर्षकहीन', 'झूठ', 'विध्वंस', 'अभिशाप' और 'बीच की दरार', आदि ऐसी ही झूठी और बनावटी स्थितियों की नकली कहानियाँ हैं जो औसत आदमी के सुख-दु:ख, अनुभव और सोच को नकार कर या तो स्थितियों और जीवन का अमूर्त्तन करती है या फिर दर्शन का छद्म ओढ़कर अकारण दुर्बोधता का शिकार हैं। इन कहानियों से शिकायत यह नहीं है कि ये अस्तित्ववाद के प्रभाव में लिखी गई हैं, इनसे शिकायत यह है कि अपने परिवेश और उसकी स्थितियों के प्रति उदासीन रहकर ये अस्तित्ववाद का सतही और प्रामाणिक भाष्य बनने से आगे नहीं जातीं। हमारे अपने सामाजिक परिवेश में विद्रूपताओं और अन्तर्विरोधों का अभाव नहीं है। उनकी साधारण-सी पहचान भी किसी लेखक में यह समझ पैदा कर सकती है कि उस पर भी अस्तित्ववादी आग्रहों की कहानियाँ लिखी जा सकती हैं। अकहानी के 'भारतीयता' के अस्वीकार की अर्थहीन और पूर्वाग्रहपूर्ण जिद इन कहानियों को अपने सामाजिक परिवेश से कहीं जुड़ने नहीं देती। विमल की इन कहानियों का मूल स्वर एक अर्थहीन प्रतीक्षा का स्वर है—जिसमें कहीं कुछ नहीं बदलता, कोई नई शुरुआत नहीं होती क्योंकि किसी को इस बात का अहसास नहीं है कि आख़िर बदला जाना क्या है और शुरुआत किसकी होनी है?

पंखों में धागे से लिपटी, टंगी, मरी हुई चिड़िया का प्रतीक भी ऐसा ही आरोपित और किताबी प्रतीक है जिसे दोहराने की ललक विमल के ही लेखन में आसानी से देखी जा

सकती है। विमल बिम्ब विधान और प्रतीकों के इस्तेमाल का विरोध करके, कहानी की अनगढ़ता की वकालत के बावजूद यह सब करते हैं। 'अभिशाप' का त्रास विभ्रम से उत्पन्न भय की उपज है। 'मैं' नाई के यहाँ जाता है। वहाँ भीड़ होने के कारण वह पास की दूकान पर चाय पीने लगता है, जहाँ उसे कोने में किसी आदमी के बैठे होने का भ्रम होता है। बेयरा से पूछने पर पता चलता है कि उस कोने में ही क्या, पूरी दूकान में और कोई आदमी नहीं है। फिर नाई की दूकान पर शीशे में उसे अपना चेहरा विकृत दिखाई देता है। कभी किसी और के क्रूर और भयावह चेहरे का भ्रम होता है। कभी नाई की कैंची गायब हो जाती है, तो कभी कंघी और उस्तरा! आतंक से उसकी चीख़ निकलने को होती है और भय से मुट्ठियाँ बंध जाती हैं। दूकान से निकलकर जब वह घर को चलता है तो उसकी पेंट की जेब में बंद मुट्ठियाँ वैसी ही हैं और यह सोचकर उसे भय लगता है कि यदि ये मुट्ठियाँ घर पहुँचने तक भी नहीं खुलीं तो फिर वह ताला कैसे खोलेगा! 'विध्वंस' भी अनिश्चय और निर्णयहीनता के आरोपण की कहानी है जिसमें कुछ करने और कहीं जाने की चेतना के बावजूद 'मैं' के आगे यह स्पष्ट नहीं है कि कहाँ जाना है और क्या करना है। किसी अनाम युद्ध में निर्जीव हुए अपने शहर और मृत पत्नी की स्मृति संजोए वह सोलह वर्षों से इसी तरह भटक रहा है। 'बीच की दरार' का मूल स्वर भी प्रतीक्षा और त्रास का है। माँ के चेहरे पर त्रास की छायाएँ सघन हो गई हैं क्योंकि बाजी कई दिन से घर नहीं लौटे हैं—बर्फ गिरते रहने के कारण। पूरी कहानी पर उनके आने की प्रतीक्षा का त्रास झूलता रहता है। 'शीर्षकहीन' में पिता-पुत्र बहुत कुछ दो मित्रों की तरह हैं। अपने विकसित सौंदर्यबोध के आधार पर पिता मिलने आई लड़कियों में से सुन्दर और स्मार्ट लड़की को ही लड़के के अन्दर वाले कमरे में भेजता है जबकि अन्य लड़कियों से वह स्वयं ही तरह-तरह की जानकारियाँ लेता रहता है। बेटा अपने पिता की पूर्व प्रेमिका को देखकर न सिर्फ उसके सौंदर्य-बोध से प्रभावित होता है, अपनी तलाकशुदा महिला बॉस को उन्हें तोहफे में देने की बात भी सोचता है।

विमल की कहानियाँ ऐसी स्थितियों को तलाशने में कमाल दिखाती हैं जो चौंकाने वाली हैं। इनमें आए पात्रों का अनुभव और सोच, उनकी यातना और त्रास, प्रतीक्षा और हताशा कुछ भी उनका अपना नहीं लगता है। यही कारण है कि इन कहानियों को पढ़कर वास्तविकता से साक्षात्कार का, फिर वह भले ही कटु और विषम हो, सन्तोष नहीं, अतृप्ति की ऊब और झुंझलाहट पैदा होती है। पात्रों की सोच के अनुरूप ही इन कहानियों की भाषा की किताबी अनगढ़ता और वाक्य-विन्यास इस ऊब की ओर बढ़ाते हैं।

लेकिन विमल के यहाँ कुछ ऐसी कहानियाँ भी हैं—'किसी दिन के लिए', 'दूसरे का भोग', 'एरीना' और संबंध' आदि जो इसे प्रमाणित करती हैं कि स्थितियों की कृत्रिमता और आरोपण से बचकर फिर आगे गलतियों को दोहराने की बाध्यता से बचा जा सकता है। इन कहानियों को पढ़कर इस विश्वास को बल मिलता है कि यदि कहानी के लिए चुनी गई स्थितियाँ नकली नहीं है तो उनके पात्र भी नकली नहीं होंगे और तब उनके अनुभव और सोच को उनके अपने निजी और वास्तविक अनुभव और सोच के रूप में प्रस्तुत किया जा

सकता है जो उनके अपने नितांत निजी परिवेश की देन है। लेकिन ऐसा करने पर अकहानी के संबंध में की गई अपनी ही कितनी घोषणाओं को नकारना और ध्वस्त करना होगा।

रवीन्द्र कालिया

रवीन्द्र कालिया भी जीवन की विसंगतियों और विद्रूपताओं के कहानीकार हैं और अर्थहीनता के बोध को अलग-अलग सन्दर्भों में संप्रेषित करते हैं। इन विसंग-तियों को वे व्यंग्य के माध्यम से उद्घाटित करते हुए हर प्रकार की व्यवस्था और स्थापित मूल्यों के अस्वीकार की मुद्रा अपनाते हैं। महानगर का जीवन उन्हें गहरी ऊब से भरा दिखाई देता है, लेकिन आदमी इसी एकरसता, अर्थहीनता और ऊब के बीच जीने को अभिशप्त है। आपसी संबंधों को लेकर कहीं भी वह आश्वस्त नहीं है, इसीलिए सम्बन्धों का रक्षा-कवच उससे छिन चुका है। पति-पत्नी, प्रेमिका, माँ-बाप और मित्र—कहीं भी उसे पारिवारिक ऊष्मा और संबंधों की अपनी एक निजी और विश्वास बिखेरती आभा दिखाई नहीं देती। यहाँ आमतौर पर एक ऐसा युवक दिखाई देता है जो इन संबंधों के दायरे से छिटककर अपना छोटा-सा शहर, कस्बा या फिर गाँव छोड़कर महानगर की इन त्रासद और भयावह विसंगतियों से जूझने निकल पड़ा है—जहाँ दफ्तर की कमीनगी और टुच्चापन है, अर्थहीनता के बीच जिन्दा रहने की बाध्यता है। 'मैं', 'बड़े शहर का आदमी', 'पचास सौ पचपन' और 'अकहानी' आदि कहानियाँ मान्यताप्राप्त संबंधों और मूल्यों के नकार की कहानियाँ हैं। इनका व्यंग्य एकोन्मुखी और केन्द्रीभूत न होकर अलग-अलग स्थितियों और सन्दर्भों को छूता हुआ निकल जाता है। 'त्रास' संबंधों के बदलाव और उसमें निहित संकट को अपेक्षाकृत गंभीरता से व्यक्त करती है। लेकिन यहाँ भी पीढ़ियों में घटित परिवर्तन व्यापक सामाजिक आयामों से अछूता रहकर व्यक्तिगत स्तर पर ही घटित दिखाई देता है। 'नौ साल छोटी पत्नी', 'एक प्रामाणिक झूठ', 'कोज़ी कार्नर' और 'डरी हुई औरत' आदि कहानियाँ प्रेम और स्त्री-पुरुष सम्बन्धों को केन्द्र में रखती हैं। दरअसल ये कहानियाँ ही कभी कालिया की पहचान का माध्यम बनी थी। लेकिन सम्बन्धों और स्थितियों के आरम्भिक बदलाव को रेखांकित करने की पहल और फिर क्रमशः उनकी जटिलताओं से जूझना दो अलग स्थितियाँ हैं। ये कहानियाँ या तो संबंधों के टूट जाने के बाद की स्थितियों पर केन्द्रित हैं या फिर सम्बन्धों के बीच घुस आए संदेहों और शंकाओं की।

अकहानी के लेखकों को जल्दी ही इस बात का अहसास होने लगता है कि एक साहित्यिक आंदोलन और रचना-दृष्टि के रूप में 'अकहानी' से उनकी संलग्नता उनके सार्थक रचनाकर्म को बाधित करने वाली है। इसीलिए तात्कालिक प्रभाव के तौर पर इस दौर के अनेक महत्वपूर्ण लेखकों के इससे जुड़ने के बावजूद यह कालावधि अपेक्षाकृत बहुत संक्षिप्त रही। अकहानी से जुड़े लेखकों ने या तो आत्मसंघर्ष की प्रक्रिया से गुजर कर इससे बाहर आकर अपने रचनाकर्म की सार्थकता प्रामाणित की या फिर वे लिखना ही छोड़ बैठे। कालिया और दूधनाथ सिंह यदि पहले प्रकार के लेखकों के उदाहरण हैं तो गंगाप्रसाद विमल

दूसरे के। कालिया में 'दफ्तर' और 'काला रजिस्टर' आदि कहानियों के माध्यम से अपनी और एक तरह से समूची अकहानी-आंदोलन द्वारा निर्मित सीमाओं से बाहर निकलने की एक उल्लेखनीय छटपटाहट दिखाई देती है। यहाँ नितांत निजी और व्यक्तिगत अनुभव संदर्भों को भी कलानुशासन के रसायन द्वारा वृहत्तर सामाजिक और व्यवस्थागत सन्दर्भों से जोड़ने की कोशिश महत्वपूर्ण है। यह ठीक है कि झटके में ही ऐसा रचनात्मक रूपांतरण संभव नहीं है लेकिन कालिया की 'काला रजिस्टर', 'चाल' और 'चकैया-नीम' जैसी कहानियाँ अकहानी की सीमाओं से बाहर निकलने की उनकी कोशिश का ही साक्ष्य है। रवीन्द्र कालिया की कहानियाँ स्वीकृत संबंधों और धारणाों के निषेध से अपनी यात्रा शुरू करती हैं। दांपत्य संबंधों और प्रेम के प्रभामंडल को तोड़कर वे उनकी वास्तविकता को पहचानती हैं और मानवीय संबंधों की तह में छिपी अमानवीयता को उद्घाटित करती हैं। लेकिन वे यहीं पर नहीं रुकते। इन स्थितियों और संदर्भों को वे समूचे सामाजिक परिप्रेक्ष्य में देखने की अनिवार्यता भी जल्दी ही समझ लेते हैं। इस तरह अकहानी से बाहर निकल कर ही वे कुछ सार्थक और उल्लेखनीय कर पाते हैं।

दूधनाथ सिंह

एक कहानीकार के रूप में दूधनाथ सिंह की शुरूआत अकहानी आंदोलन से पहले हो चुकी थी। 'सपाट चेहरे वाला आदमी' में संकलित उनकी कहानियाँ इस आंदोलन की सीमाओं का एक उल्लेखनीय उदाहरण प्रस्तुत करती हैं। इसमें जो कहानियाँ हैं उनमें से अधिकांश इस आंदोलन से पहले की हैं, और वे ही महत्वपूर्ण हैं और एक लेखक के रूप में दूधनाथ सिंह की अलग पहचान बनाती हैं, लेकिन सन् '67 में आए इस संग्रह में भी कुछ और बाद में 'सुखांत' में संग्रहित उनकी कहानियाँ अकहानी आंदोलन के प्रभाव में उनकी रचनात्मकता के क्षरण को प्रभावित करती हैं। 'आइसवर्ग', 'रक्तपात' और 'रीछ' आदि उनकी संश्लिष्ट और किसी हद तक जटिल बुनावट तथा प्रतीक विधान की उदाहरण हैं। इनका शिल्प वैसा अनगढ़ नहीं है जैसा कि अकहानी संबंधी घोषणाओं में बताया जाता रहा है और स्वयं गंगाप्रसाद विमल की अधिकांश कहानियाँ जिसका विडंबनापूर्ण साक्ष्य बन सकी हैं। लेकिन 'रीछ' और 'कोरस' जैसी कहानियों की जटिलता और दुर्बोधता तथा 'सपाट चेहरे वाला आदमी' में अकारण अमूर्त्तन की प्रवृत्ति उन्हें अकहानी के निकट ले जाती हैं। 'रीछ' के जितने भाष्य उपलब्ध हैं उतने कहानी के तो क्या शायद किसी कविता के भी नहीं होंगे। 'रक्तपात' और अपने सारे अमूर्त्तन के बावजूद 'सपाट चेहरे वाला आदमी' अपने समय की पीड़ा को सार्थक ढंग से व्यक्त कर सकी हैं। 'रक्तपात' में मूल्यों एवं संबंधों के टूटने की बड़े विचित्र ढंग से सारा कुछ बदल जाने की स्थिति के संकेत बहुत अर्थगर्भी हैं.... 'बाहर से कहीं कुछ नहीं बदला है.... सारा रक्तपात भीतर हो रहा है। और खून कहीं एकत्र नहीं होता.... बहता नहीं....सच है कि सब कुछ ज्यों का त्यों है लेकिन मानवीय इच्छाओं का, उसका अपना संसार कहीं अंधेरे में छिप गया है'.... (सपाट चेहरे वाला आदमी, पृ० 124) इस रक्तपात के दो अलग और समानांतर स्तर हैं। एक ओर यह यदि बूढ़ी माँ के गले से होता

है तो दूसरी ओर पत्नी की अतृप्त इच्छाओं का होता है जो बाहर से दिखाई न देने पर भी उतना ही सच है। 'प्रतिशोध', 'दुःस्वप्न' और 'सब ठीक हो जायेगा' हमारे सामाजिक जीवन की विद्रूपित होती स्थितियों को उद्घाटित करती हैं। 'सब ठीक हो जायेगा' में संकेत बहुत अर्थपूर्ण और दूरगामी है। कैंसर वहाँ सिर्फ मिश्रा को ही नहीं है, उस समूची व्यवस्था को है जिसमें मिसेज मिश्रा बाकायदा देहदान के बाद कमरे की धुलाई करने के बाद धूप जलाकर आरती करती है।

'सुखांत' में अमूर्त्तन और उलझाव की प्रवृत्ति बढ़ी है। इन कहानियों में जो व्यवस्था अंकित है वह कहीं भी अपने स्पष्ट और वास्तविक रूप में उपस्थित नहीं है। 'स्वर्गवासी' का कृष्णलाल और 'विजेता' का 'मैं' इस व्यवस्था का कुछ आभास मात्र देते हैं। 'उत्सव' में कैसी भी रचनात्मक सक्रियता के अभाव में आदमी के कैलस हो जाने की स्थिति अंकित है। 'शिनाख्त' अकहानी के घोषणापत्र के अनुरूप, रागात्मक संबंधों के क्षरण और अंततः निषेध की कहानी है। 'कबंध' और 'सुखांत' में भी दुर्बोधता, अमूर्त्तन और शिल्प प्रयोग के प्रति अर्थहीन मोह जैसी चीज़ें उन्हें अकहानी की सीमा में लाकर एक नकली माहौल की नकली लड़ाई की कहानियाँ बना देती हैं। यहाँ शाश्वत संवादहीनता की स्थिति वाला अमूर्त्तन और छद्म दार्शनिकता है जो जीवन के समग्र निषेध तक जाते हैं। 'हम लोग एक लम्बी दीवार अपने सिरों और कंधों की टक्कर से तोड़ रहे थे....' (सुखांत, पृ० 156) 'सुखांत' की यह घोषणा अपने में बड़ी अस्पष्ट और अमूर्त्त-सी है। यह न तो 'हम' की व्याख्या करती है और न ही उस 'दीवार' को स्पष्ट करती है जिसे सिरों और कंधे से तोड़ने की कोशिश की जा रही है। इस 'कोशिश' का उल्लेख भर हुआ—उसकी प्रकृति, प्रक्रिया और परिणाम कहानी में कहीं नहीं हैं। 'सुखांत' एक नपुंसक आक्रोश को लड़ाई का रूप देने की विडंबना का दयनीय साक्ष्य है। 'विध्वंसक अर्थों के अंधकार' की कोई प्रतीति कहानी में नहीं उभरती, जिसका उल्लेख किया गया है। एक छद्म और छाया-युद्ध की निरर्थकता और तनाव उसे ठोस परिवेशगत संदर्भों से काट देते हैं।

एक कहानीकार के रूप में दूधनाथ सिंह का यह विचयन अकहानी आंदोलन के प्रभाव में सिर्फ एक दिशांतर के रूप में ही लिया जाना चाहिए। यह कहानी का वह दौर था, सातवें दशक का उत्तरार्द्ध, जिसमें एक ओर यदि अकहानी का प्रभाव अपनी सारी संक्रामकता के साथ लेखकों को आकृष्ट कर रहा था, वहीं सामाजिक एवं राजनीतिक दृष्टि से भी बुनियादी एवं व्यवस्थागत परिवर्त्तनों की आकांक्षा को रूपायित करने वाली कहानियाँ लिखीं जा रही थीं। ज्ञानरंजन, काशीनाथ सिंह और मधुकर सिंह जैसे राजनीतिक संदृष्टि वाले लेखक भी अकहानी के प्रभाव से अछूते नहीं रह पाते हैं। इस आंदोलन के समाप्त हो जाने के बाद दूधनाथ सिंह एक लम्बे समय तक चुप रहते हैं। अपनी रचनात्मकता के दूसरे दौर में लिखी गई उनकी कहानियाँ—'माई का शोक गीत', 'हुँडार' आदि न सिर्फ अकहानी के प्रभाव-वृत्त से उनकी मुक्ति का प्रमाण हैं, कहानी की अनेक स्तरों पर सक्रिय संश्लिष्ट संरचना की वापसी का भी संकेत देती हैं।

राजकमल चौधरी

अकहानी आंदोलन में यदि एक ओर वे लोग शामिल थे जो मूलतः कहानीकार थे तो दूसरी ओर अकविता के कवि भी इस आंदोलन से जुड़े। राजकमल चौधरी और जगदीश चतुर्वेदी मूलतः अकविता आंदोलन से जुड़ने के बाद कहानी की ओर आए। इनकी कहानियों पर भी इनकी कविताओं की तरह ही, अमेरिकी बीट कवि गिंसबर्ग और बंगला कवि मलयराय चौधरी का प्रभाव आसानी से खोजा जा सकता है। राजकमल चौधरी की कहानियों की आधी से अधिक दुनिया आवारा, पेशेवर बाजारू औरतों की दुनिया है और उसके पुरुष भी उसकी धंधे की जरूरतों को पूरा करने वाले लोग हैं। यह स्वच्छंद नैश व्यवहार वैट-69 और फ्लेश की दुनिया है जो एक अंधी सुरंग की मानिंद दूर तक जाकर अंधेरे में ही गुम हो जाती है। 'अग्निस्नान' की श्रीमती की तरह इन लोगों के लिए कोई दिन ड्राई-डे नहीं है.... 'श्रीमती रात की आवाज है, रात का संगीत है, रात की जिन्दगी है....' (अग्निस्नान, पृ० 13) राजकमल की अपनी कविता की तरह ही वह निर्बंध और सीमाहीन है। 'अग्निस्नान' की लुलु और शीरीं, 'जलते हुए मकान में कुछ लोग' की दीपू और चंद्रावती, 'एक काली दो काली तीन काली' की श्यामा और सीता, 'व्याकरण का तृतीय पुरुष' की एलिसा और वियेट्रिस तथा 'एक अजनबी रात के लिए एक शाम' की वन्या महापात्र—बोनी—आदि सारी औरतें इसी प्रकार की हैं। 'अग्निस्नान' की शीरीं और लुलु कभी-कभी स्त्री-जीवन के उद्देश्य की चिन्ता में भी लीन दिखाई देती हैं। उनके लिए वंशवृद्धि और मातृत्व मात्र शरीर-धर्म है जीवन का उद्देश्य नहीं। स्त्री और पुरुष चीनी कथा के दोमुँहे ड्रेगन की तरह साथ ही जीने-मरने को अभिशप्त हैं। ये या तो पुरुष से घृणा कर सकती हैं या उसके साथ सो सकती हैं—बीच का कोई और रास्ता नहीं है। अपनी मृत्यु से कुछ पूर्व 'आलोचना' में दिए गए अपने जनता के पास लौटने के वक्तव्य के अतिरिक्त राजकमल चौधरी हमेशा ही यह घोषित करते रहे कि किसी प्रकार की सामाजिकता और दृष्टिकोण से उनका कोई वास्ता नहीं है। उन्होंने ऐसे वक्तव्य ही नहीं दिए, अपने लेखन से भरसक इसे सच प्रमाणित करने की कोशिश भी की। देहगाथा की दुनिया वाले उनके पात्र उसमें गले तक डूबे रह कर भी कभी स्थिति के वास्तविक कारणों का संकेत नहीं दे पाते। वे जब-तब गुस्से में भी दिखाई देते हैं, जैसे 'एक आदमी गुस्से में' के कमलेश, महताब अली और रामनाथ, लेकिन कहीं भी लेखक उस गुस्से का कोई सर्जनात्मक उपयोग नहीं कर पाता।

'मछली जाल' की कहानियों में राजकमल चौधरी कभी-कभी अपना ही अतिक्रमण करने की कोशिश करते हैं। लेकिन यह कोशिश अधिक सफल इसीलिए नहीं हो पाती क्योंकि इस आंदोलन के घोषणापत्र में शामिल रचना-दृष्टि और जीवन-मूल्यों के निषेध की बात वे कभी नहीं भूलते। 'मछली जाल' में अर्थतंत्र संबंधों को प्रभावित करता है। लेकिन कहानी में स्थितियों का विकास विश्वसनीय ढंग से नहीं हो पाता है। 'झील' हमारे समय की राजनीतिक दुनिया को उसके सारे ढोंग और अंतर्विरोधों के साथ अंकित करने की कोशिश करती है। शांतिलाल पासवान असरदार हरिजन नेता है जो परमिट और कोटा के

सहारे किसी को कहीं से कहीं पहुँचा सकता है। शांतिलाल और पीतांबर बाबू जैसे लोगों का वर्ग झील के मानिंद गहरा है जिसमें उनकी इच्छाओं और इरादों की थाह पाना मुश्किल है। शांतिलाल अपने अनुभव से इसे जानता है.... 'अंधेरी रात की झील में तैरने की नाजायज कोशिश करते हुए लोग एक दूसरे को अंधेरे में ज्यादा अच्छी तरह पहचान लेते हैं....' (मछली जाल, पृ० 35) 'झील' वस्तुत: राजनीति के अंडरवर्ल्ड को उद्घाटित करती है। इस बात के लिए राजकमल चौधरी की प्रशंसा की जानी चाहिए कि आज के इस सर्वग्रासी संकट को वे उसके शुरू में ही पहचानते दिखाई देते हैं। 'छिन्नमस्ता' पुरुष के वर्चस्व से अभिभूत और त्रस्त समाज में स्त्री की सोच को टटोलने और थाहने का परिणाम है। यह जानते हुए भी कि उसका पति धनबाद में एक मुसलमान औरत के साथ रह रहा है, गुण सुंदरी को लगता है कि पति के बिना वह खंडित और अधूरी है। गुण सुंदरी अपने देवर के साथ वहाँ जाती है क्योंकि एक मूर्ति छिन्नमस्ता होकर रह सकती है—हमारे समाज में स्त्री नहीं रह सकती। बेशक 'झील' और 'छिन्नमस्ता' जैसी कहानियों को आधार बनाकर ही राजकमल चौधरी के इस अतिक्रमण को सही संदर्भ में समझा जा सकता है।

राजकमल चौधरी के मैनरिज्म की चर्चा के बिना उनकी कहानियों पर कोई टिप्पणी अधूरी होगी। उनके उपन्यासों की तरह उनकी कहानियाँ भी ज्ञान के अकारण और असंदर्भित प्रदर्शन की शिकार है। कला, संगीत, मूर्त्तिकला, फिल्में, साहित्य एवं भारतीय एवं ग्रीक पुरा-कथाएँ अनावश्यक रूप से उनकी कहानियों पर दबाव बनाये रखते हैं। लेकिन यह राजकमल की प्रिय और सुपरिचित शैली है। ये दबाव अंतत: राजकमल चौधरी की क्षमताओं का भटकाव ही रेखांकित करते हैं। इस पर कोई आश्चर्य प्रकट किए बिना इसे रचना-दृष्टि के निषेध का ही एक अनिवार्य परिणाम समझा जाना चाहिए। 'आलोचना' में दिए गए अपने वक्तव्य में राजकमल चौधरी ने अपने जनता के पास वापस जाने और कहीं से अपनी सही-यात्रा शुरू होने की बात कही थी। 'मुक्ति प्रसंग' में इसका आंशिक प्रमाण भी उन्होंने दिया था। उनकी इस चेतना में ही अकहानी आंदोलन की सीमाओं का संकेत स्पष्ट है।

जगदीश चतुर्वेदी

अपनी कविता 'इतिहासहंता' में जगदीश चतुर्वेदी प्रेम को 'एक अभिशप्त रोग' घोषित करते हुए उसे मुट्ठी में भरकर आग में झोंक देने की इच्छा व्यक्त करते हैं। वे एक ऐसे दिशा और लक्ष्यविहीन आक्रोश से आक्रांत हैं जो तमाम यात्राओं को दुर्घटना में बदल देना चाहता है, एक अनिर्दिष्ट व्याघात के द्वारा आस-पास के घरों में हाहाकार मचा देना चाहता है। इस दौर के अनेक लेखक इसी दिशाहीन आक्रोश के शिकार हैं और साहित्य में उनकी सारी क्रांति यौन-क्रांति का पर्याय बन जाती दिखाई देती है।

जगदीश चतुर्वेदी की कहानियों में बार-बार एक ऐसा पुरुष सामने आता है जो किसी पहाड़ी कस्बे में बिताए गए बचपन की सघन स्मृतियों के साथ अब किसी महानगर में आ बसा है। यहाँ की सारी व्यस्तता और रेल-पेल के बीच उसका मन भटककर बचपन के खुले आकाश, चमकदार धूप और गुलमोहर के फूलों की ओर उड़ जाता है। इस बात का एहसास

उसे है कि अब किसी भी कीमत पर उस अतीत को लौटाया नहीं जा सकता। महानगर के ठंडे और निरपेक्ष जीवन में स्मृतियों की इस ऊष्मा से उसे सहारा भी मिलता है। फूहड़ और अपढ़ पत्नी के विसादृश्य में अतीत में उसके संपर्क में आई लड़कियाँ उसके दाम्पत्य जीवन की त्रासदी को गहराती हैं। 'उदास गुलमोहर' इसी किशोर प्रेम की कहानी है जिसमें जीत के किशोर मन पर सेक्स की चेतना लेखक के आरोपण का ही एक उदाहरण है। इसी तरह 'विवर्त' में चौकीदार की लड़की के प्रति एक किशोर का आकर्षण है जबकि चौकीदार की जवान और सुन्दर पत्नी से उसके पिता के गुप्त संबंध के संकेत स्पष्ट हैं। 'अधखिले गुलाब' में नोवोकोव की 'लोलिता' की तर्ज पर एक ऐसे मित्र का चित्रण है जो निम्फोमैनिया का शिकार है और हंबर-हंबर की तरह रोमा से इसलिए प्रेम का नाटक करता है क्योंकि उसके बाद उसके कई छोटी बहनें हैं। जदगीश चतुर्वेदी की ये कहानियाँ या तो असामान्य यौनेच्छा और यौनावेग को अपने केन्द्र में रखती है या फिर 'उदासीन' की तरह निष्क्रियता का 'दर्शन' बघारती है। यहाँ करुणा और सहानुभूति का जैसे कोई अर्थ नहीं बचा है। लेखक को सामाजिक संरचना में अंतर्विरोध दिखाई न देते हों, ऐसा नहीं है। लेकिन न तो उन विद्रूपताओं से किसी स्तर पर किसी भी मुठभेड़ में उसकी अभिरुचि है और न ही उसके पास उनके उद्घाटन की वैसी तैयारी और व्यंग्य एवं विद्रूप जैसे उपकरण।

जगदीश चतुर्वेदी की 'फ्लर्ट', 'बुढ़ापे की गंध' और 'निहंग' जैसी कहानियाँ इसे प्रमाणित करती हैं कि अकहानी आंदोलन के संक्रामक प्रभाव से निकलकर वे जब-तब उस आंदोलन की मूल स्थापनाओं का अतिक्रमण भी करना चाहते हैं। 'फ्लर्ट' एक ऐसी लड़की की कहानी है जो स्वयं एक फ्लर्ट होने पर रेस्त्रां में बैठी एक दूसरी लड़की को फ्लर्ट बताकर उसकी भर्त्सना करती है। 'बुढ़ापे की गंध' में डॉ० मित्रा मंजू को लेकर जो भी कुछ कहता-करता है, उसमें व्यंग्य की मुद्रा स्पष्ट है। चूँकि 'मैं' वैसा कुछ नहीं कर सकता उसे अपने ऊपर बुढ़ापा हावी होता दिखाई देता है। यहाँ समानांतर जीवन-मूल्यों और जीवन-पद्धतियों के बीच ग्रहणीय और सार्थक के संकेत स्पष्ट हैं। यहाँ लेखक स्वयं अपने को नकारकर यह स्पष्ट करता है कि मूल्य-बोध और चयन की प्रक्रिया से ही सार्थक रचनाशीलता की शुरुआत होती है। 'निहंग' अकहानी की सारी घोषणाओं और वक्तव्यों का मुँह चुराते हुए सामाजिक निरपेक्षता के दर्शन की भर्त्सना करती है। कहानी का 'वह' उन विसंगतियों और अंतर्विरोधों का एक ढेर है जिनसे मिलकर वह सामाजिक व्यवस्था बनती है। उसे इस बात पर बेहद गुस्सा है कि उसकी प्रेमिका को 'उसकी धमनियों से घृणा की गंध क्यों नहीं आती? वह नहीं जानती कि वह औरतों से घृणा करता है? उसे अपनी माँ और बहन तथा बीबी तक से घृणा है। वह उस लड़की को बताकर मरना चाहता है कि तेज शराब की तरह औरत केवल क्षणिक महत्व रखती है उसके लिए....' (निहंग, पृ० 148) कहानी में इस व्यवस्था के बदलाव की कोई पहल नहीं है लेकिन समाज से कटकर निहंग हो जाने के इस दर्शन के विरुद्ध लेखक का स्टैंड साफ है।

अकहानी का पूरा ज़ोर प्रचलित और स्थापित मूल्यों के अस्वीकार और निषेध पर है। लेकिन इस अस्वीकार का कोई सामाजिक और रचनात्मक आधार यहाँ पूरी तरह से

अनुपस्थित है। अकविता की तरह ही अकहानी भी सारी क्रांति यौन के माध्यम से ही करने पर विश्वास रखती है। यही कारण है कि उस क्षेत्र से ली गई शब्दावली और अन्य रचनात्मक उपकरण—उपमायें और बिम्ब आदि के प्रति इन लेखकों में गहरा आकर्षण दिखाई देता है। किसी सार्थक जीवन-दृष्टि के अभाव में यह आकर्षण ही उनकी रचनाओं में साहसिकता का भ्रम पैदा करके अनेक स्तरीय दुर्बोधता और दुरूहता को कहानी की रचनात्मक अनिवार्यता मानकर चलता दिखाई देता है।

समांतर कहानी

हिन्दी में कहानी सम्बन्धी आंदोलनों ने जहाँ रचनात्मक सक्रियता और ऊर्जा का माहौल बनाया, वहीं लोगों को ऐसा भी लगता था कि इन छोटे-छोटे आंदोलनों और मुद्दों में बँटकर कहानी अपने मूल गन्तव्य से भटक गई है। कहानी उस यथार्थ का अंकन नहीं कर पा रही है जिससे प्रतिबद्ध होकर उसने अपनी विकास-यात्रा शुरू की थी और जिसके लिए प्रेमचंद ने उसके लगभग आरम्भ में ही अनथक संघर्ष करके उसे एक प्रौढ़ और परिपक्व रूप दिया था। जो लोग इन आंदोलनों में शामिल थे वे तो अच्छी-बुरी कैसी भी कहानियाँ लिखकर कहानी संबंधी चर्चा में बने रहे, लेकिन बहुत से ऐसे लेखक थे जो आंदोलनों से जुड़े न होने पर भी सार्थक और महत्वपूर्ण लेखन कर रहे थे। आंदोलनों की गहमा-गहमी में इन लोगों को हाशिए पर ठेल दिया गया या कभी अपनी-अपनी जरूरतों के तहत उनका इस्तेमाल किया गया। ऐसे जोड़ बटोर कर लेखकों के इस्तेमाल का सबसे दयनीय रूप सचेतन कहानी में दिखाई दिया। नई कहानी आंदोलन के दौर से ही एक आंदोलन-मुक्त दृष्टि की आवश्यकता पर जोर दिया जाने लगा था। 'कृति' के संपादकों नरेश मेहता और श्रीकांत वर्मा ने अपनी पत्रिका के एक संपादकीय में इस दृष्टि की आवश्यकता पर बल देते हुए लिखा.... 'अब समय आ गया है जबकि मतभेद भुलाकर आंदोलनों की सीमाओं के बाहर आकर मिलकर काम करें....' लेकिन इसे शिद्दत से अनुभव किए जाने के बावजूद इस पर प्रभावी ढंग से अमल नहीं किया जा सका। नई कहानी आंदोलन के दौर में ही अनेक संभावनाशील लेखक उपेक्षा के गर्त में खो गए। जो अपनी रचनात्मक ज़िद पर दृढ़ रहे उन्हें बाद में आंदोलनों से मुक्त लेखकों के रूप में ही पहचाना गया।

कमलेश्वर ने 'सारिका' के अपने संपादन काल में, आठवें दशक के शुरू में, समांतर कहानी के आंदोलन की शुरुआत की। आंदोलनों की गुटबंदी से लोग आजिज़ आ चुके थे। इसलिए कमलेश्वर ने वाद और पीढ़ीमुक्त कहानी से अपनी बात शुरू की। चूँकि 'सारिका' एक बड़े पूँजीवादी संस्थान की पत्रिका थी, लोगों को जोड़ने और इकट्ठा करने में किसी प्रकार की कोई कठिनाई नहीं थी। दूर-दराज़ क्षेत्रों में समांतर कहानी के शिविर आयोजित किए गए और गोष्ठियाँ हुईं। इन्हीं गोष्ठियों में वक्तव्यों और कहानियों के माध्यम से समांतर कहानी की अवधारणा विकसित हुई। कहानी के संदर्भ में 'प्रतिबद्धता' की अवधारणा इन लोगों को उलझाव का कारण लगती थी। ऐसी ही एक गोष्ठी में दामोदर सदन ने अपने वक्तव्य में इस उलझन से मुक्ति का रास्ता भी दिखाया.... 'परिवर्तनशील और बदलती हुई जीवन स्थितियों को लेकर हम अपनी प्रतिबद्धता को जीवन में संलग्नता और समय के प्रश्नों

की पीठिका में स्वीकार करते हैं। स्थितियों के बदलने के साथ-साथ लेखन के आग्रहों का बदलना भी अनिवार्य है....' इस तरह समांतर कहानी दृष्टि की प्रतिबद्धता से मुक्त होकर जनता के बीच जाने के आग्रह की कहानी बनकर सामने आई। चूँकि इसमें किसी आंदोलन और वाद से मुक्त लेखकों का आह्वान किया गया था, और इसमें सभी उम्र और विचारधारा के लेखकों के लिए एक साझा-मंच की बात कही गई थी, इसे समांतर कहानी के रूप में प्रस्तुत किया गया। इस तरह से यह समांतर पीढ़ियों और समांतर सोच की कहानी थी जिसमें लेखकों की उम्र और विचारधारा की कोई बंदिश नहीं थी। यह 'पीढ़ीमुक्त लेखन' और 'बद्धमूल चिन्तन' पर पुनर्विचार के आग्रह से जन्मी कहानी थी। पीढ़ी-मुक्त लेखन की बात तो ठीक थी, लेकिन 'बद्धमूल चिन्तन' पर पुनर्विचार का सीधा-सादा मतलब था कहानी में से यथार्थ और वैचारिकता का बहिष्कार। जैसा कि संकेत किया जा चुका है शुरू में हर आंदोलन की तरह ही इसके साथ भी लेखकों का एक बड़ा वर्ग जुड़ता दिखाई देता है। इसका कारण एक ओर यदि वक्तव्यों और उद्घोषणाओं में व्यापकता और खुलेपन की बात थी तो दूसरी ओर आंदोलनों के दौर में गुटबंदी से परेशान लोगों की वे अपेक्षाएँ भी थीं जिनमें कहानी के स्वस्थ और रचनात्मक विकास की संभावनाएँ उन्हें उत्साहित कर रही थीं। 'प्रतिबद्धता' से मुक्ति का आह्वान करके समांतर कहानी 'नए मनुष्य' और समाजवादी समाज की स्थापना के सन्दर्भ में सामान्य या आम आदमी की चिन्ता को अपने केन्द्र में रखकर चलने का दावा प्रस्तुत करती है। अत: अच्छा यही होगा कि समांतर कहानी में इस आम आदमी की प्रकृति और स्वरूप को देखा-परखा जाए।

आम आदमी को लेकर लिखी-लिखाई गई कहानियों वाले 'सारिका' के विशेषाँकों की कहानियों और संपादकीय लेखों को फिर से एक क्रम में, सिल-सिलेवार पढ़ जाने के बाद यह स्पष्ट हुए बिना नहीं रहता कि इन संपादकीय टिप्पणियों में बहुत बारीकी से साहित्यिक चतुराई का इस्तेमाल किया गया है, और यह भी कि यदि साधन आपके हों तो युवा लेखकों की एक पूरी-की-पूरी पीढ़ी को कैसे और किस सीमा तक गुमराह किया जा सकता है। उनके हाथों में क्रांति का झंडा थमाकर और सिरों पर क्रांति के मुरेठे बांधकर उन्हें सचमुच क्रांति-जुलूस में भेजा जा सकता है। क्रांतिकारी लेखकों की एक पूरी फौज रातों-रात खड़ी कर देना अपने में एक बड़ा साहित्यिक चमत्कार है।

अपने पहले ही संपादकीय में कमलेश्वर ने क्रांति के लिए एकदम तैयार खड़े द्विविधा-रहित आदमी की बात कही है और उन्हीं के शब्दों में चूँकि 'इतिहास जब नंगा हो जाता है, तो संपूर्ण संघर्ष के अलावा कोई विकल्प नहीं रह जाता....' अपने इसी संपादकीय में थोड़ा आगे चलकर वे कहते हैं, 'यह पूरा देश अब एक भयंकर दलदल बन चुका है और इसे दलदल बनाने वाले लोग प्राचीरों—परकोटों पर जाकर बैठ गए हैं और दलदल में फँसते, दम तोड़ते आम आदमी के मरण का उत्सव मना रहे हैं....' (सारिका, अक्टूबर '74, पृ० 9) जिस साहित्यिक चतुराई का उल्लेख ऊपर किया गया है, यह वक्तव्य उसका एक अच्छा उदाहरण है। इसमें भारी-भरकम उत्तेजक शब्द-समूहों और आकर्षक लटकों के बावजूद न तो कहीं इस देश को भयंकर दलदल में परिवर्तित कर देने वाले लोगों को परिभाषित करने की कोई

कोशिश की गई है और न ही उस आदमी को जिसके मरण का उत्सव यह लोग अपने सुरक्षित गढ़ों में बैठकर मना रहे हैं। यह वस्तुत: उसी साहित्यिक चतुराई का उदाहरण है जिसके तहत वामपंथी हथियारों से दक्षिणपंथी लड़ाई लड़ी जाती है और इस भय से कि कहीं लोग इस रणनीति का पर्दाफाश न कर दें यही आरोप या तो दूसरों पर चस्पां कर दिया जाता है या फिर उस पूरे संदर्भ को ही तोड़-मरोड़ कर विकृत कर दिया जाता है जिसमें, आगरा के प्रगतिशील लेखक-सम्मेलन में, सन् '74 में ही आयोजित, अमृतलाल नागर ने उद्घाटन भाषण में यह बात कही थी। यह भी इसी चतुराई का हिस्सा है कि अमूर्त्तन की इस पद्धति पर पूरी तरह अमल करते हुए क्रांति, पूर्ण बदलाव, संघर्ष और नई सामाजिक नैतिकता की दुहाई दी जा सकी है जबकि न तो यह साफ है कि लड़ाई किससे है, लड़ाई के मूल मुद्दे क्या हैं और सबसे अधिक यह कि आखिर लड़ाई लड़ने वाले यह आम आदमी कौन है? लेकिन इन्हीं को लेकर लिखी गई कहानियों के बारे में बड़वोलेपन की अंतिम सीमा तक जाकर कहा गया है.... 'और ऐसे में ये कहानियाँ साहित्य की तरफ से साथ देने का औपचारिक प्रस्ताव नहीं बल्कि बड़े पैमाने पर चल रही यथार्थ की लड़ाई में शामिल कहानियाँ हैं....' (वही, पृ० 11)

मध्यकालीन कवियों की तरह कमलेश्वर का यह आम आदमी भी एक निर्गुण, अमूर्त्त, निराकार और रूपहीन तत्व है जिसे आसानी से देख और पहचान पाना असंभव है। इसका दायरा इतना व्यापक है कि सिर्फ चार-छह क्या पूरी जिन्दगी इसे लेकर पत्रिका के विशेषांक निकाले जा सकते हैं। जैसा कि सुधीश पचौरी ने अपने एक लेख में संकेत किया है कि समूचे मध्यवर्ग से लेकर किसान-मजदूर तथा सम्पूर्ण छात्र-क्रांति इसमें समेटी जा सकती है। लेकिन कमलेश्वर और उनके सहयोगी लेखक इस स्पष्ट सीमांकन से कतराते नजर आते हैं। सुधीश पचौरी ने लिखा है.... 'इसे बुर्जुआ कुचक्र कहते हैं। समाजशास्त्र के निश्चित पदों की जगह अनिश्चित और गोल-मटोल अर्थ रखने वाले शब्द-प्रयोग का आग्रह यह सिद्ध करता है कि 'आम आदमियों' की प्रतिबद्धता 'आम आदमी की मुक्ति' से न होकर आत्मप्रचार से अधिक है...' (लहर, मई-जून '75, पृ० 10) इसीलिए एक अनाम और अमूर्त्त शक्ति के विरोध में लगभग उतने ही अमूर्त्त और अनाम आम-आदमी की यह लड़ाई एक भयंकर छद्म है जो आम आदमी के हक़ की आवाज़ उठाकर, दुर्भाग्य से, एक बड़ी साज़िश के तहत, आम आदमी के विरुद्ध ही लड़ी जा रही है। इस सन्दर्भ में भैरव प्रसाद गुप्त का यह वक्तव्य भी महत्वपूर्ण है.... 'दिखाने को तो दिखाओ कि हम आम आदमी के पक्षधर हैं, लेकिन किसके विरोध में यह पक्षधरता है, इस सवाल से साफ बच जाओ। फिर इस पक्षधरता का, इस प्रतिबद्धता का क्या मतलब हो सकता है कि सिवाय हवा में लाठी भाँजने के। यह दृश्य कितना अद्भुत है कि ये आम आदमी की लाठी तो बड़े जोरों से भाँज रहे हैं, लेकिन किसी को भी चोट नहीं लगती! आम आदमी को इतना बड़ा धोखा केवल पूँजीपतियों के चाकर क्रांतिकारी ही दे सकते हैं। इनका काम ही 'क्रांति-क्रांति' चिल्लाकर क्रांति की पीठ में छुरा भोंकना है....' (अवकाश-4, पृ० 67—'साहित्य में आम आदमी?')

आम आदमी के विरुद्ध बहुत सूक्ष्म और चतुराईपूर्ण ढंग से रची गई इस साजिश को पूरी तरह से उदाघाटित करने के लिए यह आवश्यक है कि 'सारिका' के इन विशेषांकों में

प्रकाशित कुछ महत्वपूर्ण एवं उल्लेखनीय समझी गई कहानियों को सामने रखकर बात की जाए, जिन्हें अपने संपादकीय वक्तव्य में कमलेश्वर ने 'बड़े पैमाने पर चल रही यथार्थ की लड़ाई में शामिल कहानियाँ' कहा है।

प्राय: पूरे एक वर्ष तक निकलते रहने वाले 'सारिका' के इन विशेषांकों में आम तौर पर तीन तरह की कहानियाँ प्रकाशित हुई हैं। इनमें पहली किस्म की कहानियाँ पारिवारिक घेरे की कहानियाँ हैं जिनमें कहीं नौजवान लड़के-बहू के बीच बूढ़े माता-पिता निर्वासितों की जिन्दगी जीने को विवश हैं। ये बूढ़े लोग अपनी हरकतों और ग़लत आदतों से, आपस में बोल-बतियाकर लेने से, गर्ज यह की अपनी उपस्थिति मात्र से बहू-बेटे के तौर-तरीकों में आड़े आते हैं। इसलिए इससे बचाव की यह रणनीति अपनाई जाती है कि माँ एक बेटे के पास रहे और पिता दूसरे के। इस तरह बिछोह की स्थिति में, निर्वासित होने की बेला में, वह सब होता है जो ऐसे मौकों पर जरूरी तौर पर होना चाहिए—यानी मन और आँखें ही नहीं भर आती हैं, क्रौंच-वध पर महाकवि बाल्मीकि का प्रसिद्ध श्लोक भी याद आता है। वैसे सूर्यबाला ने आगे चलकर 'थाली भर चाँद', 'गृह प्रवेश' और 'मटियाला तीतर' जैसी कहानियों में श्रम-संस्कृति और सामाजिक विद्रूपताओं के विसादृश्य को गहरी अंतर्दृष्टि और वर्गचेतना के साथ उद्घाटित किया। लेकिन समांतर आन्दोलन के तहत लिखित उनकी कहानी 'निर्वासित' एक भावुक आग्रह से आगे नहीं जा पाती। अकुलेश परिहार की 'छुट्टी का एक दिन', अनीता औलक की 'फिर एक बार' और उषा व्यास 'छवि' की 'सलाखों के आर-पार' आदि कहानियाँ इसी प्रकार की कहानियाँ हैं। अकुलेश परिहार की कहानी में भी जवान लड़का-बहू के बीच बूढ़ा विधुर पिता है लेकिन ये लड़का-बहू 'निर्वासित' के लड़का-बहू की तरह निर्मम और कैलस नहीं हैं। वे लोग अपनी सीमित आय वाले बजट को काट-छाँटकर कुछ दिनों के लिए आए पिता को समायोजित करने की कोशिश के साथ ही यह भी चाहते हैं कि उनकी ओर से कहीं कुछ ऐसा न हो जाए जो पिता का मन दुखाए। युवा लोगों की बूढ़ों को साथ लेकर जीने और चलने की यह कोशिश अच्छी लगती है और इस अच्छा लगने का एक कारण यह भी है कि इसमें न तो 'निर्वासित' वाली आरोपित करुणा है और न ही बूढ़ों के प्रति कैसी भी फैशनेबुल किस्म की कटुता ही। लेकिन कहानी के यह छोटे-छोटे और सहज ब्यौरे अपनी तात्कालिकता में ही सीमित होकर रह जाते हैं, उससे अतिक्रमण की वहाँ कोई कोशिश नहीं है।

अनीता औलक की 'फिर एक बार' में माँ और बेटी के माध्यम से युवा और बूढ़ी होती पीढ़ी के बीच के अंतराल को भरने की कोशिश है—काफी हद तक एक सफल और सार्थक कोशिश। गुन्नी की बड़ी बहन माँ की इच्छा के विरुद्ध अपना प्रेम-विवाह करके चली गई है जिसके कारण बचपन से ही उसे दीदी को एक खराब लड़की और प्रेम को अपराध के रूप में देखने की आदत डाली जाती रही है। लेकिन वही गुन्नी जब पंकज से स्वयं अपने विवाह का निर्णय माँ को बताती है तो उसकी आशा के विपरीत माँ उसे काफी सहजता और तत्परता से लेती है—जैसे उसकी उम्र और अनुभव ने अपने ही विरोध की व्यर्थता उनके आगे स्पष्ट कर दी हो। उषा व्यास 'छवि' की 'सलाखों के आर-पार' लंबी बीमारी की मार से प्रताड़ित

अपाहिज और विकलांग होती स्त्री की कहानी है जो अपने वर्तमान की खिड़की में सलाखों की तरह अपने पति के दफ्तर में उसकी युवा और सुन्दर सेक्रेटरी मीनल को जड़े हुए देखती है। घर के नौकर-चाकर और दूसरे लोगों की कृपा एवं स्नेह के दायरे में सिमटती जाती वह उस एक से बहुत दूर जा पड़ती है जो उसका बहुत अपना और निकट था। वैसे तो यह दो स्त्रियों के बीच एक पुरुष के शाश्वत त्रिकोण की कहानी है, लेकिन इसके कहे जाने की भंगिमा और तिल-तिल अपने से ही हारती और पराजय-बोध से पीड़ित स्त्री की व्यथा को, कहीं-कहीं हल्की-सी भावुकता के बावजूद, लेखिका प्रभावी ढंग से व्यक्त कर सकी है। किसी नई लेखिका के लिए इसे उपलब्धि का संकेत भी माना जा सकता है।

इस क्रम में प्रकाशित दूसरे प्रकार की कहानियाँ वे हैं जिनमें आम कहे जाने वाले आदमी की जिन्दगी में अभाव और अभिशाप की छायाएँ तिरती दिखाई देती हैं, और वे लोग अपने-अपने ढंग से इन अभावों को झेलते-भोगते हैं।

से० रा० यात्री

से० रा० यात्री की कहानी 'अँधेरे का सैलाब' दो परिवारों के समानांतर चलने वाली काफी कुछ कृत्रिम और आरोपित स्थितियों की कहानी है। एक ओर उद्योग विभाग के इंजीनियर की कोठी पर मिठाइयों के बेहिसाब डिब्बों और दूसरी चीजों, जो डॉली और उपहार के रूप में आई हैं, के अंबार के बीच मनाई जाने वाली दीवाली है, तो दूसरी ओर 'मैं' की जतन से बचाए गए बीस रुपयों वाली दीवाली है, जिसमें बारह रुपये की एक किलो मिठाई का डिब्बा दीवाली से पहले ही खरीद कर बच्चों से छिपाकर रख दिया गया है। लेकिन इन ब्यौरों की तुलनात्मक स्थितियों के लिए जो पद्धति अपनाई गई है, वह पूरी कहानी को कृत्रिम स्थितियों और भोथरी संवेदना की कहानी में बदल देती है। 'अंधेरे का सैलाब' में दो परिवारों की समानांतर कहानियाँ उस ढंग से प्रोजेक्ट नहीं की गई हैं जैसे ज्ञानरंजन की 'फेंस के इधर और उधर' में की जाती हैं जिसमें लेखक को अपनी ओर से कहने और टिप्पणी करने के लिए बहुत कम रह जाता है। इसके विपरीत इस कहानी में 'मैं' के दूर के संबंधी का इंजीनियर से ऐन दीवाली के दिन भेंट का संयोग जुटाया गया है, जो 'मैं' के पूरे परिवार को अपने यहाँ ले जाते हैं—जैसे दीवाली के मौके पर डॉली के तौर पर आई रिश्वत का प्रदर्शन जरूरी है। इस चकाचौंध और भेंट-सौगात वाली दीवाली की तुलना में 'मैं' के अपने घर की दीवाली अंधेरे का सैलाब बनकर रह जाती है। दीवारों और मुंडेरों पर दीए रखने के बाद, रोशनी दिखाने के ख्याल से जब 'मैं' बच्चों को पुकारता है तो अंदर से कोई निकल कर नहीं आता.... 'अंदर जाकर देखा तो पापा के दोनों बच्चे फ़र्श पर टेढ़े-बेंगे होकर पड़े थे और पसीजी हुई मिठाई के टुकड़े उनकी मुट्ठियों में जकड़े हुए थे.... नए कपड़ों में सजी उस नन्हीं-सी मासूम बच्ची को गोद में उठाकर मैंने लाख जगाने की कोशिश की पर उसने आँखें एक क्षण के लिए मुलमुलाकर फिर बंद कर लीं और फुलझड़ियों का बंडल उसकी पकड़ से छूटकर फ़र्श पर गिर गया....' (सारिका, अक्टूबर '74, पृ० 23)।

मेहरुन्निसा परवेज़

मेहरुन्निसा परवेज़ की कहानी 'आतंक भरा सुख' इससे भिन्न और दूसरे स्तर पर पलने वाले अभावों की कहानी है। इस कहानी की पृष्ठभूमि में बस्तर के दूर-दराज़ क्षेत्रों की मारक गरीबी है। वैसे इसमें भी स्थितियाँ काफी कुछ पुरानी ही हैं—शराबी और नाकारा पति से दुखी और परेशान, छोटे-छोटे बच्चों से घिरी स्त्री है जो अपने कम-उम्र लड़के को नौकरी या मजदूरी के लिए डांटती-डपटती है, क्योंकि उसका बाप कहीं अद्धा चढ़ाए पड़ा होगा। भूख से रोते-बिलखते बच्चे हैं जो मारकर भगाए जाने पर किसी दूसरे के दरवाजे पर खड़े ललचाते होंगे। और इस सारी यथार्थवादी सेटिंग के बीच छोटी बिट्टो से उसे खबर मिलती है कि भैंसो वाला मारवाड़ी मर गया है। नौकरी और मजदूरी के नाम पर दुत्कारा जाने वाला 'वह' इसी मारवाड़ी की अर्थी के पीछे-पीछे जाता है और पूरे डेढ़ रुपये की रेजगारी लूट कर लाता है जो मिलने की हालत में पूरे दिन की मजदूरी के बराबर होती है! मिलने की इस खुशी और उल्लास में मौत से जुड़ा उसका सारा भय काफूर हो जाता है.... 'अर्थी पर एक भी फूल नहीं था। पीछे के लोग आपस में बातें करते सायकल पकड़े जा रहे थे। काफी दूर जब अर्थी चली गई तो उसने प्रसन्नता की मीठी ललक से भरकर जेब को थपथपाया और हाथ डालकर सिक्के निकाल लिए। उसने गिनना शुरु किया, पूरा डेढ़ रुपया था। सारा दिन मेहनत करने पर इतना ही उसे मिलता....' (सारिका, नवंबर '74, पृ० 33), वैसे किसी हद तक यह कहानी महिला-लेखन में आ रहे रचना-वस्तु के विस्तार का एक उदाहरण मानी जा सकती है, लेकिन दुर्भाग्यवश यह कोशिश किसी बड़े और सार्थक परिणाम का प्रभाव नहीं छोड़ती। समांतर आंदोलन से जुड़ने वाली लेखिकाएँ सामान्यतः स्थूल और वाह्य ब्यौरों में उलझ कर रह जाती हैं या फिर किसी गहरे और आत्मीय परिचय के अभाव में पात्रों एवं स्थितियों का सतही अंकन मात्र करके संतुष्ट हो जाती है। ये लेखिकाएँ न तो चंद्रकिरण सौनरेक्सा की तरह व्यापक और गहरे स्तर पर समाज से जुड़ने का बोध करा पाती हैं और न ही कृष्णा सोबती और मन्नू भंडारी की तरह भारतीय सामाजिक संचरना में स्त्री के किसी सार्थक हस्तक्षेप की पहल करती है। मृदुला गर्ग की कहानी 'उसका विद्रोह' भी इस उल्लिखित सीमा का ही एक और उदाहरण है।

लेकिन मेहनत करने की सारी इच्छा और कोशिश के बावजूद निर्धन एवं साधनहीन आदमी, कमलेश्वर का आम आदमी, की जिन्दगी का स्थूल और सतही अंकन एक चीज है और इसी आदमी को लेकर कितना क्रूर और अमानवीय मजाक भी किया जा सकता है इसका उदाहरण स्वयं कमलेश्वर की अपनी कहानी.... 'कितने अच्छे दिन' में पाया जा सकता है। सूखा और अकाल की पृष्ठभूमि में लिखी गई इस कहानी में पुरखों की हड्डियों का व्यापार भी है और बहन की दलाली भी। पुरखों की हड्डियाँ बेचकर और बहन को ट्रक-ड्राईवर बंतासिंह और कितने ही दूसरे लोगों के साथ सोते देखकर बाला को लगता है कि कितना अच्छा होता कि यह दिन थोड़ा और पहले आ गए होते! चंदू इसी कमली को चाहता है और अभी भी वह उसे इस दलदल में धंसते देख कहीं तकलीफ महसूस करता है, लेकिन बाला सोचता है कि चंदू से यदि कमली की शादी हो जाती है तब भी यही होना है, फिर घर में

एक अतिरिक्त आदमी के खाने की जिम्मेदारी का बोझ बढ़ाने से ही क्या हासिल होना है। उसकी समझदारी और सोच की इस दिशा में ही स्वयं कमली भी बढ़ती दिखाई देती है—'कमली भी समझदार हो गई है.... अपन से उसने बात की थी। कहने लगी....चंदू से कह दे क्या फायदा? घर बसाऊँगी तो लौट के वहीं गाँव के बाहर झोपड़ी डालनी होगी। कुआँ सूखेगा तो फिर इधर ही भागना पड़ेगा। तब एक लोटे पानी के लिए बाह्मन-ठाकुर छोड़ देंगे क्या? यहाँ कोई यह तो नहीं पूछता कौन जात है! अपनी जरूरत से लोग आते हैं! ऐसे दिन बार-बार हाथ नहीं आते...' (सारिका, मार्च '75, पृ० 82) इसी कमली का भाई बाला कमली के बाएँ गाल की सांवली चमड़ी पर खून की एक सूखी-चिपकी बूंद पर कमली को हाथ फिराते देखकर पूछता है, 'क्या हुआ? उस साले लाला ने फिर काटा इतनी जोर से....' 'नहीं' कमली ने मामूली तरह से कहा, 'उसका वो एक दाँत सोने का है न, वही गड़ जाता है....' (वही, पृ० 83) और कहते-कहते वह एकदम सहज और सामान्य ढंग से मुँह धोने के लिए ट्यूबवैल की तरफ चली जाती है।

तथाकथित आम आदमी को लेकर लिखी गई कहानियाँ उसके अपने अस्तित्व को सार्थक ढंग से प्रमाणित करने की उसकी कोशिश और अस्तित्व-रक्षा तथा बेहतर जीवन-स्तर के लिए किए गए उसके संघर्ष को रेखांकित करने की कहीं कोई कोशिस नहीं करतीं। सामाजिक सन्दर्भों में अगर ये आदमी को उसकी परिस्थितियों के आगे दयनीय रूप में अंकित करती हैं तो राजनीतिक-सन्दर्भों में वे हताशा और समझौतापरस्ती का दर्शन प्रस्तुत करके प्रकारांतर से यथास्थितिवाद का ही समर्थन करती हैं। इन विशेषांकों में प्रकाशित तीसरे प्रकार की कहानियाँ वे हैं जिन्हें, मोटे तौर पर, सामाजिक-राजनीतिक संदर्भों की कहानियाँ कहा जा सकता है। लेकिन इन कहानियों के विश्लेषण के बाद ऐसा कहीं प्रमाणित नहीं होता कि उस राजनीति का उपयोग आम आदमी के लिए बेहतर जिन्दगी के संघर्ष और उसके हक़ की लड़ाई के लिए किया गया है।

जितेन्द्र भाटिया

जितेन्द्र भाटिया की कहानी 'शहादतनामा' का 'मैं' यूनियन के एक साहसी और ईमानदार नेता को व्यवस्था और संस्थान के दलालों द्वारा कॉस्टिक टैंक में धकेले जाते हुए देखता है, लेकिन अमरजीत की ऐसी क्रूर और नृशंस हत्या की भी उस पर क्या प्रतिक्रिया होती है?—'वे ही दिन थे, जब मैंने नौसिखियेपन से उबर कर धीरे-धीरे जानना शुरू किया था कि इंसान की जिन्दा रहने की लड़ाई कितनी मुश्किल और भयावह होती है। उन मशीनों और कल-पुर्ज़ों के बीच रहकर पहली बार मुझे पता चला था कि एक बड़ी सख्त विभाजन रेखा है जो हमें लगातार छोटा बने रहने पर मजबूर करती है, छोटे ढंग से सोचना सिखाती है। यह भी जाना था मैंने कि इस विभाजन-रेखा के इस ओर खड़े हम सिर्फ 'बने रहने' के लिए लड़ सकते हैं, इस रेखा को तोड़ नहीं सकते....' (सारिका, नवंबर '74, पृ० 13) यह निराशा, समझौतापरस्ती और यथास्थिति को बनाए रखने वाला दर्शन किस तरह आम आदमी के अस्तित्व की लड़ाई को आगे बढ़ाने में मदद करता है? यह वर्ग-संघर्ष की कौन-सी नई-

दृष्टि है जिसका दावा, संयोजक और संपादक की हैसियत से कमलेश्वर लेखक के दिए गए परिचय में करते हैं? यह लेखन किसे संबोधित है, और किसके प्रति संलग्न और समर्पित है? इस कहानी में लेखक व्यवस्था, संस्थान जिसका एक हिस्सा है, के घिनौने रूप को उद्‌घाटित करने की कोशिश तो एक सीमा तक करता है, लेकिन अमरजीत के सारे गौरवगान के बावजूद, उसकी हत्या का साक्षी बनकर भी, अपने प्रमोशन के कारण, उससे भी पहले महज़ नौकरी की खातिर, जो हो गया है 'मैं' उसी से संतोष करके अपने को कोई और बेवकूफी करने से रोकता है। इस तरह आम आदमी के हक़ की इस समूची लड़ाई को वह, अपने टुच्चे स्वार्थों की रौ में, पराजय और लाचारी में बदलकर रख देता है। यही 'मैं' तब अपने को लेकर टिप्पणी करता है... 'सबसे ज्यादा नफ़रत अब मैं अपने से करने लगा था....' (वही, पृ० 19) लेकिन अपने से नफ़रत और बदहवासी की इस निष्क्रियता से आखिर क्या बन सकता है? इस तरह की कहानियाँ व्यवस्था से लड़ाई के सारे दावों के बावजूद अंततः व्यवस्था के ही हाथ मजबूत करती हैं, क्योंकि वे मेहनतकश जनता के वर्ग-चरित्र को समझौता-परस्ती और उदासीनता का रास्ता दिखाकर उसकी संघर्ष चेतना को कुंठित करती हैं। उनकी धूर्त्तता और चतुराई इसी से प्रमाणित है कि ये लेखक मजदूरों के आस-पास से कहानी उठाकर उसके केन्द्र में मजदूरों के हक में सोचने-करने वाले आदमी को रखकर भी वे उस चेतना और तेवर से कन्नी काट जाते हैं जो उनके हक की इस लड़ाई को बखूबी एक निर्णायक शक्ल दे सकते थे। जनवादी कहानी आंदोलन के अंतर्गत, जिसकी चर्चा अगले अध्याय में की जायेगी, सतीश जमाली, इसराइल और विजयकांत आदि लेखकों की अनेक कहानियों से इनकी तुलना करने पर यह अंतर स्पष्ट हो जाता है। इसके विपरीत 'शहादतनामा' का 'मैं' अपनी आँखों के सामने अमरजीत की हत्या होते देखकर, उसके मिरगी आते पिता की सारी स्थिति जान-समझकर भी अपने पर काबू पा लेने वाला संयम बरतकर, अपनी आत्म-भर्त्सना मात्र करके वह मजदूर के संपूर्ण वर्ग-चरित्र को एक गलत दिशा में मोड़ने की कोशिश करता हूँ। सतीश जमाली के उपन्यास 'प्रतिबद्ध' में व्यवस्था के विरोध में मजदूर-वर्ग की संघर्ष-चेतना और समूची राजनीति को बेहतर और प्रामाणिक रूप में देखा जा सकता है।

मधुकर सिंह मूलतः जनवादी चेतना के लेखक हैं, और जनवादी कहानी के अंतर्गत ही उनकी चर्चा की जायेगी, लेकिन वे समांतर कहानी से भी सक्रिय रूप में जुड़े रहे। एक तरह से यहाँ उनका इस्तेमाल किया गया और इस इस्तेमाल किए जाने की छूट देने का प्रभाव इस आंदोलन के दौर में लिखी गई उनकी कहानियों पर स्पष्ट है। उन्होंने कमलेश्वर पर एक किताब संपादित करके भी इस आंदोलन में अपनी सक्रिय भूमिका का प्रमाण दिया। उनकी अनेक कहानियाँ और लगभग सारे उपन्यास संघर्ष-शील जनता के फार्मूलाकरण का साक्ष्य बनकर विचारधारा के स्तर पर उनके विचलन का साक्ष्य प्रस्तुत करते हैं।

उनकी 'हरिजन सेवक' अछूतों और हरिजनों पर आए-दिन होते रहने वाले अत्याचारों की कहानी है। वैसे वह बहुत स्थूल और तथ्यात्मक रूप में अपनी बात कहती है, उसका व्यंग्य भी काफी स्थूल और सपाट है, लेकिन विचारधारागत स्पष्टता उसमें किसी हद तक

बनी रहती है। दुसाध टोली के लोगों को पहले भी सेवकाई करनी पड़ती थी, अब भी करनी पड़ती है। थोड़ी-बहुत पढ़ाई और छात्रवृत्ति की सुविधा के बावजूद स्थिति में कोई बुनियादी अन्तर नहीं आया है। इस कहानी में मधुकर सिंह ने गांधीवादी अंतर्विरोधों को अनेक स्तरों पर उद्घाटित करने की कोशिश की है। एक ओर मास्टर रामशरण लाल के अपने चारित्रिक अंतर्विरोध हैं, अपनी सारी अहिंसावादिता के बावजूद दुसाध-टोली के लोगों को भयंकर और हिंसक किस्म की गाली-गलौज, हरिजन दुसाधों की सेवा के सारे कथित दावों के बावजूद उन्हें छूने से भी परहेज, लेकिन इसी दुसाध-टोली के छोटे-छोटे मासूम बच्चों के गाल पर हाथ फेरकर वह उन्हें 'मूरत' और न जाने क्या-क्या बताते रहते हैं! बाद में इन्हीं मास्साब को मुखिया के लड़के के साथ की गई बदफेली के कारण गाँव छोड़ना पड़ता है, और उनकी सारी सेवा तथा गाँधीवादी आदर्शों की दुहाई के बावजूद उन्हें किसी दूर-दराज इलाके में पटक दिया जाता है। बाद में जब दुसाध टोली के अछूतों और मालिकों का संघर्ष एक निर्णायक दौर से गुजर रहा होता है तो लोग मास्साब को याद करते हैं कि यदि आज वह इस गाँव में होते तो इस संकट के अवसर पर उनकी मदद करते और इस लड़ाई में उनका साथ देते। लेकिन दुसाध-अछूतों में भी जो कुछ समझदार लोग हैं वे इसका विरोध करते हैं कि ऐसा नहीं है। यही मास्साब अंत में लगन राम और उसके साथियों को बड़े नाटकीय रूप में मिलते हैं, जब दुसाध टोली में लगाई गई आग के सिलसिले में उसी टोली के बचे-खुचे लोगों को, मुखिया की शै पर, पुलिस मार-पीटकर जेल ले जाती है। अखबार में भी दुसाध-टोली के लोगों को जब-तब नक्सलवादी कहकर लांछित-प्रताड़ित किया जाता रहा है। उन्हीं की टोली में बम रखकर उन्हीं पर बम बनाने का आरोप भी लगाया गया है। गाँव-टोली की औरतों की बेहुरमती तो मामूली बात है। जेल जाता हुआ लगन राम मास्साब के मिलने पर जब उनके वहाँ होने का कारण पूछता है तो वह पुलिस वालों को गालियाँ देते हुए शिकायत करते हैं कि उन्होंने तीन साल देश के लिए जेल काटी और आज जब सरकार पेंशन देने की बात सोच रही है तो पुलिस अधिकारी जेल जाने का सर्टीफिकेट बनाने के लिए भी रिश्वत माँग रहे हैं। यानी गाँधीवादी चरित्र की यह अंतिम परिणति है—सारे उसूलों और सेवा का वास्ता देकर भी गाली-गलौज के जरिए अपने गुस्से और आवेश का इजहार, वह भी अपने निजी और टुच्चे स्वार्थों के लिए, काटी गई जेल के बदले में देश-सेवा के मुआवजे की वसूली के लिए! जब लगन राम उन्हें बताता है कि वे लोग भी देश-सेवा के लिए जेल जा रहे हैं तो वह हैरत से पूछते हैं.... 'किस देश के लिए....?' और लगन राम का उत्तर है.... 'अपने देश के लिए—इंडिया के लिए। आप यहाँ की नदी और पहाड़ के लिए जेल गए थे। मास्साब हम यहाँ की जनता के लिए जेल जा रहे हैं....' और मास्साब हैं कि जनता को देश मानने के लिए तैयार ही नहीं हैं। वह अपनी शंका प्रगट भी करते हैं—'जनता देश कैसे हो गई रे पागल....?' उन्हें लगता है कि यह लोग शायद डकैती-वकैती में पकड़े गए हैं। और तब मास्साब अवश क्रोध में उन्हें हरामी बताकर अपनी दी हुई शिक्षा को भुला देने के लिए उनकी भर्त्सना करते हैं, उन्हें नक्सलपंथी करार देते हैं और फिर लेखक बहुत स्थूल ढंग से वर्णन करने लगता है.... 'मेरे और मेरे साथियों के हाथ बंधे हुए थे। हरिजन-सेवक की चमड़ी मास्साब के चेहरे पर हत्यारिन की तरह लग रही थी। इस बीच पुलिस हमें खींचकर

नीचे उतारने लगी। जेल का छोटा फाटक खुला हुआ था और एक आदमी हमें अन्दर ढकेल रहा था....' (सारिका, जनवरी '75, पृ० 55)

इस तरह इस कहानी में गांधीवादी अंतर्विरोधों का उद्‌घाटन कई स्तरों पर हुआ है। यह भी साफ हो जाता है कि सरकार के सारे समाजवादी दावों के बावजूद उस सामंती ढाँचे में आज के दिन भी कोई खास अन्तर नहीं पड़ा है—मालिकों के साथ पुलिस की वैसी की साँठ-गाँठ है जो मिलकर हरिजन-दुसाधों पर मनमाने जुल्म ढाते हैं। लेकिन सवाल है कि इस पूरी कहानी में इन उत्पीड़ित दुसाधों की अपनी भूमिका क्या है? मालिक, पुलिस और गांधीवादी उसूलों का वास्ता देने वाले लोग कहीं न कहीं सब एक हैं। अपनी लड़ाई इन हरिजन-दुसाधों को अपने आप ही लड़नी है। लेकिन क्या वे ऐसी किसी तैयारी से परिचालित दिखाई देते हैं? उन पर नक्सलपंथी होने का ठप्पा लगाकर, उनकी प्रतिरोधहीनता की स्थिति में, जेल में ठूँस दिए जाने वाली यह परिणति समग्ररूप से क्या प्रभाव छोड़ती है? यही कि कोई भी लड़ाई असंभव है, शायद व्यर्थ भी, इस दैत्याकार व्यवस्था के आगे सब असहाय और लाचार हैं और जो हो रहा है उसके अलावा और कुछ मुमकिन नहीं है। इसमें कहीं भी संघर्ष की वह चेतना नहीं है जो अपने अधिकारों को, आम आदमी की तरह जी सकने के सामान्य मानवीय अधिकारों की लड़ाई में सब कुछ होम कर देने का हौसला पैदा करती है, एवं तिल-तिल नष्ट होकर भी उस संदर्भ को जिन्दा रखने वालों की एक अटूट परम्परा पैदा करती है। ये कहानियाँ सिर्फ व्यवस्था के अंतर्विरोधों के उद्‌घाटन तक ही अपने को सीमित रखती हैं, बिखरी पड़ी जन-शक्ति को संगठित करने की कोई कोशिश नहीं करतीं।

इब्राहिम शरीफ

इब्राहिम शरीफ की कहानी 'बहुत बड़ी लड़ाई' का शीर्षक जिस लड़ाई की ओर संकेत करता है वह सिर्फ होटल में खाना खाते समय खाने की छोटी-मोटी कमियों पर मचाए गए शोर से अधिक बड़ी नहीं है। इन सबको भी लोग एक शगल और मजाक के रूप में ही लेते हैं, सहानुभूति के साथ किसी समस्या के रूप में नहीं। 'गणित' में 'वह' वेतन के रूप में मिले नब्बे रुपयों का बंडल, गुस्से की हालत में, कमरे की दीवार से पटक कर भले ही मार लें, मालिक के विरुद्ध कुछ करने के बदले वह गाली महंगाई को ही देता है। फिर घर जाने के उद्देश्य से जोड़े गए रुपयों के गणित में असफल होकर वह आठ रुपये बीस पैसे की शराब पीने के बाद, मालिक की जवान लड़की को याद करते हुए, जो शादी से पहले उससे हँसकर बोलते हुए कभी-कभी मजाक भी कर लेती थी, मालिक का गला फिर कभी घोटने के लिए मुल्तबी करके सो जाता है। 'दिग्भ्रमित' में बेहद अविश्वसनीय स्थितियों और वैसे ही संवादों द्वारा जुलूसों के मौसम में, अजनबी शहर में फैले एक आदमी की व्यथा को अंकित करने की कोशिश की गई है। सुबह तक दिल्ली पहुँचकर वह अपना भाग्य बदल सकता है, लेकिन स्टेशन तक पहुँचाने वाला हर रास्ता जुलूस की भीड़ से रुका हुआ है। 'पूर्वाभास' में एक समाज सुधारक है जो अपने लिए कार्यक्षेत्र की तलाश में देश के सारे शहरों के नाम अपनी

डायरी में दर्ज करके एक अजनबी शहर में पहुँचता है। एक जाँघों तक कटी टाँग वाले युवक को संभ्रांत लोगों से होती टक्कर देखकर उसे लगता है कि उसका अपेक्षित क्षेत्र उसे मिल गया है। एक विकलांग युवक को काटती हुई शहर की निर्दयता के विरुद्ध वह कुछ करना चाहता है। अपनी गाड़ियों पर आते-जाते वे लोग उसकी तिपहिया गाड़ी से पैदा हुए अवरोध के कारण उस पर बिगड़ते हुए, पुलिस के सिपाही की मदद लेते हैं। वह विकलांग युवक सड़क पर अपने भी बराबरी के अधिकार का दावा करते हुए उन्हें उन्हीं के ढंग से जवाब देता है। पुलिस की पिटाई का बदला लेने के लिए वह शाम को सिपाही को गाली देते हुए उस पर पथराव भी करता है। अगले दिन उसी व्यस्त चौराहे पर उसकी कुचली हुई लाश मिलती है। चौराहे पर पड़ी वह लाश लोगों के लिए सिर्फ एक तमाशे की हैसियत रखती है। उस विकलांग युवक के प्रतिरोध के दर्शन के मुकाबले वह सुधारक उस शहर को अपने काम के लिए उपयुक्त न समझकर वहाँ से पलायन कर जाता है.... 'वह मन ही मन सोचने लगा कि यह शहर लोगों का शहर नहीं है। उसने तय कर लिया कि उसे उसी वक्त शहर छोड़ देना है। इस शहर से जुड़े हुए अपने तमाम कार्यक्रमों को छोड़कर'.... (कई सूरजों के बीच, पृ० 11) इब्राहिम शरीफ इन छोटे-छोटे लोगों के छोटे-छोटे संघर्षों को केन्द्र में रखकर अपनी लड़ाई आप लड़ने की बात करते हैं। ऐसी कोई लड़ाई किसी सुधारक की मध्यस्थता में नहीं लड़ी जा सकती। 'बौद्धिक' में वे अकहानी वाले निषेध के दर्शन की भर्त्सना करते हैं। उसमें एक ऐसे बुद्धिजीवी पर व्यंग्य है जो स्वयं कुछ न करके सब कुछ के निषेध और अस्वीकार से ही अपनी खुराक हासिल करता है। हैदराबाद उसके लिए एक मरा हुआ शहर है। बीस वर्ष से वह कहीं बाहर नहीं गया है, क्योंकि जाने-आने का काम सिर्फ मंत्री करते हैं। आई० ए० एस० उसके लिए कुत्तों की तरह हैं जो बिना किसी क्रिएटिविटी के क्लर्कों की तरह सिर्फ अपने पेट की चिन्ता करते हैं। साहित्य धोखा और बकवास है। माँ-बाप हरामजादे हैं जिन्होंने पढ़ा-लिखाकर उसे निकम्मा बना दिया है और वह फालतू है। इब्राहिम शरीफ इस दिशाहीन आक्रोश को किसी सार्थक दिशा में संयोजित करने का कहीं कोई उपक्रम नहीं करते। इन कहानियों के मुकाबले 'फैसले के बाद' में एक बेसहारा विधवा स्त्री के झूठे सामाजिक दिखावे को छोड़कर अपने बच्चों के लिए मजदूरी करने का निर्णय कहीं अधिक विश्वसनीय ढंग से अंकित किया जा सका है। इसी तरह 'जमीन का आखिरी टुकड़ा' में गरीबी और कर्ज के परिणामस्वरूप पैतृक जमीन के धीरे-धीरे हाथ से फिसलते जाने और फिर अंततः उसके आखिरी टुकड़े के भी बिक जाने की यातना को पर्याप्त संवेदनशील ढंग से अंकित किया जा सका है।

दामोदर सदन

दामोदर सदन के 'श्मशान' की कहानियाँ मुख्यतः आदमी की बेबसी की कहानियाँ हैं, जो स्थितियों कें बीच फँसे आदमी के दैन्य और हताशा को पर्याप्त करुणा के साथ अंकित करती हैं। लेकिन उन परिस्थितियों की पहचान की ओर से उसे उदासीन रखकर वे अंततः यथास्थितिवाद के पक्ष में चली जाती हैं। 'श्मशान' में एक पढ़े-लिखे बेकार युवक का चित्रण है जो नौकरी की तलाश में भटकने पर सिवनी से छिंदवाड़ा तक दो बैलों को पहुँचाने का

काम तीस रुपयों में तय कर लेता है। इस कठिन यात्रा का वर्णन—सतपुड़ा के पहाड़ कोहा, मिलमा, महुआ, खेर, अचार और सालवन आदि के जंगलों का वर्णन—लेखक बड़े यथार्थ और प्रभावी ढंग से करता है। लेकिन कहानी का वैचारिक आधार कमजोर होने से यह सारे ब्यौरे रिपोर्ताज में बदल जाते हैं। 'कन्फेशन' अंतरात्मा के विद्रोह की कहानी है जिसमें एक अधिकारी किसानों को दी जाने वाली रकम से कटौती के बाद, अपने एक मातहत के असंतोष और शिकायत पर, परिणामों की चिन्ता किए बिना, अपने गुनाह का इकबाल कर लेता है।

स्वदेश दीपक

स्वदेश दीपक के संग्रह 'तमाशा' में 'तमाशा', 'जयहिन्द' और 'एक बार फिर' आदि कहानियाँ आदमी की पीड़ा, यातना और अभाव को अंकित करने की कोशिश का परिणाम हैं। 'तमाशा' का रोजी-रोटी का संघर्ष, उसकी जानलेवा मेहनत के मुकाबले उसकी छोटी-सी कमाई में से पुलिस की दस्तूरी, तमाशबीनों में से किसी का सांप-नेवले की लड़ाई के लिए नोट दिखाकर फिर भीड़ में से खिसक जाना.... यह सब पर्याप्त विश्वसनीय ढंग से अंकित है। लेकिन तमाशे के अतिरिक्त उत्साह में लेखक कहानी को मेलोड्रामा में बदलकर रख देता है। आइसक्रीम खाने में लग जाने के कारण पेट पर रंग भरा गुब्बारा न बांध पाने वाला लेखकीय तर्क और उसकी जानकारी के अभाव में उसके बाप का उसकी पसलियों में चाकू उतार देने की घटना, कहानी की आरम्भिक विश्वसनीयता को तो क्षतिग्रस्त करती ही है, कहानी के अंत को हास्यास्पद भी बना देती है। 'जयहिन्द' में भी इसी तरह आदमी की पीड़ा का प्रदर्शन अधिक है, देश की आजादी के ऐसे इस्तेमाल का तर्क भी अब पुराना पड़ चुका है। 'क्या कोई यहाँ है?' में अकारण फैंटेसी के प्रयोग से लेखक भटकाव और आतंक पैदा करना चाहता है और इससे कहानी अस्पष्ट और जटिल बन जाती है। स्पष्टतः ये सारी बातें कहानी में रचनावस्तु और विचारधारा के अंतः संबंधों की पहचान के अभाव का स्वाभाविक परिणाम हैं।

आलमशाह खान

समांतर-कहानी के अंतर्गत लिखी गई कहानियाँ कैसे यथास्थितिवाद का समर्थन करती हैं, आलमशाह खान की कहानियाँ इसे कई स्तरों पर स्पष्ट करती हैं। 'पराई प्यास का सफ़र' का लखना होटल में नौकरी करता है। दूसरों के 'आर्डर' से निर्देशित होने की आदत उसके संस्कार का हिस्सा बन चुकी है। ये संस्कार उसे इस हद तक जड़ बना देते हैं कि स्थिति में एक दिन का विपर्यय ही उसे बहुत बड़ी उपलब्धि जैसा लगता है। घूम-फिर कर वह वहीं आ जाता है। रात को सोते समय प्यास लगने पर वह खुद पानी पीने नहीं उठता। साथी से इस बात पर उसकी तकरार भी होती है कि कौन किसे पानी दे। लेकिन मालिक जब पानी के लिए पुकारता है तो वह बड़े यांत्रिक ढंग से दौड़कर उसे पानी पहुँचाता है। शिल्प के स्तर पर भी यह कहानी जबर्दस्त बिखराव की शिकार है। माँ का नए आदमी से संबंध, भाई-बहनों

की दुर्दशा और अंततः भाई की मृत्यु, माँ के नए आदमी द्वारा अपने को लगभग बंधक रख दिए जाने वाली उसकी स्थिति, होटल में शोषण-उत्पीड़न का दौर, छिपकर सिनेमा जाना और गेटकीपर के साथ ताले-चाबी के खेल की आत्मस्वीकृति आदि कितने ही प्रसंग सूचना के स्तर पर आते हैं—बिना किसी रचनात्मक प्रभाव के। आदमी की इस यातना और हताशा को भाग्य से जोड़कर लेखक उस यातना के परिवेशगत संदर्भों के प्रति पूरी तरह से उदासीन बना रहता है। परिवेश और व्यवस्थागत विसंगतियों से बचने का एक प्रिय और परिचित उपाय सेक्स को स्थायी शरण्य मान लेने के रूप में सामने आता है। 'किराए की कोख', 'एक और सीता' तथा 'मरती हुई धूप' जैसी कहानियों में इसी नुस्खे को आजमाया गया है। 'अ-नार' एक बांझ स्त्री की पीड़ा को अंकित करती है, लेकिन अंत में बाकायदा उसका जुलूस बनाकर उसे स्थापित करने की कोशिश उसमें निहित करुणा को हास्यास्पदता में बदल देती है।

हमारे समय की राजनीति, फिर वह देश की हो या साहित्य की, अपनी भूमिका में निषेधात्मक रही है। उसने लोगों को कुछ सार्थक और महत्वपूर्ण करने को प्रोत्साहित करने के बजाय वैसा कुछ कर रहे लोगों को विपथित ही अधिक किया है। समांतर कहानी के संदर्भ में कमलेश्वर की भूमिका भी इससे बहुत भिन्न नहीं है। अपनी वास्तविक प्रतिभा से विचलन के उदाहरण निरुपमा सेवती और सुधा अरोड़ा जैसी लेखिकाओं के सन्दर्भ में देखे जा सकते हैं।

निरूपमा सेवती

निरुपमा सेवती उन लेखिकाओं में से है जिन्होंने लेखन को पर्याप्त गंभीरता से लिया और महिला-लेखन की ढर्रेवादी छद्म साहसिकता से भिन्न अपनी कहानियों की अंतर्वस्तु के कारण चर्चित रही है। उनकी कहानियों की केन्द्रीय थीम एक आत्मसजग युवती के आत्मनिर्भर बन सकने के संघर्ष से जुड़ी है जो अपनी प्रकृति में एक त्रि-आयामी संघर्ष है—आर्थिक, सांस्कृतिक और पारिवारिक। 'तलाश के बाद', 'चुनौती और स्वीकृति' तथा 'दंशित' आदि में युवती नायिकाएँ, जो प्रायः पच्चीस से अट्ठाइस के बीच हैं, परम्परा से हटकर कुछ करने को तत्पर युवतियाँ है। लेकिन समांतर कहानी के अंतर्गत लिखी गई उनकी कहानी 'आतंकबीज' उनके भटकाव का एक दुःखद उदाहरण है। यह कहानी किसी भी स्तर पर विद्रोह और वैकल्पिक मूल्यों की तलाश की कहानी न होकर परिस्थितियों से समझौते की कहानी है। फिर भी लेखिका ने बहुत धैर्यपूर्वक उन स्थितियों को रचा है जो किसी भी आदमी को तिल-तिलकर तोड़ती रह सकती हैं। फिर वह स्थिति आती है जब उसके सामना करने की सारी शक्ति चुक जाती है और वह भर-भराकर टूट जाता है। एक जमाना था जब भाई और बहन—केशव और मीता—आदमी के आदमी की तरह रह सकने के हक की लड़ाई में बराबर के हिस्सेदार थे। लेकिन उसके देखते ही देखते मीता उससे दूर होती चली गई। अपने मारक अभावों और अंतहीन लगने वाली यातनाओं की सरहद से निकलकर वह धीरे-धीरे नव-धनाढ्य वर्ग में शामिल होती गई है। उसके मकान का प्लास्टर और रंग बदल

गए हैं, घर में नौकरानी आ गई है और इस बाहरी एवं दृश्यमान परिवर्तन की अपेक्षा अन्दर से वह कहीं अधिक बदली है।

एक दिन किसी की सिफ़ारिश के विचार से वहाँ जाना शुरू करके जब-तब वह ऐसा करता रहा है। लेकिन सच्चाई उससे छिपी नहीं रहती और जब वह प्रगट होती है तो वह मीता और उसके पति को कुछ भी कहने में संकोच नहीं करता। लेकिन मीता जिन कठिन दिनों को पीछे छोड़ आई है, उनका ख्याल भी अब उसके लिए भयावह है। धीरे-धीरे केशव की स्वयं अपनी पत्नी भी उसी रास्ते पर बढ़ती दिखाई देती है और स्थितियाँ जो और जैसी भी हैं उसके अन्दर की आग को ठंडा करती जाती है। कहानी के अंत में केशव एक जैसे दोराहे पर खड़ा है जिसका एक छोर उसके बहनोई वाले नवधनाढ्य वर्ग की ओर जाता है और दूसरा उसकी अपनी सोच को इस्तेमाल करके आतंक के प्रयोग की ओर ले जाने में विश्वास करता है—'दोनों ही भयावह बातें हैं और मुट्ठियों के खिंचाव का दर्द फिर से बड़े तीखेपन से महसूस होने लगा था....' (सारिका, दिसम्बर '74, पृ० 65) कलात्मक प्रौढ़ता और रचना-दृष्टि के स्तर पर निरूपमा सेवती की यह कहानी उनकी 'काले खरगोश', 'कब तक' और 'विरासत' आदि की तुलना में उनके सर्जनात्मक विचलन को ही उदाहृत करती है। 'आतंकबीज' की युवतियाँ निरुपमा सेवती की अपनी ही परम्परा का विरोध करती हैं क्योंकि कैसी भी नई मूल्य-दृष्टि के अंवेषण की अपेक्षा वे नैतिक स्खलन की राह जाकर उपभोक्ता संस्कृति का वरण करती हैं। कहानी के अंत में जिस विकल्पहीनता, संशयात्मकता और दुविधा का संकेत है, अंततः वे सब भी आदमी की टाँगों को कमजोर करने वाली चीजें हैं और इसका लाभ आम आदमी को न मिलकर इस समूची व्यवस्था के पक्ष में ही जाता है।

सुधा अरोड़ा

एक कहानी लेखिका के रूप में सुधा अरोड़ा ने 'बगैर तराशे हुए' से अपनी उपस्थिति दर्ज की थी। इन कहानियों में भाषा और शिल्प के स्तर पर किसी गहरी तराश का संघर्ष भले ही न हो, लेकिन अपने आस-पास की दुनिया को सजग-भाव से देखते और आत्म-संघर्ष करती हुई युवती की छवि खूब स्पष्ट होकर उभरी थी। 'मरी हुई चीज' और 'आग' जैसी कहानियाँ अतीत से मुक्ति की तलाश की ही कहानियाँ हैं। अतीत कपड़ेनुमा कागज की बनी एक आकर्षक डायरी के मानिंद है, जिसे यकायक नष्ट करने का मन नहीं करता, लेकिन जिसे सुरक्षित रखने के पीछे भी कोई अर्थ और तर्क नहीं है.... 'आज वह उन्हें जला डालेगी, उसने सोचा, जब किसी निर्णय के बारे में वह देर तक सोचती है, निर्णय बदल जाता है। डायरियाँ पड़ी रहती हैं, तो उसे लगता है बीता हुआ सब कुछ जिन्दा है....' (आग/बगैर तराशे हुए, पृ० 142) सुधा अरोड़ा की इन कहानियों में, ममता कालिया की आरम्भिक कहानियों की तरह, बार-बार एक ही लड़की सामने आती है जो बहुत आत्मकेन्द्रित है—अपने परिवेश के प्रति उदासीन सी। लेकिन धीरे-धीरे अपने खोल से बाहर आने के लिए किया जाने वाला उसका संघर्ष ही इन कहानियों का वैशिष्ट्य है। इसके बाद वर्षों तक सुधा अरोड़ा कहानी-परिदृश्य से अनुपस्थित रहीं। एक असाधारण रूप से लंबे अंतराल के बाद

उनकी परवर्ती कहानियाँ 'युद्ध-विराम' में संग्रहित हैं। इनमें की अधिकतर कहानियाँ समांतर कहानी आंदोलन के प्रभाव और सक्रियता के बीच लिखी गई हैं। शुरू की आत्मकेन्द्रित दुनिया से बाहर आने का प्रमाण उनकी 'बलवा' और 'दमन-चक्र' जैसी कहानियों से मिलता है—लेकिन इन कहानियों की दुनिया बहुत प्रामाणिक और विश्वसनीय नहीं लगती। 'दमन-चक्र' वर्त्तमान समाज-व्यवस्था में युवा-वर्ग के भटकाव को महज सतह पर छूती हुई गुजर जाती है। उनकी इन कहानियों की अपेक्षा 'युद्ध विराम', 'तानाशाही' और 'पति-परमेश्वर' जैसी कहानियाँ अधिक सफल बन पड़ी हैं—ये कहानियाँ अपने जाने-पहचाने क्षेत्र में रहकर भी उसके विस्तार की कोशिश का उदाहरण हैं। कैसे एक खास समय के बाद आदमी अपने ही घर में, अपने ही जवान बेटे-बेटियों के बीच अकेला और फालतू होता जाता है, यह अहसास 'युद्धविराम' में काफी विश्वसनीय ढंग से उभरा है। 'तानाशाही' और 'पति-परमेश्वर' में परिवार की पृष्ठभूमि में ही रूढ़ियों और दुराग्रहों से मुक्त होकर अपने विवेक के अनुसार जीवन जीने का आग्रह स्पष्ट है।

समांतर कहानी में जुलूस, भीड़ और दिशाहीन आंदोलनों की भरमार सी है। लेकिन सिर्फ इन चाजों के सहारे ही आम आदमी की सच्ची और प्रामाणिक कहानी नहीं लिखी जा सकती। युवा लेखकों की समझ को धुँधलाने का एक व्यापक षड्यंत्र ही इस आंदोलन के अंतर्गत लिखी गई अधिकतर कहानियों और उनका समाजशास्त्र निर्मित करने वाली उद्घोषणाओं में प्रतिफलित होता दिखाई देता है।

जनवादी कहानी

हिन्दी साहित्य में 'जनवाद' की अवधारणा नई नहीं है। प्रकाशचंद्र गुप्त ने सन् '53 में प्रकाशित अपनी पुस्तक 'हिन्दी साहित्य की जनवादी परम्परा' में कबीर से शुरू करके सारे मध्यकालीन कवियों सहित प्रेमचंद तक के साहित्य में इस जनवाद की खोज और रेखांकन का कार्य किया था। जैसे सन् '36 में प्रगतिवादी लेखक संघ की स्थापना के पूर्व भी हिन्दी साहित्य में प्रगतिवाद मौजूद था, प्रेमचंद, निराला और राहुल साकृत्यायन के साहित्य में उसकी तेजस्वी उपस्थिति को देखा जा सकता है, उसी तरह सन् 1982 में जनवादी लेखक संघ की स्थापना के पूर्व भी हिन्दी में जनवाद मौजूद था। लेकिन जनवादी लेखक संघ की स्थापना के मूल में सामयिक और तात्कालिक कारण भी थे। सातवें दशक में कांग्रेस की पराजय और जनता पार्टी की स्थापना एक व्यापक जन असंतोष और जन उभार का सीधा परिणाम था। अनेक प्रांतों में बनी संविद सरकारें इस व्यापक जन उभार की आकांक्षा का प्रतीक तो थीं, लेकिन अपने वर्ग चरित्र में वे कांग्रेस से बहुत भिन्न नहीं थी। इसीलिए उनके निर्माण के बावजूद अपनी प्रकृति और कार्यपद्धति के कारण वे जन आकांक्षाओं की पूर्ति की दृष्टि से विफल रहीं। राजनीति में एक नए प्रयोग के रूप में उनकी एकमात्र सार्थकता यह थी कि उन्होंने कांग्रेस के वर्चस्व को तोड़कर ग़ैर कांग्रेसी राजनीति की संभावनाओं का अन्वेषण किया।

सन् '64 में भारतीय कम्युनिस्ट पार्टी के विभाजन का एक प्रमुख कारण कांग्रेसी सरकार को उसके सहयोग और समर्थन में भी निहित था। इसी नीति के कारण उससे संबद्ध साहित्यिक-सांस्कृतिक मंच-प्रगितशील लेखक संघ और जन नाट्य मंच आदि—या तो अपनी क्रांतिकारी भूमिका खोकर निष्क्रिय हो चुके थे या फिर कभी-कभार उस पुरानी परिपाटी का निर्वाह कर रहे थे। दूसरी ओर 'समांतर कहानी' जैसे आन्दोलन 'आम आदमी' की बात करके संघर्षशील चेतना और वर्ग आधार की समूची अवधारणा को धुंधलाने की कोशिश कर रहे थे। जनवादी लेखक संघ की स्थापना के प्रेरक इन तात्कालिक कारणों को अनदेखा करना ग़लत होगा।

चंद्रभूषण तिवारी को दिए गए अपने एक साक्षात्कार में चंद्रबली सिंह 'जनवाद' को परिभाषित करते हुए कहते हैं... 'जनवाद एक व्यापक जन-समूह का Stand Point है, दृष्टिकोण है—जिसमें कि राष्ट्रीय पूँजीपति वर्ग से लेकर मजदूर-किसान सब आते हैं, उनके हितों से जुड़ा हुआ वह दृष्टिकोण है...' (कलम—3/4, पृ० 102) 'वाम पंथ', 'मार्क्सवाद' और 'प्रगतिशील' आदि शब्द-समूह और अवधारणाओं से पृथक करने वाला जनवाद का यही

व्यापक आधार है जो वस्तुतः उसे किसान-मजदूरों अर्थात् सर्वहारा की चिन्ता से आगे ले जाकर उन सारे लोगों को अपनी चिन्ता के केन्द्र में ले आता है जो सामाजिक स्थितियों में बदलाव की आकांक्षा से प्रेरित होकर प्रतिगामिता और यथास्थितिवाद के विरोध में सक्रिय हैं। जनवाद के स्वरूप को स्पष्ट करते हुए वे एक ओर यदि विश्वयारी—Cosmo-politanism—की अवधारणा से इसे अलगाने पर जोर देते हैं तो वहीं समांतर कहानी के वर्ग-आधारविहीन तथाकथित आम आदमी को जनवाद से अलग रखने की बात करते हैं। जनवाद विश्वयारी की तरह एक जड़विहीन अवधारणा नहीं है। यह विश्वयारी राष्ट्रीय हुए बिना ही, अंतर्राष्ट्रीय हो जाने पर जोर देती है—इसी अर्थ में यह जड़विहीन—Rootless-विचार है जो हमारी परम्परा, संस्कृति और प्रगतिशील मूल्यों का विरोध करता है। हिन्दी में इसकी उपस्थिति पर टिप्पणी करते हुए वे कहते हैं.... 'केवल वैचारिक स्तर पर ही नहीं, कला और संस्कृति के जो रूप हैं उन पर भी इसने प्रभाव डाला, साम्राज्यवादी घुसपैठ के साथ यह जो Cosmopolitanism आया है, उसने उन्हें भी प्रभावित किया है। इसलिए जब हम जनवादी साहित्य की बात करते हैं तो इस दूसरे खतरे को भी नज़रअंदाज नहीं करना चाहिए....' (वही, पृ० 103) इसीलिए चंद्रबली सिंह चंदभूषण तिवारी की इस टिप्पणी पर अपनी सहमति प्रकट करते हैं कि सामंतवाद, साम्राज्यवाद, पूँजीवाद और साहित्य एवं संस्कृति के क्षेत्र में अस्तित्ववाद की जनविरोधी, अवधारणाओं और विचारधाराओं को इसके मुख्य अवरोधकों के रूप में ग्रहण किए जाने की आवश्यकता है।

जनवाद के वर्ग आधार को स्पष्ट करते हुए, अपने इसी साक्षात्कार में, चंद्रबली सिंह कहते हैं.... 'हम नहीं समझते कि 'जन' के साथ 'वाद' जुड़ जाने से क्यों लोग इतना अधिक डरते हैं। जनवाद का तो मतलब यही है न कि केवल शब्द का झगड़ा नहीं है—यह दृष्टिकोण का झगड़ा है; जिसमें कि, जैसा मैंने कहा—'जन' का इस्तेमाल करके 'जन' को अमूर्त्त कर देना—यानी ये स्पष्ट नहीं करते कि हम 'जन' से क्या समझते हैं। 'जन' का अथवा जनता का जो वर्गीय आधार है, उस वर्गीय आधार को ये स्पष्ट नहीं करते....' (वही, पृ० 104) इसी आधार पर वे सर्वेश्वर और कमलेश्वर जैसे लोगों की 'जन' की अवधारणा से अपनी असहमति प्रकट करते हुए इन लोगों द्वारा उसके वर्गीय-आधार को धुंधलाने के प्रयासों की भर्त्सना करते हैं। कमलेश्वर द्वारा संचालित आम आदमी, मामूली आदमी की कहानी अर्थात् समांतर कहानी में इस वर्गीय-आधार से अछूते आम आदमी की उपस्थिति पर टिप्पणी करते वे कहते हैं.... 'इसलिए यह जो औसत आदमी है, यह बिल्कुल काल्पनिक आदमी है और उसका अस्तित्व केवल जो इसके जनक हैं, उन्हीं के दिमाग में है; समाज में इसका अस्तित्व कहीं पर नहीं है। और इसलिए मैं समझता हूँ कि यह जो प्रयत्न है, इन सब नामों के आधार पर, सिर्फ भ्रांति पैदा करने के लिए है, और ऐसे प्रयत्नों के खिलाफ भी हमें संघर्ष करना होगा....' (वही, पृ० 104)

कहानी के सन्दर्भ मे, जनवादी कहानी वस्तुतः प्रगितशील कहानी का ही विस्तार है। इसीलिए यह उचित लगता है कि जनवादी लेखक-संघ की स्थापना के पूर्व प्रगतिशील कहानी के बीच ही उसके सूत्रों की तलाश की जाए। नई कहानी आंदोलन में, जैसा कि अपने

बचाव में नामवर सिंह कहते हैं, कहानी की ये दो धाराएँ बहुत स्पष्ट नहीं थीं। लेकिन नई कहानी की आत्मपरकता और अनुभववाद के विरुद्ध भीष्म साहनी, अमरकांत, मार्कण्डेय और शेखर जोशी जैसे लेखक सक्रिय थे। इनकी और नई कहानी के अन्य लेखकों की, जिनकी चर्चा 'नई कहानी' शीर्षक अध्याय में की जा चुकी है, कहानियों में एक सुस्पष्ट अन्तर दिखाई देता है। यह अंतर अनुभववाद और विचारधारा का अन्तर है। उपरोक्त चारों लेखक प्रगतिशील कहानी की बन चुकी रूढ़ियों से बाहर निकलने का प्रयास तो करते ही हैं, यशपाल और राहुल सांकृत्यायन की तरह 'आइडिया' के आधार पर कहानी गढ़ने की प्रवृत्ति का स्पष्ट और मुखर विरोध भी करते हैं। अपेक्षाकृत बाद के लेखकों में अमृतराय और भैरव प्रसाद गुप्त के मुकाबले रांगेय राघव उन्हें अधिक स्वीकार्य लगते हैं क्योंकि धारणाओं का आग्रह उनके यहाँ इतना मुखर नहीं है। नई कहानी के दौर में ये चारों लेखक, अपने परिवेशगत और युगीन प्रभावों के बीच, प्रगतिशील कहानी की इस धारा को विस्तार देने में सक्रिय दिखाई देते हैं। सर्वहारा वर्ग की चिन्ता से बाहर निकलकर यशपाल और राहुल ने भी ढेरों कहानियाँ इतिहास और मध्यवर्ग की पृष्ठभूमि पर लिखीं। लेकिन नई कहानी के दौर के ये लेखक बनी-बनाई अवधारणाओं की अपेक्षा अपने आस-पास के परिचित जीवन को अधिक खुली दृष्टि से देखने की बात करते हैं। लेकिन उनका वर्गीय-आधार कहीं भी अस्पष्ट नहीं है। इनके बाद के लेखकों में ज्ञानरंजन, सतीश जमाली, काशी नाथ सिंह, रमेश उपाध्याय, मधुकर सिंह से लेकर इसराइल और विजयकांत आदि अनेक लेखक वस्तुतः इसी प्रगतिशील कहानी-धारा के लेखक हैं, जिनकी चर्चा इस अध्याय में 'जनवादी कहानी' के अंतर्गत की गई है—

भीष्म साहनी

नई कहानी आंदोलन में अतिशय आत्मपरकता और अनुभववाद के विरुद्ध सामाजिक यथार्थ और वर्ग-चेतन दृष्टि से जो लेखक सक्रिय थे, भीष्म साहनी उनमें प्रमुख हैं। अपने अन्य समकालीन लेखकों की अपेक्षा भीष्म साहनी की स्थिति इस अर्थ में कुछ भिन्न है कि आयु की दृष्टि से वे नई कहानी की पूर्ववर्त्ती यशपाल और भैरव प्रसाद गुप्त वाली पीढ़ी में आते हैं, और भाव-बोध एवं कहानी के विकास की दृष्टि से नई कहानी आंदोलन वाली पीढ़ी में। उनकी आरम्भिक कहानियों के दो संग्रह 'भाग्यरेखा' और 'पहला पाठ' उन्हीं की सूचनानुसार क्रमशः 1953 और 1956 में आए। वैसे 'पहला पाठ' के दूसरे संस्करण में उसके प्रथम संस्करण का प्रकाशन वर्ष '57 दिया गया है। इसके बाद नई कहानी की प्रतिष्ठा और विकास के समूचे कालखंड में वे देश के बाहर—मास्को—रहे। फिर सन् '63 में अपनी वापसी के बाद ही वे नियमित रूप से कहानी में सक्रिय हुए। तब तक नई कहानी आंदोलन का ज्वार उतर चुका था। भीष्म साहनी की रचनात्मक सक्रियता का काल वही है, जब अनेक समकालीन लेखक निष्क्रिय हो चुके थे। भीष्म साहनी की आरम्भिक कहानियों के उक्त दोनों संग्रहों में कुल मिलाकर उन्नीस कहानियाँ हैं। इन कहानियों की रचनावस्तु प्रेमचंद और यशपाल आदि की प्रगतिशील कथा-धारा को ही विस्तार देती है। स्पष्ट होती वर्गचेतना और आर्य समाज के प्रति तीखी आलोचनात्मक दृष्टि के कारण भीष्म साहनी, इन सब लेखकों में,

यशपाल के अधिक निकट पड़ते हैं। वैसे तो 'शिष्टाचार', 'भाग्य-रेखा', 'गंगो का जाया' और 'जीत' जैसी साधारण कहानियाँ भी भीष्म साहनी की लेखकीय संलग्नता और रचनात्मक सरोकारों की दृष्टि से उल्लेखनीय मानी जा सकती हैं, लेकिन 'तमग़े' और 'मुर्ग़ी की कीमत' जैसी कहानियाँ इस काम को बेहतर ढंग से करती हैं, क्योंकि वे कलात्मक दृष्टि से भी लेखक की क्षमताओं के प्रति दूर तक आश्वस्त करने वाली कहानियाँ हैं।

'तमगे़' दूसरे विश्वयुद्ध की पृष्ठभूमि में युद्ध की मानव-विरोधी फ़ासिस्ट प्रवृत्ति का प्रत्याख्यान करती है और सामान्य जनता पर उसके पड़ने वाले प्रभावों को उद्‌घाटित करती है। इस कहानी का महत्व इसलिए भी है क्योंकि यह मुस्लिम पात्रों और उनके परिवेश को बहुत आत्मीयता से अंकित करती है—वस्तुस्थिति में निहित विडंबना को, व्यंग्य की सूक्ष्म अन्तर्धारा द्वारा उद्‌घाटित करती हुई। इसी तरह 'मुर्गी की कीमत' भी एक मुस्लिम युवक अहमद की लाचारी और विडंबना को गहरे अवसाद और करुणा के साथ अंकित करती है। जवान पत्नी और गोद की बच्ची को छोड़कर सीजन में कमाई के ख्याल से वह खिलनमर्ग आता है। पाँच महीने की मेहनत के बाद उसके पास सिर्फ बारह आने पैसे बचे हैं। खिलनमर्ग से गाँव तक बस में सफर करने की हालत में उसके पास एक पैसा भी नहीं बचेगा। इतने दिन बाद लौटने पर वह पत्नी और बच्ची के लिए कुछ ले जाना भी चाहता है। रास्ते में जब दस-बारह साल की एक लड़की को मुर्गी बेचते देखता है, तो उस बच्ची की बातों से सम्मोहित होकर और अपनी बच्ची की खुशी की कल्पना करके वह छह आने में उस मुर्गी को खरीद लेता है। बहुत खुश होता हुआ वह उस मुर्गी को उठाए, दस-बारह मील पैदल चलकर, उस मुकाम तक आता है, जहाँ से उसके गाँव के लिए बस का टिकट छह आने में मिल सकता है। लेकिन गाँव से पहले बस रुकने पर चुंगी की पड़ताल शुरू होती है तो वह डरकर सहम जाता है। उसे बताया जाता है कि लाए गए सामान पर महसूल लगता है। छह आने की मुर्गी और छह आने के टिकट के बाद उसके पास एक पैसा भी नहीं है और जो महसूल की अदायगी के तौर पर दिया जा सके। महसूल के लिए पुकारे जाने पर वह सहम कर मुर्गी को लोई में छिपा लेता है। वह उसे जोर से दबाए रखता है ताकि उसकी आवाज लोई में ही दबकर रह जाए। मुर्गी की क्षणिक कुड़-कुड़ाहट को उसने सर्वनाश का क्षण समझा था और बाद में उसकी खामोशी पर वह बेहद खुश हुआ था। लारी चलने पर लोई का पल्ला ढीला करके वह मुर्गी को देखकर आश्वस्त होना चाहता है। लेकिन ऊँगली गड़ाने और बाहर की ताजा हवा के बावजूद उसके शरीर में कोई हरकत नहीं होती। कहानी में अंकित विडंबना प्रेमचंद की 'पूस की रात' के निकट पड़ती है। नई कहानी के पहले, और स्वयं उसके अपने दौर में भी, कश्मीर को लेकर लिखी गई रूमानी कहानियों की भीड़ में 'मुर्गी की कीमत' एक अपवाद जैसी लगती है। मोहन राकेश की 'कई एक अकेले' और 'काँपता हुआ दरिया' या कमलेश्वर के 'डाक-बंगला' के साथ रखकर उसके वास्तविक महत्व को समझ पाना कठिन नहीं है।

भीष्म साहनी ने अपनी कई कहानियों में धार्मिक एवं सांप्रदायिक दृष्टि की संकीर्णता और उसके जीवन-विरोधी स्वरूप को उद्‌घाटित किया है। यशपाल की तरह भीष्म साहनी

भी आर्यसमाजी कट्टरता और प्रतिगामी भूमिका को अनेक कोणों से उभारते हैं और जीवन के स्वस्थ विकास में उसकी निषेधात्मक भूमिका को रेखांकित करते हैं। 'पहला पाठ' और 'पाप-पुण्य' जैसी कहानियाँ आर्यसमाजी आचार एवं जीवन-पद्धति के अंतर्विरोधों को उद्घाटित करती हैं, जबकि 'कांटे की चुभन' और 'एषधर्मः सनातनः' में क्रमशः धार्मिक स्पर्धा और किसी भी धर्म की अपेक्षा पेट और भूख के रिश्ते की पहचान का धर्म अधिक महत्वपूर्ण और स्थायी होने का सत्य उभर कर सामने आता है। थोड़ा आश्चर्यजनक लगने पर भी यह सच है कि भीष्म साहनी की आरम्भिक कहानियों में प्रेम और स्त्री-पुरुष संबंधों की कहानियाँ लगभग नहीं हैं। ऐसा नहीं है कि उनकी इन कहानियों में स्त्री-पात्र हों ही नहीं, लेकिन प्रेमिका के बदले वे माँ, पत्नी, बहू आदि रूपों में अधिक दिखाई देती हैं। 'नीली आँखें' स्त्री की सामाजिक असुरक्षा की पृष्ठभूमि में सामूहिक प्रतिक्रियाओं की कहानी है, जिसमें स्त्री की युवा देह के प्रति पुरुष-वर्ग की आँखों में लोभ और वासना की चमक खूब गहरी होकर उभरी है। 'पहिचान', 'ललिता' और 'फूला' में क्रमशः माँ की ममता, पारिवारिक सुरक्षा के नाम पर की अस्मिता का विलोपीकरण और बांझपन की पीड़ा के चित्र हैं। 'क्रिकेट मैच' मैदान में होने वाले मैच से अधिक, दांपत्य संबंधों के क्रिकेट मैच की कहानी है। भीष्म साहनी दांपत्य और प्रेम से अधिक स्त्री को उसके पूरे सामाजिक संदर्भ में देखने में अधिक रुचि लेते हैं।

इन आरम्भिक कहानियों में 'पहला पाठ' की कई कहानियाँ कहानी के उस दौर में कहानी में घटित हो रहे संक्रमण का संकेत देती हैं। 'समाधि भाई रामसिंह' 'कहानी' के सन् '55 के विशेषांक में छपी थी और 'चीफ़ की दावत' 'कहानी' में ही सन् '56 के वार्षिकांक में। नई कहानी की पहचान की दृष्टि से सन् '56 के इस विशेषांक को अब एक ऐतिहासिक महत्व प्राप्त है। 'समाधि भाई रामसिंह' एक व्यक्ति के संदर्भ में नगर की व्यापक प्रतिक्रियाओं का रोचक अध्ययन है। लेकिन कहानी में आ रहे परिवर्तन की दृष्टि से 'चीफ़ की दावत' अधिक महत्वपूर्ण और उल्लेखनीय कहानी है। आधुनिकता और नवीनता के व्यामोह में शामनाथ अपनी जिस बूढ़ी माँ को फालतू सामान की तरह छिपाने और अफ़सर की दृष्टि में न पड़ने देने को व्यग्र है, वही माँ अपनी उन पुरानी चीजों के कारण ही उसके कैरियर के लिए एक मजबूत सीढ़ी में बदलती दिखाई देती है। उसके टप्पे और फुलकारी के प्रति अपने अधिकारी की गहरी अभिरुचि देखकर जैसे परम्परा के प्रति शामनाथ की अपनी पूरी दृष्टि ही बदल जाती है और वह एक नए सिरे से उसे अन्वेषित करता है। हाशिए की ओर ढकेल दिए गए परम्परा के वे तत्व सीधे तौर पर, नए सिरे से, हमारे अस्तित्व का हिस्सा बन जाते हैं।

भीष्म साहनी की कहानियाँ सोद्देश्यता के बावजूद, अपनी प्रकृति में, यशपाल की कहानियों से भिन्न हैं। वे यशपाल की तरह 'आइडिया' को आधार बनाकर कहानियाँ नहीं लिखते। उनके यहाँ चरित्र अपेक्षाकृत अधिक महत्वपूर्ण हैं। लेकिन फिर भी वे यशपाल की इस आशंका को प्रायः निरस्त करते दिखाई देते हैं कि चरित्रों को आधार बनाकर लिखी गई कहानियाँ अपनी प्रकृति में कहानी की अपेक्षा रेखाचित्र के अधिक निकट होती हैं। भीष्म साहनी जीवन के प्रवाह को पकड़ने की कोशिश करते हैं। इसी कारण उनकी कहानियाँ

यांत्रिक और बने-बनाए निष्कर्षों से मुक्त रहती हैं। लेकिन इसी कारण वे वैसी तीखी प्रतिक्रिया भी नहीं छोड़तीं जो यशपाल की सफल कहानियों का आधारभूत वैशिष्ट्य है। मुख्य चरित्रों को लेकर कहानियों के शीर्षक देने की प्रवृत्ति भीष्म साहनी में 'पहला पाठ' से ही शुरू हो जाती है जो अब तक उनके अंतिम संग्रह 'पाली' तक देखी जा सकती है। 'रानी मेहती', 'ललिता', 'फूला', 'वीवर', 'वाङ्चू', 'रामचंदानी', 'चाचा मंगलसेन', 'सलमा आपा', 'जहूरवख्श' आदि कहानियाँ उनकी इसी प्रवृत्ति को उदाहृत करती हैं। इसका परिणाम यह होता है कि उस पात्र विशेष की वर्गीय विशेषताएँ तो उभरती ही हैं, वर्ग-दृष्टि और मूल्यों के संघर्ष की प्रक्रिया में प्रतिपक्ष की विशेषताओं का उद्‌घाटन उस मूल्य-दृष्टि की स्थापना में भी सहायक होता है जो लेखक के लिए स्पृहणीय है और जो उस समाज-व्यवस्था के निर्माण के लिए अनिवार्य है जिसके प्रति लेखक की प्रतिबद्धता है।

भीष्म साहनी की कहानियों में वर्गचेतना का स्वस्थ और निम्न मध्यवर्गीय पात्रों में वर्ग-संक्रमण की ललक बहुत स्पष्ट है। लेकिन फिर भी वे घटनाओं और पात्रों के सीधे, इकहरे और यांत्रिक विकास और विन्यास की कहानियाँ नहीं हैं। यही कारण है कि परस्पर विरोधी वर्गों का संघर्ष और विचार सरणियाँ उनके वहाँ बहुत विश्वसनीय लगती हैं। 'हमला', 'साग-मीट', 'मुर्ग-मुसल्लम' और 'अपने-अपने बच्चे' यदि वर्गचेतना की अभिव्यक्ति और लेखकीय प्रतिबद्धता की दृष्टि से उल्लेखनीय हैं तो 'पटरियाँ' और 'ललक' जैसी कहानियाँ वर्ग संक्रमण की उस लालसा की कहानियाँ हैं जो भौतिक समृद्धि की दिशा में किसी मूल्य-दृष्टि के नियंत्रण से इंकार करती हैं। 'पटरियाँ' के केशोराम को लगता है कि जैसे उसके पूरे जीवन की लंबाई के समानांतर वर्गों की पटरियाँ दूर तक चली गई हैं। कटरा राघोमल उसके लिए एक वर्ग का प्रतीक है तो लाजपत नगर दूसरे वर्ग का जहाँ उसके पेंशन-याफ्ता ससुर की कोठी है और अपने दूसरे दामाद के प्रति उनका भिन्न प्रकार का बर्ताव है। अपने छोटे से धंधे की मामूली-सी उपलब्धि उसकी आँखों में सपनों की चमक पैदा कर देती है और उसे लगता है कि 'कटरा राघोमल पीछे छूटता जा रहा है....' (पटरियाँ, पृ० 19)

भीष्म साहनी के यहाँ राजनीति की उपस्थिति बहुत अनुशासित और संयत रूप में लक्ष्य की जा सकती है। 'मुर्ग-मुसल्लम' जैसी कहानियाँ उनके यहाँ अपवाद जैसी हैं जहाँ शोषित और सर्वहारा के कोण से वे मौजूदा राजनीति के जन-विरोधी चरित्र पर कोई मुखर टिप्पणी करते हैं। उनके यहाँ राजनीतिक विकृतियाँ और उनसे उपजी विद्रूपता वृहत्तर सामाजिक विसंगतियों और छद्म का हिस्सा ही अधिक है। यहाँ भी वे स्थितियों पर सीधे टिप्पणी कम करते हैं, व्यंग्य द्वारा उन स्थितियों में व्याप्त विद्रूपताओं का ही उद्‌घाटन अधिक करते हैं। 'नया मकान', 'मौकापरस्त', 'निशाचर' और 'पोखर' आदि सामाजिक-राजनीतिक विद्रूपताओं के अंकन की दृष्टि से उनकी उल्लेखनीय कहानियाँ मानी जा सकती हैं। प्रकृति में थोड़ा भिन्न होने पर भी 'अमृतसर आ गया है' को भी इन्हीं में शामिल करके देखा जा सकता है। भीष्म साहनी की अनेक महत्वपूर्ण कहानियों की तरह इस कहानी में भी प्रतीकों का बहुत संयत उपयोग देखा जा सकता है। यहाँ वे सांप्रदायिकता के मूल उत्स की ओर संकेत करते हुए, उसके विकास की स्थितियों को बहुत बारीकी से विश्लेषित करते हैं। गाड़ी

के डिब्बे में बैठे लोग पीछे छूटे और आगे वाले स्टेशनों के नामों से अपने को अनुशासित करते हैं। वजीराबाद में जो मरियल-सा बाबू पठानों के हर हँसी-मजाक को हँसकर बर्दाश्त करता है, 'दालखोर' और 'खंजीर के तुख्म' सुनकर भी खामोश रहता है, अमृतसर के पास गाड़ी पहुँचने पर वही हाथ में लोहे का मोटा सरिया लेकर हिन्दुओं का संरक्षक और आश्रयदाता बन जाता है। थुलथुल शरीर वाला सरदार जो पहले पठानों की बातों पर हँसता और दाँत चियारता था, उस मरियल से बाबू की कारगुजारियों पर तारीफ के पुल बाँधने लगता है।

नई कहानी के दौर में भीष्म साहनी की कहानियाँ उसकी रूढ़ियों से आश्चर्यजनक रूप से मुक्त हैं। उसकी आत्मपरकता से हटकर वे जीवन के अंतहीन फैलाव के लेखक हैं। राजनीति के कैसे भी क्रूड और स्थूल उपयोग के बदले वे उसे जीवन की सार्थकता और भावात्मक समृद्धि की आकांक्षा के रूप में देखते हैं। उनकी कहानियों का गद्य एक ऐसी चमक लिए है जो जीवन के आत्मीय साक्षात्कार से उपजती है। उसकी शक्ति के स्रोत काव्य के बाह्य उपकरणों से अधिक जीवन की जड़ों तक उसकी गहरी पहुँच में निहित हैं। लेकिन काव्य-तत्वों की अकारण घुसपैठ के बिना भी उनका गद्य कवित्वहीन, स्थूल और ठस गद्य नहीं है। सुडौल और खूब पकी ईंट की खनक ही उनके गद्य की अपनी निजी पहचान है।

अमरकांत

एक कहानीकार के रूप में सन् '56 में प्रकाशित, 'कहानी' के वार्षिकांक में प्रकाशित अपनी पुरस्कृत कहानी 'डिप्टी कलक्टरी' से अमरकांत ने अपनी पहचान बनाई। वैसे वे उससे दो-तीन वर्ष पहले से कहानियाँ लिख रहे थे और उनकी 'दोपहर का भोजन' भी छठे दशक के पूर्वार्द्ध में 'कहानी' में ही प्रकाशित हुई थी। एक तरह से वे नई कहानी आंदोलन के बीच ही विकसित हुए लेखक हैं, लेकिन उसमें ठीक से खप न पाने के कारण ही वे एक लम्बे समय तक उपेक्षा के शिकार होकर हाशिए के लेखक बने रहे—एक ऐसे लेखक जिन्हें तब नामवर सिंह ने भी अपने स्तंभ 'हाशिए पर' में शामिल करना जरूरी नहीं समझा। लेकिन एक तरह से अमरकांत का इस तरह समय से पीछे छूट जाना ही उनका समय से आगे बढ़ जाना था। अमरकांत जिस सादगी और व्यंग्य की प्रच्छन्न अंतर्धारा के साथ अपने आस-पास की मध्यवर्गीय जिन्दगी पर लिख रहे थे वस्तुतः उसी कारण वे नई कहानी के बीच होकर भी उससे अलग थे। उनके अनेक समकालीन लेखक धर्मवीर भारती, रेणु, राजेन्द्र यादव, कमलेश्वर और निर्मल वर्मा आदि जब एक ओर यदि भाषा के गुल-बूटे काढ़ रहे थे और कहानी में सांकेतिकता और सूक्ष्मता के नाम पर बिम्बों और प्रतीकों के कोष लुटा रहे थे या फिर समूची कहानी को स्त्री-पुरुष संबंधों की कहानी में सीमित कर देने की साजिश रच रहे थे, तब अमरकांत अपने मध्यवर्गीय परिवेश और जीवन को उसी की अपनी ऊपर से काफी-कुछ रूखड़ सी लगने वाली भाषा में, अभिव्यक्ति दे रहे थे। आज नई कहानी के रोमानी रुझान की चर्चा आम हो चुकी है, समय ने स्थितियाँ काफी स्पष्ट कर दी हैं, लेकिन तब की परिस्थितियों में, किसी गहरी आस्था के अभाव में यह सब कुछ कर पाना काफी कठिन काम था।

अमरकांत की कहानियाँ कुछ चरित्रों के माध्यम से देश के असंख्य लोगों की सोच और मानसिकता को वाणी देती हैं। गिरिराज किशोर अमरकांत की आरम्भिक कहानियों में—'दोपहर का भोजन', 'डिप्टी कलक्टरी' और 'जिन्दगी और जोंक' को रोमांटिक ऐटीट्यूड की कहानियाँ बताते हैं—खासतौर से उनकी परवर्ती कहानियों की तुलना में। इस संदर्भ में वे अमरकांत का बचाव भी यह कहकर करते हैं कि वह युग ही रोमानी रुझानों का युग था। उनके अन्य समकालीन लेखकों की जिन कहानियों का उल्लेख इस संदर्भ में उन्होंने किया है वे सब स्त्री-पुरुष संबंधों वाली प्रेम कहानियाँ हैं। गिरिराज किशोर नई कहानी में पैदा होने वाले रोमानी रुझान की चर्चा बेहद अतिरंजित भाषा में करते हैं। इन उल्लिखित कहानियों में 'डिप्टी कलक्टरी' की उस भोली और आवेग तरल प्रतीक्षा में ही यह रोमानी भाव दिखाई देता है। लेकिन तब जैसा अनेक लोगों ने अनुभव किया था यह प्रतीक्षा ही नई कहानी का मूल स्वर भी था।

'दोपहर का भोजन' में जिस निर्मम तटस्थता के साथ, एक परिवार के माध्यम से, समूचे निम्नमध्यवर्ग के त्रासद अभावों को अंकित किया गया है, अपने समय की मूलधारा को अतिक्रमति कर पाने के कारण आज भी उस कहानी का ऐतिहासिक महत्व है। 'जिन्दगी और जोंक' में केवल उसकी बहुचर्चित जिजीविषा ही नहीं, बल्कि नौकर कहे जाने वाले जीव को लेकर समूचे समाज की प्रतिक्रियाओं के सन्दर्भ में भी कहानी को देखा जाना चाहिए। अमरकांत ने इस विषय पर और भी कहानियाँ लिखी हैं, 'बहादुर' और 'नौकर' खास तौर से उल्लेखनीय हैं, जिनमें अपने गैररोमानी सुलूक के कारण ही वे किसी प्रकार की भावुकता के बिना मध्यवर्गीय क्षुद्रता को परत-दर-परत छीलते चलते हैं। उनकी कहानियों के बेहद साधारण और मामूली दिखाई देने वाले पात्र समूह और परिवेशगत प्रतिक्रियाओं के कारण ही महत्वपूर्ण दिखाई देते हैं। उनकी दो कहानियाँ 'गले की जंजीर' और 'नौकर', जो अमरकांत की कहानियों में भी बहुत साधारण कहानियाँ हैं, इस दृष्टि से देखी जा सकती हैं। 'गले की जंजीर' जंजीर की चोरी की सूचना के आधार पर विकसित होती हैं। जो भी सुनता है उसे ही दोषी ठहराता है—जंजीर यहाँ न होकर वहाँ क्यों थी—और वह लोगों से जहाँ-जहाँ उसके सुरक्षित रहने की संभावनाओं के बारे में सुनता है, हर अगले आदमी को उसी जगह उसके होने की बात बताता है, लेकिन लोग हैं कि उसे चैन नहीं लेने देते! अंत में ठाकुर साहब उसके भोलेपन अर्थात् मूर्खता पर तरस खाकर उसकी नासमझी पर हँसते हैं और राज के स्वर में कहते हैं कि उसकी सबसे सुरक्षित जगह उसका गला ही था, और अब वह यह बताने लायक भी नहीं रह गया है कि सचमुच वह वहीं थी। एक बेहद मामूली घटना के माध्यम से अमरकांत निम्नमध्यवर्गीय मानसिकता को उद्घाटित करते हैं।

इसी तरह 'नौकर' में नौकर से कहीं अधिक मध्यवगीर्य क्षुद्रता और टुच्चेपन पर टिप्पणी है—'इन जल-पान यात्राओं के बीच और भी अटरम-सटरम काम करने होते। मसलन कभी एक आने की हींग, कभी दो पैसे का नमक, कभी दो आने दस पैसे की लकड़ी और कभी चार आने का घी। सामने वाले गुप्ता जी के यहाँ से कभी दो गिलास आटा, कभी एक मुट्ठी चीनी और आध सेर मूंग या उड़द की दाल लाना होता। राशन आने पर उतने ही

लौटा दिए जायेंगे....' (जिन्दगी और जोंक, पृ० 98) इस प्रकार नौकर के बहाने से, वकील साहब के परिवार, और प्रकारांतर से समूचे मध्यवर्गीय समाज की मानसिकता और तौर-तरीकों का अंकन इसमें बहुत सहजता और सादगी के साथ हुआ है। सामाजिक प्रतिक्रियाओं के अंकन की यह पद्धति अमरकांत की कहानियों का मूल-वैशिष्ट्य है जिसमें 'बड़े' और 'छोटे' का बोध उनकी वर्गदृष्टि का प्रमाण बनकर सामने आता है। 'फर्क' में मरियल से लड़के को भूलकर, जिसे चोरी के इलज़ाम में पकड़ कर थाने लाया गया है, लोग इक्के से उतरे छः फुटे डाकू को देखकर, उस लड़के को भूलकर, डाकू की प्रशंसा करने लगते हैं। स्थिति की विडम्बना यह है कि एक डकैती में पाँच हत्यायें करके बीस हजार की संपत्ति लूटने वाला समाज की नजरों में सराहना और साधुवाद का पात्र है, जबकि भूख की असह्य यातना से लाचार वह लड़का जो मौका लगने पर किसी के घर में घुसकर चार पराठे खाकर एक गिलास दूध पी आता है, या एकाध कपड़ा या छोटा-मोटा बर्तन उठा लेता है—एक भंयकर अपराधी और घृणित जीव है... 'वे देर तक मैदान में खड़े इसी तरह बातें करते रहे। वे लड़के को बिल्कुल भूल चुके थे। कभी वे मुस्करा उठते और कभी हँस पड़ते थे। वे फिर गंभीर होकर डाकू की ओर सम्मान और प्रशंसा की दृष्टि से देखने लगते हैं...' (विकल्प, कथा-साहित्य विशेषांक '68, पृ० 39)

अमरकांत की कहानियों के एक संग्रह का नाम है—'देश के लोग।' वस्तुतः उनकी कहानियों के लिए यह एक अत्यन्त सटीक शीर्षक है। उनकी कहानियों का रचना-संसार अपने आस-पास के परिचित और जीवंत परिवेश से निर्मित है। जीवन का वैविध्य, उसकी ताजगी और अनगढ़ता ही उनकी कहानियों का सबसे बड़ा आकर्षण है। अपने समय-संदर्भों की पहचान की दृष्टि से अमरकांत की कहानियाँ, उनके किसी भी समकालीन दूसरे लेखक की कहानियों की अपेक्षा अधिक प्रामाणिक और विश्वसनीय मानी जा सकती है। उनकी कहानियाँ न तो फार्मूलेबाजी की शिकार हैं और न ही प्रचारवाद की। कहानियों के छोटे-छोटे टुकड़ों के माध्यम से वे अपने समाज और मौजूदा व्यवस्था की पूरी तस्वीर दे देना चाहते हैं और चूँकि उनके इस संसार में सभी प्रकार के छोटे-बड़े, अच्छे-बुरे लोग है, व्यक्तियों से शुरू करके भी वे सामाजिक प्रक्रियाओं और संरचनाओं की ओर बढ़ते दिखाई देते हैं। एक बेहतर समाज के निर्माण में लेखक की भूमिका पर टिप्पणी करते हुए वे लिखते हैं.... 'समाज में अच्छाई-बुराई की शक्तियाँ सदा विद्यमान रहती हैं। जब अच्छाई निर्बल एवं निष्क्रिय रहती है तो बुराई प्रबल, उग्र एवं हिंसात्मक रूप धारण कर लेती है। लेखक ऐसी स्थितियों के प्रति कैसे उदासीन रह सकता है?...' ('नई धारा' कहानी अंक, पृ० 166) उनकी कहानियाँ इस हिंसा और उग्रता का ही रचनात्मक विरोध करने वाली कहानियाँ हैं। इस सन्दर्भ में उनका नाम यशपाल के एकदम बाद लिया जा सकता है—बेशक इस अन्तर के साथ कि जहाँ यशपाल में यह व्यंग्य स्थितियों या चरित्र पर होता है, अमरकांत की कहानियों में व्यंग्य की एक प्रच्छन्न अंतर्धारा प्रवाहित रहती है जो पूरी व्यवस्था को छूती और छीलती चलती है।

अमरकांत की इन कहानियों में नेता भी हैं और अफ़सर भी, एक पत्नी के सहारे ही दूसरी पत्नी पाकर उसकी कमाई पर जीने वाले परजीवी हैं और एकदम कुछ न करके भी

बहुत कुछ करने का भ्रम बनाए रखने वाले आकाशचारी किस्म के लोग भी हैं, जिनकी संख्या मौजूदा व्यवस्था में तेजी से बढ़ी है। इन कहानियों में ऐसे लोग भी हैं जिनके अतीत के अंधेरे में खिला उनके गुनाहों का पलास महकता है और जो कोरमकोर दुनियादारी में डूबे रहकर भी जीवन से अपने विलगाव और उसकी निःसारता की दार्शनिक बातें करते हैं। इन कहानियों में हमारी व्यवस्था द्वारा पैदा किए गए ऐसे युवक भी हैं जिनकी सारी मानवीय सद्वृत्तियाँ सुप्त कर दी जा चुकी हैं और जो बिना किसी लाभ या स्वार्थ के, मच्छर और भुनगे के जीवन की तरह, दूसरे का जीवन मसल दे सकते हैं। इस व्यवस्था ने अपने हित में उनका उपयोग करके न सिर्फ़ उनके लिए उनका महत्व बढ़ा दिया है, बल्कि देश और व्यापक संदर्भों में इस्तेमाल की जाने वाली शब्दावली और उठाये जाने वाले नारों को वे अपने निजी सन्दर्भों में दोहराने और लागू कर सकने वाली धूर्तता से भी लैस हैं। इन विकृतियों के उद्घाटन के लिए अमरकांत व्यंग्य का बहुत रचनात्मक और सक्षम उपयोग करते हैं—समाज की बनावट की गहरी पहचान के अभाव में ऐसा कोई उपयोग संभव ही नहीं हो सकता था। 'पलास के फूल', 'म्यान की दो तलवारें', 'हत्यारे', 'छिपकली', 'देश के लोग', 'शुभ-चिंता' और 'गगन बिहारी' आदि कहानियाँ इस सच्चाई को गहरी पीड़ा के साथ अंकित और उद्घाटित करती हैं कि पूँजीवादी व्यवस्था अंततः कैसा आदमी गढ़ती है। अपनी बहुत सी कहानियों में अमरकांत आदमी की क्षुद्रता और स्वार्थ को उद्घाटित करते हैं, लेकिन ऐसा करते हुए वे कहीं भी उस सिनीसिज्म के शिकार नहीं होते जो मानवीय विवेक और विकास की संभावनाओं पर से विश्वास उठ जाने से पैदा होता है। वे प्रायः समानांतर प्रवृत्तियों के अंकन के लिए दो परस्पर-विरोधी चरित्रों के माध्यम से क्षुद्रता की प्रवृत्ति पर व्यंग्य करते हैं, तो कभी उसे ढाँक रखने की चतुराई और छद्म पर।

अमरकांत की कहानियाँ वस्तुतः एक ऐसे लेखक की कहानियाँ हैं जो अपने लिए सारा जरूरी हवा-पानी जिन्दगी से सीधे लेने में विश्वास करता है। वे एक पक्षधर लेखक हैं—लेकिन कहानी के कलात्मक रचाव की शर्तों पर। ज्ञानरंजन सहित अनेक परवर्ती लेखकों पर उनकी कहानियों का प्रभाव लक्षित किया जा सकता है। भाषा का ऊपरी तौर पर बेहद रूखड़ मगर अंदर से बहुत सचेत उपयोग, व्यंग्य की प्रच्छन्न अंतर्धारा और कहानी के कथ्य की गरिमा का प्रभामंडल तोड़ने की उनकी साहसिक कोशिश परवर्ती कहानी में संरचनागत परिवर्तन का आभास देते हैं। इसमें एक ओर यदि कहानी को स्थूल ब्यौरों और इतिवृत्तात्मकता से बचाव का स्पष्ट उपक्रम है, तो दूसरी ओर नई कहानी में काव्य के उपकरणों की अतिशयता के विरोध को भी लक्षित किया जा सकता है।

मार्कण्डेय

नई कहानी आंदोलन में मार्कण्डेय ग्राम कहानी के प्रवक्ता और सूत्रधार बनकर सामने आये। कहानी में ग्राम-कथानकों के अपने आग्रह को रेखांकित करते हुए उन्होंने लिखा, 'वास्तव में कहानी के सामने अभिव्यक्ति अथवा शिल्प की बारीक पैठ के साथ ही मुख्य बात है जीवन की उभरती हुई वास्तविकताओं को उसके पूरे परिवेश के साथ ग्रहण करने की।

प्रेमचंद और यशपाल के बाद फीकी, उदास और मरणोन्मुख कहानी को इसी ग्रहणशीलता ने बचाया है और कहना नहीं होगा कि कहानी को सशक्त साहित्य-विधा के रूप में एक बार फिर विचार-विमर्श का केन्द्र बना देने का श्रेय इसी नवीन ग्रहणशीलता के साथ आये ग्राम-कथानकों को है....' (कहानी, फरवरी '59, पृ० 70) मार्कण्डेय ने बहुत तीखेपन से नई कहानी में उन लोगों की भर्त्सना की जो चेखव की व्यथा और ओ० हेनरी की गठन आदि की जड़ी-बूटी को लेकर हलकान थे। पुरानी पीढ़ी में वे जैनेंद्र और अज्ञेय को ही नहीं, काफी हद तक यशपाल को भी खारिज कर रहे थे—उनकी कहानियों के गढ़े हुए निष्कर्षों और जीवन के सीधे साक्षात्कार के बजाय अवधारणाओं के आधार पर कहानियाँ लिखने के कारण। एक आन्दोलन के अतिरेकपूर्ण उत्साह और आत्मप्रतिष्ठा के मोह से उपजे इन अतिरंजित वक्तव्यों पर आज कोई टिप्पणी फिजूल है। वस्तुत: ऐसे वक्तव्यों पर ही प्रकारांतर से टिप्पणी करते हुए हृषीकेश ने लिखा.... 'आज की ग्राम-कथाओं में ग्राम-जीवन के उत्कट संघर्ष का चित्रण सतही या न्यून हो गया है और उसके बदले स्वाद-प्रवृत्ति बढ़ गई है। प्रेमचंद की परम्परा में आदर्श रूप 'गत्तीभगत', 'डाकुओं का सरदार' प्रभृति कुछेक उत्कृष्ट रचनाओं का लिखा जाना अपवाद, आश्चर्यजनक और प्रेरणाप्रद है। अन्यथा पिछले आठ-दस वर्षों में ढेर की ढेर लिखी ग्राम-कहानियाँ प्राय: निर्जीव, स्पंदनहीन, रुक्ष तथा व्यक्तिगत रुचियों का कोरा प्रदर्शन हैं....' (कहानी, जुलाई '59, पृ० 72)

मार्कण्डेय की कहानियों का पहला संग्रह 'पान-फूल' सन् '54 में प्रकाशित हुआ। अपने ढंग से संग्रह का स्वागत पर्याप्त उत्साहवर्द्धक था और उसकी कहानियों में लेखक की सीमाओं के साथ संभावनाओं के संकेत भी खूब स्पष्ट थे। मार्कण्डेय, अपनी इन कहानियों में, भारतीय ग्राम जीवन से अपने रागात्मक संबंधों की छाप ही नहीं छोड़ते, वे उस जीवन की विकृतियों और अंतर्विरोधों को भी देखते हैं। यह ठीक है कि मार्कण्डेय 'रचना' और 'विचार' के बीच हमेशा ही संतुलन नहीं बिठा पाते हैं। लेकिन फिर भी इस संतुलन की तलाश इनमें सहज ही लक्षित की जा सकती है। 'गुलरा के बाबा', 'सबरइया', 'घूरा' और 'पान-फूल' आदि कहानियाँ एक ओर यदि परिवेश के प्रति मार्कण्डेय के रागात्मक लगाव का संकेत देती हैं तो वहीं वे उनके रचनात्मक सरोकारों को भी स्पष्ट करती हैं। बाबा और घूरा जैसे पात्रों की चारित्रिक अतिरंजनाएँ और भावुक परिणति दृष्टि को धुँधला कर रोमानी आग्रहों के लिए रास्ता खोल देती हैं। इनकी अपेक्षा 'सबरइया' में आदमी की शोषण वृत्ति, अत्याचार एवं षड्यंत्र प्रियता की तुलना में एक बैल की निश्छल आत्मीयता एवं अपने मालिक के प्रति उसका निष्कपट लगाव कहीं अधिक आश्वस्त करता है। 'पान-फूल' अलग-अलग वर्गों की दो लड़कियों—रितिया और नीली—को केन्द्र में रखकर सामाजिक ऊँच-नीच के कृत्रिम विभाजन के विरोध की एक बनावटी, आदर्शवादी और भावुकतापूर्ण कहानी है। मार्कण्डेय की ये कहानियाँ अपने ढंग से सामाजिक रूढ़ियों और अंधविश्वासों का विरोध करती हैं, लेकिन उस विरोध का स्वर और प्रभाव कोई गहरी प्रतिक्रिया नहीं छोड़ते। 'नीम की टहनी' जैसी कहानी में एक अंधविश्वास के विरोध में लेखक दूसरे अंधविश्वास का शिकार हो जाता है। संग्रह की कई कहानियाँ—'बासवी की माँ', 'सात बच्चों की माँ' और

'कहानी के लिए नारी-पात्र चाहिए'—भारतीय समाज में स्त्री की नियति को परिभाषित और अंकित करने की इच्छा का परिणाम है। कहानियों में आए वक्तव्यों की स्थूलता के बावजूद ये कहानियाँ, एक लेखक के रूप में, मार्कण्डेय के सरोकारों को उद्‌घाटित करती हैं।

'पान-फूल' के बाद 'महुए का पेड़' से लेकर 'बीच के लोग' तक मार्कण्डेय की कहानियों में अपने समय-संदर्भों के प्रति सजगता क्रमशः विकसित होती देखी जा सकती है। इन कहानियों के आधार पर स्वाधीनता के बाद के गाँवों की एक प्रामाणिक और अंतरंग दुनिया से साक्षात्कार किया जा सकता है। परिवेश के प्रति गहरे लगाव के बावजूद मार्कण्डेय की ये कहानियाँ उस अर्थ में आंचलिक नहीं हैं जिस अर्थ में रेणु की कहानियों को आंचलिक कहा जाता रहा है। इन कहानियों में परिवेश कहीं एक स्वतंत्र सत्ता के रूप में अंकित नहीं है—वह सिर्फ़ पृष्ठभूमि के रूप में अंकित है। 'महुए का पेड़', 'कल्याणमन', 'हंसा जाई अकेला', 'सहज और शुभ' तथा 'मधुपुर के सिवान का एक कोना' आदि कहानियों में परिवेश के प्रति एक गहरी रागात्मक संपृक्ति देखी जा सकती है, लेकिन फिर भी परिवेश की अपेक्षा उनमें चरित्र अधिक महत्वपूर्ण हैं। झोपड़ी के सामने खड़ा महुए का पेड़ दुखना के लिए अपने अस्तित्व की एक अनिवार्य शर्त बन जाता है। ठाकुर के ऊँट के लिए काटी गई उनकी शाखें जैसे दुखना के अपने अस्तित्व में से ही कुछ काटकर अलग कर देती हैं। 'हंसा जाई अकेला' में अपने परिवेश के प्रति हंसा का लगाव गाँव की गलियों की सफाई से लेकर धान, ईख और मकई के खेतों की मेड़ों पर उसका गाते रहना क्या केवल परिवेश के लिए ही है? अप्रत्यक्ष रूप से इस सबके पीछे कहीं सुशीला जी का 'होना' है जो कभी इस परिवेश का एक जरूरी और जीवंत हिस्सा थी और अब नहीं है। जिसके होने मात्र से, हंसा की रतौंधी के कारण रातों में उजाले का सैलाब आता दिखाी दिया था। अपने सारे रोमानी आग्रह के बावजूद इस कहानी का महत्व इसलिए है कि सारे परिवेशगत और सामाजिक संदर्भों के बीच यह आदमी के अकेलेपन की नियति और पीड़ा को उभारती है। 'सोहगइला' और 'घुन' जैसी कहानियों में मार्कण्डेय की आत्मलोचन की प्रवृत्ति सक्रिय दिखाी देती है। 'घुन' खास तौर से किसानों की मानसिक जड़ता और सोच की परिपाटीबद्धता को रेखांकित करती है, जिससे उनके शोषण की संभावना बढ़ती है। इस मानसिकता के घुन को नष्ट किए बिना शोषण और अभावों से मुक्ति असंभव है।

ग्राम-परिवेश की अपनी इन कहानियों में मार्कण्डेय यदि एक ओर आधुनिक भूमि सुधारों और सरकारी विकास योजनाओं की वास्तविकता उद्‌घाटित करते हैं तो यहीं उन क्रांतिकारी शक्तियों को भी रेखांकित करते हैं जो स्थिति में एक गुणात्मक परिवर्तन के लिए प्रतिबद्ध है। उनकी 'भूदान' और 'आदर्श कुक्कुटग्रह' जैसी कहानियाँ भूदान आंदोलन और सरकारी योजनाओं की कलई खोलती हैं। जिन अछूतों और पिछड़े वर्गों के नाम पर सरकार अपनी इजारेदारी कायम किए रही है, वस्तुतः वे ही लोग निरंतर और भी पीड़ित और अभिशत होते गए हैं। भूदान में मिली जिस भूमि के लिए उसकी हलवाही भी चली जाती है, उसकी वास्तविकता यह है.... 'भूदान कमेटी के मंत्री जी ने तो कब का रामजतन को समझा-बुझा दिया है कि ठाकुर के जिस दान में भूँम मिली थी, वह केवल पटवारी के कागज

पर थी। असल में तो वह कब की गोमती नदी के पेट में चली गई है....' (भूदान, पृ० 64) जनहित में नई सरकारी योजनाओं को अमल में लाने वाला सरकारी अमला सचमुच ही जीप पर सवार इल्लियों की शक्ल में प्रकट होता है जिसके परिणामस्वरूप आदर्श कुक्कुट ग्रह की स्थापना के दिन ही मुर्गे बंध कर साहब और उनके चपरासियों के साथ चले जाते हैं और 'आदर्श कुक्कुट ग्रह' खाली हो जाता है।

मार्कण्डेय के किसान चरित्र, बिना किसी व्यवस्थित औपचारिक शिक्षा के ही, इस बात को अच्छी तरह समझते हैं कि इस सरकारी तंत्र में न्याय की आशा करना व्यर्थ है। 'बीच के लोग' का नवयुवक भतरा, कानून की असलियत को अपने बाप से अधिक समझता है। वह अहिंसक हथकंडों को पहचानने लगा है। 'गनेसी' का गनेसी भी इसी बिरादरी का आदमी है। गाँव के लोग उसे खतरे में ठेलकर स्वयं तमाशबीन बने रहना चाहते हैं। कभी यथास्थितिवादी शक्तियों के संगठित प्रयासों से खदेड़ दिए जाने के बाद, गाँव में उसकी वापसी नई चेतना और विवेक से लैस आदमी की वापसी है। इस बार वह लौटने के लिए नहीं आया है।

मार्कण्डेय मूल रूप से एक ग्राम कथाकार हैं। लेकिन शुरू से ही मार्कण्डेय ग्रामेतर संदर्भों की कहानियाँ लिखते रहे हैं। इन कहानियों के भी दो वर्ग हैं। एक वर्ग में उनकी वे कहानियाँ आती हैं जिनमें एक लेखक की हैसियत से उन्होंने, ग्राम कथानकों से भिन्न, शहरी जीवन से जोड़ा है और सोच के दायरे को एक रचनात्मक पूर्णता देने की कोशिश की है। दूसरे वर्ग में उनकी वे कहानियाँ आती हैं जो उन्होंने यौन-कुंठाओं को केन्द्रित करके लिखी हैं और जो प्राय: सबकी सब 'माही' में संग्रहित है। पहले वर्ग की कहानियों में 'सात बच्चों की माँ', 'कहानी के लिए नारी-पात्र चाहिए, 'रेखाएँ', 'बासवी की माँ', 'एक दिन की डायरी' और 'प्रिया सैनी' आदि विशेष रूप से उल्लेखनीय हैं।

'भूदान' की भूमिका में मार्कण्डेय ने यौन कुंठाओं से ग्रस्त लड़कियों पर लिखी जा रही कहानियों की तीखी भर्त्सना के बाद भी 'माही' में स्वयं वैसी ही कहानियाँ लिखी हैं। 'माही' की कई कहानियाँ 'दूध और दवा', 'तारों का गुच्छा' और 'आदर्शों का नायक' बहुत सामान्य स्तर पर कुछ सामाजिक संदर्भों को भले ही उभारती हों, लेकिन 'नई सच्चाइयों' और 'वैज्ञानिक दृष्टि' वाला लेखकीय दावा इन कहानियों के सन्दर्भ में कोई अर्थ नहीं रखता है। 'सूर्या', 'पक्षाघात', 'आवाज', 'सतह की बात' और 'माही' आदि कहानियाँ बेहद बनावटी, अविश्वसनीय और संयोगों के सहारे विकसित होती कहानियों के उदाहरण हैं।

नई कहानी के दौर में मार्कण्डेय की सबसे बड़ी उपलब्धि यह मानी जा सकती है कि, अपने सारे दुराग्रहों और भटकावों के बावजूद, उन्होंने कहानी को एक वैचारिक तेजस्विता से जोड़कर उसकी रूपवादी परिणतियों के विरुद्ध एक सार्थक हस्तक्षेप किया। ग्रामीण परिवेश की अपनी कहानियों के सन्दर्भ में जिस क्रांतिकारी और परिवर्तनकामी चेतना का रूपायन उन्होंने किया उसका विकास परवर्ती कहानी पर बखूबी देखा जा सकता है। ग्राम कहानी के आंदोलन में अपनी शक्ति और सामर्थ्य के अपक्षय को बचाकर यदि वे रचनात्मक स्तर पर अधिक सक्रिय हुए होते तो कदाचित् उनकी क्षमताओं का अधिक सार्थक उपयोग हो सका

होता। लेकिन अपनी सारी सीमाओं के बीच उनकी कहानियाँ समूची नई कहानी को एक परिवर्तित कोण से देखे जाने की आवश्यकता को अवश्य रेखांकित करती हैं।

शेखर जोशी

शेखर जोशी का पहला कहानी-संग्रह 'कोसी का घटवार' सन् '58 में प्रकाशित हुआ था। इसमें दस कहानियाँ थीं जिनमें 'दाज्यू', 'पद्मा की कहानी', 'कि करोमि जनार्दन' और 'कोसी का घटवार' पहाड़ी जीवन को लेकर थीं। 'उस्ताद', 'जी-हजूरिया' और 'बदबू' मजदूरों के जीवन के बारे में थी। 'कवि-प्रिया', 'शुभी दीदी' और 'बंद दरवाजे : खुली खिड़कियां' मध्यवर्गीय पारिवारिक स्थितियों पर केन्द्रित थीं—जो उसकी सोच के अंतर्विरोधों को उद्घाटित करती थीं। इन कहानियों की अंतर्वस्तु को देखते हुए ऐसा कोई निष्कर्ष स्वाभाविक है कि ये अपने आस-पास के परिचित जीवन की कहानियाँ होने पर भी, नई कहानी में व्याप्त आत्मपरकता और अनुभववाद की सीमाओं से बचकर, व्यापक सामाजिक संदर्भों को आधार बनाकर लिखी गई हैं। तत्कालीन रचनात्मक दबावों के बीच इसे एक मुश्किल काम भी माना जा सकता है।

'दाज्यू' एक भोले-भाले पहाड़ी लड़के की कहानी है जो मैदान में आकर एक होटल में नौकरी करता है। मशीनी सभ्यता के आडंबर और मध्यवर्गीय संस्कारों का समीकरण आदमी को किस सीमा तक डिह्यूमनाइज कर सकता है—निर्दोष सदन उसका एक उदाहरण है। पहाड़ी जीवन के प्रति गहरी रागात्मकता के बावजूद शेखर जोशी उसकी विकृतियों को कहीं अनदेखा नहीं करते। 'पद्मा की कहानी' में भी दो पहाड़ी परिवारों की स्पर्धा की शिकार पद्मा के माध्यम से उस क्षुद्र और हीन मनोवृत्ति को उद्घाटित करने की कोशिश की गई है जो स्त्री को लेकर 'कहानी' बुनने में अपनी सानी नहीं रखती। 'कि करोमि जनार्दन' में, व्यंग्य की मुद्रा में, वीतरागिता की उन पर्तों को छीला गया है जो पारिवारिक जिम्मेदारियों के बचाव के लिए ढाल की तरह इस्तेमाल किए जाने के बावजूद विवाह में दिए गए भोज की तफ़सील और धूलि-अर्घ्य में लड़की वालों द्वारा दी गई दक्षिणा के प्रति कहीं उदासीन नहीं है।

'कोसी का घटवार' इसी क्रम में होने पर भी अपने रचनात्मक सरोकारों में एक भिन्न प्रकार की कहानी है। विशुद्ध रूप से एक प्रेम-कहानी होने पर भी यह उन रोमानी संस्कारों से बहुत हद तक मुक्त है, जिनका शिकार इसी थीम पर लिखी गई बहुत-सी कहानियाँ आज दिखाई देती हैं। सुदूर पर्वतीय विस्तार के निपाट सूनेपन की पृष्ठभूमि में चक्की की आवाज के बीच, गुसाईं का अकेलापन जो करुण संगीत सुनता है उसमें भावुक हो जाने की सारी संभावनाओं के बावजूद वह कहीं भी भावुक नहीं होता है। उस अंतर्वाह्य एकांत में लछमा के प्रति उसका संयत व्यवहार आश्चर्य पैदा करता है। दाड़िम की छाया में पात-पतेल झाड़कर बैठने वाली लछमा शंकित दृष्टि से गुसांई की ओर देखती है।.... 'कोसी की सूखी धार अचानक जल-प्लावित होकर बहने लगती तो भी लछमा को इतना आश्चर्य नहीं होता, जितना अपने स्थान से केवल चार कदम की दूरी पर गुसांई को इस रूप में देखने पर हुआ।

विस्मय से आँखें फाड़कर वह उसे देखे जा रही थी जैसे अब भी उसे विश्वास न हो रहा हो कि जो व्यक्ति उसके सम्मुख बैठा है वह उसका पूर्व परिचित गुसांई ही है....' (कोसी का घटवार, पृ० 83) लछमा को चक्की पर ही छोड़कर जब वह चाय के लिए दूध लेकर लौटता है तो देखता है कि पाँच-छह वर्ष का लड़का भी उसे ढूँढ़ता हुआ वहीं आ पहुँचा है। उसके लिए खाने को देने के लिए कुछ न होने से, वह रोटी के लिए आटा ही गूँधने लगता है। उसे यह सब करते देख लछमा स्वयं रोटी सेंक देती है और अरसे बाद इतनी सुडौल और ठीक से सिंकी रोटियाँ देखकर वह आश्चर्य से देखता भर रहता है। लछमा और गुसांई का अतीत, पति की मृत्यु के बाद लछमा की वापसी, कोसी की सूखी धारा की तरह गुसांई का निपट अकेलापन....भावुक बनाने वाली स्थितियों का अभाव नहीं है। लेकिन लछमा अप्रभावित बनी रहती है। गुसांई को एक क्षण को लगता है कि यह वही लछमा है—समय के स्पर्श से मुक्त और ऊपर—लेकिन फिर सच्चाई को झुँठला पाना उसके लिए कठिन होता है.... 'गुसांई ने गौर से लछमा के मुख की ओर देखा। वर्षों पहले उठे हुए ज्वार और तूफान का वहाँ कोई चिह्न शेष नहीं था। अब वह सागर जैसी सीमाओं में बंधकर शांत हो चुका था....' (वही, पृ० 90) प्रतीक और बिम्बविधान के वे सारे आग्रह कहानी में मौजूद हैं जिनके प्रति नई कहानी में कुछ अधिक ही उत्साह दिखाई देता है। पर्वतीय विस्तार में चक्की की आवाज, कोसी की सूखी धारा, लछमा द्वारा अनजाने ही जमीन पर गिरे दाड़िम के फूल को उठाकर निरुद्देश्य ही उसकी पंखुड़ियाँ नोचने लगना और पतली सींक से राख में छिपी आग का गुसांई द्वारा कुरेदा जाना....काव्योपकरणों के संयत उपयोग की दृष्टि से 'कोसी का घटवार' आज भी एक उदाहरण का काम कर सकती है।

'उस्ताद', 'जी-हजूरिया' और 'बदबू' औद्योगिक संदर्भों की कहानियाँ हैं। इनके विषय में टिप्पणी करते हुए शेखर जोशी ने लिखा है.... 'परिवर्तित सामाजिक परिस्थितियों में औद्योगिक संस्थानों की जो भूमिका रहेगी वह आज के बिखरते ग्रामीण जीवन से कहीं अधिक महत्वपूर्ण सिद्ध होगी....लेकिन आज भी सम-सामयिक कहानीकारों एवं कथा साहित्य के आलोचकों का ग्रामकथा के प्रति जो आग्रह है उसका अंश मात्र भी औद्योगिक जीवन के प्रति नहीं दिखाई देता....' (वही, 'पूर्वकथन' से उद्‌धृत) स्पष्ट ही यह संकेत मार्कण्डेय और नामवर सिंह की ओर है जो उस दौर में ग्रामकथा के आंदोलन के प्रति कुछ ज्यादा ही उत्साह दिखा रहे थे। औद्योगिक संस्थानों से संबंधित शेखर जोशी की ये कहानियाँ उस जीवन से उनके निजी और आत्मीय परिचय का परिणाम तो अवश्य है, लेकिन उनमें उस वैचारिक ऊर्ज्वा का अभाव है जिससे साहित्य में किसी नई धारा का शिलान्यास होता है।

'कविप्रिया', 'शुभो दीदी' और 'बंद दरवाजे : खुली खिड़कियाँ' परिवेशगत विसंगतियों की कहानियाँ हैं। यह परिवेश आमतौर पर मध्यवर्गीय दुनिया का है। 'कविप्रिया' का गिरीश ईमानदारी और प्रतिभा के भटकाव और उसके प्रति विकसित हुई सामाजिक उदासीनता का एक करुण प्रतीक है। 'शुभो दीदी' में शुभा के प्रति उसके पति विशुबाबू का व्यवहार कुछ नया न होने पर भी एक विचित्र प्रकार की करुणा शुभा के प्रति अवश्य जगाता है। 'बंद दरवाजे : खुली खिड़कियाँ' निम्नमध्यवर्ग से उच्चतर वर्ग में संक्रमण

की विडंबना को किंचित् व्यंग्य के साथ उभारती है। इसी तरह 'तरू का निर्णय' भी मध्यवर्गीय विसंगतियों पर केन्द्रित है। यहाँ एक परिवार में विवाह के समानांतर बच्चों द्वारा रचाए गए गुड्डे-गुड़िया के विवाह के माध्मय से, औकात और बिसात के बाहर जाकर झूठी शान दिखाने के लिए मंगनई का जेवर चढ़ाने की प्रवृत्ति को कहानी का केन्द्र बनाया गया है। लेकिन जया के लिए लिया गया निर्णय जया से अधिक परिवार के वयस्कों के लिए है। परन्तु बच्चों की एक समानांतर कहानी के द्वारा जिस ढंग से यह किया गया है उससे सारी कहानी अविश्वसनीय और आरोपित स्थितियों का प्रभाव छोड़ती है।

इसके बाद दो दशकों तक शेखर जोशी का कोई संग्रह नहीं आया। सन् '78 में 'साथ के लोग' प्रकाशित हुआ जिसमें पहले संग्रह की भी कहानियाँ सम्मिलित थीं। इधर नए सिरे से कहानी के क्षेत्र में उनकी सक्रियता के बाद 'पहाड़' नाम से उनका जो संग्रह आया है, उसमें भी अधिकतर उनकी पुरानी पहाड़ संबंधी कहानियाँ ही हैं। 'नौरंगी बीमार है' में अलबत्ता उनकी इस अंतराल में लिखी गई कहानियाँ हैं। अपने समकालीन लेखकों में उन्होंने अपेक्षाकृत काफी कम लिखा है। उनके कृतित्व में किसी प्रकार की रचनात्मक छलांग के अभाव में कभी-कभी ऐसा भी लग सकता है कि उनका विकास या तो पूरी तरह से हुआ ही नहीं था या फिर दूसरे समकालीनों की अपेक्षा बहुत कम हुआ। उनके आगे न तो रचनात्मक स्तर पर कभी कोई बड़ी चुनौतियाँ रहीं और न ही अपने सारे वैचारिक आग्रहों के बावजूद संघर्ष और विचार को ऐसे सतेज और प्रखर मुद्दे रहे जो रचनात्मकता में एक विशेष प्रकार की चमक पैदा करते हैं। उनकी परवर्ती कहानियों से यह स्पष्ट हो जाता है कि अपनी पूर्वनिर्मित पहचान में ही वे अपनी रचनात्मक सार्थकता की लड़ाई लड़ते रहे हैं और उतार-चढ़ाव के खतरों से बचकर धीरे परन्तु सुरक्षित चलने की स्थिति को ही अपने लिए निरापद समझते हैं।

अपनी परवर्ती कहानियों में शेखर जोशी एक ओर यदि उपभोक्ता संस्कृति के दबाव में सांस्कृतिक और कलात्मक मूल्यों पर पूँजीवादी हमले से चिन्तित हैं, जैसे 'सादे पृष्ठों का इतिहास' में, तो वहीं 'साथ के लोग' और 'मृत्यु' जैसी कहानियों में वे सामाजिक संलग्नता की बुनियादी जरूरत पर बल देते हैं। समाज में निहित रूढ़ियों और अंधविश्वासों से संघर्ष करती एक तर्काधारित वैज्ञानिक दृष्टि का आग्रह 'हलवाहा' में देखा जा सकता है।

नई कहानी के उस आत्मकेन्द्रित और अनुभववादी दौर में शेखर जोशी की कहानियाँ इस संक्रामक और आत्मघाती प्रवृत्ति से अपने को काफी हद तक बचाकर रख पाने में सफल होती हैं। शेखर जोशी ने कहानी पर कोई गहरी छाप भले ही न छोड़ी हो लेकिन वे कहानी की उस सामाजिक चेतना के संवर्धन और विकास में निश्चय ही सक्रिय रहे हैं जो और भी श्रेष्ठ एवं प्रखर रूप में परवर्ती कहानी में उभरकर सामने आई है। मजदूरों के जीवनानुभवों से कहानी को जोड़ने का उनका आग्रह इसराइल आदि की कहानियों में दिखाई देता है। श्रम का महत्व और वर्गचेतना का आग्रह इस दौर के अनेक लेखकों की कहानियों में अभिव्यक्त हुआ है।

ज्ञानरंजन

एक तेजी से संक्रमणशील समाज में ज्ञानरंजन मूल्यों के संघर्ष की तीखी विडंबना के साथ अंकित करते हैं। प्रेम, विवाह और दांपत्य जैसी संस्थाएँ हों या फिर माँ और पिता जैसे संबंध, लेखक को यह पाकर खुशी होती है कि 'अब कहीं भी लोग फालतू भावुक नहीं हैं....' चीजें जैसी वे हैं, उन्हें उनके सही और वास्तविक रूप में पकड़ने की कोशिश ही ज्ञानरंजन की कहानियों का मूल कथ्य है। इस काम की उन्होंने अपने पहले संग्रह 'फेंस के इधर और उधर' की कहानियों से शुरू किया था और 'यात्रा' में उन्होंने अपनी इसी प्रविधि का विकास किया। 'फेंस' उनके लिए मूल्यों के संघर्ष की जमीन है जिसके दोनों ओर यथास्थितिवादी और परिवर्तनकामी शक्तियाँ संघर्षरत हैं। संघर्ष की इस प्रक्रिया में वे कहानी के रूढ़ और सर्वस्वीकृत तत्वों को तोड़ते और जोड़ते हैं। उनकी भाषा का रूखड़ परन्तु बेहद सजग प्रयोग इस काम में उनकी सहायता करता है। अमरकांत की कहानियों की तरह व्यंग्य की एक प्रच्छन्न अंतर्धारा की भूमिका को समझे बिना ज्ञानरंजन की कहानियाँ को नहीं समझा जा सकता।

अपनी जिन कहानियों में ज्ञानरंजन धारणाओं, संस्कारों और सामाजिक संस्थाओं में घटित परिवर्तन को रेखांकित करते हैं उनमें 'पिता', 'हास्यरस', 'दाम्पत्य', 'रचना-प्रक्रिया' और 'यात्रा' जैसी कहानियों का उल्लेख किया जा सकता है। अपनी इन कहानियों में वे स्वीकृत संबंधों को एक नई तर्काधारित दृष्टि से देखे जाने पर बल देते हैं। 'हास्यरस' में लेखक विवाह के प्रभामंडल को तोड़ने की कोशिश करता है। उसे लगता है कि विवाह की सारी कथित पवित्रता और आडंबर हास्यरस के किसी उबाऊ नाटक से ज्यादा अहमियत नहीं रखते। शादी के प्रेम विवाह होने की स्थिति में भी कोई बुनियादी फर्क नहीं पड़ता है। कहानी में वर्णित 'सारे रमणीय शब्दों के प्रेमपरक वाक्यविन्यास' का स्थानापन्न 'सन्नाटा' कोई शाब्दिक चमकत्कार मात्र नहीं है—भाषा के ऐसे सचेत और काफी हद तक आक्रामक अर्थप्रयोग द्वारा ही लेखक अपने आग्रह को रेखांकित करता है—भावुक यानी बेहूदा हुए बिना यथार्थ की तल्ख वास्तविकता का रेखांकन। 'दाम्पत्य' में तो लेखक ने बहुत विस्तारपूर्वक गंभीर समझे जाते रहे रिश्तों और स्थितियों की हास्यास्पदता का उद्‌घाटन किया है। बहुत हल्के-फुलके और मज़ाकिया ढंग से लेखक ने दाम्पत्य जीवन की मोनोटनी और एकरसता को, उसकी ऊब और व्यर्थता को स्पष्ट कर दिया है। दाम्पत्य संबंधों की सारी पवित्र गंभीरता पति के लिए हांडी के रसगुल्लों और जांघ की खुजली में सिमट कर रह गई है। 'रचना-प्रक्रिया' में प्रेम के प्रति निहायत ग़ैररोमानी आग्रह ही कहानी का मूल कथ्य है। 'मैं' को लोगों द्वारा अपने प्रेम का मजाक किसी गुप्त रोग की तरह परेशान भले ही करता हो लेकिन यह समझने में देर नहीं लगती कि अपने इस कथन को वह एक कलात्मक प्रविधि के रूप में इस्तेमाल कर रहा है। प्रेमिका के कोमल और कवित्वपूर्ण शारीरिक अवयवों के लिए वह स्वयं जिस भाषा का उपयोग करता है वस्तुतः उसने ही प्रेम के प्रति उसकी दृष्टि और गंभीरता को समझा जा सकता है। 'यात्रा' में नायक को पिता की मृत्यु पर सच्चा कारण बताकर छुट्टी लेने में शर्म लगती है, वह बहन की शादी का बहाना बनाकर छुट्टी लेता है।

उसके बाद घर तक की उसकी लंबी यात्रा के साथ ही उसकी मानसिक यात्रा भी शुरू होती है। वस्तुत: उसकी इस यात्रा में ही आपसी रिश्तों को तौल-परखकर नया संदर्भ देने की कोशिश कोई अर्थ रखती है। उसे लगता है कि दूसरों के साथ अपने दुख की चर्चा का एक ही अर्थ है—उससे सहानुभूति की माँग। पहले एक बार जब डाक्टरों ने उसकी माँ को टी० बी० बताई थी, वह भावुक और परेशान हुआ था, 'बाद में मैंने जाना कि उस समय दुख ने मुझे कितना भावुक यानी बेहूदा कर दिया था....' (यात्रा, पृ० 62) और अब उसे इस बात से पर्याप्त संतोष मिलता है कि स्थितियों में एक बुनियादी परिवर्तन घटित हुआ है—'मैं समझता हूँ अब कहीं भी लोग फालतू भावुक नहीं हैं....' (वही, पृ० 56)

'घंटा' और 'बहिर्गमन' आपसी संबंधों की कहानियाँ न होकर अपने अर्थ विस्तार में अपने पूरे समय को घेरती और उस पर टिप्पणी करती हैं। 'घंटा' के संदर्भ में सुरेन्द्र चौधरी की यह टिप्पणी महत्वपूर्ण है.... 'मानव-संबंधों की विडंबना की यह कहानी पूरे समय की विडंबना से गुजर जाती है....' (हिन्दी कहानी : प्रक्रिया और पाठ, 1995, पृ० 161) 'घंटा' में कुंदन सरकार जैसे बुद्धिजीवी हैं जो सच्चाई जानने और उसकी पूजा का दावा करने के बावजूद हकीकत में उससे एकदम भिन्न हैं.... 'तुम देखो मैं स्कॉच पी सकता हूँ, फिर भी ठर्रा पीता हूँ, सड़कों पर पैदल क्यों भटकता है, बोरा-खादी क्यों पहनता हूँ, गाड़ी होते हुए भी पैदल क्यों चलता हूँ जबकि मैं लेखक नहीं हूं—बस बुद्धिजीवी हूँ। असली बात यह है कि मुझे सच्चाई खूबसूरत लगती है और मैं सत्य इकट्ठा कर रहा हूँ....' (यात्रा, पृ० 82) 'बहिर्गमन' भी इन्हीं बुद्धिजीवियों की कहानी है जिनके लिए अपना देश रहने लायक नहीं लगता है और जिनकी चरम उपलब्धि ही यह है कि जैसे भी हो उसकी गंदगी और बू-बास से दूर जाया जा सके.... 'दुर्भाग्य से समस्त सुखद और करुणाजनक घटनाएँ समुद्र पार घट रही हैं। इसलिए वहाँ लोग रचनारत हैं और हम तनावहीन रक्तपात में सैलानी की तरह घूम रहे हैं....' (वही, पृ० 110) इन बुद्धिजीवी की भी कई श्रेणियाँ हैं। मनोहर की अपेक्षा सोमदत्त बेहतर स्थिति में है क्योंकि मनोहर जहाँ कस्बे से राजधानी तक ही जा पाया है, सोमदत्त विदेश में भी अपनी उपलिब्ध के झंडे गाड़ चुका है। और कहानी का 'मैं', एक औसत आदमी, भकुआया सा खड़ा है जो सब कुछ देखकर भी कुछ कर पाने के स्तर पर जड़ और निष्क्रिय है। जैसे मनोहर और सोमदत्त इस देश में अकेले नहीं हैं—'मैं' के साथ भी वही बात है। वह साधनहीन युवावर्ग का प्रतीक है जो ऐसी क्रूर और अमानवीय स्थितियों के आगे जड़ और लगभग संज्ञाहीन-सा है। एक ओर उसके अपने अभाव, कुंठाएँ और विवशताएँ हैं, दूसरी ओर वैभव और सम्पन्नता का दुर्निवार आकर्षण। लेखक अपनी ओर से कहीं कोई अतिरिक्त टिप्पणी नहीं करता। लेकिन उसकी इस 'तटस्थता' के पीछे किन्हीं समाजनिरपेक्ष कलावादी आशयों की टटोल गलत होगी क्योंकि कहानी में व्यंग्य की अंतर्धारा और भाषा का बदला हुआ तेवर उन संकेतों के प्रति पाठक को उदासीन नहीं रहने देते जिनसे आत्मनिर्णय और स्थितियों में बदलाव की जमीन तैयार होती है।

काशीनाथ सिंह

काशीनाथ सिंह भी सातवें दशक में उभर कर आये। वह वस्तुत: अकविता का दौर था और अ-कहानी आन्दोलन भी उन्हीं स्थितियों का परिणाम था। यही कारण है कि और

अनेक लेखकों की भाँति इन लेखकों की इस दौर की कहानियों में भी अकहानी के तत्वों को आसानी से देखा जा सकता है। काशीनाथ सिंह की कहानियों के पहले संग्रह 'लोग बिस्तरों पर' मे इस द्वन्द्व को देखा जा सकता है। 'आदमीनामा' की कहानियाँ आदमी को समाज के बीचोबीच देखने और पहचानने पर बल देती हैं। ज्ञानरंजन की कहानियों की तरह काशीनाथ सिंह कहानी में किसी संरचनात्मक बदलाव पर जोर नहीं देते। काशीनाथ सिंह की कहानियाँ राजनीतिक संदर्भों से बचाव का कोई तर्क नहीं गढ़तीं। ये कहानियाँ अपने स्वरूप में पर्याप्त लाउड होते हुए भी निर्जीव और यांत्रिक पात्रों एवं स्थितियों से अपने को बचाकर चलने की कोशिश करती हैं। इस स्थिति पर टिप्पणी करते हुए वे लिखते हैं, 'हमें बराबर लगता है कि अपने अनुभवों को—सामाजिक ज्ञान को बहुत सीमित कर रखा है हम लेखकों ने। हम व्यवहार में जिसके खिलाफ लड़ने की बात करते हैं, उसके बारे में कुछ नहीं जानते। हमारी रचनाओं में कोई सेठ पूँजीपति नहीं है, जमींदार नहीं है, मंत्री नहीं है, नौकरशाह नहीं हैं—वे हमारे दुश्मन हैं और हमें उनके बारे में कोई जानकारी नहीं। इतिहास में कोई ऐसी भी लड़ाई लड़ी गई हो जिसमें दुश्मन के बारे में कुछ पता न हो—मुझे जानकारी नहीं.... यहाँ तक कि हम अपने को जिनकी तरफ से खड़ा करते हैं, उन किसान-मजदूरों को भी नहीं जानते—सिवा इसके कि वे बदलाव लाने वाली क्रांतिकारी शक्तियाँ हैं....' (आदमीनामा, (पृ० 151)

काशीनाथ सिंह की कहानियाँ समाज के अंतर्विरोधों की पहचान कराती हैं और इस पहचान की प्रक्रिया में जहाँ वे शत्रुपक्ष की ओर इशारा करती हैं वहीं ऐसे पात्रों को भी सामने लाती हैं जो सामाजिक रूपांतरण के लिए संघर्ष करते हैं। एकरूपता और यांत्रिकता से बचने के लिए वे कहानी के पर्याप्त लचीले हो आये ढाँचे को झकझोरते हैं, वर्णनात्मकता और प्रत्यक्षकथन से हटकर कभी अपनी नाटकीय उपस्थिति द्वारा तो कभी सांकेतिक रूप में अपनी बात कहने की कोशिश करते हैं—कभी-कभी तो अबूझ और दुर्बोध हो जाने का खतरा उठाकर भी।

काशीनाथ सिंह की कहानियों में 'माननीय होम मिनिस्टर के नाम', 'लाल किले के बाज' और 'बैल' जैसी कहानियाँ शत्रुपक्ष की पहचान पर बल देती हैं। इन कहानियों में सामाजिक रूपांतरण में अवरोधक तत्वों को आसानी से पहचाना जा सकता है। किसी हद तक 'निधन' और 'आदमी का आदमी' को भी इसी श्रेणी में रखा जा सकता है—'निधन' को आत्ममुग्ध बनाने वाले अनुभववाद की सीमाओं की ओर संकेत के कारण तो 'आदमी का आदमी' को उस समाज की विकृतियों की पहचान के कारण जो आदमी को पागल बनाने वाली परिस्थितियाँ पैदा करता है और फिर अपने ढंग से उसका भरपूर उपयोग भी करता है। आपात्-काल के दौरान जनतंत्र के बचाव और नगरों के सौन्दर्यकरण क नाम पर जो कुछ हुआ, उसके कुछ संकेत भी काशीनाथ सिंह की कहानियों में मौजूद हैं। 'मुसइचा', 'सुधीर घोषाल' और 'अधूरा आदमी' समाज के क्रांतिकारी रूपांतरण के लिए किए जाने वाले संघर्ष को अंकित करती हैं।

काशीनाथ सिंह और उनके दूसरे बहुत से समकालीन कहानीकारों में एक जो महत्वपूर्ण अंतर है वह यह कि जहाँ वे लोग सामाजिक अन्याय का एकांगी वर्णन करते हैं, काशीनाथ

सिंह प्रतिपक्ष भी प्रस्तुत करते हैं। इस दृष्टि से 'मुसइचा', 'सुधीर घोषाल' और 'अधूरा आदमी' खास तौर से उल्लेखनीय है। ये लोग समाज के क्रांतिकारी रूपांतरण की दिशा में सक्रिय हैं और उनकी यह सक्रियता उनके जुझारू संघर्ष का परिणाम है—किसी प्रकार के राजनीतिक छद्‌म और नारेबाजी से उसका कोई संबंध नहीं है। 'मुसइचा' गाँव का पढ़ा लिखा युवक है जिसे हजारों लोगों की तरह विश्वविद्यालय से निकलने के बाद नौकरी की तलाश होती है। उसकी बेकारी और भटकाव की सूचनाओं के आधार पर कहानी विकसित होती है। एक दिन लेखक के गाँव से शहर आने पर सड़क भीड़ के कारण बंद थी। पता चला कि एक मंत्री भाषण देने जा रहे थे, सो किसी ने उन्हें रोक लिया है। भीड़ के बीच लंबी-चौड़ी कार की छत पर एक आदमी बैठा था—उसके सिर पर टोपी थी और कुर्ते की बाँहें नुचकर कंधे से झूल रही थीं। यही मंत्री है। खाँसते और गुलाबी सा लोथड़ा थूककर भीड़ का नेतृत्व करते आदमी की आवाज मुसइचा की आवाज की तरह ही है। बोलते-बोलते उसके गिरने से पहले ही आस-पास खड़े लोग उसे हाथों पर सहेज लेते हैं। कहानी यहीं खत्म हो जाती है। लेखक पाठकों को सीधे संबोधित करते हुए कहता है कि असल कहानी तो इसके आगे की है। वह कहानी जनचेतना और जनसंघर्ष द्वारा समाज के क्रांतिकारी रूपांतरण की कहानी होगी—लेकिन इसके लिए वक्त दरकार है। वह वक्त दो महीने भी हो सकता है और कई साल भी। 'सुधीर घोषाल' बिहार के कोयला मजदूरों पर केन्द्रित हैं। 'अधूरा आदमी' का जवान, एक हाथ और एक आँख वाले अपने शारीरिक अधूरेपन के बावजूद कहीं बोरिस पोलबेई के 'असली इंसान' के साँचे में ढला है।

लेकिन काशीनाथ सिंह जल्दी ही इन राजनीतिक कहानियों की सीमाओं को भी समझते दिखाई देते हैं। इस प्रगल्भता और भावावेश को वे ढर्रे में बदलने से बचते हैं। 'सूचना', 'जंगल जातकम्' जैसी कहानियाँ पुराने रचनारूपों का पुनर्संस्कार करके राजनीतिक सन्दर्भों के संयत और वयस्क उपयोग पर जोर देती हैं।

सतीश जमाली

सतीश जमाली की कहानियाँ व्यवस्था के वीभत्स और अमानवीय रूप को उद्‌घाटित करते हुए उसके परिवर्तन में आम आदमी की भूमिका को रेखांकित करती हैं। इस व्यवस्था का स्वरूप उनकी 'पुल', 'युद्ध', 'अर्थतंत्र', 'जीव', 'सड़क' और 'शेरश्री' जैसी कहानियों को पढ़कर आसानी से समझा जा सकता है। इस व्यवस्था ने आदमी को एक 'जीव' में बदल दिया है। 'सड़क' बड़े सांकेतिक ढंग से पुलिस और समाज-विरोधी तत्वों की साँठ-गाँठ को उद्‌घाटित करती है। एक लम्बा और मजबूत जाल है जो इस पूरी सड़क पर, जिसका मतलब इस व्यवस्था से है, इस छोर से उस छोर तक फैला हुआ है। इस संदर्भ में 'अर्थतंत्र' विशेष रूप से उल्लेखनीय है। इस कहानी में 'वह' न सिर्फ इस व्यवस्था से घृणा करता है, तिल-तिल कर लोगों को मरते देखकर गुस्साया रहता है। 'वह' राजनीति, चुनाव तथा विरोधी पार्टियों की निष्क्रियता तक बहुत-कुछ सोचता है। इस कहानी में जहाँ एक ओर संवैधानिक साधनों के जरिए किसी बदलाव की संभावनाओं के अभाव का संकेत दिया गया है वहीं

व्यवस्था की इस विडंबना को भी रेखांकित किया गया है जहाँ हत्यारा बनकर आदमी यातना और अभाव को झेल पाने की बेहतर स्थिति में होता है। 'शेरश्री' एक जटिल बुनावट की कहानी है। यहाँ व्यवस्था के शातिरपन की तुलना में जनता की मारक उदासीनता और निष्क्रियता को आमने-सामने रखकर देखा गया है। यह व्यवस्था कभी साँप बनकर सुमन को डसती है तो कभी शेर की तरह दहाड़कर कुसुम और पुष्प को आतंकित करती है और फिर आदमी की बोली बोलकर उनके आतंक को सहलाकर उन्हें चमत्कृत कर देती है। उसे इस बात की पूरी सुविधा है कि जब चाहे वह आदमी की बोली बोल सकती है, जब चाहे शेर की। कहानी में पुलिस से घिरी सड़क है, गोलियाँ हैं, लाशें हैं, पथराव है—यानी वह सब कुछ है जिससे देश का मौजूदा चेहरा पहचाना जाता है। इस जड़ता और निष्क्रियता से बाहर आकर ही व्यवस्था के बदलाव के लिए कोई संघर्ष संभव है। 'युद्ध', 'सत्ताधारी' और 'प्रथम पुरुष' बदलाव के इस संघर्ष में सीधी लड़ाई पर जोर देती हैं। 'सत्ताधारी' इस संघर्ष को नक्सली ढंग से लड़े जाने के प्रस्ताव की कहानी है। इसमें वर्णित स्थितियाँ और पात्र अविश्वसनीय और नाटकीय लगते हैं।

'ठाकुर संवाद' और 'थके हारे' में ऐसे बहुत से पात्र हैं जो अपराध जगत से संबद्ध हैं। यथातथ्यता और अनुभववाद की सीमाओं से बचकर जहाँ अपने इन पात्रों को लेखक सामाजिक संदर्भों से जोड़ सका है, वहाँ वे पात्र अधिक विश्वसनीय और जीवंत लगते हैं। 'ठाकुर संवाद' में रिक्शा-चालक ठाकुर की निरूपायता और मालिक सुंदरलाल की वर्गीय प्रवृत्ति को सटीक ढंग से अंकित किया जा सका है। पूँजीवादी समाज में वर्ग-संक्रमण आदमी की पूरी सोच और व्यवहार को कैसे बदलता और प्रभावित करता है, सुंदरलाल का चरित्र इसे विश्वसनीय रूप में प्रकट कर सका है।

सतीश जमाली की कहानियों की दुनिया स्त्री को हाशिए पर रखकर चलने का प्रभाव छोड़ती है। शुरू से ही उनकी कहानियों में स्त्री का आश्चर्यजनक रूप से अभाव रहा है। क्या इस मौजूदा व्यवस्था में, जिसमें सब कहीं स्त्री आधी दुनिया का प्रतिनिधित्व करती है, वह शोषण और यातना से अलग और परे है? व्यवस्था की जटिलता का आभास देने के उद्देश्य से और उसके विरुद्ध संघर्ष की एकांगिता और एकरसता को भंग करने के लिए सतीश जमाली प्रायः ही फैंटेसी का उपयोग करते हैं। लेकिन फिर जल्दी ही वे इसकी एकरसता और अमूर्त्तन के खतरों के प्रति सजग भी दिखाई देने लगते हैं।

इसराइल

इसराइल की कहानियों के पहले संग्रह 'फ़र्क' में उनकी सन् '63 से सन् '77 तक की यानी कुल पंद्रह वर्षों के बीच लिखी गई कहानियाँ संग्रहित हैं। इसके बाद की कहानियाँ उनके दूसरे संग्रह 'रोजनामचा' में हैं। इसराइल घोषित रूप से एक प्रतिबद्ध वामपंथी लेखक हैं जो लंबे समय तक मजदूर आंदोलन से जुड़े रहे हैं। उनकी कहानियों में कलकत्ता में विस्थापित भोजपुरी-बिहारी मजदूरों की एक आत्मीय और अंतरंग दुनिया से साक्षात्कार किया जा सकता है। अपनी इन कहानियों के संबंध में इसराइल ने लिखा है, 'मेरी यह

कहानियाँ इस कालावधि के मेरे निजी अनुभवों को सार्वजनिक अनुभवों में परिवर्तित करने के आत्मसंघर्ष की गाथा भी हैं। जब मैं ऐसा कहता हूँ तो निश्चित रूप से अपने अनुभवों को उस मजदूर वर्ग से जोड़ता है जो मेरा निजी कुल-खानदान है और जो मेरा रचना-संसार है और जिसके प्रति मेरा कलाकार समर्पित है....' (फर्क, भूमिका, पृ० 6) इस संग्रह की अधिकांश कहानियों में देश का जो चित्र उभरता है वह अराजकता और नृशंस अत्याचारों से भरा है—जिसमें तेजी पकड़ते मजदूर आंदोलन को दबाने के लिए सत्ता और उसके दलालों की सक्रियता देखते ही बनती है। आगजनी, गोली, लाठी चार्ज, बम और अश्रुगैस से इन कहानियों का जो वातावरण बनता है, उसे पढ़ते हुए मुक्तिबोध की कविताओं की याद आना स्वाभाविक है।

मजदूरों के तेवर और उनकी संगठनात्मक उपलब्धियों की दृष्टि से 'मुस्कान' 'पंच', 'रात बाकी थी', 'फिर उसी कहानी की' और 'लोग जिन्दा हैं' आदि कहानियाँ उल्लेखनीय हैं। इन कहानियों में अंकित संघर्ष यांत्रिकता और एकांगिता से मुक्त है। वे मजदूरों के संघर्ष को तो अंकित करते ही हैं, उनकी छोटी-छोटी दैनंदिन खुशियों, आपसी संबंधों और उनके व्यवहार एवं परिवेश को कुछ चित्रात्मक और मांसल ढंग से अंकित करते हैं कि वह समूची दुनिया बहुत प्रामाणिक, परिचित और विश्वसनीय लगती है। 'रात बाकी थी' में चेतना के निर्माण और सामाजिक संलग्नता की प्रक्रिया को अंकित करने की कोशिश की गई है। इसमें वनमालिनी नामक युवती का पति अपनी छात्रा से बलात्कार के आरोप में बंदी है। सप्ताह में एक बार वह अपनी बच्ची के साथ पति से मिलने जाती है। वहीं उसकी भेंट एक राजनीतिक कार्यकर्त्ता से होती है, जो बड़े सहज रूप में उस युवती की राजनीतिक दीक्षा का बीज बन जाती है। उस युवक के संपर्क में आकर वह युवती अपने पति और उसे वैसा बनाने वाली समूची व्यवस्था के वास्तविक चरित्र को समझने लगती है। उसे लगता है कि न सिर्फ यह रेप, बल्कि पति का संपूर्ण जीवन ही एक चारित्रिक दुर्घटना है। यह नया बना संपर्क धीरे-धीरे उसे बाहर की दुनिया से जोड़ता चलता है। वह अखबार में दिलचस्पी लेती है और आंदोलनों के स्वरूप और अनिवार्यता को समझने लगती है।

इसराइल के मजदूर पात्र 'एक और बिदाई' के चेतानंद की भूमिका को अच्छी तरह पहचानने लगे हैं, जो जीवन भर मजदूरों के विरोध में मालिकों की दलाली करके अपने घर पड़ते समय लाल कपड़ा लेकर अकेले ही परचम लहराने को मजबूर है—लेकिन एकदम फिजूल और बेकार। मार्कण्डेय की कहानी 'बीच के लोग' की तरह, 'फर्क' के भूदानी नेता बेनी बाबू की भूमिका भी जन उभार को अहिंसा के नाम पर दबाकर यथास्थितिवादी और प्रतिक्रांतिकारी तत्वों को बढ़ावा देना है। विशु और उसके साथी इस वास्तविकता को अच्छी तरह समझते हैं।

'रोजनामचा' शीर्षक कहानी एक मजदूर कार्यकर्ता की डायरी के रूप में है। इस डायरी में अंकित काल कुछ चौदह महीने का है जिसमें कहानी की एक पात्र सांवली के अनुसार 'पसीना बहाने का हक भी आदमी से छीन लिया जा रहा है....।' कहानी में घटित होने वाली घटनाओं का संकेत उसकी इस शुरूआत से ही मिल जाता है... 'हुगली नदी की धारा

के बीच लहूलुहान खूनी सुबह उतर गई थी। सूरज कटे मांस के लोथड़े की तरह पूरब के छोर पर लटका हुआ था....' (रोजनामचा, पृ० 24) इसराइल की इन कहानियों में स्त्री के अनेक रूप अंकित हैं। वह पुरुष की सामंती सोच का शिकार है—यातना और उत्पीड़न की नियति भोगते हुए, घर-गृहस्थी में वह माँ, बहन, बेटी और पत्नी है और उसके बाहर निकलकर वह आंदोलन और संगठन में उसकी सहयोगिनी है।

संरचना की दृष्टि से इसराइल की ये कहानियाँ इकहरेपन से बचकर यथार्थ के संश्लिष्ट अंकन का उदाहरण है। व्यवस्था की वास्तविकता के उद्घाटन के लिए ये सतीश जमाली की तरह फैंटेसी का उपयोग नहीं करते। लेकिन उनकी कहानियों के ब्यौरे गद्यात्मकता का शिकार नहीं होते। भाषा की सर्जनात्मकता, चित्रमयता और बिम्ब-क्षमता के कारण ये कहानियाँ एक ऐसी संवेदनशीलता उपलब्ध कर सकी हैं जो कहानियों के प्रभाव को बढ़ाती भी हैं और उसे स्थायित्व भी देती हैं। रचना की सामाजिक भूमिका के प्रति बेहद सचेत होने पर भी, रचनाधर्मिता की शर्तों में किसी प्रकार की ढील या छूट लेने से वे इंकार करती हैं।

मधुकर सिंह

मधुकर सिंह और रमेश उपाध्याय समांतर-आंदोलन से भी गहराई से जुड़े रहे हैं। इन दोनों ही लेखकों के पास रचना-दृष्टि और अनुभव-संपदा का अभाव नहीं है, लेकिन सही जगह पर और सही ढंग से उसके उपयोग के अभाव में समग्रता की दृष्टि से उनकी कहानियाँ अधिक आश्वस्त नहीं कर पातीं। मधुकर सिंह वर्णव्यवस्था और जातिवाद के अभिशापों को भी अंकित करते हैं। लेकिन समांतर आंदोलन के प्रभाव वृत्त ने उनकी कहानियों की धार को कुंठित किया है। उनकी अनेक कहानियों के पात्र वैचारिक जड़ता से ग्रस्त हैं। संघर्ष और सामाजिक परिवर्तन की अपेक्षा वे, अपनी विवशताओं और लाचारियों के सबब से, इस संघर्ष से क्रमशः कटते जाते हैं। मधुकर सिंह की कहानियों में त्रस्त और सहमे हुए पात्र बड़ी संख्या में मौजूद हैं। ऊपरी तौर पर मधुकर सिंह की कहानियों के विषय जनता की समस्याओं और उसके कारण उसकी यातना का आभास देते हैं, लेकिन वैचारिक स्खलन और भटकाव के कारण वे सही दिशा ग्रहण नहीं कर पाते। उनकी 'भगोड़े' अकाल की पृष्ठभूमि पर है। लेकिन अकाल की भयावहता के अंकन के बजाय लेखक भीड़ में फँसी जवान लड़की के दबाए जाने और उसके तार-तार हो गए ब्लाउज को लेकर अधिक चिन्तित है। इसी तरह गाँव की पृष्ठभूमि पर लिखी उनकी बहुत-सी कहानियों में, 'पूरा सन्नाटा', 'भाई का जख्म' और 'अगुन कापड़' आदि संग्रहों में संकलित, वे वर्ग चेतना और वर्ग संघर्ष की बात करते हैं लेकिन वैचारिक घालमेल के कारण ये कहानियाँ बहुत बनावटी सी लगती हैं। उनकी कहानियों में अकाल, भ्रष्टाचार, शिक्षित बेरोजगारी, राजनीतिक मूल्य-मूढ़ता और नैतिक स्खलन के सन्दर्भों की बहुलता किसी को भी आकृष्ट कर सकती हैं, लेकिन प्रायः ही कहानियों का समग्र प्रभाव हताश करता है। 'लहू पुकारे आदमी', 'कवि भुनेसर मास्टर' और 'कीर्तन' आदि कहानियाँ वर्ण-संघर्ष पर आधारित हैं। यहाँ प्रतिरोधी और प्रतिकांतिकारी सामाजिक संरचनाएँ एकजुट हैं और वे कभी जंगी दुसाध और कभी देवन चमार और उनके

परिवार पर मनमाना जुल्म ढाते हैं। भुनेसर की हत्या उन्हीं लोगों द्वारा करवा दी जाती है, जिनके हक़ की लड़ाई वह लड़ रहा था। संघर्ष का हौसला 'कीर्तन' में भी नहीं है, लेकिन प्रतिक्रांतिकारी तत्वों की एकजुटता, षड्यंत्र-क्षमता और धूर्तता के अंकन की दृष्टि से कहानी उल्लेखनीय मानी जा सकती है।

मधुकर सिंह ने अपनी आत्म-रचना 'गर्दिश के दिन' में कुछ उन वामपंथी आलोचकों का उल्लेख किया है जो उन्हें व्यवस्था का चाटुकार लेखक घोषित करते हैं। बेशक आलोचना का आधार रचना ही होनी चाहिए। आलोचक को लेखक की नीयत पर शक करने का अधिकार भी नहीं है। लेकिन आस-पास बिखरे तथ्यों को अनदेखा भी नहीं किया जा सकता। आप जिन और जैसे लोगों के लिए लिखते हैं, जहाँ छपते हैं, बहुत सूक्ष्म ढंग से यह भी आपके लेखन की दिशा निर्धारित करता है।

रमेश उपाध्याय

रमेश उपाध्याय नई कहानी की अनुभववादी परिणति के विरोध से अपनी रचना-यात्रा शुरू करते हैं। अपनी कहानियों के संदर्भ में उनकी यह टिप्पणी महत्वपूर्ण है, 'वर्तमान भारतीय परिवेश मुझे....जमी हुई झील जैसा लगता है।.... मुझे यह भी मालूम है कि कलम के अलावा मेरे पास कोई और औजार भी नहीं है जिससे मैं झील की इस चिकनी और सख्त सतह को तोड़ सकूँ। लेकिन अपने कर्म के प्रति पूरी तरह प्रतिश्रुत हूँ कि मुझे इस सतह को तोड़ना है और तोड़कर जल निकालना है—वह जल जो डुबाता जरूर है, लेकिन जीवन भी देता है।' (जमी हुई झील, भूमिका, पृ० 6) मधुकर सिंह के पात्रों की अपेक्षा रमेश उपाध्याय पात्रों की सकारात्मक सोच पर अधिक बल देते हैं। उनके अनेक पात्र अपने अर्द्धसामंती परिवेश की जड़ता के शिकार हैं जिसके विरुद्ध उनका संघर्ष पर्याप्त विश्वसनीय बन पड़ा है।

'चतुर्दिक्र' में उनकी चार कहानियाँ संकलित हैं। एक ओर यदि इनमें अपने नाम को सार्थक करता दरम्याना सिंह जैसा अवसरवादी मध्यमवर्गीय पात्र है तो दूसरी ओर 'दूसरी आजादी' की मंगो है जो गाँव और शहर में समान रूप से व्याप्त अन्याय और शोषण के विरुद्ध अपना संघर्ष जारी रखती है। स्थितियों के बीच, इस शोषण के विरुद्ध जिस समझ का विकास मंगो में होता है, वह इस कहानी को यांत्रिक और प्रचारधर्मी होने से बचाता है। 'कामधेनु' मिथक की सर्जनात्मक संभावनाओं को उजागर कर सकने की दृष्टि से एक उल्लेखनीय कहानी है। 'अग्निसंभवा' भारतीय समजा में नारी की नियति को परिभाषित करती है। रमेश उपाध्याय की कहानियाँ एक ओर यदि संघर्षशील और सकारात्मक पात्रों की उपस्थिति के कारण महत्वपूर्ण हैं, जो व्यवस्थागत अंतर्विरोधों के बीच मनुष्य की मुक्ति की आकांक्षा रखते हैं, वहीं उनकी 'कामधेनु' जैसी कहानियाँ उन्हीं की आरम्भिक कहानियों के शिल्प-प्रदर्शन की अपेक्षा अपनी रचनावस्तु के अनुरूप शिल्प की तलाश के प्रति उनकी गंभीर अंवेषण क्षमता का प्रमाण प्रस्तुत करती हैं। लेकिन उत्साहातिरेक के परिणामस्वरूप कभी-कभी वे पात्रों और स्थितियों के आपसी अंतर्विरोधों की उपेक्षा कर सरलीकृत निष्कर्षों के शिकार होने से भी बच नहीं पाते।

विजयकांत

जनवादी कहानी सामाजिक परिवर्तन में लेखक की भूमिका को लेकर प्रायः ही अतिरंजना की शिकार होती दिखाई देती है। परवर्ती लेखकों को देखकर ऐसा भी लग सकता है कि प्रगतिवाद का आरम्भिक दौर, और भी उत्साह एवं आवेश के साथ, हमारे सामने है। संसदीय प्रणाली के प्रति असंतोष और अविश्वास और वर्तमान जनतंत्रीय व्यवस्था के प्रति आशंका का स्वर इस दौर की मुख्य चिन्ता के रूप में उभरता है। सामंती व्यवस्था के विरुद्ध भूमिहीन किसानों का संघर्ष नक्सलबाड़ी से शुरू होकर देखते-देखते ही जैसे पूरे देश को, कहीं ज्यादा कहीं थोड़ा कम, अपनी ज़द में ले लेता है। इन नये राजनीतिक उभार को इस दौर के रचना-कर्म में आसानी से पढ़ा जा सकता है। लेकिन इन लेखकों द्वारा लिखी गई कहानियों का सबसे विडंबनापूर्ण पक्ष यह था कि ये अधिकतर लेखक मध्यवर्ग से आए थे। भूमिहीन किसानों और उन पर होने वाले अत्याचारों का उन्हें कोई प्रत्यक्ष अनुभव नहीं था। उसे उन्होंने सिर्फ अखबारों में पढ़ा था। यह अकारण नहीं है कि इस दौर की कहानी में आवेश और गुस्सा तो बहुत है, लेकिन वह राजनीतिक अनुशासन और रचनात्मक संयम प्रायः ही नहीं है जो गहरे कलाविवेक और जन आंदोलन की भागीदारी का परिणाम देता है। रचना की अपनी विश्वसनीयता इससे क्षतिग्रस्त होती है। विजयकांत की कहानियों के सन्दर्भ में इसे आसानी से देखा जा सकता है।

विजयकांत की कहानियाँ सक्रिय हस्तक्षेप की कहानियाँ हैं। वैसे बिहार में, देश के अन्य भागों के मुकाबले, सामंतवाद वर्ण-वर्ग संघर्ष और सामाजिक उत्पीड़न वाली स्थितियाँ अधिक हैं। विजयकांत के 'ब्रह्मफांस' की कहानियाँ इस वर्ग-चेतना और वर्ग-संघर्ष को बहुत तीखे रूप में उद्घाटित करती हैं—प्रायः ही बहुत 'लाउड' और स्थूल रूप में, जिससे आज की कहानी काफी कुछ मुक्त हो चुकी है। इन कहानियों के पात्र दो स्पष्ट वर्गों में विभाजित हैं। 'ब्रह्मफांस', 'बलैत माखुन भगत', 'राह', 'बान्ह' और 'जाग' आदि सभी कहानियों में एक वर्ग ठाकुरों और मालिकों का है तो दूसरा वर्ग रगनू सपेरा, विसो साहू, माखुनभगत, जुम्मन मियाँ, सनफी मियाँ, मास्टर सुरखी और राधा बाई का है। प्रायः इन सभी कहानियों के केन्द्र में सुपौली थान है—लेकिन कहानियों में अंकित स्थितियाँ उसे समूचे बिहार के सच से जोड़ती हैं। जहाँ विजयकांत विश्वसनीय स्थितियों के बीच अपने पात्रों को रखकर कथा का विन्यास करते हैं। कहानी का रचाव उन्हें सपाट और यांत्रिक होने से बचाता है। वैसे विजयकांत की इन कहानियों में उत्पीड़न के बाद संघर्ष के लिए संगठित होती जनता का चित्र पर्याप्त विश्वसनीय बन पड़ा है.... 'वे पहली बार अपने शत्रु के सामने शत्रु की तरह खड़े हो रहे थे' (ब्रह्मफांस, पृ० 88) नाटकीय स्थितियों, अतिरेक और व्यक्तिवादी भूमिका से बचकर जहाँ विजयकांत जनसंघर्ष को संयत और विश्वसनीय रूप में अंकित कर पाते हैं, उनकी कहानियाँ प्रभावित भी करती हैं। 'बलैत माखुन भगत' यदि उनकी एक वर्ग की कहानियों का उदाहरण है तो 'जान' और 'बान्ह' उनकी दूसरी वर्ग की कहानियों का।

जनवादी कहानी में वर्ग-संघर्ष और शोषण के विरुद्ध सक्रिय प्रतिरोध की चेतना उसका एक महत्वपूर्ण और उल्लेखनीय पक्ष है। लेकिन प्रया: ही यह संघर्ष बहुत इकहरे और स्थूल

रूप में सामने आता है जो कहानी की विश्वसनीयता और रचनात्मक अन्विति को ही नष्ट करता दिखाई देता है। समूचे वामपंथी आंदोलन की सीमायें भी इससे स्पष्ट होती हैं। लेखकों के अपने अंतर्विरोध भी रचना को कैसे क्षतिग्रस्त करते हैं, इसे देखने के लिए भी जनवादी आंदोलन के अंतर्गत लिखी गई ढेरों कहानियों से समझा जा सकता है। जिस आग, संघर्ष, सच और नेकी की लड़ाई रचना में लड़ी जाती है वह हमारे जीवन से ही ऊर्जा प्राप्त करती है। जीवन और रचना के बीच आई फाँक रचना को भी नष्ट करती है और जीवन को भी।

समकालीन परिदृश्य

समकालीन होने का अर्थ सिर्फ समय के बीच होने से नहीं है। समकालीन होने का अर्थ है समय के वैचारिक और रचनात्मक दबावों को झेलते हुए, उनसे उत्पन्न तनावों और टकराहटों के बीच अपनी सर्जनशीलता द्वारा अपने होने को प्रमाणित करना। समकालीन लेखक की पहचान यही हो सकती है कि अपने समय के सवालों के प्रति वह किस तरह प्रतिक्रिया करता है और अपने लेखन में उन सवालों के लिए जो जगह वह निर्धारित करता है, उन सवालों के प्रति वह कितना गंभीर है, कहीं न कहीं इन सबसे ही उसकी समकालीनता सुनिश्चित होती है।

पिछले अध्यायों में हमने हिन्दी कहानी के विभिन्न आंदोलनों और प्रवृत्तियों की चर्चा की है। उनमें से अनेक आंदोलनों से जुड़े बहुत से लेखक आज भी किसी न किसी रूप में सक्रिय हैं और दूसरी ओर ऐसे भी अनेक लेखक हैं जो किसी आंदोलन से जुड़े बिना भी सक्रिय रहे हैं। हिन्दी कहानी के समकालीन परिदृश्य पर बात करते हुए हमारा प्रयोजन समकालीन कहानी की प्रवृत्तियों को रेखांकित करना ही है क्योंकि आज कहानी में न सिर्फ यह कि कोई आंदोलन नहीं है, कहानी में आंदोलनों से मुक्ति का अहसास लोगों को कहीं आश्वस्त करता भी लगता है। कहानी में आज भले ही कोई आंदोलन न हो लेकिन अनेक लेखकों की उद्घोषणाओं के बावजूद यह कहानी में विचारों की विदाई का दौर हर्गिज नहीं है।

हृदयेश कहानी की विधागत अपेक्षाओं को समझ कर कहानी के कहानी बने रहने पर जोर देते हैं। उनकी कहानियाँ राजनीतिक संदर्भों से अपने को बचाती नहीं हैं, लेकिन वे राजनीति का बहुत पक्षधर और स्थूल रूप में उपयोग से अवश्य बचती हैं। कहानी की रचनात्मक अपेक्षाओं पर टिप्पणी करते हुए वे लिखते हैं, 'आज एक श्रेष्ठ और सफल कहानी वाम बनने के लिए बाध्य है—अर्थात् एक वैज्ञानिक वैचारिकता द्वारा आधुनिक बनकर दूसरी ओर समाज की सर्जनात्मक व उत्पादक शक्तियों की मूल्यबोधता धारण कर और इसके साथ ही साथ जन-साधारण की सहज इच्छा-आकांक्षाओं के प्रति व्यापक आदर भाव सुस्थापित कर....' (अंधेरी गली का रास्ता, भूमिका पृ० 5) वे कहानी को न तो राजनीति का मंच बनाने में रुचि लेते हैं, न ही समाजशास्त्रीय ब्यौरों में। वे कहानी को एक 'वयस्क प्रतिक्रिया' के रूप में परिभाषित करते हैं जो सामाजिक-राजनीतिक विद्रूपताओं के प्रति हमें उदासीन न रहने देकर हस्तक्षेप को प्रेरित करती है। उनकी 'पहल' के इंदरलाल जैसे एकदम मामूली आदमी को भी दूसरे लोगों की तकलीफ परेशान करती है। अपने को अलग रखना चाहने पर

भी वह वैसा कर नहीं पाता है और अपनी पहल पर उसे खुशी भी है, 'घटना का हर बार जैसा गलत अंत न होकर आज एक सही और मनचाहा अंत हुआ है। इंदरलाल वहाँ से हटते हुए इसीलिए प्रसन्न थे। वह इसलिए भी प्रसन्न थे कि उन्हें परेशान करने वाले कई सवालों का हल मिल गया था....' (नई कहानी, अंक 2, 1978, पृ० 142) उनकी 'तोते' मानवीय स्वतंत्रता को गहराई से रेखांकित करती है। 'अमरकथा' में संकलित उनकी कहानियाँ पशु-पक्षियों के रूपक में, गहरे मानवीय आशयों की कहानियाँ हैं। उनकी 'मृगया', 'मशीन', 'मनु' और 'कुत्ता' आदि कहानियाँ वर्तमान सामाजिक संरचना में मनुष्यता के खलनायक को उदघाटित करती हैं। राजनीतिक अप-भ्रष्टता और कदाचार की वे 'सम्मान' जैसी कहानियों में व्यंग्य की मुद्रा में छीलते दिखाई देते हैं। बेहद संयत बिम्बों और अर्थ-व्यंजनाओं को उद्घाटित करने वाली भाषा में बहुत सादगी के साथ वे अपनी बात कहने में विश्वास करते हैं।

शैलेश मटियानी का जीवनानुभव बहुत व्यापक है। उनकी आरम्भिक कहानियों में, दिल्ली और बम्बई के उनके सुदीर्घ प्रवास और अस्तित्वगत संघर्ष के परिणामस्वरूप एक भरी-पूरी रंगारंग दुनिया हमारे आगे से गुजरती दिखाई देती है। भिखारी, ढोंगी किस्म के साधु-संन्यासी, वेश्याएँ, मवाली और होटलों तथा घरों में काम करते किशोर और युवा नौकरों की अभिशप्त दुनिया। नई-कहानी के दौर में उन्होंने बड़ी संख्या में प्रेम-कहानियाँ भी लिखीं। इस तरह की उनकी अनेक कहानियां ऐसे पात्रों की मनोदशाओं से बुनी गई हैं जिनमें वे कभी एक-दूसरे या किसी 'तीसरे' के बारे में 'सोच' रहे होते हैं। उनकी ये कहानियाँ पात्रों की प्रतिक्रियाओं और प्रभावों को विस्तार से अंकित करने के कारण प्रायः ही बोझिल होती लगती हैं। 'अतीत', 'असुविधा', 'सफ़र पर जाने से पहले' और 'सीखचों पर अटका अतीत' आदि कहानियाँ प्रेम के केन्द्रीय अनुभव से अधिक पूर्व प्रेम की प्रक्रिया पर सोच और वक्तव्य की कहानियाँ ही अधिक हैं। जिन कहानियों में वे सामाजिक संदर्भों में नारी की नियति को परिभाषित करते हैं, उनकी ये कहानियाँ अधिक सफल और सार्थक हैं। 'आकाश कितना अनंत है', 'नियति', 'बित्ता भर सुख' और 'अर्द्धांगिनी' आदि कहानियाँ इस दृष्टि से उल्लेखनीय हैं। शैलेश मटियानी की कहानियाँ नई कहानी के दौर के अनुभववाद और आत्मपरकता का अतिक्रमण करती हैं और सामाजिक-सांस्कृतिक विसंगतियों के बीच आदमी के अंदर बढ़ती असुरक्षा की भावना को गहरी संवेदनशीलता के साथ अंकित करती हैं। 'चील' और 'छिद्दा पहलवान की गली' इस असुरक्षा को बहुत तीखे रूप में उद्घाटित करती हैं, लेकिन किसी सार्थक सामाजिक परिप्रेक्ष्य के अभाव में इस अंधेरी सुरंग से बाहर निकलने का कोई विकल्प उनके पास नहीं है। शैलेश मटियानी की अनेक कहानियां—'भेड़ें और गड़ेरिया', 'नेता जी की चुटिया' 'सहानुभूति' और 'हत्यारे' आदि—राजनीतिक संदर्भों पर टिप्पणी करती हैं। एक लेखक की हैसियत से वे वैचारिकता का निषेध करके जन-आंदोलनों और क्रांतिकारी संगठनों की उपेक्षा करते हैं। 'सहानुभूति' में सत्ताधारी राजनीति की अवसरवादी परिणतियों का संकेत है—बिना किसी सार्थक विकल्प के। 'हत्यारे' में इसी ऐतिहासिक परिप्रेक्ष्य के अभाव में वास्तविक शत्रु की पहचान को और धुँधला दिया गया है। यह वस्तुतः एक ऐसी कहानी है जो अपने आशय में अनजाने ही प्रजातंत्र में विपक्ष की

भूमिका का ही प्रतिवाद करती है और लेखक को प्रशासन और सत्ता के जन-विरोधी तंत्र के साथ खड़ा कर देती है। शैलेश मटियानी की जगह यदि कोई दूसरा लेखक होता, जिसका अनुभव जगत और रचना संसार इतना व्यापक नहीं होता तो ऐसे आग्रह उसे आसानी से कलावाद की ओर ढकेल देते। उनकी अनुभव संपन्नता उन्हें पर्याप्त सुरक्षात्मक स्थिति प्रदान करती है जिसके सहारे वे वैचारिकता के निषेध और समुचित ऐतिहासिक परिप्रेक्ष्य के अभावों की क्षतिपूर्ति कर पाने में दूर तक सफल होते हैं।

गिरिराज किशोर और गोविन्द मिश्र दोनों ने कभी एक दूसरे से काफी भिन्न और विरोधी रूप में अपने लेखकों की शुरुआत की थी। गोविन्द मिश्र ने एक दिशाहीन आक्रोश की कहानियाँ लेकर कहानी के क्षेत्र में प्रवेश किया था—'वह/अपना चेहरा' की कहानियों से जबकि गिरिराज किशोर ने 'नीम के फूल' और 'पेपरवेट' आदि में संकलित अपनी कहानियों में सामाजिक आशयों और राजनीतिक भ्रष्टाचार को केन्द्रित करके अपनी रचना-यात्रा शूरू की थी। लेकिन सातवें दशक और उसके बाद प्रगल्भ राजनीतिक चेतना के दौर में भी वे दोनों लेखक अपने को सायास इन प्रभावों से बचकर चलते लगते हैं। 'अंत:पुर' की अपनी कहानियों में गोविन्द मिश्र एक सीमा तक अपने निजी अनुभव संसार का अतिक्रमण करने की कोशिश अवश्य करते हैं। आज जब कहानी में राजनीतिक आग्रहों की उत्ताल तरंगें काफी धीमी पड़ चुकी हैं, यह स्थिति इन जैसे लेखकों को अपने अनुकूल भी लग सकती है। यह भी संभव है कि इसमें कहीं उन्हें अपने विचारों की जीत जैसा कुछ लगे। लेकिन राजनीतिक सन्दर्भों के अतिरेकों की समाप्ति का अर्थ सामाजिक-राजनीतिक अंतर्दृष्टि के विलोप से नहीं लिया जाना चाहिए। आज गिरिराज किशोर संवेदना को 'पारस' मानकर साहित्य में उनकी उपस्थिति को नये सिरे से रेखांकित करने पर बल दे रहे हैं। 'आंद्रे की प्रेमिका' में संकलित उनकी कहानियों में इस संवेदना की स्वीकृति के बावजूद अमूर्त्तन की प्रवृत्ति बढ़ी है। अमूर्त्तन सामाजिक संदर्भों के क्षरण का ही परिणाम होता है और सामाजिक यथार्थ तथा समय के जरूरी और उत्तेजक सवालों से बचकर ही कोई लेखक इस साहित्यिक विलासिता की ओर आकृष्ट हो सकता है। गिरिराज किशोर की इन कहानियों में न तो उनकी पिछली कहानी 'गाउन' की तरह दो संस्कृतियों के तनाव और टकराव का संवेदनशील अंकन है और न ही 'हम प्यार कर लें' की कहानियों की तरह प्रशासन और राजनीति की क्षुद्रता का उद्घाटन।

कहानी में राजनीति कट्टरता और आन्दोलनों से मुक्ति का आह्वान न तो सामाजिक-राजनीतिक विद्रूपताओं के प्रति किसी प्रकार की उदासीनता से है और न ही कैसे कलावादी उत्थान से। यद्यपि यह भी सच है कि जब-तब कहानी में ये दोनों ही प्रवृत्तियाँ उभरती रही हैं। समकालीन हिन्दी कहानी में ऐसे लेखक बहुत बड़ी संख्या में हैं जो कहानी की रचनात्मक सीमाओं को समझते हुए कहानी से वही काम लेना चाहते हैं जो वह कर सकती है।.... स्वयंप्रकाश की कहानियाँ कहानी में पात्रों के एक भरे-पूरे जीवंत और वैविध्यपूर्ण संसार की वापसी की कहानियाँ हैं। वे राजनीति का इस्तेमाल आन्दोलन या तात्कालिक प्रभाव के रूप में नहीं करते। लेकिन राजनीति ने हमारी संपूर्ण व्यवस्था और सामाजिक संरचना को

जिस तरह ढाला और प्रभावित किया है, इसे वे गहराई और सूक्ष्मता से अंकित करते हैं। घर-परिवार में पढ़ी-लिखी आत्मचेतस् स्त्री, दफ्तरों और प्रेस के नौकरी-पेशा लोग, हिन्दू-मुसलमान और गाँव छोड़कर अपनी मिट्टी से नाता तोड़ लेने को अभिशप्त शहर में मजदूर की हैसियत से जीने वाले लोगों से स्वयंप्रकाश की कहानियों का संसार बनता है। उनकी कहानियों में स्थितियाँ सहज ढंग से आती हैं और उनकी बुनावट ऐसी संश्लिष्ट और गझिन होती है कि उनका कथ्य सिर्फ वही नहीं होता जो आम तौर पर ऊपरी रूप में दिखाई देता है। 'अशोक और रेनू की असली कहानी' में एक पुरुष-वर्चस्व वाले समाज में अत्यन्त सूक्ष्म रूप में स्त्री की स्थिति और नियति को परिभाषित किया गया है। एक पढ़ी-लिखी और प्रतिभा-सम्पन्न लड़की को भी स्वयं की घर-गृहस्थी में अपने को इस तरह ढाल लेना होता है कि लगता ही नहीं कि इसके पहले अपनी निजी इच्छाओं और रुचियों वाला कोई अतीत भी था। 'झक्की' अंतर्वस्तु के विस्तार का उदाहरण है। 'पार्टीशन' देश-विभाजन की त्रासदी से भी आगे जाकर आदमी और आदमी के विभाजन के कारणों की ओर उँगली उठाती है। कुर्बान भाई के जीवन में मस्जिद और समाज की कभी कोई अहमियत नहीं रही, लेकिन अब वह बाकायदा टोपी लगाकर नमाज पढ़ने जाने लगे हैं। प्रगतिशील और राष्ट्रीय मुसलमान भी तब अपना धैर्य खो देता है जब माहौल में सब कहीं हिन्दू सांप्रदायिकता अपना रंग दिखाते हुए ऐसे लोगों को बाकायदा सबक सिखाने पर उतारू हो। 'नैनसी का घूड़ा' आदमी के एक बैल में बदल जाने की पीड़ा को गहरी संवेदना के साथ अंकित करने के कारण एक उल्लेखनीय कहानी है।

असगर वजाहत के 'स्वीमिंग पूल' की कहानियाँ व्यंग्य की एक खास खनक के साथ अपने समय की विरूपताओं के विरुद्ध हस्तक्षेप करती हैं। उनकी इन कहानियों को पढ़े जाते समय प्राय: ही एक अदद परसाई हमारे साथ चल रहे होते हैं। हमारे शैक्षिक और सांस्कृतिक संस्थानों की विकृतियाँ, राजनीति और नेताओं का बौद्धिक स्तर, अभिजात बुद्धिजीवियों द्वारा हिन्दुस्तान की गरीबी पर की गई टिप्पणियाँ, जिनमें वे गरीबी जैसी किसी चीज को मानने को ही तैयार नहीं है, इन कहानियों को हमारे समय का आईना बना देती हैं। इनमें अंकित स्थितियाँ और व्यक्ति बहुत जाने-पहचाने से लगते हैं। इसीलिए इन कहानियों को पढ़कर, इनमें निहित अतिरंजना के बावजूद, हमें कोई धक्का नहीं लगता, बल्कि हमारी पिछली पहचान और गहरी होती है और कहानी के पात्रों को हम अपने आस-पास देखे गये और चलते-फिरते पात्रों से मिलाकर देखने की कोशिश करते हैं। 'गवाही' के प्रो० सूरी मध्यकालीन इतिहास के विशेषज्ञ हैं। अपने लम्बे कद, भारी जिस्म और रोबीले व्यक्तित्व के बावजूद थोड़ा झुककर चलने के सबब से वे यह आभास देते हैं कि यह आदमी इनता विद्वान होने पर भी घमंडी नहीं है। लेकिन जहाँ और लोग मध्यकालीन इतिहास को पढ़ते-पढ़ाते हैं, उस पर शोध करते हैं, उसे तात्कालिक आर्थिक संदर्भों में देखते-परखते हैं, प्रो० सूरी ने मध्यकालीन इतिहास से अपनी जीवन-दृष्टि प्राप्त की है। कहानी इस तथ्य की गहरी तलखी के साथ उद्घाटित करती है कि किस तरह चापलूसी और दरबारी माहौल में वास्तविक प्रतिभाएँ कुंठित और निरादृत होती हैं। इसी तरह 'चन्द्रमा के देश' हमारी बेहद पिछड़ी हुई

दुनिया में बच्चों को अंग्रेजी माध्मय से दी जाने वाली शिक्षा की हकीकत ख़ोलती है। कहानी का अंत जिस 'सूर्य के देश' में सुबह होने का संकेत देता है वे वस्तुतः पूर्व समाजवादी एशियाई देश हैं जहाँ भाषा और संस्कृति की गुलामी से मुक्त करना शिक्षा का प्राथमिक लक्ष्य था। समृद्धि का फूहड़ और वीभत्स प्रदर्शन 'राजधानी के नीचे' में अंकित है। यहाँ एक ऐसा आदमी है 'हँसे तो दांतों में भरा सोना, पादें तो चमेली की खुशबू फैल गई....' (स्वीमिंग पूल, पृ० 96) गाड़ी में मादक द्रवों की मुनादी के बावजूद, चमड़े के विदेशी बैग से वह विस्की निकालते हैं और मुर्गे की टांगों की फरमाईश करते हैं। वह सत्ताईस वर्ष बाद ब्रिटेन से लौट रहे हैं। उनके बेटे ने 'इंडियन पावर्टी' पर रिसर्च की है और अब वह आक्सफोर्ड में इकोनोमिक्स का प्रोफेसर है जिसका मानना है कि भारत में गरीबी जैसी कोई चीज है ही नहीं।

सातवें दशक के बाद कहानी में ऐसे अनेक लेखक सक्रिय थे जो एक ओर यदि राजनीतिक संदर्भों को, बिना किसी आंतरिक दबाव के, केवल छींक और सजावट के रूप में इस्तेमाल कर रहे थे तो दूसरी ओर इन संदर्भों से बचकर अमूर्त्तन और फैंटेसी से अपनी कहानियाँ बुनकर कहानी के सामाजिक यथार्थ को धुँधलाने की कोशिश कर रहे थे। मणि मधुकर की कहानियाँ कुल मिलाकर स्त्री-शरीर के प्रति गहरी आसक्ति का भाव जगाती हैं। उनकी कहानी 'रणक्षेत्र' का नायक अपने दोस्तों के बीच माओवादी करार दिया जाता है, वह स्वयं भी किसी जन-आंदोलन से जुड़े होने की बात कहता है और उसी को अपना रणक्षेत्र भी बताता है, लेकिन ये सारे संदर्भ कहानी को कोई मदद नहीं पहुँचाते। वह सेक्स, जुमलेबाजी और इसी प्रकार के दूसरे आग्रहों से भरी पड़ी है। 'एकवचन बहुवचन' और 'सुखरंजन बाबू' में भी मणि मधुकर फैंटेसी के शिल्प में राजनीतिक परिवर्तन की बात करते हैं, लेकिन इससे एक लेखक के रूप में उनकी राजनीतिक दृष्टि का कोई अनुमान लगाना भ्रामक होगा। कुल मिलाकर उनमें रूपवादी और पतनशील प्रवृत्तियाँ ही अधिक सक्रिय हैं जिस कारण 'सुलेमान', 'चुपचाप दुःख' जैसी कहानियाँ कथ्य के स्तर पर एकदम अस्पष्ट रह जाती हैं। 'उजाड़ और अधमरे' उन्हीं की 'फरिश्ते' की पृष्ठभूमि से उठाई जाकर भी उस स्तर तक नहीं पहुँचती और 'भरतमुनि के बाद' जैसी कहानियाँ तो उनके रचनात्मक सरोकारों को पूरी तरह से स्पष्ट कर देती हैं।

मिथिलेश्वर की कहानियाँ आंचलिक हुए बिना बदलते हुए ग्रामजीवन को अंकित करती हैं। एक ओर ये कहानियाँ ग्राम जीवन के अंधविश्वासों और अन्य विद्रूपताओं को अंकित करती हैं तो दूसरी ओर बाहर से उस जीवन को देखकर उस पर लिखने के पत्रकारी उत्साह पर व्यंग्य भी किया गया है। 'दूसरा महाभारत' में भाइयों की आपसी लड़ाई दो वर्गों की सैद्धांतिक लड़ाई का प्रतीक बन जाती है जिससे इस तथ्य को रेखांकित किया जा सका है कि जो जमीन जोतेगा, वही उसका वास्तविक मालिक भी होगा।

महेन्द्र भल्ला और कामतानाथ इस दौर के पर्याप्त चर्चित लेखकों में से हैं। इन दोनों ही लेखकों की कहानियाँ जीवन-मूल्यों की तलाश का कोई सार्थक प्रभाव नहीं छोड़तीं। महेन्द्र भल्ला की पिछली कहायिनों की तरह 'पुल की परछाईं' की भी अधिकतर कहानियाँ एक

मूल्य निरपेक्ष दुनिया की कहानियाँ हैं जिनमें परिवेशगत सामाजिक-राजनीतिक दबावों के लिए लगभग कोई गुंजाइश नहीं है। कुल मिलाकर ये गृहस्थी की ऊब और खाते-पीते खुशहाल परिवारों में वयःसंधि के यौनाकर्षणों की रहस्यमयी दुनिया की कहानियाँ ही अधिक हैं। 'फुंसियाँ', 'असली शुरुआत' और 'पुल की परछाईं' आदि इसी प्रकार की कहानियाँ हैं। पढ़े जाने के दौरान ये थोड़ी देर को पकड़ती जरूर हैं, कभी-कभी वे खूब स्मार्ट भी लगती हैं, लेकिन किसी भी स्तर पर ये किसी गंभीर अन्वेषण का बोध जगा पाने में असफल रहती हैं। 'एक पति के नोट्स' के संदर्भ में देवीशंकर अवस्थी ने कभी महेन्द्र भल्ला को 'विकसित यथार्थ और बड़ी कलात्मक क्षमता' का कहानीकार कहकर प्रतिष्ठित किया था। महेन्द्र भल्ला के पात्र कहीं भी जीवन के व्यापक संदर्भों और मूल्य-दृष्टि से नहीं जुड़ते। सेक्स और उपभोक्ता संस्कृति के दबाव ही उनकी सबसे बड़ी चिन्ता है।

कामतानाथ की कहानियाँ निम्न मध्यवर्गीय दुनिया के छोटे-छोटे संघर्षों और आर्थिक तनावों के प्रति अधिक खुली हैं। अपनी बुनावट में वे कहानियाँ काफी कुछ इकहरी हैं जो जीवन की जटिलताओं को संश्लिष्ट रूप में अंकित नहीं करतीं। उनमें यथातथ्यता का आग्रह भी साफ है। 'छुट्टियाँ', 'समझौता' और 'अंत्येष्टि' आदि कहानियाँ यथार्थ की ऊपरी पर्तों से ही टकराकर चुक जाती हैं। यथातथ्यता के अतिक्रमण की दृष्टि से 'उसका बच्चा' और 'लाशें' अपेक्षाकृत अधिक सार्थक कहानियाँ हैं। 'उसका बच्चा' में बच्चे की मृत्यु वाली रात ही पति-पत्नी के बीच देहभोग की स्थिति के पीछे उन अन्तरंग कारणों का संकेत तो है ही जो इसे अनिवार्य बनाते हैं, इसके साथ ही कहानी इस सत्य को भी सहज ही रेखांकित कर देती है कि बड़े से बड़े प्रिय व्यक्ति की मृत्यु से भी जीवन और उसकी पुनर्रचना का आग्रह कहीं बड़ा और महत्वपूर्ण है। इसी तरह 'लाशें' में लाशों के बीच, मार्चरी में, दो व्यक्तियों के बीच का देहोत्सव उस मूल्य-मूढ़ता पर व्यंग्य बन जाता है जो जीवित लोगों के लिए भी थोड़ी देर के लिए मुर्दों में बदल देती है और मुर्दों की बदबू का अस्तित्व ही उनके लिए समाप्त हो जाता है।

समकालीन कहानी जहाँ एक ओर राजनीति की इकहरी और यांत्रिक निष्कर्षों वाली सोच से मुक्त हुई है, वहीं वह समाज और राष्ट्र के संदर्भों में अधिक गंभीर और बेबाक सवालों के सामने खड़े होने की कोशिश कर रही है। एक ओर यदि वह स्थितियों की संवेदनशून्यता की गहरी पड़ताल में प्रवृत्त है तो वहीं वह सामंती अंतर्विरोधों से लेकर स्त्री उत्पीड़न और धार्मिक उन्माद की आँधी में साधारण आदमी की नियति को भी परिभाषित करना चाहती है। आज की कहानी की मूल चिन्ता किसी न किसी स्तर पर मनुष्य की मुक्ति से जुड़ी है। इसमें एक ओर जहाँ भारतीय समाज में हाशिए पर जीवन जी रहे लोगों की अभावों और विविध रूपों में उत्पीड़न से मुक्ति शामिल है वहीं पुरुष वर्चस्व वाले समाज में स्त्री की अपनी अस्मिता और मुक्ति का सवाल भी उतना ही महत्वपूर्ण है। मानवीय अस्मिता की इस लड़ाई में लेखक की भूमिका पर टिप्पणी करते हुए संजीव इसे 'ऋणमुक्ति की छटपटाहट' के रूप में व्यक्त करते हैं। उनकी इस रचनात्मक छटपटाहट में ही कला की स्वायत्तता और उपभोक्ता अप-संस्कृति वाले समाज में कला की वास्तविक भूमिका तय

होती है। 'आप यहाँ हैं' भले ही उनके एक कहानी-संग्रह का नाम मात्र हो, लेकिन यह इस समाज में आदमी की वास्तविक स्थिति और हैसियत का बखान भी है। अनेक स्तरों पर होने पर स्त्री के शोषण को संजीव पर्याप्त संजीदगी से देखते हैं। उनके यहाँ स्त्री खेत-फैक्ट्री में काम करती है, आदिवासी अंचल में अपने बच्चे को पीठ पर लादकर पंद्रह-बीस किलोमीटर दूर घरेलू नौकरी करती है जहाँ मालिक के बच्चे उसके बच्चे में भूगोल में पढ़े 'कंगारू के बच्चे' जैसा साम्य देखते हैं। वह रखैल भी है और वेश्या भी। 'जसी बहू' की बहू चुनौती की तरह चुभते व्यक्तित्व की युवती है जो गाँव के क्षितिज पर नई भोर की तरह उगती है। लेकिन उसके सारे संघर्ष के बावजूद न तो उसकी यातना का अंत है और न ही विडम्बना का। 'धनुष-टंकार' जन संघर्ष की अवसरवादी परिणति का उदाहरण है। संजीव भी कहीं-कहीं इस भ्रम का शिकार दिखाई देते हैं कि कहानी विचारधारा की स्थानापन्न हो सकती है।

अपने 'कॉमरेड का कोट' की पाँच में से दो कहानियों—'बैल-बधिया' और 'भगदत्त का हाथी'—में सृंजय बिहार में गहरी जड़ें जमाये सामंतवाद की गहरी पड़ताल करते हैं और अपनी विवादास्पद कहानी 'कॉमरेड का कोट' में इसके विरुद्ध लड़ी जाने वाली लड़ाई की रणनीति निर्धारित करते हैं। यहीं वे स्थानीय स्थितियों के अनुरूप लोक और धरती से जुड़ाव वाली देशज थीसिस प्रस्तुत करते हैं। 'बैल-बधिया' का देवी चौधरी अपने बैल को बधिया न करके नचनिया मुरली की जान ले लेता है क्योंकि उसी की सींग से उसकी मृत्यु होती है। उसकी पीढ़ियाँ बधिया होकर कर्ज पाटती हैं, लेकिन ठाकुर का बैल बधिया नहीं हो सकता। मुरली की पत्नी अपने पति की इच्छा समझते हुए अपने बेटे जयशंकर की रक्षा करती है। ऐसा कर पाने की सफलता से उसे लगता है कि उसके पति की आत्मा आज सच्चे अर्थों में मुक्त हुई है। 'भगदत्त का हाथी' बहुत चित्रात्मक ढंग से, विवाह को केन्द्र में रखकर, दो परिवारों की सामंती ऐंठ, ठस्से और स्वार्थ को अंकित करती है। कहानी में सामंती मरजाद बनाम औरत की हैसियत का सवाल विस्तारपूर्वक अंकित है। 'कॉमरेड का कोट' में संसदवाद की व्यर्थता पर कमलाकांत की टिप्पणी ही कहानी से उठे विवाद की जड़ है। वैसे कमलाकांत कुछ बहुत महत्वपूर्ण मुद्दे कहानी में उठाता है। पार्टी-संगठन में हिन्दी-क्षेत्र की घोर उपेक्षा, विदेशी प्रभावों का वर्चस्व, व्यावहारिक समाधानों के बदले अर्थहीन वाग्जाल और फिर इनके साथ ही निष्ठावान कार्यकर्त्ताओं की कीमत पर निकाली गई खुंदकें और समर्थन के नाम पर निजी हितों को पालने-पोसने की प्रवृत्ति—कमलाकांत वस्तुतः इसी सबका विरोध करता है। एक समर्पित निष्ठावान कार्यकर्ता की हैसियत से वह अपने क्षेत्र की स्थिति के अनुरूप कार्यकर्त्ता चाहता है। लेकिन पार्टी उसे इसकी भी छूट नहीं देती। इस तरह कहानी प्रकारांतर से संगठन के जन-विरोधी चरित्र और कुल मिलाकर उसकी व्यर्थता पर ही टिप्पणी करती है। इसमें संगठन का नकार नहीं, क्योंकि संगठन तो क्षेत्रीय स्तर पर भी होता ही है, स्थानीय परिप्रेक्ष्य में उसके पुनर्गठन का आग्रह है। संगठन की संवेदनशून्यता और जड़ता के विरुद्ध, वह निष्ठा और समर्पण के साथ, स्थानीय समस्याओं की पृष्ठभूमि में, व्यवहारिक रणनीति के स्वीकार और विकास पर बल देने वाली कहानी है।

उदय प्रकाश के 'दरियाई घोड़ा' की कहानियाँ युवा कहानी की औसत तस्वीर पेश करती हैं—उसकी सारी सीमाओं और संभावनाओं के साथ। एक ओर इन कहानियों में यदि भाषिक चमत्कार औंर खिलंदरेपन की प्रवृत्ति मिलती है, वहीं ये कहानी में परिवार की वापसी का संकेत भी देती हैं। लेकिन उदय प्रकाश की ये कहानियाँ रचना-दृष्टि की विपन्नता को कभी भाषिक छल और कभी अमूर्त्तन द्वारा ढाँकने-तोपने की कोशिश करती हैं। 'टेपचू' यथार्थवाद से विचलन का उदाहरण है जिसमें व्यक्तिवादी रोमानी क्रांति की धारणा को हवा देने की कोशिश की जा सकती है। इनकी अपेक्षा उनकी 'तिरिछ' और 'और अंत में प्रार्थना' अधिक संभावनापूर्ण कहानियाँ हैं। समाज में तेजी से फैलती संवेदनशून्यता और उसके आतंक को 'तिरिछ' विश्वसनीय ढंग से अंकित करती है—उस सारे आतंक को मूर्त्त करती हुई। 'और अंत में प्रार्थना' वैसे सांप्रदायिक संदर्भों पर केन्द्रित है, लेकिन अपने अर्थ-विस्तार के कारण वह सहज ही एक उल्लेखनीय कहानी बन जाती है। राष्ट्रीय स्वयं सेवक संघ और हिन्दू मूल्य-दृष्टि में गहरी आवेगपूर्ण आस्था के बावजूद डॉ० वाकणकर अंतत: इनके विरुद्ध खड़े हो जाते हैं। सत्ता और उसका उन्मादी चरित्र आस्था और कैसी भी निष्ठा को स्वतंत्र नहीं छोड़ता। यदि हिन्दूवादी मूल्य-दृष्टि डॉ० वाकणकर को उस आस्था के विवेकपूर्ण उपयोग की छूट नहीं देती तो और दूसरी पार्टियाँ भी वैसा कर सकती हैं। उनके अपने उपयोग के दायरे से बाहर छिटककर वही आस्था उनके लिए खतरनाक भी हो सकती है।

हरि भटनागर की कहानियों 'सगीर और उसकी बस्ती के लोग' में एक ओर यदि पिता के असामयिक निधन के बाद गुजारे के लिए बस्ती के ही जहीर उस्ताद के साथ घोड़ों के नाल ठोंकने वाला सगीर हैं तो बाड़ी में घुसकर पिटाई के बावजूद अमरूद चुराने वाले लड़के हैं क्योंकि भूख और पिटाई के बीच वे पिटाई को ही चुनते हैं। हरि भटनागर ने किशोर लड़कों को केन्द्र में रखकर कई कहानियाँ लिखी हैं। 'लड़के' में मनीराम और केसव ठाकुर दिग्विजय सिंह के बंधुआ जैसे हैं जिनकी बड़ी और ऊंची हवेली की सेवा करते वे बाहर की मुक्त दुनिया से एकदम कट चुके हैं। ठाकुर की अनुपस्थिति में एक दिन प्राकृतिक सौंदर्य और चहल-पहल वाली बाहर की दुनिया देखकर उन्हें आश्चर्य होता है कि यह दुनिया अब तक उनकी आँखों से ओझल थी। लेकिन मेले में ठाकुर के दीख जाने पर उनका यह सुख आतंक और आंसुओं में ढल जाता है और वे भूसे वाली उसी कोठरी में लौट आते हैं। हरि भटनागर की इन कहानियों में दो वर्ग आमने-सामने हैं—एक वर्ग ठाकुर दिग्विजय सिंह और 'चूहा' के सिंह—सपूतों का जो आतंक और उत्पीड़न को सनसनी पैदा करने वाले खेल की तरह इस्तेमाल करता है तो दूसरा वर्ग या तो 'लड़के' के मनीराम और केसव की तरह आतंक और सहम के बीच जीने को अभिशप्त है या फिर 'चूहा' का उदाहरण देखकर उसकी जिजीविषा और संघर्ष का, सिंह—सपूतों की पीठ में धूल लगाने को कसमसाने वाले तैयार होते लोग हैं। मनुष्य की लाचारी को हरि भटनागर गहरी करुणा के साथ अंकित करते हैं। 'यकीन' में पत्नी को आखिर तक यह विश्वास ही नहीं होता कि पति उसके लिए नई साड़ी ला सकता है और वह भी नकद! इन कहानियों में गरीबी, भूख और अभावों से घिरे लोग हमेशा ही गोलबद्ध होकर टकराने की स्थिति में नहीं हैं, लेकिन उनका भय, करुणा और लाचारी भी

वही काम करते हैं। बने-बनाए निष्कर्ष इन कहानियों में नहीं हैं—लोग अपने ढंग से अपनी परिस्थितियों में निर्णय लेते हैं और प्रतिक्रिया करते हैं। हरि भटनागर अपनी कहानियों में मुस्लिम पात्रों का अंकन बहुत विश्वसनीयता के साथ करते हैं। उनके पास सीधी-सादी एक खास डिक्शन वाली भाषा है, जिस पर कभी-कभी ज्ञानरंजन का प्रभाव साफ दिखाई देता है। व्यंग्य की अंतर्धारा वाली इस भाषा में उर्दू शब्दों के प्रयोग में अलबत्ता सावधानी अपेक्षित है।

इसी तरह वर्गीय दृष्टि से सामाजिक यथार्थ को अंकित करने के कारण शशांक भी इस दौर के महत्वपूर्ण लेखक हैं। उनकी कहानियाँ संरचना की दृष्टि से छोटी होती हैं जो स्फीति और ब्यौरों से बचकर अन्तवर्ती सूत्र को पकड़ने और आलोकित करने पर जोर देती हैं। उनकी कहानियों के दो संग्रहों—'उन्नीस साल का लड़का' और 'कोसाफल'—में संकलित कहानियाँ हमारे समकालीन यथार्थ के वैविध्य और विस्तार को विश्वसनीय ढंग से अंकित करती हैं। पुरुष वर्चस्व के विरुद्ध खड़ी होती लड़कियाँ, साम्प्रदायिक विद्वेष, शशांक की अपनी अर्थात् सातवें दशक में पैदा हुई पीढ़ी की हताशा व्यापक राष्ट्रीय स्तर पर मूल्यों का ह्रास और इन सबके बीच निर्मित और विकसित होती वर्गचेतना से ही शशांक की कहानियों की एक विशिष्ट पहचान बनती है। उनकी कहानियों में 'घंटी', 'पेड़', 'उन्नीस साल का लड़का', 'शामिल बाजा', 'पर्व' और 'हलाल' आदि उल्लेखनीय हैं। शशांक यथार्थ के स्वीकृत और बने-बनाए पैटर्न को स्वीकार करके नहीं चलते बल्कि वे अपने ढंग से उस यथार्थ की पुनर्रचना करते हैं। इस पुनर्रचना की प्रक्रिया में ही वे मूल्यों का संघर्ष अंकित करते हैं और सामाजिक-राजनीतिक जीवन में बदलाव की आकांक्षा को व्यक्त करते हैं।

एक कहानीकार के रूप में अखिलेश भले ही 'आदमी नहीं टूटता' की कहानियों के साथ अपनी उपस्थिति दर्ज कराते हों, लेकिन जिन कहानियों से उनकी पहचान बनती है वे उनके परवर्ती संग्रहों 'मुक्ति' और 'शाप-ग्रस्त' में देखी जा सकती हैं। उनकी कहानियों में ग्रामीण और कस्बाई पात्र महानगर के जटिल और भयावह होते जाते यथार्थ से टकराते और लहू-लुहान होते हैं। शिक्षित युवाओं की लंबी और हताश करने वाली बेरोजगारी उनकी अनेक कहानियों का एक केन्द्रीय मुद्दा बनकर सामने आती हैं। इसी बेरोजगारी की चपेट में आकर 'मुक्ति' का सुभाष अपना हंसना-बोलना और घर-परिवार के छोटे-छोटे सुखों को भूलकर जैसे स्वयं अपने लिए भी अपरिचित होता जाता है। लेकिन अपने खोल से बाहर आकर ही उसे मुक्ति की राह दिखाई देती हैं। बीड़ी मज़दूरों की बस्ती में पहुँचकर, भयंकर सर्दी में आग की चमक देखकर, उसे लगता है कि वह अपनों के बीच आ गया है। फिर वह जब-तब उस बस्ती में देखा जाने लगता है। कुछ लोग यह भी कहते हैं कि वह किसानों-मजदूरों की मुक्ति के लिए कुछ कर रहा है। लेकिन वह स्वयं इस सच्चाई को अच्छी तरह जानता है कि किसी और की मुक्ति से अधिक यह अपनी मुक्ति के लिए है क्योंकि अकेले किसी की भी मुक्ति नहीं है। 'बड़ी अम्मा' की वृद्धा में भी, जो अपने भरे-पूरे परिवार में कलह और उपेक्षा का जीवन जीती रही है, शहर में अपने देवर के परिवार में आकर जीवन के प्रति जैसे एक ललक पैदा होती है। अपनी बेटी सीता के लिए चुराई गई किताबें उसकी इस आकांक्षा को ही व्यक्त करती हैं। विदाई के समय, बस में बैठकर वह इसे बता भी देती

है। बाद में सीता की आने वाली चिट्ठियों से यह साफ हो जाता है कि उनकी आकांक्षा निष्फल नहीं हुई है।

अखिलेश की 'शापग्रस्त', 'चिट्ठी' और 'जलडमरूमध्य' आदि कहानियां उनकी रनचा-दृष्टि में आए विस्तार की सूचक हैं। इनके बारे में यह ठीक ही कहा गया है कि यह अपने समय के नए सच से मुठभेड़ करती हैं। ये कहानियाँ मनुष्य की निजता पर उपभोक्ता संस्कृति और बाजार-व्यवस्था के क्रूर और निर्मम आक्रमण को गहरी संदेवना के साथ अंकित करती हैं। 'शाप-ग्रस्त' के प्रमोद वर्मा का सबसे बड़ा दुख उसकी आत्मा का खो जाना है। जितना वह सुख की चाह में भटकता है, उतना ही दुखी होता है। व्यवस्था के मकड़जाल रिश्वत, हिस्सा और कमीशन, से बाहर निकलकर ईमानदारी और सादगी के साथ जीवन जीने की उसकी आकांक्षा उसके लिए शाप बन जाती हैं। अच्छा खासा, दुनियावी अर्थ में व्यवस्थित और सुखी परिवार जैसे अपनी धुरी से हटकर फिर कभी सुखी न होने के शाप से ग्रस्त हो जाता है। 'जलडमरूमध्य' के सहाय जी जैसे लोग उपभोक्तावाद की प्लावनकारी बाढ़ को अपनी भावात्मक ढाल पर कब तक रोक सकते हैं? स्वयं प्रेमचंद और उनके चरित्र नायकों की तरह वे भी इतिहास से मुठभेड़ करते हुए लहू-लुहान हो जाने को अभिशप्त हैं। संयुक्त परिवार के विघटन की तरह यह बाजारवाद भी अपने समय का एक सच है जिसके विरुद्ध किसी भी संघर्ष का परिणाम सुस्पष्ट और सुनिर्णीत है। अपने परिवार की मोर्चेबन्दी के आगे वे निपट असहाय और अकेले पड़ते जाते हैं। उनकी पराजय को सिर्फ अवसाद और करुणा के साथ देखा ही जा सकता है—उसके लिए किया कुछ नहीं जा सकता।

अखिलेश की कहानियों की भाषा ब्रिम्बों के सहारे चित्रों के रचाव वाली भाषा है। उसमें परिवार की छोटी-छोटी खुशियाँ गौरेयों की तरह फुदकती हैं। अखिलेश के यहाँ भी भाषा के साथ बहुत और खिलंदरेपन की प्रवृत्ति मौजूद है। लेकिन उनका खिलंदरापन उस रूपवादी खिलंदरेपन से अलग है जो केवल शब्दों से खेलने में सुख लेता है—बहुत कुछ बिल्ली की तरह जो अपने शिकार को खेल-खेलकर मारती है। अखिलेश के यहाँ भाषा का यह खिलंदरापन और चुहल-भरा रचाव एक समूची पीढ़ी के व्यर्थता के अवसाद के विरुद्ध एक रचनात्मक हस्तक्षेप की तरह है।

इस कथा-पीढ़ी की रचनात्मक सक्रियता और नैरन्तर्य में अपार संभावनाएँ हैं। अलग-अलग नामों की जरूरत न होने भर भी राजेन्द्र दानी, संजय खाती, मदन मोहन और देवेन्द्र आदि कुछ ऐसे नाम हैं जो कहानी के भविष्य के प्रति आश्वस्त करते हैं।

समकालीन कथा-परिदृश्य में महिला कहानीकारों की भूमिका और सक्रियता महत्वपूर्ण है। स्वयं महिला लेखकों द्वारा 'महिला-लेखन' के अंतर्गत उनकी पहचान का विरोध वस्तुत: नारी-मुक्ति आंदोलन का ही एक हिस्सा है, जिसमें यह मानकर चला जाता है कि महिलाओं के लिए अब कोई काम और क्षेत्र वर्जित नहीं है। यह उस संवैधानिक अधिकार का भी अंग है जिसमें किसी प्रकार का भेदभाव किए बिना हर काम के लिए स्त्री और पुरुष के समान समझे जाने की बात कही गई है। 'महिला लेखन' जैसे पद में किसी षड्यंत्र या अवमूल्यन का संदेह गलत है। हिन्दी में नारी-जीवन की संवेदनापूर्ण कहानियाँ लिखने पर भी सुभद्रा कुमारी

चौहान और होमवती देवी को कभी महिला-लेखक नहीं कहा गया, और न ही चंद्रकिरण सौनरेक्सा को। उर्दू में तो खैर इस्मत चुगताई अनेक पुरुषों की अपेक्षा कहीं अधिक वैसे लेखन के लिए विख्यात है जैसा महिलाओं द्वारा आमतौर पर नहीं किया जाता। हिन्दी में नई कहानी के बाद, कहानियों की एक क्षीर्ण सी ही सही, ऐसी धारा भी प्रवाहित हुई:बेशक उसकी शुरुआत नई कहानी से ही हुई थी—जिसमें आत्मपरकता बहुत थी। प्रतीक बहुत सांकेतिक भाषा में प्रेम और देह का वैभव उकेरती ये कहानियाँ तब अपनी कथित साहसिकता के लिए ही पहचानी गई थीं। शुरू में वस्तुत: इन्हीं कहानियाँ के संदर्भ में 'महिला लेखन' जैसे पद का इस्तेमाल किया गया। कविता में वह अकविता का दौर था और आधुनिकता एवं पश्चिम के नारी-मुक्ति आन्दोलन के उत्साहातिरेक में अनेक युवा लेखिकाएँ उस ओर आकृष्ट हुईं। लेकिन नई चुनौतियाँ और सामाजिक दबावों के कारण यह स्थिति अधिक समय तक बनी रहने वाली नहीं थी। मृदुला गर्ग, ममता कालिया और मृणाल पांडे ने शुरू की अपनी कहानियों में इस साहसिकता को ही अपनी उपलब्धि माना जिसकी परिणति 'चित्तकोबरा' और 'छुटकारा' की अनेक कहानियों में देखी जा सकती हैं। मणिका मोहिनी की अधिकांश कहानियाँ आज भी यौन विच्युतियों को ही जीवन का सबसे बड़ा सच मानती दिखाई देती हैं।

ममता कालिया के संग्रह 'जांच अभी जारी है' में पहली ही कहानी 'सेमिनार' है। इसमें कहानी की नायिका पारवी एक ऐसी लेखिका है जो या तो कभी ऐसे किसी दोराहे पर खड़ी ही नहीं थी या अब उसे पार कर चुकी हैं। अपने रचनात्मक सरोकारों और कार्यभारों को लेकर उसके मन में कहीं कोई दुविधा नहीं है। सेमिनार में आई एक अन्य लेखिका सुरेखा के संदर्भ में लिखा गया है... 'एक थी सुरेखा' जी जो लम्बे अरसे से बड़ी निजी किस्म की कहानियाँ लिख रही थीं। उनकी कहानियों में अक्सर उनके निजी जीवन की झलक रहती, अपना प्रेम, अपनी निराशा और अपना संत्रास....' (जाँच अभी जारी है, पृ० 11) ममता कालिया निजी और सीमित अनुभव की इन कहानियों को कलावाद से जोड़ती हैं क्योंकि अपने अनुभव की विपन्नता को ये लेखिकाएँ अपने कलावादी उपकरणों से पूरा करना चाहती हैं। उनका सारा रचनात्मक आवेग छोटी-छोटी फालतू किस्म की बातों में ही सिमट कर रह जाता है। सेमिनार में आई अधिकतर लेखिकाएँ और उनके समर्थक आलोचक इसी प्रकार की कहानियों को महत्व देने वाले हैं। पारवी के माध्यम से ममता कालिया ने व्यंग्य का बहुत सार्थक एवं सर्जनात्मक उपयोग करते हुए इस समूची धारा के विरुद्ध एक सशक्त प्रतिवाद प्रस्तुत किया है। ममता कालिया यह समझने में अधिक समय नहीं लगातीं कि अपने निजी जीवन के सुख-दुख और प्रेम की चुहलों से कहानी को बांधे रखकर उसे वयस्क नहीं बनाया जा सकता। उनके संग्रह 'प्रतिदिन' में इस शीर्षक की कोई कहानी नहीं है। उसकी कहानियों की दुनिया पूरे मध्यवर्ग की स्त्री को केंद्र में रखकर जटिल सामाजिक संरचना में स्त्री की स्थिति और नियति को परिभाषित करना चाहती हैं। 'एक पत्नी के नोट्स' जटिल संरचना वाले भारतीय समाज में स्त्री-पत्नी-की पीड़ा का महत्त्वपूर्ण साक्ष्य है। यह एक ऐसे तिलिस्म की मानिंद है जिसके अंदर वह कितनी भी दूर तक घूमने-भटकने को आजाद है, लेकिन उसके बाहर निकलने के सारे रास्ते उसके लिए बंद है।

नासिरा शर्मा की कहानियाँ महिला-लेखन में अंतर्वस्तु के विस्तार का एक उल्लेखनीय उदाहरण हैं। उथल-पुथल भरे समूचे एशियाई समाज की साक्षी बनकर उन्होंने ईरान और अफगानिस्तान के गृह-युद्धों को बहुत निकट से देखा है। 'शामी कागज' से उन्होंने ईरान की पृष्ठभूमि में कहानियों का जो सिलसिला शुरू किया था, 'संगसार' की कहानियाँ उसी का विस्तार हैं। लेकिन इस विदेशी पृष्ठभूमि में भी उनका मूल रचनात्मक सरोकार किसी भौगोलिक सीमा से बँधा नहीं है। इन कहानियों में विनाश और परिवर्तन की देहरी पर खड़ा इंसान अपनी संपूर्णता में उपस्थित है अवश्य लेकिन स्थानों के भौगोलिक ब्यौरों में लेखिका की अधिक दिलचस्पी नहीं है। वे बस पात्रों घटनाओं और प्रसंगों के घटित होने का एक माध्यम भर है। नासिरा शर्मा उस समाज में स्त्री के प्रति प्रचलित व्यवहार और धार्मिक कट्टरता को अपना मुख्य लक्ष्य मानकर चलती हैं। 'दरबाज़-ए-कज़बिन' में सारा खामियाजा मरियम को ही चुकाना पड़ता है। 'संगसार' में आसिया के लिए चिन्तित उसकी माँ अपनी बड़ी बेटी आसमा से कहती है 'मर्द सीगा भी करेग, ब्याहता के रहते दूसरी शादी भी करेगा और बाहर भी जायेगा, उसे कौन रोक सकता है? लोग थू-थू भी करेंगे तो फर्क नहीं पड़ता, मगर औरत यह सब करेगी तो न घर की रहेगी न घाट की....' (संगसार, पृ० 119) खासतौर से उसे समझाने को बुलाई गई खाला से आसिया कहती है, 'आपका पुराना कानून नई परेशानियों का हल नहीं जानता, मरते-घुटते इंसान की मदद को नहीं पहुँचता, इसलिए आप जिन्दगी को खौफ की दीवारों में चुन देना चाहती है ताकि इन्सान एक बार मिली जिन्दगी भी खुलकर न जी सकें....' (वही, पृ० 121) आसिया स्त्री की ओर से एक बुनियादी सवाल उठाती है—देह की जरूरत और सुख की पहचान क्या गुनाह है? जिस दिन आसिया को संगसार किया जाता है, उस रात औरतों ने चूल्हे नहीं जलाए और मर्दों ने खाना नहीं खाया। कहानी एक सावल के साथ ही खत्म होती है—'यदि आसिया गुनहगार थी तो फिर उसके संगसार होने पर यह दर्द, यह कसक उनके दिलों को क्यों मथ रही थी?' (वही, पृ० 137) 'पहली रात' का ईरान बेहिश्ते-जेहरा में बदल गया है। सत्रह से बीस वर्ष के युवकों-युवतियों को दफनाते हुए गुस्सालों को भी तरस आता है। 'दीवार-दर-दीवार' में एक ओर यही युवा पीढ़ी है धार्मिक कट्टरता के विरोध में सब कुछ देने का हौसला दिखाते हुए, दूसरी ओर प्रौढ़ या बूढ़े होते मां-बाप हैं जो इस सामाजिक सुगबुगाहट को समझ पाने में असमर्थ हैं। धार्मिक कट्टरता और यथास्थितिवाद के पोषक 'विरोध' का आरोप लगाकर तेरह साल की मेहर माह के साथ जिस तरह पेश आते हैं 'गुंचादहन' इसका एक अच्छा उदाहरण है। 'झूठा पर्वत' का अलीरेजा बारह बच्चों का बाप होकर भी मौत की आगोश में आज अकेला है। पड़ोसी युवक हामिद से वह पूछता है कि आखिर वह और उसकी पीढ़ी के लोग चाहते क्या हैं! क्या हर हाकिम में ही कीड़े हैं? उत्तर में कुछ न कहकर हामिद भी एक सवाल ही पूछता है—'हर मुल्क की जनता अपने हाकिम से क्या माँगती है....? अमन, इनसाफ, हिफ़ाजत, रोटी और रोजगार.... जब यह सब न मिले तो क्या करेंगे....?' (वही, पृ० 115) 'इब्ने मरियम' की कहानियाँ अंतर्वस्तु के इसी विस्तार को नये आयाम देती हैं। ये किसी एक देश से संबंधित न होकर, अनेक देशों की पृष्ठभूमि में लिखी गई हैं—युगांडा, फिलीस्तीन, इथोपिया, अफगानिस्तान, सीरिया, स्काटलैंड, बांग्ला-देश, इराक, टर्की और

भारत में पंजाब-कश्मीर के आतंकवाद से लेकर भोपाल की गैस-दुर्घटना तक। इन कहानियों में भी परिवेशगत और भौगोलिक ब्यौरों का अधिक महत्व नहीं है। इंसान की सारी पीड़ा और उथल-पुथल के बावजूद उसमें जिन्दा रहने और अपने को नए सिरे से स्थापित करने की अद्भुत जिजीविषा होती है। इब्ने मरियम, गोदो की तरह, भले ही कभी न आए लेकिन उसके आने की आशा ही आदमी को जिन्दगी के छूट गए सूत्रों से जोड़ती है। नासिरा शर्मा के धरातल पर इन सूत्रों को बटोरकर मनुष्य की इसी जिजीविषा का भाष्य रचती हैं।

राजी सेठ का रचना-संसार इतना व्यापक भले ही न हो, लेकिन मानवीय संबंधों की मझिन और बारीक बुनावट को एक नैतिक-दार्शनिक आयाम देने में वे अप्रतिम हैं। घर परिवार और अपने निकट परिवेश के अतिक्रमण की दृष्टि से वे भले ही बहुत प्रभावी न हों, जैसे 'किस्सा बृजेश्वर बाबू जी का' में बनफूल की एक बांग्ला और उषा प्रियंवदा की 'वापसी' जैसी कहानियों की छाप बहुत स्पष्ट है लेकिन यहाँ भी 'गलियारे' में हताश-अपंग पड़े देवा की आत्मीयता की खोज को वे गहरा मानवीय कंसर्न दे पाने में सफल होती हैं। उच्छल भाव से हहराता उसका जीवन अब अपंग-गृह के गलियारों में सिमट कर रह गया है। राजी सेठ का सर्वश्रेष्ठ रूप स्त्री के संदर्भ में परम्परा-प्राप्त नैतिक-दार्शनिक आयामों का अन्वेषण और उन पर पुनर्विचार की अपेक्षा में निहित है। 'सदियों से' दाम्पत्य की धवलता को सिद्ध करने के लिए सूली पर टंगी स्त्री की पीड़ा का साक्ष्य है। कभी न किए गए अपराधों की कीच में लिथड़ना ही क्या स्त्री की नियति है? 'तदुपरांत', 'विकल्प' और 'अभी तो' आदि कहानियाँ रचना-विस्तार की दृष्टि से उनकी उल्लेखनीय कहानियाँ हैं। 'दूसरे देश काल में' में भावना और परम्परा का तनाव बहुत सघन रूप में अंकित है।.... इंसान का जन्म छोटा और सात फेरों का सच ही क्या सब कुछ है? 'हम लोग' कब तक उन बातों के लिए कलंकित होते रहेंगे जिन्हें हमने अकेले नहीं किया?.... निषिद्ध कमरों में घुसने का साहस दोनों करेंगे, पर काठ की चौखटों पर सिर हमारे ठुकेंगे.... सिर्फ हमारे....' (दूसरे देश-काल में, पृ० 93/94) अपने समय में जो वे स्वयं नहीं कर सकीं, चाहती हैं आज की युवा-पीढ़ी उसे करे। स्वयं अपने और अपने समूचे समय को झूठा सिद्ध होने पर उन्हें खुशी होगी। मन और देह के बीच की यह दीवार कब तक बनी रहेगी? रोहित में वस्तुतः उन्होंने यही सब देखा है--पिटकर भी न मरने का भरोसा। इसी भरोसे के सम्बन्ध से वे बँधी हैं। आधुनिक स्त्री के दो रूपों के खांटी और निष्कवच यथार्थ को राजी सेठ नीरा और मार्था के माध्यम से 'निष्कवच' में प्रस्तुत करती हैं। गणित-ज्ञान में माहिर, क्रूरता की हद तक आत्मकेन्द्रित नीरा वासु के लिए मात्र इतना कहकर आगे बढ़ जाती है—'भूल जायेगा। जैसे मैं भूलती जा रही हूँ तेजी से....' (निष्कवच, पृ० 56) बेहद आत्मसजग नीरा अपने और अपने भविष्य के बीच भावना जैसी किसी सत्ता को स्वीकार नहीं करती। दूसरी ओर अमेरिकी युवती मार्था है जो विशाल की इस बात से भड़क जाती है कि भारतीय युवती अधिक 'प्रोटेक्टेड' होती है। दोनों समाजों की परिवेशगत बुनावट का विश्लेषण करके वह इस अंतर को अधिक तार्किक ढंग से समझने-समझाने का प्रयास करती है। अपने अबार्शन के लिए विशाल की आपत्ति पर, कि उसने उससे पूछा तक नहीं, वह एक बार फिर आवेश में आ जाती है, 'यह तुम क्या बक रहे हो? यह मेरी देह है। मेरा निजी मामला। मेरा

ही परमाधिकार....' (वही, पृ० 91) फिर थोड़ा आगे चलकर वह कहती है.... 'एक और बात तो अभी तुम्हें बताई ही नहीं, उसके चेहरे पर खिलंदड़ा और विनोदी भाव था, 'मैं तो अमिनोसेण्टेसिस के लिए गयी थी। पता लगा, लड़का है। तब तो और भी आसान हो गया मेरे लिए फैसला। भला मैं क्यों उनकी नस्ल को बढ़ाना चाहूँगी—दीज ब्रूट्स। इन्होंने सदियों से हमें कुचल कर रखा है....' (वही, पृ० 92) जब तस्लीमा नसरीन कनाडा में ब्रा-बर्निंग के आन्दोलन का समर्थन करती हैं तो उनका तर्क भी यही है। इस संबंध में कैसे भी कानून को वे स्त्री की इच्छा और अधिकार के विरोध में खड़ा देखती हैं। राजी सेठ स्वीकृत और परम्परागत मूल्यों पर पुनर्विचार के लिए उकसाती हैं। आधुनिक स्त्री के निर्माण में स्वाधीनता की वयस्क समझ और उसके उपयोग का विवेक—यही उनकी मुख्य चिन्ता है। हिन्दी कहानी में यही चिन्ता प्रभा खेतान से लेकर गीतांजलिश्री की कहानियों तक देखी जा सकती है।

सूर्यबाला की कहानियों, राजी सेठ की कहानियों की तरह महीन बुनावट और स्त्री-रूपों को लेकर वैसी लंबी स्वीप का आभास नहीं देतीं। वे मध्यवर्गीय समाज के परिचित यथार्थ को सादगी और विश्वसनीयता के साथ अंकित करती हैं। उनकी कहानियों में कहीं-कहीं व्यंग्य की अंतर्धारा भी सक्रिय दिखाई देती हैं जिससे वे वर्ग चेतना को उद्‌घाटित करने का काम लेती हैं। उनकी कहानी 'थाली भर चाँद' वास्तविक भ्रम और कथित सोशल वर्क के विसादृश्य को कलात्मक ढंग से अंकित करती है। उनकी कहानियाँ सामाजिक अंतर्विरोधों की गहरी पहचान का आभास देती हैं। 'गृहप्रवेश' असुरक्षा के तनाव को गहराई से पकड़ती है। यहाँ घर के लोग और आये हुए मेहमान इसी असुरक्षा के बीचोबीच खड़े हैं, उसके मारक तनाव को अपनी नंगी नसों पर झेलते हुए। यही दहशत सुरक्षा की खातिर उन्हें भूरेसिंह जैसे लोगों से जोड़ती हैं, लेकिन उससे भी कुछ बनता नहीं। 'मटियाला-तीतर' और 'गीता चौधरी का आखिरी सवाल' सामाजिक विषमता की मार झेलते गाबदी और बौड़म किशोर देबू और गीता के पूछे या बे-पूछे सवाल हमारी सामाजिक जटिलताओं की पर्तों को निर्ममता से छीलते हैं। अपनी वास्तविकता में यह एक ऐसा संसार है जहाँ प्रतिभा को कुंठित करने वाले समाज के बदलाव की प्रतीक्षा का कोई आश्वासन झूठ का अंगार पकड़ने जैसा लगता है। सूर्यबाला की कहानियाँ भले ही बहुत आधुनिक किस्म की स्त्री की उपस्थिति को अपना रचनात्मक सरोकार न मानती हों, या फिर सिर्फ व्यंग्य के लिए ही उसका उपयोग करती हों, लेकिन आत्मसजग और आत्मचेतन स्त्री के अनेक रूप उनकी कहानियों में हैं। 'यामिनी-कथा' में वे एक बंटी हुई स्त्री के दर्द को उकेरती है। उनके यहाँ स्त्री की भूमिका पति के विरोध और कैसी भी स्पर्धा से अधिक उसकी निष्ठाओं को अपनी निष्ठायें बनाकर उसकी शेष बची लड़ाई लड़ने में है। 'मुक्ति पर्व' की माधवी यही कुछ करके गहरे संतोष का अनुभव करती है। 'मानसी' और 'मुंडेर पर' जैसी कहानियाँ एक भावनात्मक माया लोक की सचाई को अंकित करती हैं। लेकिन इस राग-भाव को वे भरसक भावुकता से बचाती हैं। भावात्मक दृष्टि से पूर्ण दाम्पत्य सम्बन्धों में उनके यहाँ इन स्मृतियों की एक विशिष्ट भूमिका है। इनका उपयोग वे कैसे भी तानव से बचकर, दाम्पत्य संबंधों को भावात्मक दृष्टि से समृद्धतर करने के लिए ही करती हैं।

हिंदी महिला-कथाकारों के सन्दर्भ में इसे आसानी से लक्षित किया जा सकता है कि कहानी संबंधी या राजनीतिक आंदोलनों में उनकी दिलचस्पी नहीं है। महाश्वेता देवी जैसी लेखिकाएँ यहाँ नहीं हैं। चन्द्रकांता ने भी अपनी कहानियों के नैपथ्य की चर्चा के प्रसंग में आंदोलनों की ख़ेमेबंदी से दूर रहने की बात स्वीकारते हुए 'नई कहानियाँ' के तत्कालीन संपादक अमृतराय के एक संपादकीय का उल्लेख किया है जिससे छद्म आधुनिकता विरोधी दृष्ट के विकास में उन्हें सहायता मिली। वे कहानी को व्यापक जन समुदाय से निश्छल संवाद मानती हैं। अपने बारे में उनकी घोषणा है, 'महिला हूँ, पर लेखन खुद को महिला समझकर नहीं किया....' (सूरज उगने तक, भूमिका, पृ० 7) अपनी कहानियों में वे एक ओर यदि कश्मीर के प्राकृतिक सौन्दर्य को चित्रित करती हैं तो दूसरी ओर उनमें झूठ और छद्म के विरोध में सक्रिय संघर्ष करते पात्रों की उपस्थिति भी सहज ही देखी जा सकती है। 'ओ सोन केसरी' की लोककथा की अपेक्षा आज की स्त्री के लिए स्वाभिमान एवं अपने स्वत्व की रक्षा करते हुए जीना कठिन है। लेकिन चंद्रकांता की अनेक नायिकाओं को लोक-कथा की यह परम्परा जैसे विरासत में मिली है। दूसरों से अपने को बहुत भिन्न और अलग समझे जाने की कीमत पर भी सोना झूठ और बेईमानी के विरुद्ध संघर्ष करती है। यही सब यह विरासत के रूप में अपनी बेटी रितु को भी सौंपना चाहती है। 'आँखों के प्रेत' में भी 'अंधेरे से लड़ने की स्वभाव वाली' यह लड़की दिखाई देती है। 'सूरज उगने तक' का 'मैं' भी एक ऐसा ही समझौताविहीन युवक है जो गलत के विरुद्ध आवेश तथा आक्रामकता को अपनी सहज वृत्ति के रूप में इस्तेमाल करता है। वह नया सूरज तो नहीं उगा सकता, लेकिन सारे खराब मौसम के बावजूद, उसके उगने तक अपने को बचाए रखने का संघर्ष तो कर ही सकता है।

चंद्रकांता मानती हैं कि राग-सम्बन्ध किसी आचार संहिता की सहमति से विकसित नहीं होते। यदि ऐसा होता तो 'पत्थरों के राग' की सोनल, पैंतीस वर्षीया अविवाहिता सोनल, विवाहित और दो बच्चों के पिता सतीश से भावात्मक या शारीरिक स्तर पर नहीं जुड़ती। रक्त को चेताए बिना ही उसने पैंतीस वर्ष बिता दिए हैं। सतीश के संपर्क में पहली बार उसने अपने रक्त की इस भाषा को पढ़ा है—'उस दिन सोनल का पुनर्जन्म हुआ था। पत्थरों में राग के झरने फूट आये थे। एक बंद खिड़की हवा के ताजे झोंके से खुल गयी थी....' (ओ सोन केसरी, पृ० 21) लेकिन लौटते हुए इस व्यवसायी प्रेमी के मुँह से सारा दिन व्यर्थ हो जाने की बात सुनकर उसे गहरा आघात लगता है। उसे लगता है कि कोणार्क की मिथुन-मूर्त्तियाँ पत्थरों में राग-भाव को स्पंदित करती हैं, जबकि वह हाड़-माँस के व्यक्ति के संपर्क में आकर भी, गाइड की बताई एक प्रतीक्षारत खंडित नायिका है जो खंडित प्रस्तर-प्रतिमा में समा गई है। 'पहाड़ी बारिश' में दाम्पत्य के कवच पर पहाड़ी वर्षा की बौछार झेलती श्री है जो अपनी ठंडी स्तब्धता से कुमार की उद्याम आसक्ति का उपहास-सा करती है। लेकिन कभी कुमार से मन को मारने और मन को अनुशासित रखने के फर्क को समझने वाली श्री के कुमार का यह विचलन थोड़ा पक्षपातपूर्ण लगता है। महिला कथाकारों में अपने पुरुष पात्रों के प्रति वह वस्तु-परकता अभी भी पूरी तरह से विकसित नहीं हो सकी है जो लेखन को कलात्मक

दृष्टि से समृद्ध और विश्वसनीय बनाती हैं। 'जंगली जलेबी' की लक्ष्मी को सामने रखकर लेखिका कथित अभिजात वर्गीय महिलाओं के स्वेच्छाचार पर टिप्पणी करती है, लेकिन 'जरूरत' और 'मौज' का अंतर बताकर भी गाँव से शहर आने पर लक्ष्मी जैसी युवतियाँ अपने वर्जनाविहीन, खिलंदरे स्वभाव के कारण गरीबी से लड़ने के लिए क्या सिर्फ यही सब करती हैं? 'देश काल', 'चुनमुन-चिरैया', 'तैंती बाई' और 'वितस्ता का ज़हर' जैसी कहानियाँ चंद्रकांता के रचना-संसार की व्यापकता का प्रमाण हैं और कश्मीर के प्रति उनके भावात्मक लगाव को भी उद्घाटित करती हैं।

चित्रा मुद्गल के नवीनतम संग्रह 'जगदंबा बाबू गाँव आ रहे हैं' की कहानियाँ इसका प्रमाण हैं कि अपनी रचना-वस्तु के विस्तार की चिन्ता आज लेखिकाओं की प्रमुख चिन्ता है। अपनी शीर्षक कहानी में लेखिका निर्धनों-विकलांगों की सहायता के राजनीतिक छद्म को महरी संवेदना के साथ अंकित करती है। व्यंग्य में लिथड़ी करुणा कहानी के प्रभाव को बेधक बनाती हैं। चित्रा मुद्गल की इन कहानियों में, 'सौदा' की तरह, एक ओर यदि पारिवारिक सुरक्षा और सुविधाओं की कीमत पर भी न्याय और सत्य का पक्ष लेने वाली स्त्रियाँ हैं, तो अभी भी और 'ताश महल' जैसी कहानियों में शिल्पा तथा शोभना जैसी युवतियों के रूप में अत्याचार उत्पीड़न और अपने भावात्मक शोषण के विरोध में तत्पर समझौताविहीन स्त्री की छवि उकेरी गई है। 'लकड़बग्घा' में सामंती शोषण के विरोध में स्त्री का शंखघोष बहुत स्पष्ट सुनाई देता है। अपनी बहन के यहाँ इलाहाबाद जाकर पछांह वाली अपने अशिक्षित रहने के दुष्परिणाम समझने लगती है। गाँव में वह अपने जेठ-जिठानी का परिवार संभाले हैं। विवाह के महीने भर बाद ही उसके डाक्टरी पढ़ते पति के घर से ही गायब हो जाने के बाद वे आज तक नहीं लौटे। उसकी सतमासी बच्ची के जन्म पर उस पर तोहमतें भी रखी गई। लेकिन वह न सधवा है न विधवा की स्थिति में तब से आज तक उनकी चाकरी करती रही है। पुनिया के साथ अब वह ऐसा नहीं होने देगी। पछांह वाली का 'कोप' घर में हड़कंप मचा देता है। लंबरदार जेठ से 'संवाद' की सुविधा न मिलने से वह भूखी-प्यासी अपनी कोठरी में पड़ी रहती है। उसके मरने-जीने से अधिक चिन्ता लोगों को घर के काम की है। अलगा-अलगी की उसकी बात पर लंबरदार राइफल निकाल लाते हैं। लेकिन पछांह वाली अप्रभावित बनी रहती हैं। वह समझ गई है कि अपने बच्चों को पढ़ाने के लिए जेठ उन्नाव में कोठी बनवा रहे हैं, जबकि पुनिया की चिन्ता किसी को नहीं है। घर के लोगों के बीच-बचाव पर राइफल लंबरदार के हाथ से ले ली जाती है। मति भ्रष्ट मेहरियन के मुँह लगना क्या उन्हें शोभा देता है? दिद्दा और लंबरदारिन उत्तेजना में पछांह वाली के नंगे हो गए सिर को पल्ले से ढंकती हुई कोठरी में लाकर खटोले पर डाल देती हैं। मुँह-अंधेरे गाँव में ख़बर फैल जाती है कि भोर में टट्टी को अम्मा के साथ खेत पर जाते हुए पछांह वाली को लकड़बग्घा ले गया....अंधेरी कोठरी में जरूर पछांह वाली का पाँव साँप पर पड़ गया होगा, नागदेवता क्या ऐसे को छोड़ते हैं? सामंती शोषण की चक्की में पिसती स्त्रियाँ अंधविश्वास के अंधेरे से बाहर निकल कर साँप और लकड़बग्घे की वास्तविकता को समझने लगी हैं। अपने वर्ग के अंतर्विरोधों को इतनी निर्ममतापूर्वक उद्घाटित करने की दृष्टि से यह एक उल्लेखनीय कहानी है।

महिला-लेखन की प्रचलित धारणाओं के अंतर्गत लिखी जाने वाली कहानियों के संदर्भ में टिप्पणी करते हुए नमिता सिंह ने लिखा है, 'अब महिला कथाकारों से एक खास तरह की रचना की अपेक्षा की जाती है। व्यापक जन-जीवन से उन्हें उदासीन करने का यह अच्छा तरीका है....' (खुले आकाश के नीचे, भूमिका, पृ० 6) लेकिन इसका विकल्प वह फार्मूलाबद्ध राजनीतिक लेखन भी नहीं है जिसके तहत लिखी गई बहुत सी कहानियाँ उनके इसी संग्रह में हैं। अपनी परवर्ती कहानियों में, 'नील गाय की आँखें' और 'जंगल गाथा' में संकलित, वे इसी व्यापक जन-जीवन का चित्रण अपेक्षाकृत अधिक संतुलित ढंग से करती हैं। 'नील गाय की आँखें' शिकार पर देखी गई जख्मी, निरीह और भयाक्रांत नील गाय की आँखें सदानंद 'शलभ' के विरुद्ध प्रतीशरंजन की बदले की भावना को मानवीय करुणा में ढाल देती हैं—वर्षों की उसकी महत्वाकांक्षा को दबाती हुई। नमिता सिंह इस प्रक्रिया में समाज में व्याप्त राजनीतिक संरक्षण और हस्तक्षेप के समीकरणों को कहीं अनदेखा नहीं करती। 'जंगल गाथा' की सुरसत्ती और 'बन्तो' की बन्तो उस वर्ग की स्त्रियाँ हैं शोषण और उत्पीड़न जिनके जीवन का पर्याय बन चुका है। 'जंगल गाथा' में नमिता सिंह आदिम जनजातीय समाज की रूढ़ियों एवं अंधविश्वासों को सामंती और शहरी काईंयापन के सामने रखकर अंकित करती हैं। शहर का अजगर इस जनजातीय समाज की युवा शक्ति को निगल रहा है। ठेकेदार और उसके मालिक वीरभद्र सिंह सुरसती जैसी भोली-भाली स्त्रियों को अपने जाल में फँसाकर शिकार किए गए जानवरों की तरह ही कमरे में सजाना चाहते हैं। बन्तो अपने विरुद्ध लिए निर्णय को नकार कर अपनी जिन्दगी का फैसला खुद करती है। अपने देवर सतवीरा को वह, परिवार और समाज के दबाव के बावजूद, कभी पति रूप में नहीं स्वीकार पाती। हमेशा की चुप्पी बन्तो अपने लिए लिया गया फैसला उसे सुनाते हुए महसूस करती है जैसे उसने किला फतह कर लिया है। सतवीरा को वापस ठेलकर, वह अपने कमरे की कुण्डी चढ़ा लेती है.... 'वापस अपने बिछौने पर जा पड़ी बन्तो। उसे लगा जैसे आज नंबरदार को उसने बिना भैंसे खोले वापस दूर तक खदेड़ दिया है। थोड़ी देर बाद वह गहरी नींद में थी....' (जंगल गाथा, पृ० 52) अपने बचपन में वह भैंस खोलने से नंबरदार को नहीं रोक सकी थी, लेकिन अब यह ऐसा नहीं होने देगी। अन्य अनेक लेखिकाओं की तरह नमिता सिंह भी अपने बचपन की स्मृतियों का सर्जनात्मक उपयोग करती है। 'जंगल के फूल' प्रकृति की इसी विराटता के साक्षात्कार का एक अद्‌भुत उदाहरण है। प्रकृिति के इस हहराते समुद्र में अपनी पच्चीस साल की नौकरी की टूटन और हताश को वह तिरोहित होते अनुभव करती है। 'सांड़' आज जीवन में बढ़ती हुई 'धर्म' की भूमिका के राजनीतिक उपयोग और बुद्धिजीवियों की निष्क्रियता को उद्‌घाटित करती है। इनकी अपेक्षा बुंदेली और खासतौर से उसकी अपढ़ पत्नी का जीवित एवं मृत सांड के साथ किया गया सलूक उस विवेक को रेखांकित करता है, समाज में जिसकी व्यापक उपस्थिति से ही इस सांड को नाथा जा सकता है।

नवोदित कथा लेखिकाओं में मैत्रेयी पुष्पा इसलिए महत्वपूर्ण है कि जहाँ अन्य प्राय: सभी लेखिकाएँ शहरी मध्यवर्गीय जीवन पर लिख रही हैं, मैत्रेयी पुष्पा ने ग्राम परिवेश अपनी कहानियों के केंद्र में रखकर अपनी कथा-यात्रा आरंभ की है। बुंदेलखंड और ब्रज

प्रदेश उनकी कहानियों में गहरी संवेदना के साथ अंकित है। अपने पहले संग्रह 'चिन्हार' की भूमिका में उन्होंने गाँव से अपने भावात्मक लगाव के कुछ महत्वपूर्ण सूत्र दिए हैं, 'जिन लिपे-पुते चबूतरों पर भोर की उजास देखी थी, नीम-पीपल के पत्तों से छन्ती धूप से बनी चित्रकारी, रात की ठंडी छाँव तले चाँदनी में नहाया गाँव! वहीं बदलते हुए परिवेश और तथाकथित विकास के बीच गाँव के गलियारों में नागफनी के क्रूर नरभक्षी पौधे उग अए हैं जो निरंतर वहाँ के निवासियों को लहू-लुहान करते रहते हैं....' (चिह्नार', दो बातें, पृ० 9) 'चिह्नार' की अनेक कहानियों में, 'अपना-अपना आकाश', 'सहचर', 'बेटी', 'केतकी' और 'चिह्नार' आदि गाँव के प्रति उनके उच्छल भावात्मक लगाव को देखा जा सकता है। उनके बचपन का गाँव अभी भी जैसे उनके अन्दर जिन्दा है। इन कहानियों में प्रथम-पुरुष वाली शैली का प्रयोग भी उनके इस लगाव को रेखांकित करता है। इन कहानियों की भाषा सुस्थिर और मानक रूप ग्रहण करने की प्रक्रिया में है। इसीलिए कही-कहीं वह बहुत कृत्रिम और अस्वाभाविक भी लगती है। इन कहानियों में घटनायें और प्रसंग प्राय ही तर्क और विश्वसनीयता की अवहेलना करते हुए विकसित होते हैं। शिल्प की दृष्टि से भी इनमें बहुत कच्चापन है। लेकिन अपने पात्रों और परिवेश को लेकर लेखिका की आत्मीयता ही इन कहानियों की सबसे बड़ी शक्ति हैं। सदियों से चले आ रहे पुरुष वर्चस्व वाले समाज में, स्त्रियों के विरुद्ध किए जाते रहे अन्याय के विरुद्ध खड़ी होती केतकी और मुन्नी जैसी युवतियाँ कहानियों के कलात्मक स्खलन के बावजूद प्रभाव छोड़ती हैं। इन कहानियों की पठनीयता भी इनका एक उल्लेखनीय गुण है। इसका कारण यह भी है कि वर्णन और ब्यौरों में लेखिका देशज और क्षेत्रीय शब्दों का प्रयोग बहुत संगत रूप में करती है। यही कारण है कि इन काहानियों में ब्यौरों और संवादों की भाषा दो भिन्न स्तरों पर संचरित दिखाई देती है। मैत्रेयी पुष्पा ने अपनी पहचान तेजी से बनाई है। उनकी नई कहानियाँ—'रास' और 'गोमा हँसती है'—'चिह्नार' की कहानियों की तुलना में इतनी प्रौढ़ और पूर्ण लगती हैं कि कभी-कभी यह विश्वास कर पाना भी मुश्किल होता है कि वे एक ही व्यक्ति द्वारा लिखी गई हैं। ग्रामीण यथार्थ की जटिल और संश्लिष्ट रूप को, नैतिक और भावात्मक आग्रहों से काफी कुछ मुक्त होकर, इन कहानियों में जिस तरह पकड़ा गया है, वह उनकी पहचान को सघन ही नहीं करता, उनके भविष्य के प्रति आश्वस्त भी करता है।

अलका सरावगी भी व्यापक समाज से कहानी की अंतर्वस्तु के चुनाव वाली लेखिका हैं। स्वतंत्रता को बहुत महत्व देने पर भी वे समाज में स्त्री की स्वतंत्रता को समूचे सामाजिक परिप्रेक्ष्य में रखकर देखने पर जोर देती हैं। वे नारीवादी लेखिका नहीं हैं और पुरुष के सहयोग से ही एक ऐसे समाज के निर्माण में विश्वास रखती हैं जिसमें एक-दूसरे के प्रति कैसी भी कटुता और विरोध के बिना रह पाना संभव हो। उनके संग्रह 'कहानी की तलाश' में संकलित कहानियां अपने इन्हीं रचनात्मक आग्रहों के कारण ध्यान आकृष्ट करती हैं। 'आपकी हंसी' हमारे सामाजिक व्यवहार की इस विडंबना को उद्घाटित करती हैं जिसमें यह मानकर चला जाता है कि आज पागल हुए बिना हँसा ही नहीं जा सकता। यहाँ हंसी उस जिजीविषा की प्रतीक बन जाती है जो सब कुछ खोकर भी पहचानहीन और उपेक्षित

जिन्दगी को एक रंग देना चाहती है। 'कहानी की तलाश' में इस तथ्य को रेखांकित करती है कि जीवन की साधारणता कहानी के लिए बहिष्कार्य नहीं है। कहानी सिर्फ बादाम के सुर्ख होते पत्तों, मौलश्री के फूलों और सूरजमुखी के रंगवाली चिड़िया की ही नहीं होती। 'हर शब्द बदलते हैं' भी जिजीविषा और स्वस्थ सामाजिक मूल्यों की पक्षधरता की कहानी है। श्रीवास्तव की राजनीति के निषेध वाली कविताएं अपनी अंतिम परिणति में क्या साबित करती हैं? अब यह बात-बात में संस्कृति मंत्री और गर्वनर से अपनी निकटता का उल्लेख करने लगा है और यह भी सुना गया है कि उसे शिक्षा से संबंधित किसी राष्ट्रीय समिति का अध्यक्ष बनाया जा रहा है। 'मिसेज डिसूजा के नाम' एक अभिभाविका की ओर से एक प्रिंसिपल को लिखा गया पत्र है जो वह अपनी बच्ची की शिकायत के उत्तर के रूप में लिखती है। यह पत्र हमारी समूची शिक्षा-प्रणाली और पद्धति को कटघरे में खड़ा करता है। हमारी शिक्षा चंद नियमों और अनुशासन के नाम पर कैसे जीवन को जीने की इच्छा को ही नकारती है। पत्र में इसी इच्छा और संघर्ष बनाम किताबी ज्ञान की बहस को विस्तारपूर्वक उठाया गया है। यह पत्र शिक्षा में व्याप्त कुंठित करने वाले सैनिक अनुशासन के विरोध में थोड़े से आलस्य, फुर्सत और निकम्मेपन की वकालत करता है क्योंकि इन्हें छोड़कर हम जीवन में बहुत-कुछ छोड़ देते हैं। अलका सरावगी की कहानियाँ कहानीपन को बनाए रखकर विकसित होती हैं। वे अपने काफी कुछ इकहरे शिल्प में ही, अपने रचनात्मक सरोकारों के कारण, अपना अभीष्ट प्रभाव डाल पाने में सक्षम हैं। इस प्रभाव की दृष्टि से उनकी कथा-भाषा में व्यंग्य की एक विशिष्ट भूमिका है।

गीतांजलिश्री 'अनुगूंज' में संकलित अपनी कहानियों में भारतीय समाज में स्त्री की हैसियत और नियति के सवाल उठाती हैं। 'प्राइवेट लाइफ' की युवा नायिका उस सोच से सीधे टकराती है जो स्त्री के लिए किसी न किसी रूप में पुरुष के संरक्षण को अनिवार्य मानकर चलता है। कहानी इन्हीं दो मूल्य-दृष्टियों के तनाव और टकराव में विकसित होती हैं। लेकिन कहानी में ये दोनों ही दृष्टियाँ बहुत स्थूल रूप में अंकित हैं। तीस वर्ष की लड़की के फिरंगी मित्र, शराब और सिगरेट वाली यह प्राइवेट लाइफ अंततः स्त्री की किस हैसियत की ओर संकेत करती है? रात को सोने के अपने स्वाभाविक अधिकार की तरह अपनी देखभाल स्वयं करने के उसके अधिकार की लड़ाई क्या सिर्फ इतने सीमित और स्वेच्छाचारी लक्ष्यों से ही निर्धारित है? 'बेलपत्र' अंर्तधार्मिक विवाह की बड़ी जीत के बाद दैनिक और व्यवहारिक जीवन में आए दिन घटित छोटे-छोटे संघर्षों और हारों की कहानी है। चौतरफा विरोध के बावजूद फातिमा ओम से विवाह करती है लेकिन विवाह की इस जीत को वह अपनी अस्मिता की कब्र बनने का विरोध करती है। 'कसक' दो परस्पर विरोधी प्रवृत्तियों वाली सहेलियों की स्मृतियों से बुनी गई कहानी है। इसी तरह 'पीला सूरज' और 'सफेद गुड़हल' आदि कहानियाँ भी, निर्मल वर्मा की कहानियों की तरह, स्मृति के धागों से बुनी गई हैं। झरे पत्तों में यादों की चिंगारी सुलगती है। प्रतीक विधान और प्रकृति से उठाए गए बिम्ब, उस प्रकृति की अपनी जीवित सत्ता—यह सब कुछ इन कहानियों पर निर्मल वर्मा के प्रभाव को स्पष्ट करता है। संग्रह की शीर्षक कहानी 'अनुगूंज' में पति के सारे

प्यार के बावजूद कुछ है जो मुनिया को सालता है। साथ घूमने जाने पर क्या पति ही उमाने से जायेगा—जैसा कि वह कहता है? टी. वी. पर अपनी पसंद का चैनल लगते वह इसलिए डरती है क्योंकि राहुल के अनुसार वहाँ कुछ देखने लायक नहीं आता। उसे लगता है कि आज प्यार का भरा-भरापन सब कुछ रोके हुए है। लेकिन क्या यह भरा-भरापन भी वैसा ही नहीं है कि ठोंक पीट कर एक अंगुलभर भी कुछ खींच देने से सब कुछ भरभराकर बाहर आ जायेगा? अपनी आशंका की यह अनुगूंज भले ही किसी स्तर पर उसे नारी नियति के बड़े सवालों तक न ले जाती हो, लेकिन पुरुष वर्चस्व की छाया में प्यार की सीमाओं के संकेत इसमें स्पष्ट हैं।

सारा राय की कहानियों को निर्मल वर्मा ने हिन्दी नव-कथा में 'समाज' की आक्रामकता के विरुद्ध एक सार्थक हस्तक्षेप के रूप में स्वीकृति दी है। सारा राय के पहले कहानी-संग्रह 'अबाबील की उड़ान' में संग्रहीत कहानियाँ गीतांजलिश्री की कहानियों की तरह स्त्री-स्वतंत्रता को अपने मुख्य मुद्दा नहीं बनाती। उनकी कहानियों के पात्र समाज के विभिन्न वर्गों और धर्मों के लोग हां। हिन्दू, मुस्लिम और ईसाई पात्रों की यह अन्तरंग और आत्मीय दुनिया अपनी संवेदनशीलता के कारण प्रभावित करती है। ये कहानियाँ जीवन को उसकी बुनियादी उदासी और अवसाद के साथ अंकित करती हैं। इनमें कैसी भी मूल्यचिन्ता के लिए किसी छटपटाहट के बजाय मनुष्य की नियति से साक्षात्कार का प्रयास ही अधिक दिखाई देता है, जैसा कि निर्मल वर्मा की स्वयं अपनी कहानियों के संदर्भ में भी कहा जाता रहा है। यह अकारण नहीं है कि इन पर निर्मल वर्मा का प्रभाव बहुत स्पष्ट है। अपनी भूमिका में निर्मल वर्मा 'समाज' की जिस आक्रामकता के विरुद्ध इन कहानियों को प्रस्तुत करते हैं उनमें प्रकृति की स्वतंत्र सत्ता पर वे विशेष बल देते हैं। यहाँ भी पतझड़ में पत्ते शहर को ढँक लेते हैं और शहर धूप में चित्त पड़ा कांपता है। दोपहर यहाँ हाँफती हुई और गर्मी से पस्त है। निर्मल वर्मा की अपनी कहानियों की तरह ही सारा राय की ये कहानियाँ भी काव्योपकरणों वाले गद्य का अद्भुत उदाहरण मानी जा सकती हैं।

'झींगुर' में रात मखमली कालेपन से आती झींगुरों की आवाज शेखर के अपने जीवन के अवसाद और हताशा को गहराती है। अपनी ध्वस्त आकांक्षाओं और असफल दाम्पत्य के बीच उसका अपना जीवन भी इन आवाजों से बहुत भिन्न नहीं है। 'हरसिंगार के फूल' की सुमित्रा युनिवर्सिटी में प्रताप खींट्रन के प्रति एक अनाम रिश्ते की गंध में वैसे ही बंधती गई है जैसे अपने घर के फाटक पर हरसिंगार की बेल से झड़े फूलों को अपने आंचल में बांधकर वह पूरे दिन उस गंध में बौराई घूमती थी। दीवाली की रात को मोज़ेक के चबूतरे पर छोड़ी गई फिरकियों और पटाकों की राख के निशान के बहाने क्या सुमित्रा अपने मन पर पड़े निशान के बारे में ही नहीं सोच रही होती है? फुलझड़ियों की अस्थियाँ, अनार की खोखल, नाचकर अपनी जिन्दगी का जादू खत्म कर देने वाली जली हुई फिरकियाँ—ये सारे बिम्ब सुमित्रा की अपनी जिन्दगी पर भी लागू होते हैं। रवीन्द्रन के प्रति उसका अपना अव्यक्त आकर्षण कोई आकार ले पाने से पहले ही, उसके जर्मनी जाने की खबर से, इन्हीं जुटाए गए बिम्बों की नियति को जा पहुँचा है। 'अबाबील की उड़ान' और 'हनीमून' आदि कहानियाँ

भी उस सांकेतिकता को नए सिरे से पुनर्जीवित करने के प्रयास के रूप में देखी जा सकती हैं जो नई कहानी के दौर में कहानियों की एक विशिष्ट पहचान बनकर उभरी थी। अपनी संश्लिष्टता और दूरगामी आशयों के कारण सारा राय की ये कहानियाँ गहराई तक प्रभावित करने की क्षमता का उदाहरण हैं।

अपने एक साक्षात्कार में नामवर सिंह ने महिला-लेखन की स्थिति पर किसी टिप्पणी से बचते हुए तोल्सतोय का हवाला दिया था जिसमें कफन से मुँह उठाकर इसका जवाब देने की बात कही गई है। नामवर सिंह ने कहा था, 'कुछ कुछ यही मैं भी कहना चाहता हूँ....' (कहना न होगा, पृ० 121) उनका यह साक्षात्कार सन् '84 का है जिसे सन् '94 में प्रकाशित पुस्तक में शामिल किया गया है। महिला-लेखन का परिदृश्य न तब इनता निराशाजनक था, न अब है। उनकी इस टिप्पणी में इस समूचे परिदृश्य के प्रति उनका अपरिचय बहुत स्पष्ट है। महिला कथाकारों की यह दुनिया उस ढर्रेवादी दुनिया से बहुत भिन्न और व्यापक है जिसे अब तक महिला-लेखन के नाम से जाना जाता रहा है। इसमें सबसे उल्लेखनीय बात यह है कि अपनी अंतर्वस्तु के विस्तार की चिन्ता और चेतना उसमें सब कहीं परिलक्षित की जा सकती है। यह चेतना ही वस्तुतः उसके विकसित होते अनुभव-विस्तार का मूल कारण भी है। इस दुनिया से साक्षात्कार का मतलब है एक बहुत व्यापक और खुली हुई दुनिया से साक्षात्कार जिसे किसी भी भौगोलिक चौहद्दी में बाँध पाना कठिन हैं।

❑❑